대한민국 정치사

민주주의의 도입, 좌절, 부활

대한민국 정치사

민주주의의
도입,
좌절,
부활

김영명 지음

일조각

머리말

이 책은 일제 강점에서 해방된 뒤 우리 민족이 겪어 온 정치 역정을 분석하고 서술한다. 분단과 건국, 그리고 민주주의 도입과 쇠퇴, 발전 과정을 정치사적으로 분석한다. 최근 한국 현대사에 대해 이념적이고 주관적인 주장들이 난무하고 있다. 서로 다른 견해들이 학술 영역을 넘어 정치적인 힘겨룸으로까지 치닫는 느낌이다. 이런 현상은 오랫동안 유지되던 보수 지배가 진보 세력의 성장으로 위협받는 상황과 무관하지 않다. 보수적 관점이 지배하던 대한민국사 해석에 좌파적인 도전이 커졌고, 이에 위협을 느낀 보수 세력이 역공을 가하면서 갈등이 심해졌다. 또 이런 현상은 정권이 보수 – 진보로 교차되는 상황에 직접 영향 받기도 했다. 그러나 학문적인 역사 해석에 정치 이념이 개입되는 것은 바람직하지 않다.

글쓴이의 판단으로는 보수 진영이나 진보 진영 모두 대한민국 역사를 편향되게 보고 있다. 좌파적 시각이 대한민국의 정통성을 부정하고 민중 혁명과 미국 침탈에 초점을 맞추는 편향을 보인다면, 우파적 시각은 친일 행위를 부인하거나 옹호하고 권위주의 독재를 변명하는 잘못을 저지르고 있다. 어느 쪽도 역사의 진실을 전달하지 않는다. 둘 다 목적론이 앞서서 역사를 그 목적에 맞는 쪽으로 취사선택하고 그렇게 취사선택한 사실을 자신의 구미에 맞추어 해석하고 있다. 이 책은 그러한 주관적인 역사 인식과 정치 이념을 최대한 떠나 대한민국 정치사를 있는 그대로 서술하고 평가하고자 한다. 물론 어느 역사 해석이든 필자의 주관이 어느 정도는 들어가기 마련이지만, 최대한 객관적이려고 노력하는 것과 대놓고 특정 목적에 봉사하려는 것은 커다란 차이를 낳게 마련이다.

한국사를 해석하는 데에는 여러 가지 사관이 있다. 민족사관, 식민사관, 민중사관 등의 용어들이 우리에게 익숙하다. 모두 특정 가치관을 염두에 둔 사관들이다. 그렇지 않음을 주장하는 실증사관 역시 일정한 가치관, 즉 기존 질서에 대한 묵시적 인정이라는 가치관에 입각해 있음을 부인할 수 없다. 이 책은 한국 현대사를 특정 사관에 가두려고 하지 않는다. 그러나 굳이 이 책이 가진 사관을 들라면 그것을 '민주사관'이라 부를 수 있을지 모르겠다. 그 사관은 민주주의 발전을 정치적 이상으로 삼아 대한민국 정치사를 민주주의의 도입과 쇠퇴, 그리고 발전 과정으로 파악하고, 여러 사건과 행위 주체들의 행동을 민주 발전이라는 관점에서 평가하는 사관이다.

이 책은 대한민국 민주주의의 도입과 타락, 군부 쿠데타와 일인 독재, 그리고 재민주화 과정들의 역동적인 정치사를 일관된 분석틀과 관점으로 서술하고 평가한다. 다만 세세한 사실의 기술보다는 중요한 사건 전개에 초점을 맞추고 정치 변동의 원인과 결과를 분석하고 평가하는 데 치중한다. 이런 점에서 독자들은 보통의 역사학 연구와는 조금 다른 정치학적인 분석을 볼 수 있으리라 본다. 사회과학 개념이나 이론도 필요한 부분에 동원하나, 최소한에 그치려고 한다. 어떻게 보면 이 책은 역사학도에게는 충분히 역사적이지 않고 사회과학도에게는 충분히 사회과학적이지 않을지 모른다. 그러나 이를 긍정적으로 보면 양쪽을 아우르는 경계 넘나들기 또는 요즘 유행하는 말로 '통섭' 학문의 한 보기가 될지도 모르겠다. 이런 점을 좋아하는 사람도 있고 싫어하는 사람도 있을 테니, 그것만큼은 글쓴이로서도 어쩔 수 없는 노릇이다. 이러한 연구 방법을 비교적 생소한 용어인 '역사 정치학'적 방법이라고 보아도 좋을 듯하다. 어떻든 많은 독자가 객관적인 대한민국 정치사 서술에 좀 더 관심을 가져 주기를 바라며, 이 책의 편집과 출간을 맡아 준 일조각 여러분에게 고마움을 표한다.

2013년 3월
김영명

차례

제1부

해방, 분단, 민주주의의 도입과 타락

제1장
해방과 분단

1945년 8월 15일 우리 민족은 일본 강점에서 해방되었다. 그러나 우리는 통일 민족 국가의 수립에 실패하고 분단과 전쟁을 겪고 말았다. 이렇게 된 가장 원초적인 원인은, 우리 자신의 힘으로 독립을 쟁취하지 못하고 미국과 소련 두 연합국이 일본 제국주의를 패망시킨 결과 해방이 주어졌기 때문이었다. 식민 통치의 철저한 탄압으로 우리 민족은 해방 당시 통일 민족 국가를 건설할 준비를 갖추지 못했다. 그 결과 해방은 강대국들의 의지에 따라 결정되게 되었고, 이러한 외세의 개입은 불행히도 미국과 소련에 의한 한반도의 분할 점령이라는 형태로 나타났다. 군사적인 분할 점령으로 시작된 한반도의 분단은 연합국의 일원으로 협조 관계에 있던 두 강대국이 점차 대립으로 치달으면서 고착되고 말았다.

당시 우리 민족의 제일 과제는 반제 반봉건의 원칙에 입각한 통일 민족 국가의 수립이었다. 그러나 이를 앞장서 수행해 나갈 국민적 대표 세력은 존재하지 않았다. 이념적 성향을 달리하는 수많은 정치 세력이 스스로 채택한 국가 수립의 방안을 달성하기 위해 대립했고, 여기에 미국과 소련의 세계 전략이 맞물려 정치적 혼란이 가중되었다. 가혹하게 탄압적이었던 식민 국가가 없어진 결과 잠재해 있던 민간 사회의 정치 참여 욕구가 급속히 분출했으나, 남한의 경우 민간 사회는 미군정의 통치 아래 민족 국가 건설의 주역을 담당하지 못하고 다시 침체의 길로 접어들었다. 본질적으로 좌익을 혐오한 미군정의 정책 앞에서 좌익 정치 세력과 이의 밑바탕으로 분출되고 있던 민간 사회의 정치 참여는 결국 억압되어 쇠퇴했고, 그 결과 해방 후의 정치적 혼란은 우익 세력이 지배한 단독 정부의 수립으로 귀착되었다. 그러나 단정 수립이 곧 분단의 고착을 의미한 것은 아니었다. 적어도 한민족의 그 누구도 이를 기정사실로 받아들이려 하지 않았다. 양쪽 정부는 서로를 부정하면서 조속한 통일의 길을 모색했고, 모든 평화적인 방법의 소용없음이 판명되었을 때 그것이 무력 투쟁의 형태로 나타나는 것은 자연스러운 현상이었다. 공격은 군 장비가 우세한 북한으로부터 먼저 왔고, 이는 곧 국제전으로 비화했다. 그러나 6·25전쟁은 분단을 해소하지 못하고 엄청난 인적·물적 손실만을 양쪽에게 안긴 채 그것을 더욱 공고하게 만들었다. 38선 분할로 시작된 분단은 남북한 단정 수립으로 고착되고 6·25전쟁으로 더욱 공고해진 것이다.

이러한 과정을 미국과 소련 간의 협상의 실패, 한민족 내부의 분열과 분단국가의 수립, 그리고 전쟁으로 인한 분단의 고착화 과정으로 나누어 살펴보기로 한다.

1. 미소 협상의 실패

태평양전쟁이 끝날 무렵 미국과 소련 모두에게 한반도는 그리 중요한 존재가 아니었다. 종전 직전까지 미국에게 조선은 일제의 강점 이후 잊힌 변방이었고, 소련에게도 극동의 약소민족의 하나로 기억되었을 뿐 전통적으로 보이던 강한 지정학적 이해는 찾아볼 수 없었다. 그 결과 두 열강은 태평양전쟁을 종식시키고 조선을 해방시켰으나, 이 패전국 식민지에 어떠한 정책을 펼칠 것인가에 대한 뚜렷한 방안을 가지고 있지 못했다. 양국은 모두 다 한반도에 적대적인 국가가 서도록 방치하지 않고 자국의 이해를 지킨다는 막연한 정책 목표만을 가지고 있었다. 미국의 루스벨트 대통령은 일정한 기간의 신탁통치를 실시한 후 조선을 독립시킨다는 막연한 구상을 가지고 있었고, 소련도 이에 큰 이의가 없었다. 그러나 종전이 임박해지고 연합국의 이해관계가 뚜렷하게 부각되기 시작하자, 미국과 소련 모두 한반도에서 자신의 지정학적 이해를 관철하는 데 적극적인 관심을 갖기 시작했다. 얄타회담(1945년 2월 4~11일)에서 합의한 대로 소련군은 일본에 선전포고 하고 한반도로 진격하여 기득권을 챙기려 했으며, 미국은 군사적·지리적으로 크게 불리한 입장에서 소련군의 남하를 제한하기 위해 38선 분할 점령을 제안하기에 이르렀다.

1) 신탁통치안과 38선 분할

태평양전쟁이 끝날 무렵 미국 정부가 가지고 있었던 한반도에 대한 기본 정책은 다음과 같았다.[1]

---

1 한반도 진주 당시 미국의 대한 정책에 대한 개괄적 자료는, Leonard Hoag, "American

① 카이로회담에서 소련 및 영국 정부와 합의한 대로 한국을 적당한 시기에 독립시킨다.
② 대한민국 임시정부를 승인하지 않고 모든 독립 운동 세력을 동등하게 취급한다.
③ 한국을 연합국 정부들이 관리하는 어떤 형태의 국제 신탁통치하에 둔다.

한국을 궁극적으로 독립시킨다는 것은 패전국 식민지 처리의 한 방편으로 쉽게 이해될 수 있다. 그러나 임시정부 불승인과 신탁통치안에 대해서는 설명이 조금 필요하다. 일제의 식민 통치 기간 중 임시정부의 대표를 자처한 이승만은 여러 차례에 걸쳐 미국 정부에 임시정부의 승인을 요구했으나 완강한 거부에 부딪혔다. 미국 정부가 임시정부를 승인하지 않은 이유는 여러 가지다. 첫째, '임시정부'의 승인을 원하는 민족이 당시 여럿 존재했기 때문에 미국 정부는 한국의 임시정부를 승인할 경우 이것이 미칠 파급 효과를 우려했다. 둘째, 임시정부의 조선 인민에 대한 대표성을 의심했다. 미국 정부는 당시 조선 민족주의 세력의 분열과 임시정부 추종 세력 규모에 대한 의심, 또 임시정부의 조선 내 인민과의 접촉에 대한 의구심으로 임시정부의 민족적 대표성을 인정하지 않았다. 셋째, 미국 정부는 임시정부의 승인 문제는 미국이 독단적으로 결정할 수 없고, 중국, 영국, 소련 등 연합국의 이해와 관심도 반영되어야 한다고 믿었다. 그리하여 이승만이 한반도에 대한 소련의 야심에 대

Military Government in Korea: War Policy and the First Year of Occupation, 1941~1946", Draft manuscript produced under the auspices of the Office of the Chief of Military History, Department of the Army, Washington, D.C. 1970, 1~3장; United States, Department of State, *United States Policy Regarding Korea, 1834~1950* (춘천: 한림대학교 아시아문화연구소, 1987) 참조.

해 경고했을 때에도, 미 국무부는 이를 받아들이지 않고 오히려 한반도에는 소련의 이해관계가 반영되어야 한다고 믿었다. 기본적으로 미국 정부는 조선의 어느 특정 집단을 망명 정부나 대표 세력으로 인정하지 않았고, 이러한 방침은 종전 후 '조선인민공화국'을 부인한 데서도 나타났다.

임시정부를 승인하지 않는 대신 미국은 한국에 대한 4대 연합국(미, 영, 중, 소)의 신탁통치를 구상하고 있었다. 언제부터인지 확실하지는 않지만 태평양전쟁이 발발하면서부터 루스벨트 대통령은 조선에 대한 막연한 신탁통치안을 구상했는데, 이것이 영국과 소련의 수뇌들과의 회동에서 거론되고 있었다. 루스벨트가 조선에 대한 신탁통치안을 구상한 이유는 무엇보다 그가 한민족의 자치 능력을 불신했기 때문이었다. 동시에 신탁통치안은 그의 전후 세계 질서 구상과도 밀접한 관계를 가지고 있었다. 당시 루스벨트는 종전 후 한반도에 대한 소련과 중국의 영향력 행사가 불가피한 것으로 생각하고 이들과의 협조하에 한반도 문제를 처리할 것을 구상했다. 그는 일본 패망 후 힘의 공백 상태가 될 한반도가 중국이나 소련의 단독 지배하에 들어가지 않도록 하기 위해 이를 일종의 완충 지역으로 하고, 한국이 자치를 할 수 있는 시기까지 연합국의 공동관리하에 두려고 생각했던 것이다.

소련은 루스벨트의 한반도 구상에 대해 기본적으로 동의하고 있었다. 소련은 처음부터 일본과의 전쟁에서 당사자가 아니었고 한반도에 대한 관심도 당시로서는 크지 않았기 때문에, 루스벨트의 신탁통치 구상을 별다른 이견 없이 받아들였다. 얄타회담 기간 중 스탈린은 루스벨트와 이에 대한 비공식적 대화를 나누었다. 여기서 루스벨트는 필리핀의 경우를 염두에 두고 한국에 대한 신탁통치 기간을 40~50년 동안으로 제시했으나, 스탈린은 그 기간이 짧을수록 좋다고 대답했다. 스탈린은

4대 연합국에 의한 신탁통치안에 대해 적극적이지는 않았지만, 궁극적으로 한반도에서의 미국의 역할을 인정하지 않을 수 없다는 사실을 잘 알고 있었다. 또한 그는 조선 공산주의 세력의 정치적 힘을 믿었고 신탁통치안을 받아들이더라도 한반도에 대한 영향력 확보는 가능하다고 믿었던 듯하다. 그러나 당시 신탁통치안이 구체적인 정책 대안으로 만들어진 것은 아니었다. 열강 수뇌들의 의견 교환으로 이에 대한 대강의 구상만이 있었을 뿐이었다. 따라서 신탁통치안은 이후 전개될 전쟁의 양상과 미소 관계의 변모에 의해 그 구체적인 모습이 드러나게 되어 있었다. 실제로 전쟁이 끝나기 전 루스벨트가 사망하자 정권을 계승한 트루먼 대통령은 신탁통치안이 가진 정치적 의미를 상당히 다르게 받아들였으며, 종전 후 모스크바에서 미소 양국이 합의한 신탁통치안의 내용은 처음 루스벨트가 구상한 것과는 큰 차이가 있었다.

다시 말해, 미국과 소련의 동맹 관계에 금이 가고 소련의 동구 지배가 현실화되면서 동서 냉전이 시작되던 당시의 국제 정치적 환경에서, 트루먼은 신탁통치안을 루스벨트보다 더욱더 대소 전략상의 관점에서 인식하게 되었다. 이제 그것은 식민지 해방과 다자간 국제 협력을 통한 세계 질서 재편이라는 국제주의 시각에서 소련의 팽창 저지와 미국의 전략적 이해 보장이라는 민족주의적인 시각으로 변질되었던 것이다.[2] 당시 있었던 동유럽에서의 소련 세력 팽창은 트루먼으로 하여금 소련의 팽창주의 저지가 세계 질서 개편에 중요한 과제라고 생각하도록 만들었다. 따라서 그는 소련에 대해 점점 대결적인 자세를 갖게 되었다. 한반도에 국한시켜 볼 때 이것은 미국 정부가 신탁통치안에 대한 신뢰를 상실한 것을 의미했다. 또한 원자탄 개발의 성공은 소련이 대일전에 참여

---

2 최상용, 『미군정과 한국 민족주의』(서울: 나남, 1989), 35~36쪽.

하는 것을 더 이상 불가결하지 않게 만들었다. 미국은 전후 아시아 질서의 개편에서 지배적인 위치를 차지하고 싶어 했다. 신탁통치안은 이제 한반도를 소련이 장악하는 것을 막기 위한 수단으로 그 성격이 변했고, 그 효용에 따라 성격이 달라져 갔다. 한반도에서의 미소의 이해 갈등은 태평양전쟁이 끝나기 전에 이미 가시화되고 있었다. 이런 상황에서 신탁통치안이 열강들 사이에서 합의되어 순조롭게 이행될 가능성은 점차 줄어들고 있었다.

신탁통치안에 대한 구체적인 합의가 없는 상태에서 얄타협정에 따라 소련이 대일전에 참전하여 한반도에 진격해 들어가자, 미국의 정책 결정자들은 소련의 한반도 지배에 대한 위기감을 느꼈다. 일본의 항복이 임박한 상태에서 미국 정부는 미군과 소련군에 의한 한반도의 분할 점령을 결정했다. 한반도의 분할 점령 계획은 매클로이 차관보의 지시로 1945년 8월 11일 새벽 러스크 대령과 본스틸 중령이 38도선을 군사 점령 분계선으로 하여 급하게 작성했다.[3]

이러한 분할 점령은 무엇보다 일본의 항복이 임박한 시점에서 군사적인 편의에 의해 잠정적인 조치로 이루어졌던 것이다. 그러나 동시에 이것이 한반도 전역의 소련 지배를 저지하기 위한 정치적 목표를 반영한 것도 사실이었다. 소련군의 한반도 진주는 이미 8월 12일 시작되었고, 소련이 마음만 먹었더라면 수일 내에 한반도 전역을 장악할 수 있었을 것이다. 당시 한반도에서 가장 가까운 미군은 900km 떨어진 오키나와에 있었다. 미국 정부는 소련이 한반도 전역을 장악하는 것을 막고 최대한 많은 지역을 확보하기 위해 38선 분할을 제의했고, 소련은 이를 수락했다. 실제로 소련군은 38도 선상에서 진격을 멈추었다. 소련 당국은

---

3 이완범, 『38선 획정의 진실』(서울: 지식산업사, 2001) 참조.

전략적으로 크게 중요하지 않고 큰 관심도 없던 한반도 문제에서 미국의 안을 따름으로써 다른 지역 처리에서 미국의 양보를 얻어내려 했고, 당시 기본적으로 한반도에 대한 확실한 정책을 가지지 못했고 태평양전쟁의 주요 참전국이 아니었기 때문에 미국이 제안한 38선 분할안을 받아들였다.

신탁통치에 대한 양국의 구체적인 합의가 없는 상태에서 이루어진 38선에 의한 분할은 한반도의 장래를 혼란스럽게 만들었다. 38선이 잠정적인 것으로 계획되기는 했으나, 신탁통치안에 대한 미국 정부의 의지가 점차 감소하고 미소의 이해 대립이 가시화되고 있는 상태에서 이 분할선이 폐기되고 양국 합의에 의해 통일 정부가 수립되기는 점점 어려워져 갔다. 트루먼은 소련이 동유럽에서와 마찬가지로 한반도를 지배하려 한다는 의심에 사로잡혀 소련과의 협상에 회의를 가지기 시작했다. 해방 직후 분출한 좌익 세력의 정치적 역량은 트루먼으로 하여금 소련 지배의 우려를 더욱 증대시킨 것으로 보인다. 그 반면 스탈린은 조선 내 좌익 세력의 힘을 신뢰했고 신탁통치안을 고수함으로써 명분과 실리를 모두 도모하려고 했다. 양국은 군사적 분할을 철폐하고 합의에 의해 한반도 문제를 해결하려고 했으나, 양국의 타협이 실패할 경우 38선에 의한 분할이 영구화되리라는 전망은 그렇게 어려운 것이 아니었다. 그리고 그 전망은 머지않아 현실화되었다.

2) 모스크바협정과 미국의 이중적 태도

미소 양군의 한반도 분할 점령에 따른 문제점들은 모스크바에서의 미, 영, 소 3국의 외무 장관 회담(모스크바삼상회의, 1945년 12월 16~25일)에서 해결될 것으로 기대되었다. 여기에서 미국과 소련의 외무 장관들은 한반도 문제에 대한 합의를 이루게 되는데, 이것이 이른바 '모스크바협정'이다. 이 합의문은, 한국의 궁극적 독립을 이루는 과정으로 먼저 민주주의적인 임시정부를 세우고 미, 영, 중, 소 4대국에 의한 5년간의 신탁통치 기간을 거친 다음에 완전히 독립시킨다는 것을 그 골자로 하고 있었다. 이 과정에서 미국과 소련은 공동위원회를 구성하여 조선의 민주적 정당 및 사회단체들과 협의를 하며, 이와 별개로 양국의 군사령부 대표 회의를 2주 내에 개최하기로 합의했다. 이러한 모스크바협정의 내용은 원래 루스벨트가 구상했던 신탁통치안이나 모스크바삼상회의에서 미국 측이 제시했던 안과는 매우 다른 것이다. 가장 큰 차이점은 신탁통치 이전에 통일 임시정부를 수립하고 여러 정당 및 사회단체들과 협의한다는 것이었다. 신탁통치의 기간도 원래의 구상과는 달리 5년으로 확정되었다.

실제로 이 합의안은 소련이 제시한 안을 거의 그대로 채택한 것이었다. 그러나 궁극적으로 모스크바협정은 미국과 소련의 (적어도 그 협상 당사자들의) 한반도에 대한 타협의 산물이라고 볼 수 있다. 그것은 미국의 전통적 신탁통치안과 소련이 중시한 임시정부 수립, 민주적 정당·사회단체와의 협의 등을 종합한 것이라고 할 수 있다. 양국 모두 한반도 문제에 대해 유연한 입장을 취함으로써 자신에게 보다 중요한 지역들에 대한 상대방의 양보를 기대했다.[4] 소련은 미국이 주도권을 쥐게 될 다국적 신탁통치안보다는 즉각적인 독립 국가의 건설을 통해 자신의 이익이 더 잘 확보되리라고 생각했다. 또한 조선에 대한 신탁통치안에 협조하면 동유럽에 대한 자신의 계획을 미국이 반대하지 않을 것이라고 생각했

---

4 Charles Dobbs, *The Unwanted Symbol: American Foreign Policy, The Cold War, and Korea, 1945-1950*(Kent: Kent University Press, 1981), p. 56.

다. 미국으로서도 소련이 제시한 정당 및 사회단체들과의 협의에 의한 임시정부의 수립, 신탁통치 기간의 단축 등을 거부할 명분이 없었던 데다, 모스크바협정의 운용 여하에 따라서는 미국의 이해를 도모하는 데 지장이 없을 것이라고 파악하여 소련의 제안에 응한 것으로 추정된다.

미국 정부는 모스크바합의로 한반도 문제가 잘 해결되리라고 생각했다. 소련도 같은 생각이었을 것이다. 그러나 그 협정은 미소 간 최후의 협조의 산물이었다. 얄타체제는 이후 한국에 적용되지 않았다. 미국과 소련의 점증하는 갈등은 모스크바합의 당시에 이미 가시화되고 있었고, 남한과 북한의 점령 지역에서는 이미 일종의 국가 기구들이 태동하고 있었다. 이러한 상황에서 모스크바에서의 합의가 준수되기를 기대하기는 어려운 일이었다. 더구나 양국의 합의는 한민족이 지닌 즉각 독립의 민족주의적인 염원을 도외시한 것이었기 때문에, 공포되자마자 한민족의 거센 반대에 봉착하여 실행이 불가능하게 되었다.

한민족의 반탁 운동에 직면한 미 당국은 혼란에 빠졌다. 미 국무부의 공식 정책은 모스크바협정으로 구체화된 바와 같이 여전히 국제적 신탁통치를 통한 통일 독립 국가의 건설이었지만, 남한에 주둔한 미군정의 입장은 달랐다. 미군정 사령관 하지 중장은 근본적으로 반공적인 봉쇄주의자로서, 취임 초부터 한반도에 대한 신탁통치안의 실행은 어렵고 바람직하지 않다는 생각을 가지고 있었다. 따라서 그는 모스크바협정 이전에 워싱턴 당국에 신탁통치안의 폐기를 계속 건의한 바 있다. 오히려 그는, 정치 고문 대리 랭던이 1945년 11월 20일 국무 장관에게 보낸 전문에서 밝힌, 김구를 중심으로 한 행정 위원회(governing commision)를 설치하여 이것을 이후 통일 독립 국가의 모태로 삼는 방안을 지지하고 있었다. 이러한 상황에서 발표된 모스크바협정의 내용은 한민족의 거센 반발을 불러왔을 뿐 아니라 하지를 곤경에 몰아넣었다. 그는 심성상, 그리고 정책상 신탁통치안을 달갑게 생각하지 않았으나, 이것이 본국 정부의 정책으로 채택된 이상 공개적인 반대를 표명할 입장이 아니었다. 이런 처지에서 신탁통치안에 대한 거센 반발이 그가 지지한 우익에서 나왔기 때문에 우익을 공개적으로 지지할 수도 없고, 그렇다고 좌익이 지지한 신탁통치안에 찬성할 수도 없었던 것이다. 그러나 그는 궁극적으로 대중의 반탁 열기를 우파 세력의 형성 및 결집에 이용했다. 반탁 운동으로 세력을 얻은 우익이 해방 직후 정국을 선제한 좌익에 맹렬한 공세를 취함으로써 남한 정국의 세력 균형은 우익에 유리하게 전개되기 시작했다. 이런 상황에서 미군정은 사실상 신탁통치안을 폐기하고 우익의 강화와 좌익의 약화에 부심하게 되었다.

워싱턴에서도 불협화음이 나타났다. 트루먼은 모스크바삼상회의에서 미국을 대표한 번스 국무 장관이 독단으로 소련에게 지나치게 양보했다고 생각하여 분노를 느꼈다. 트루먼은 모스크바합의 내용이 소련에 지나치게 양보한 것이라고 생각했던 것이다. 그는 당시 이미 소련에 대한 유화적 태도를 버리고 강경 선회하고 있었다. 트루먼 행정부는 중국과 한국에서 좌파 세력의 진출이 급격한 것을 보고 이 지역에 대한 정책을 재검토하기 시작했으며, 북한에서의 소련 행동, 즉 잔학 행위와 소련화의 추진에 대해 경계심을 강화했다. 1946년 초 미국의 대소련 정책은 근본적으로 수정되고 있었다. 트루먼 행정부는 조선 문제가 미국이 의도한 대로 해결될 때까지 미군이 남한에 주둔해야 한다고 생각하고 소련과의 더 이상의 타협 가능성을 배제하게 되었다. 미국 정부는 이러한 강경 노선의 표명이 소련을 굴복시킬 것으로 기대했으나, 그것은 미소 간의 교착 상태를 심화시킬 뿐이었다.

3) 협조에서 대립으로:
미소공동위원회의 실패와 조선 문제의 유엔 이관

모스크바 결정에 따라 제1차 미소공동위원회가 열렸던 1946년 3월경 미국과 소련의 협상은 여러 면에서 어렵게 되어 있었다.[5] 미군정은 사실상 신탁통치안을 폐기한 상태였고, 트루먼은 소련에게 더 이상 양보하려고 하지 않았다. 더욱이 남한에서의 격렬한 반탁 운동은 미국의 입장을 특히 어렵게 했고, 모스크바협정의 준수를 불가능하게 만들었다. 수정주의자들은 1945년 말 남한에는 이미 단독 국가 기구들이 설치되어 단정으로 나아가고 있었고 미국 정부는 사실상의 대소 봉쇄 정책에 돌입했으며, 이것이 신탁통치안이 실현 불가능하게 된 가장 큰 이유라고 주장한다.[6] 당시 미국 정부가 이미 단정을 추진하고 있었다는 주장은 설득력이 없지만, 어쨌든 대소 강경 노선과 남한에서의 우익 세력 득세가 미소의 협상을 어렵게 만든 것은 사실이었다. 그러나 여기에는 소련의 동구권 팽창이 미국 정부에게 불러일으켰을 경계심도 고려되어야 한다. 또한 북한에서도 우익 민족주의 세력이 해방 첫해에 이미 거세당하고 소련의 후원하에 소비에트 국가 기구들이 수립되고 있었음도 지적되어야 한다. 협상의 실패와 단정으로의 진행은 일방적인 것이 아니라 쌍방의 것이었고 상호적인 것이었다.

미소공동위원회가 실패한 구체적인 이유는 협의 대상이 될 정당과 사회단체들을 어떻게 선정하느냐에 대해 양국이 합의할 수 없었기 때문이

---

5 미소공동위원회에 관한 포괄적 연구는, 심지연, 『미소공동위원회 연구』(서울: 청계연구소, 1989).

6 Bruce Cumings, *The Origins of the Korean War: Liberation and Emergence of Separate Regimes, 1945–1947*(Princeton : Princeton University Press, 1981), pp. 238–239.

었다. 여기서 미국과 소련이 취한 행동을 보면 양국의 국가 이익이 조선 독립의 명분을 싸고 첨예하게 대립하고 있음을 보게 된다. 소련은 모스크바협정의 원칙에 반대하는 정당, 사회단체들을 제외할 것을 주장한 반면, 미국은 의사 표현의 자유를 들어 모든 민주적인 정당, 사회단체들을 협의 대상으로 할 것을 주장했다. 우익의 모든 중요한 단체가 모스크바협정, 보다 정확하게는 신탁통치안에 반대하는 상황에서 이들을 제외하는 것은 좌익 단체들만을 협의 대상으로 삼는 것을 의미하게 되니 양국이 상반된 주장을 한 것은 당연했다. 다만 여기서 소련이 양국의 합의를 준수할 것을 주장한, 명분상 유리한 위치에 선 반면, 미국은 반탁세력을 거부하면 남한 최대의 지지 기반을 잃게 되고 이를 지지하면 공동위원회가 붕괴되는 곤경에 처하게 되었다. 결국 미국은 후자를 선택했고, 그 결과 미소공동위원회는 붕괴되었으며 통일 정부의 수립은 한 발 더 멀어지게 되었다.

제2차 미소공동위원회가 시도된 1947년 5월에는 위에서 본 문제들이 더욱 심화되어 있었다. 종전 직후부터 벌어져 오던 미국과 소련의 관계는 급속히 냉각되어 1947년 3월 미국의 트루먼 독트린과 소련의 즈다노프 선언으로 동서 냉전이 공식화되었다. 두 나라는 각각 이제 더 이상 양보에 입각한 전후 질서를 모색하지 않게 되었다. 이러한 상황이 한반도에서의 미소 합의를 더욱 어렵게 만들었다. 국내에서는 우익의 반탁운동이 단정 운동으로 그 성격이 변질되어 적극적인 미소공동위원회 방해 공작으로 나타났다. 미소공동위원회의 재개를 환영한 좌익은 찬탁으로 국민적 지지 기반이 약화된 데다가 그동안 미군정의 탄압이 노골화되어 정세 변화를 주도할 수 없었다. 이제 좌익은 우익에 비해 현격한 힘의 열세를 느끼게 되었다. 북한에서는 '북조선 임시인민위원회'가 '북조선 인민위원회'로 발전하면서 소비에트화로 한 발 더 다가서고 김일성의 권력 장악이 본격화되었다. 이런 상황에서 1년 전에 실패한 미소 협상이 성공하기를 기대할 수는 없었다.

제2차 미소공동위원회마저 아무런 성과 없이 실패하자 미국 정부는 한국 문제를 유엔에 상정함으로써 이 문제의 조속한 해결을 꾀하게 되었다. 미국 정부는 이제 소련과의 합의에 의한 통일 정부의 수립은 불가능한 것으로 판단했다. 남북한 모두에서 이미 각각 독자적인 국가 건설이 완성되고 있던 시점에서, 미국 정부는 전략적 가치가 희소한 한반도에서 조속히 손을 뗄 방법을 모색했다. 당시 미국의 절대적인 영향 아래 있었던 유엔으로의 한반도 문제 이관은 전략적으로 이상적인 대안으로 생각되었을 것이다. 미국은 자신의 체면을 유지하면서 한반도의 소련 지배를 저지하고 안보 이해를 관철하기 위한 수단으로 이 문제의 유엔 상정을 추구했고 이에 성공했다. 소련은 이에 대해 모스크바협정의 준수를 계속 주장했고, 나중에는 미소 양군이 동시에 철수하고 남북한 총선을 실시할 것을 주장했다. 소련은 양군이 철수할 경우 한반도 내에서의 무력 충돌은 불가피할 것이고 이 경우 공산권의 승리가 보장되리라고 판단했기 때문에 이 안을 제의한 것으로 보인다. 같은 이유로 미국이 이 안을 받아들일 리가 없었다. 소련의 제안은 양국의 합의를 끝까지 준수할 것을 주장했다는 점에서 미국 안에 비해 명분이 컸다. 그러나 이 안은, 당시 공산화될 확률이 컸던 한반도의 현실이나 미국이 주도했던 유엔의 위치를 볼 때, 현실성이 없었다. 동시에 미국 정부는 소련이 유엔의 결정을 받아들이지 않을 경우를 예상했으며, 이 경우 남한에서 단독 정부를 세울 것을 구상하고 있었다.[7]

---

7 미국의 단정 선회 정책의 시점에 관한 논의는, 김영명, 「남한 단정 수립의 현실주의적 분석」, 『아시아 문화』(한림대학교 아시아문화연구소), 제5호(1989), 27~28쪽.

유엔 총회는 미국의 제안대로 인구 비례에 의한 남북한 총선을 거쳐 한반도에 통일 정부를 수립할 것을 결정했다. 총선을 감시하기 위해 유엔은 캐나다, 인도 등 7개국 대표로 구성된 한국임시위원단을 구성했다. 그러나 예상대로 소련과 북한 당국은 유엔 한국임시위원단이 38선 이북으로 넘어오는 것을 막았고, 이 문제를 해결하기 위해 열린 유엔 소총회에서 38선 이남 지역에서만의 선거를 결정함으로써 남한에서의 단정 수립은 공식화되었다.

이상에서 본 바와 같이, 한반도 분할의 장본인들인 미국과 소련의 협상 실패는 분단 고착화의 중요한 원인이 되었다. 양 강대국이 협상에 실패한 궁극적인 이유는 쌍방이 모두 각각의 지역에서 가진 기득권을 포기하지 않으려는, 어떻게 보면 지극히 당연한 정치 현실의 결과였다. 미국과 소련이 자기에게 유리한 협상 결과를 전제로 하지 않는 타협에 응할 리 없었던 당시의 정황으로 볼 때, 어떠한 문제가 제기되었든 서로의 협상은 어렵게 되어 있었던 것이다. 그것은, 한반도가 양국에게 그다지 중요하지 않았기 때문에 더 그랬다. 한반도에서의 미국의 목표는 소련의 전면 지배 방지에 있었고, 소련의 목표는 자국에 적대적이지 않은 국가를 건설함에 있었다. 이러한 상황에서 양국의 최대 목표는 자국에 복종하는 통일 국가의 수립이었으며, 최소 목표는 상대국에 의한 한반도의 완전한 지배권 확보를 저지하는 일이었다. 최대 목표의 실현이 불가능하다고 판단된 상황에서 양국이 모두 큰 피해를 수반하지 않는 최소 목표에 역설적인 타협을 한 결과가 바로 분단국가의 수립이었던 것이다.

2. 민간 사회의 분출과 미군정의 억압

1) 민간 사회 분출의 요인과 의미

해방이 되자 일제하에서 철저히 억압받았던 민간 사회는 급격히 분출하기 시작했다. 이는 해방 이후의 독립 국가 건설과 사회 개혁을 향한 대중의 참여 욕구를 반영하고 있었다. 그러면 일제하에서 철저히 억압당했던 민간 사회가 어떤 이유로 단기간에 급속히 분출할 수 있었는가? 무엇보다도 억압적인 식민 국가의 퇴거가 가장 큰 이유라고 할 수 있다. 1945년 8월 15일 일본이 무조건 항복을 선언한 이후 미군의 한반도 진주가 밝혀지기까지 약 20일 동안 한반도에는 그야말로 무정부의 상태가 전개되었고, 이러한 상황에서 그간 억압되었던 여러 사회 세력이 국가 건설과 사회 개혁의 목적을 갖고 혹은 무정부 상태를 이용한 사회·경제적 이득을 취하기 위해 급속히 활성화되는 양상을 보였다. 정치적으로는 8월 15일 '건국준비위원회'가 건설되고 9월 6일 '조선인민공화국'이 선포되었으며, 각 지방에 인민위원회가 설치되었다. 동시에 노동조합, 농민조합들이 급속히 파급되어 무정부 상태에서의 새로운 질서를 창출하기 위해 공장 접수, 자주 관리 운동들이 펼쳐졌다.

일반 민중의 급속한 동원화는 해방 직후의 사회·경제적 혼란에서도 그 이유를 찾을 수 있다. 해방 후 귀환 동포들의 대거 유입은 사회적 혼란에 부채질을 했고, 일본인이 지배한 경제 설비들이 그들의 퇴거로 작동되지 못하게 되자 경제적 침체가 심각해졌던 것이다. 귀환 동포의 유입으로 인구는 1946년의 경우 전년 대비 21%나 증가했으나, 산업 생산은 1948년의 경우 전년 대비 10~15%에 그쳤다. 산업 생산의 침체로 실업이 만연했고, 물가 앙등 역시 극심했다. 소매물가의 경우 1945년 8월에서 1946년 12월 사이 10배로 뛰었고, 도매물가는 같은 기간 동안 28배로 급등했다.[8] 이러한 사회·경제적 혼란은 미군정의 잘못된 경제 정책 때문에 더 악화되었다. 특히 미군정이 실시했던 추곡 수매와 쌀 배급 정책이 당시 조선의 경제 혼란을 부채질했는데, 1945년 10월부터 시행된 쌀값의 통제는 이듬해 10월 일어난 인민봉기의 중요한 원인이 되었다. 또 미군정은 정치적으로도 잘못된 정책을 펼침으로써 대중의 큰 불만을 샀다. 친일파를 고위 행정직에 잔류시키고 일제가 만든 경찰 기구를 그대로 존속시켜 미군정에 대한 대중의 불신을 깊게 했다. 또 좌익 세력의 발호에 당황하여 이를 억압했고, 이들과 연계된 진보적인 사회 개혁 요구를 묵살했다. 이러한 상황이 민간 사회와 미군정의 대결을 심화시켰다. 더 근본적으로 미군정은 한반도에의 진주를 옛 일본 식민지를 접수하는 방편으로 생각했기 때문에 즉각적인 독립과 사회 개혁을 원하던 일반 대중의 염원과 어긋나지 않을 수 없었다.

그러면 민간 사회의 분출은 어떤 성격을 가지고 있었고, 또 어떻게 전개되었는가? 민간 사회의 분출은 우선 반제 반봉건의 사회 개혁을 지향한 자생적인 대중 동원의 성격을 띠고 있었다. 해방이 되자 많은 죄수가 석방되었고, 여기에는 일제하에서 독립 운동에 종사하던 많은 사람이 포함되어 있었다. 그리고 그들의 대부분은 좌익으로 분류될 수 있는 사람들이었다. 좌익 지도자들이 중도적인 인사들과 함께 건설한 건국준비위원회의 소식이 전국으로 순식간에 파급되었고, 산하 조직들이 순식간에 만들어졌다. 건국치안대, 조선국군준비대 등이 조직되었고, 노동조합, 농민조합, 청년·여성 단체들이 우후죽순처럼 들어섰다.

---

8 Gregory Henderson, *Korea: The Politics of the Vortex*(Cambridge : Harvard University Press, 1968), p.138.

이러한 민간 사회의 분출은 좌익 정치 세력과 연계되었다. 그러나 이 둘이 항상 조화를 이루었던 것은 아니다. 민중의 욕구는 주로 자신의 생존권 확보 투쟁으로 나타났다. 따라서 1946년의 9월 총파업이나 10월 인민봉기의 경우에도 그들의 목표는 노동 조건의 개선이나 쌀 확보에서 크게 벗어나지 않았다. 그러나 이를 지도한 조선노동조합전국평의회(전평)나 조선공산당 하부 조직의 구호는 명확하게 정치적인 투쟁을 겨냥하고 있었다. 이러한 현상은 민중의 생존권 확보 투쟁이 좌익 정치 세력의 정치 투쟁과 결합된 것이라고 해석될 수도 있겠으나, 그보다는 이후 한국 정치의 한 지속적인 특징이 된 민간 사회와 정치 사회의 괴리로 파악하는 것이 더 합리적일 것이다. 반제 반봉건의 사회 개혁이 민중의 궁극적인 목표였으나 그 목표의 구체적인 내용이나 실현 방법에 대한 체계적인 이해는 그들에게 없었고, 그것이 좌익의 본격적인 정치적·이념적 투쟁과 일치하는 것도 아니었다.

　여기에 연결되는 문제가 민간 사회 분출의 계급적 성격에 관한 것이다. 민간 사회의 분출은 분명히 계급적인 토대를 가지고 있었다. 당시의 사회 운동들이 농민, 노동자를 중심으로 한 계급 집단을 단위로 일어났고, 토지개혁, 노동 조건 개선 등의 계급적 요구를 보이고 있었기 때문이다. 그러나 다른 한편으로는 해방 이후 산업 생산의 침체로 노동자가 급격히 감소하고 산업 부르주아지가 형성되지 않은 상황에서 본격적인 계급 투쟁이 전개되었다고 보는 데는 무리가 있다. 농민이나 노동자들의 계급 의식은 뚜렷하지 않았고, 계급 조직으로 분류될 수 있는 단체들 또한 순수히 계급에 토대를 두었다기보다는 좌익 민족주의적 정치 이념과 뒤섞인 양상을 보여 주었다. 당시의 사회 운동은 계급적 토대 이상으로 즉각적인 통일 독립 국가의 건설을 목표로 하는 (좌익) 민족주의의 이념적 토대를 지니고 있었다고 할 수 있다.

민간 사회의 투쟁 유형을 보더라도 계급 조직들이 주도한 집단적 투쟁의 측면이 없었던 것은 아니지만, 그보다는 비조직적인 대중적 투쟁의 성격이 더 강했다. 즉 전평과 전국노동조합총연맹(전농) 등의 전국 조직들도 실제적인 대중 투쟁에서는 통제권을 행사하지 못했다. 파업과 봉기, 시위 등은 이 조직들의 계획에 의해 체계적으로 일어난 것이 아니라, 오히려 노동자, 농민 등의 자생적인 불만 분출로 일어난 것이었다. 계급 조직과 정치 조직들은 초기 단계에서 이들을 부추기거나 지방 단위에서 어느 정도 주도적인 역할을 담당하는 데 그쳤다. 민간 사회의 분출은 조직적인 기반을 가지지 못하고 자생적인 대중 운동의 형태로 나타났고, 더욱이 적나라한 힘 투쟁의 방법에 호소했기 때문에 국가 기구, 즉 경찰력의 탄압 앞에서 무너져 소기의 목적을 달성하지 못하고 침체의 길을 걷게 되었다.

그러면 민간 사회 분출의 구체적 모습은 어떠했는가? 민간 사회의 참여 폭발은 먼저 '인민위원회'의 구성으로 나타났다. 조선인민공화국의 지방 조직으로 구성된 인민위원회들은 출옥한 좌익 지도자 및 학생, 군인 등의 주도로 자생적으로 만들어진 해방 후 최초의 전국적인 조직으로 출발했다. 이들의 대부분은 일시적인 지방 행정을 담당하고 지역의 수감자들을 출옥시키며 부일 협력자들을 쫓아내고 때로는 토지개혁을 담당할 목적으로 지도적 지역 주민들에 의해 자발적으로 조직되었다. 이들은 1945년 8월까지 145개 이상이 조직되었으며, 존재 기간의 차이는 있으나 남한의 절반에 걸친 지역에서 정치적 통제권을 행사했다. 인민위원회의 급속한 분출은 일반 대중의 사회 개혁과 독립을 위한 정치 참여에의 욕망을 반영했으며, 혁명적인 상황에서 좌익의 정치 세력과 밀접히 연계되어 있었다.

그러나 미군은 진주와 동시에 인민위원회와 인민공화국을 부정했다.

그뿐 아니라 미군정은 이에 대한 체계적인 와해 공작을 벌여 1945년 말까지 모든 인민위원회를 소멸시켰다. 인민위원회의 소멸은 좌익의 정치 주도권을 약화시켰으며, 동시에 민간 사회의 국가에 대한 도전에 쐐기를 박았다. 민간 사회의 폭발적 분출과 미군정의 무력 진압은 1946년의 10월 인민봉기에서 절정에 달했다.

1946년 9월 24일 부산의 철도 노조 파업으로 시작된 봉기는 순식간에 전국으로 파급되어 노동자, 농민, 학생, 시민을 포괄한 광범위한 봉기로 번졌다. 처음에는 단순한 경제적 요구로 시작한 봉기는 경찰과의 충돌을 통해 인민 정권 수립을 목표로 한 정치 투쟁의 양상으로 변모해 갔다. 따라서 봉기는 고전적인 반란의 성격을 띠게 되었고, 경제 투쟁인 동시에 정치 투쟁, 그리고 반식민, 반봉건 민족 운동인 동시에 계급 투쟁의 성격을 띠게 되었다. 그것은 미군정과 보수·반동 세력에 대한 저항이었으며 미군정의 반개혁 정책 및 식량 정책에 대한 저항이었다.[9] 봉기는 노동자, 농민을 중심으로 한 민중의 자발적·자생적인 항거로 일어났다. 봉기의 조직자들은 지방 인민위원회 간부들 및 농민 조합, 노동조합, 기타 인민위원회와 관련된 조직에 속한 사람들이었다. 그러나 조선공산당도 전평, 전농 등의 외곽 조직들도 이 봉기를 체계적으로 계획, 주도하거나 그 과정을 통제하지 못했다.

이러한 분산되고 비조직적인 봉기의 성격은, 한편으로는 봉기가 본격적인 정치적 반란으로 발전하지 못하고 미군정의 진압에 무너져 버리지 않을 수 없었던 원인이 되었다. 다른 한편으로 이것은 봉기에 참여한 민중 세력과 이를 지도한 좌파 정치 세력 사이의 목적과 전술상의 괴리를 드러내었다. 좌익 정치 세력은 민중의 개혁 열망을 정치적으로 포

---

9 정해구, 『10월 인민항쟁 연구』(서울: 열음사, 1988), 203쪽.

용하지 못하고 그들을 과격한 정치 투쟁으로 내몲으로써 개혁의 목표를 달성하지 못하게 했을 뿐 아니라, 자신의 정치적 종말을 재촉했다. 사실 10월 인민봉기는 당시 박헌영이 채택했던 폭력 투쟁 위주의 '신전술' 노선의 일환으로 촉발된 측면이 컸다. 조선공산당은 실제로 9월 중 대규모 파업 계획을 세우고 있었다. 10월 인민봉기의 전초전이 된 부산 철도 노동자의 파업도 전평의 지시에 의한 것이었다. 그러나 공산당과 전평은 이후 일어난 대규모의 봉기를 통제할 조직적 역량을 가지고 있지 못했다. 그러면서도 그들은 경제적 요구로 시작된 파업을 반미 투쟁, 반우익 투쟁 등 정치 투쟁으로 선동함으로써 미군정의 탄압을 자초했다. 당시는 이미 좌익에 대한 미군정의 탄압이 본격화되고 있었고, 좌익은 무력 투쟁을 통해 자신의 정치적 요구를 관철시키고자 하여, 둘 사이에 적나라한 힘의 투쟁이 시작되던 때였다. 10월 인민봉기는 이러한 힘의 투쟁을 본격화시킨 분기점이 되었다.

2) 미군정의 대응

미군정은 민간 사회의 분출을 근본적으로 억압했다. 이를 이해하기 위해서는 먼저 미군정이 당시 한반도의 상황을 어떻게 인식하고 있었는지를 이해할 필요가 있다. 미군이 남한에 진주할 당시 미국 정부는 한반도가 소련의 수중에 떨어지지 않게 하려는 근본적인 정책 목표를 가지고 있었지만 더 이상의 세부 계획은 갖고 있지 않았다. 미군정 사령관으로 임명된 하지 중장은, 당시 미군 사령관들 중 한반도에서 가장 가까운 오키나와 근해에 있었다는 이유 때문에 남한 점령의 책임을 부여받았다. 그는 한반도의 현실에 대해 철저히 무지했고, 반공적인 심성을 가진 전형적인 군인이었다. 그는 진주 후 남한에서 취할 정책들에 대해 아무런 구체적인 지시도 받지 못했다. 미국의 한국 점령 정책을 제시한 블랙리스트(BLACKLIST)는 기본적인 대강에 불과했고, 소련과의 군사적 협력, 연합국 점령의 범위와 성격, 군정의 형태와 기간, 한국인에 대한 대우, 일본인과의 관계 등 세부적인 문제에 대해서는 결정을 하지 못하고 있었다.

그러나 하지는 진주하자마자 곧 점령군의 행태를 드러내었다. 그것은 조선을 구 일본 식민지로만 이해한 미국의 입장으로 볼 때 자연스러운 일이었는지도 모른다. 하지는 진주 당시 좌파가 주도권을 잡고 있던 조선 정국에 깊은 우려를 보였다. 그는 어느 정치 세력도 대표성을 인정하지 않는다는 기존의 본국 정책에 따라 정치 중립을 표방했으나, 궁극적으로는 좌익을 탄압하고 우익을 강화하는 쪽으로 움직였다. 그는 미군 진주의 최우선 과제를 법과 질서의 유지로 파악하고 일본인 기술·행정 요원들을 일시 존속시키는 우를 범하기도 했다. 또한 그는 남한에서의 좌익의 발호가 소련의 마스터플랜에 의한 것이라는 확신을 가지고 있었다. 한반도에 대한 자세한 정보도 없었고 상부의 구체적 정책 지시도 없었던 상황에서, 소련 지배 저지라는 유일한 목표에 매달린 반공의 전사 하지가 할 수 있는 일은 좌익과 관련되었다고 생각되는 모든 사회·정치적 행위들을 억압하는 일이었다. 그럼으로써 그는 한반도가 소련 공산주의의 수중에 떨어지는 것을 막고 미국의 자유민주주의의 보호 아래에 들어올 것을 기대했다.

이러한 하지의 현실 인식은 근본적인 결함을 지니고 있었다. 하지는 당시의 소요와 혼란의 많은 부분이 독립과 사회 개혁을 향한 조선 인민의 민족주의적인 열망에서 나왔다는 점을 제대로 이해하지 못했다. 더 중요하게는 민간 사회의 분출과 미군정에 대한 도전이 민중의 자생적인 욕구 분출에 의한 것이었다는 점을 이해하지 못했다. 그리하여 그는 민중의 불만과 항거를 공산주의자의 조종으로만 파악했고, 또 그 뒤에는 소련 공산주의가 버티고 있는 것으로만 생각했다. 다시 말해, 당시의 정국을 특징지었던 독립 국가의 수립과 반봉건적 사회 개혁의 방안을 둘러싸고 벌어진 민중과 국가, 그리고 각 정치 세력 간의 투쟁이 가졌던 본질적 성격을 이해하지 못하고, 오직 민주주의와 공산주의의 대결, 그리고 좌익과 우익의 대결이라는 관점에서만 이를 파악했던 것이다.

하지의 정세 인식이 이러했기 때문에, 그는 앞서 보았듯이 진주하자마자 곧 인민위원회를 해산하기 시작했고, 10월 인민봉기를 비롯한 민간 사회의 도전을 무력으로 진압했다. 그는 인민봉기를 소련 공산주의자의 사주에 따른 것으로 보았고, 조선인 노동자들의 선량한 요구를 불순한 선동자들이 자신의 목적을 촉진시키기 위해 이용한 결과로 보았다. 미군정의 탄압의 결과 급속하게 분출되었던 민간 사회는 다시 침체의 길로 들어섰다. 이는 좌익의 침체와 같은 길을 걸었다. 인민위원회가 종말을 고했을 뿐 아니라 9월 총파업을 지도했던 전평은 주요 지도자들의 검거로 그 조직의 중추가 와해되었으며, 우익의 주도로 만들어진 대한독립촉성노동총연맹(대한노총)에 노동 운동의 주도권을 빼앗기게 되었다. 10월 인민봉기의 진압에 동원되었던 우익 청년 단체들은 이후 더욱 강화되어 좌익 탄압에 앞장서게 되었고, 봉기 진압의 주도적 역할을 담당했던 경찰과 관료 조직들 또한 한층 더 강력해졌다. 이후 제주도반란(일명 4·3사태, 1947년 3월 1일~1954년 9월 21일) 등을 통해 민간 사회가 다시 한 번 미군정에 대한 도전을 행사할 기회를 가졌으나, 남조선노동당(남로당)과 미군정, 좌익과 우익의 대결이 첨예화된 상황에서 민중 세력의 분출은 이전보다 더욱더 남로당의 투쟁 전술에 의해 좌우되게 되었다. 그 결과는 참담한 패배였다.

3. 정치 사회의 힘 투쟁과 분단국가 수립

1) 정치 세력의 분출과 힘 투쟁의 특징

해방이 되자 당시까지 억압되어 있던 정치 세력들이 급격하게 분출하여 저마다 정치적 대안을 가지고 각축전을 벌였다. 일제하에서 서로 연계되지 못하고 분열되어 있던 민족 운동 세력들이, 일제의 탄압이 없어지고 미군정이 정치적 중립을 표명하자, 격렬하게 분출하여 힘겨룸을 벌이게 되었다. 따라서 당시에는 어느 정치 세력도 한민족 전체를 대변할 대표성을 갖지 못하고 있었다고 할 수 있다. 일본 식민 통치의 강압과 민족 운동 안의 분파주의로 좌에게도 우에게도 통일된 민중 조직이 없었고, 연합국이 승인한 망명 정부도 없었으며, 민중의 정치력을 동원할 수 있는 토착적 중심 세력도 없었다. 또한 정치 지도자와 민중 모두 8·15 독립이 갖는 국제 정치적 특질을 이해할 만큼 정치적으로 성숙해 있지 못했다. 여기에 미소의 분할 점령과 냉전의 전개가 겹쳐져서 정치 지도 세력의 분열은 걷잡을 수 없이 심화되었다.

당시 남한에서 활약한 정치 세력들을 크게 구분해 보자면, 사회 개혁 및 친일파 처리에 대한 태도, 향후 독립 국가의 성격에 대한 견해, 미국과 소련에 대한 태도 등을 기준으로 좌, 우, 중도파의 셋으로 구분할 수 있다. 박헌영을 중심으로 한 공산당 세력은 '2단계 혁명론'[10]에 입각하여 부르주아 민주주의 혁명을 통한 국가 건설과 사회 개혁을 내세웠고, 친일파의 철저한 숙청을 주장했다. 따라서 이들은 대중적 명분을 가질

---

10 사회주의, 공산주의의 여건이 무르익지 않은 상황을 감안하여 1단계 부르주아 혁명을 거쳐 2단계 사회주의 혁명으로 나아간다는 단계적 혁명론.

수 있었고, 일제하에서 오랜 조직화의 경험을 가진 이점을 안고 있었다. 또한 일제의 탄압에도 불구하고 변절하거나 국외로 탈출하지 않았다는 점이 이들이 해방 직후 정국을 선제할 수 있는 유리한 요소로 작용했다. 그러나 이들은 미국과 소련 어느 쪽으로부터도 후원을 받지 못했고, 그 결과 권력 투쟁에서 패배하고 말았다. 여기에는 그들 자신의 미군정에 대한 잘못된 판단과 극좌 모험주의적 전술로의 전환도 중요한 요소로 작용했다.

김구를 중심으로 한 임시정부 세력은 우익이 중심이었으나, 이념적으로는 '무조건 완전 독립'의 목표를 제외하고는 뚜렷한 것이 없었다. 임시정부는 환국 당시 임시 '정부'로서의 정통성을 지니고 있어 각종 정치 세력들이 이를 인정했고, 이러한 사실이 임시정부 지도자들의 중요한 정치적 자원이 되었다. 그러나 미군정이 임시정부의 존재를 인정하지 않았고, 지도자들 자신이 현실 인식과 대처 능력이 부족하여 '임시정부 중심의 정부 수립'이라는 무모한 목표에 집착했으며, 결국에는 계속된 정치적 모험 끝에 몰락하고 말았다.

한국민주당(한민당)은 우파를 대변한 또 다른 집단이었는데, 뚜렷한 정강 정책이 없었고 사회 개혁과 친일파 처리 문제에서 소극적 태도로 일관했다. 이는 일제하에서 보여 준 그들의 활동과 지주 출신으로서의 계급적 기반을 볼 때 충분히 예상할 수 있는 일이었다. 그들은 임시정부와 미군정을 배경으로 좌파 세력을 저지하는 것을 최우선 목표로 삼았고, 궁극적으로 이에 성공했다.

권력 투쟁에서 마지막 승자로 부상한 이승만은 사회 개혁이나 통일 국가 수립보다는 자신이 지배하는 반공 국가의 수립을 으뜸 목표로 삼았다. 따라서 통일 국가 수립이 어려운 것으로 판단되자 곧 맹렬한 단정 운동을 벌여 자신의 목적을 달성했다. 그에게는 다른 모든 지도자를 능가하는 국민적인 지명도와 탁월한 정치적 판단 및 적응 능력이라는 정치적 무기가 있었으며, 이를 잘 활용하여 미국 측과 충돌을 일으키면서 자신의 목적을 관철해 갔다.

중간파 정치 세력들은 비교적 유연한 입장에서 타협점을 모색했으나 좌우의 협공을 물리치고 타협을 주도할 힘의 자원을 지니지 못했다. 온건 좌파의 성향을 보였던 여운형은 좌파와 우파를 규합할 대중적 지지를 지닌 유일한 정치 지도자로 여겨졌지만, 해방 초기부터 좌파에게 주도권을 빼앗기고 좌우 대결이 심화되던 와중에서 피살됨으로써 많은 국민의 기대에 부응하지 못했다. 온건 우파 성향의 김규식 또한 타협에 의한 통일 국가 건설을 추진했고, 이를 위한 도덕적 명분과 미국의 지원이라는 자원을 가지고 있었으나, 좌우의 대결 속에서 타협을 성취하기에는 대중적·조직적 기반이 취약했고 지도력이 미약했다.

끝으로 미군정은 하나의 잠정적 국가를 형성하면서 동시에 힘 투쟁의 한 당사자였다. 미군정은 국가로서의 궁극적인 통제력을 보유했고, 이를 통해 좌익 약화와 우익 강화라는 자신의 목적을 달성했다. 그러나 미군정과 각 정치 세력의 관계가 그렇게 단순하지만은 않았다. 미군정이 당시의 세력 균형에 결정적인 영향을 미친 것은 사실이었지만, 또한 좌우익 세력 각자의 전략적 선택이 중요한 요인이 되었던 것도 사실이었기 때문이다.

2) 힘 투쟁과 단정 수립의 과정

이상과 같은 다양한 정치 세력의 각축의 과정을 통해 이루어진 남한 단독 정부, 즉 대한민국 정부의 수립은 궁극적으로 우익 세력이 좌익 세력의 정치적 선제를 제치고 정치권력을 장악함으로써 이루어졌다. 이러한 힘의 균형 변화는 여러 중요한 정치적 계기를 통해 이루어졌는데, 이러한 계기들은 크게 보아 모스크바협정으로 인한 찬반탁 논쟁, 제1차 미소공동위원회의 실패와 좌우 대립의 격화, 그리고 한국 문제의 유엔 상정으로 볼 수 있다. 이에 따라 세력 판도의 변천은, 1) 좌파 선제기(1945년 8~12월), 2) 좌우파 대치기(1946년 1~5월), 3) 우파 득세기(1946년 5월~1947년 9월), 4) 우파 승리 및 분단국 수립기(1947년 9월~1948년 8월)로 나누어진다.

(1) 좌파 선제기(1945년 8~12월)

초기의 해방 정국에서 건국의 주도권을 잡은 것은 분명히 좌파 세력이었다. 정치범의 석방과 사회 세력의 분출 속에서 민족적 독립과 사회 개혁의 민중적 욕구를 대변한 것은 박헌영의 조선공산당을 중심으로 한 좌파 세력이었다. 최초의 중앙 정치 세력의 결집으로 구성된 건국준비위원회도 처음에는 중도 좌파인 여운형의 주도로 이루어졌지만, 이후 계속된 좌우파의 의견 충돌과 인사 개편으로 곧 좌파의 주도하에 들어갔다. 이후 건국준비위원회는 전 민족적 연합체로서의 성격을 잃고 좌익 세력의 대변 기구로 변했다. 미군의 한반도 진주가 임박하자 건국준비위원회 인사들은 시급히 '조선인민공화국'(인공)을 선포하고 정부 행세를 했다. 이러한 성급한 행동은 미군 진주 전에 정권 기관을 수립하여 기득권을 확보하려는 의도에서 나왔다. 인공의 선포 역시 박헌영의 주도로 여운형이 이에 동조한 결과였다. 인공은 아직 귀국하지 않은 이승만, 김구 등의 우익 지도자들을 최고위에 추대하는 등 정치적 연합체로서의 성격을 보이기 위해 노력했으나, 그 강령이나 인맥 구성에서 좌익 편향이 명백했다. 인공은 급조되었고 직접적인 대중 참여도 없었지만 지방 인민위원회들을 거느릴 수 있었고, 해방 초기 정국에서 조직력,

대중 동원력, 그리고 구체적인 강령 등에서 다른 어떠한 조직도 압도했던 것이 사실이었다.

그러나 미군의 진주는 정국에 커다란 변모를 가져왔다. 미군은 9월 8일 남한에 진주한 후, 자신을 38선 이남에서의 유일한 합법적인 통치 기구로 선포하고 기존의 모든 정치 세력의 대표성을 인정하지 않았다. 따라서 인공과 귀국을 추진하던 임시정부 세력 모두를 부인했다. 이러한 미군의 진주는 기득권을 확보하려던 좌익 세력에게 명백한 타격이었던 반면, 당시까지 정치 세력으로 집결하지 못하고 있던 우익 세력에게는 큰 힘이 되었다. 한민당의 창설이 바로 이런 배경 아래 이루어졌다. 이후 한민당 인사들은 미군정과 밀월 관계에 들어갔다. 그 반면 미군정은 좌익에 대한 적대적 태도를 점차 명백히 했다.

10월 16일 이승만이 귀국했는데, 그것은 정국의 변화에 또 하나의 전기를 마련했다. 그는 해방 이전부터 독립 지도자로서의 명망을 가지고 있었기 때문에 대부분의 정파가 그를 추대하거나 이용하려고 했다. 따라서 이승만은 자신을 중심으로 한 정당 통합 운동을 전개했으나, 친일파 처리 문제에 대한 이견을 직접 촉매로 하여 공산당과 절연했다. 이로써 초기의 정치적 연합 시도는 해방 첫해가 가기 전에 실패하고 말았다. 그것은 근본적으로 화합할 수 없는 좌와 우의 이념적 괴리 때문이었다. 이후 좌와 우는 한 번도 진정으로 타협하지 못하고 대립의 길로 치달았다.

김구를 비롯한 임시정부 세력은 미군정의 인정을 받지 못하고 개인 자격으로 귀환했고 그 시기도 상당히 늦었다. 김구 등의 제1진이 귀국한 11월 23일은 이미 이승만과 공산당이 통합에 실패하고 대치 상태에 들어간 시점이었다. 이 상황에서 임시정부 세력은 좌우의 타협을 이끌어낼 정치적 역량이 없었다. 임시정부는 유일한 해외 망명 '정부'로서의 법통성을 주장할 수 있었고 각 정파가 이를 인정하지 않을 수 없었으나, 좌우파의 점증하는 대치 속에서 지도력을 발휘하지 못하고 신탁통치안의 소용돌이가 벌어질 때까지 의미 있는 행동을 보이지 못했다.

(2) 좌우파 대치기(1946년 1~5월)

모스크바삼상회의 결과가 한국인에게 알려지자 해방 정국은 즉시 혼란의 소용돌이에 빠졌다.[11] 신탁통치안을 둘러싸고 벌어진 좌우의 노선 대립은 당시 정치 세력의 판도에 심대한 영향을 미쳤고, 좌우파의 대립을 돌이킬 수 없는 것으로 만들었다. 건국의 주도권을 둘러싸고 벌어진 각 정치 세력의 대립은 이제 반탁과 찬탁이라는 쟁점을 중심으로 좌우파의 대결로 구체화되었다.

김구가 주도한 임시정부 세력은 반탁의 국민적 감정을 이용하여 대규모 시위를 주도하고 자신의 입지를 최대한 고양시켰다. 1945년 연말과 이듬해 1월 초는 해방 후 처음이자 마지막으로 김구가 정국을 주도했던 짧은 시기였다. 김구 계열의 정치 세력은 신탁통치안의 발표로 난처한 입장에 처해 있던 인공 측의 합작 제의를 거절하고 임시정부를 중심으로 '비상정치회의', '국민대표회의'를 차례로 소집하여 헌법을 제정하고 정식 정부를 수립할 것을 주장했다. 우파 세력은 임시정부를 중심으로 결집하여 1946년 2월 1일 '비상국민회의'를 결성했다. 이어서 이승만의 '독립촉성중앙협의회'와 안재홍 중심의 '탁치반대국민총동원중앙협의회'가 '대한독립촉성국민회'로 결합하여 이승만과 김구를 지도자로 내세움으로써 우파 세력들의 정치적 결속이 이루어졌다. 이는 2월 14일 미군정이 비상국민회의 최고정무위원회를 하지의 자문 기구인 '대한국

---

11 이러한 소용돌이에 대한 좋은 요약이 USAFIK, "Political Trends", No. 15(Jan. 1946), pp.1-4에 나와 있다. 심지연, 「반탁에서 찬탁으로: 남한 좌익 진영의 탁치관 변화에 관한 연구」, 『한국정치학회보』, 22:2(1988)도 참조.

민대표민주의원'(민주의원)으로 재편성함으로써 일단락되었다.

그러나 김구의 반탁 운동은 결국 실패로 끝났다. 그것은 무엇보다 미군정이 장악하고 있던 당시의 정치 구도에서 민족적 열정과 통일 독립의 명분밖에 가지지 못한 김구가 이를 실현할 실제 수단을 갖지 못했기 때문이었다. 더구나 반탁 운동은 궁극적으로 좌우 대립을 심화시키며 단정 수립에 이용당하는 결과를 낳았다. 반탁 운동은 처음에는 민족주의적 투쟁의 성격이 강했지만, 이후 특히 1947년 들어 점차 좌파에 대항하기 위한 반공 이데올로기로 이용되었고, 결국 분단 고착화와 이승만의 정권 장악에 기여하게 되었다. 이승만은 한민당과 더불어 김구의 반탁 노선에 동조했으나 처음부터 소극적이었고, 그보다는 반공과 반소의 일관된 노선을 견지했다. 그는 좌우 연합의 가능성이 없음을 간파하여 자신을 정점으로 한 단정 수립을 일관되게 추진했다.

좌익은 찬탁으로의 노선 변경을 통해 상당한 타격을 입었다. 조선공산당은 모스크바 결정이 탁치가 아니라 후견제를 의미하는 것이라고 주장했고, 임시정부의 수립을 신탁통치안보다 더 강조했다. 그러나 이러한 주장이 민족주의적인 열정에 사로잡힌 대중을 설득하기는 어려웠다. 이러한 곤경 속에서 좌익은 임시정부에게 협력을 제의하고 통일전선 형성을 위해 주요 정당들(한민당, 국민당, 조선인민당, 신한민족당)과의 제휴를 추진했다. 그러나 당시 반탁으로 기세를 올린 임시정부 세력과 한민당이 이를 거부하여 그 목적을 달성하지 못했다. 이러한 상황에서 좌익의 각 세력들은 우파의 결집에 대항하기 위해 1946년 2월 15일 '남조선민주주의민족전선'(민전)을 결성했다. 정국은 민주의원의 우익과 민전의 좌익 간의 팽팽한 대치 상태로 돌입했다.

하지는 모스크바 결정에 당황했고, 우익도 좌익도 공개적으로 지지할 수 없는 난처한 입장에 빠졌다. 그러나 그의 정책은 근본적으로 좌익을 약화시키고 우익을 강화하는 쪽으로 움직였다. 5월 하순 발생한 정판사 위조지폐 사건으로 인한 좌익 인사들의 검거는 좌익 지도자에 대한 미군 정의 최초의 본격적인 물리적 탄압을 의미했다. 이러한 탄압은 9월 초 박헌영, 이강국, 이주하 등 공산당 최고 간부들에 대한 체포령이 발동되어 고조되었다. 이후 좌익의 활동은 거의 불법화되고 좌익 세력은 지하로 잠적하게 되었다. 이러한 상황에서 미소공동위원회가 열렸으나, 이는 미소 양국 간의 타협의 불가능성을 확인하고 좌우의 대립을 격화시키는 구실만 했을 뿐이었다.

(3) 우파 득세기(1946년 5월~1947년 9월)

미소공동위원회가 교착 상태에 빠지자 1946년 중반 워싱턴 당국은 남한 강화와 중간파 육성을 골자로 한 새로운 대한 정책을 채택했다. 그것은 남한에 안정되고 강력한 행정 기구를 건설하고 경제 지원을 함으로써 대소 협상에서 유리한 입장에 서는 동시에, 극좌와 극우 세력을 모두 배제하고 중간파 중심의 임시정부를 구성하여 모스크바합의를 관철하려는 의도를 지니고 있었다.

미국의 정책 전환 중에서 정국 구도 측면에서 가장 큰 의미를 가졌던 것은 좌우 합작의 추진이었다. 미국 정부는 이승만과 김구 등 극우 세력을 배제함으로써 소련과의 협상을 가능케 하고, 온건 우파 세력으로써 공산주의자에 유효히 대처하며, 친미적 입장에서 모스크바협정을 지지하는 중간파를 내세워 미소공동위원회에서 미국의 입장을 관철하기를 꾀했다. 그러나 이러한 좌우 합작의 시도는 수포로 돌아갔다. 이를 주도한 여운형, 김규식 등의 중간파 지도자들은 좌우파 어느 쪽에서도 지지를 끌어낼 수 없었다. 이미 좌우파의 대립으로 치달은 정국에서 중간파의 정치적 힘과 입지는 매우 제한되어 있었다. 미군정 또한 좌우 합작에 대한 지지 성명을 되풀이하면서도 실제로는 아무런 유효한 지원을 하지 않았다. 하지는 미 국무부의 지시에 따라 좌우 합작을 추진하기는 했으나, 중간파에 의한 연합 세력의 구축 가능성에 회의적이었다. 또한 그는 여운형 등 비공산 좌익 세력을 불신했다. 좌우 합작의 실패는 중간파 세력의 최종적 몰락을 의미했다. 특히 여운형의 입지는 크게 줄어들었고 급기야는 피살로 막을 내렸다.

좌우 합작의 추진과 함께 미국은 '과도입법의원'을 창설하여 중간파를 육성하려 했으나, 선거에서 대승한 우파 인사들이 이 기구를 장악함으로써 성과를 얻지 못했다. 미군정은 중간파인 김규식을 과도입법의원 의장으로 내세웠으나, 의원 내에서의 그의 정치적 입지는 매우 협소했다. 중간파 육성 계획은 중간 세력을 어느 정도 규합한 효과는 있었으나, 처음 의도했던 정치 세력의 재편성에는 실패했다. 오히려 우익 인사들의 반발을 사 이승만의 단정 캠페인을 촉발시킨 계기가 되었고, 임시정부 세력을 자극하여 정부 선포를 기도케 하는 등 실제로 상황을 악화시키고 있었다.

이 상황에서 이승만은 단정 운동을 맹렬히 펼치기 시작해 정국을 파란으로 몰아갔다. 1946년 4월 전국 순회강연을 시작으로 단정 운동을 본격화한 그는 모스크바협정을 파기하고 남한만의 정부를 수립하여 이를 바탕으로 남북통일을 이루어야 한다고 일관되게 주장했다. 그는 자신을 정점으로 하는 분단국가 수립을 추진했는데, 한편 즉각 독립의 구호가 대중에게 상당한 호소력을 지녔음도 사실이었다. 그의 단정 운동은 모스크바협정 준수의 공식 입장을 아직 공개적으로 버리지 못하고 있던 미군정과의 충돌을 야기했다.[12] 이승만은 일찍부터 소련과의 협상

---

12 김용호, 「대한민국 정부 수립 과정에서 이승만의 역할에 대한 재평가」, 『한국정치연구』, 20:2(2011).

을 포기할 것을 미국 측에 종용하고 있었다. 따라서 미소공동위원회가 다시 개최되자 이를 결렬시키기 위해 노력했다. 1947년의 제2차 미소공동위원회가 이전의 그것과 같이 결실 없이 공전하자 그의 정치적 승리는 굳어 갔다.

이에 반해 김구는 변화하는 국내외 정세에 기민하게 대응하지 못하여 정치적인 몰락의 길을 걸었다. 1947년 3월 초 그가 추진한 임시정부의 주권 선언은 임시정부 세력 자체 내의 반대에 봉착하여 실현되지 못했고, 며칠 후의 정부 접수 기도도 미군정에 발각되어 수포로 돌아갔다. 이후 김구가 주도했던 한국독립당(한독당)에서 내분이 일어나고 한독당과 한민당의 통합 노력도 실패로 돌아가는 등, 일련의 문제들로 김구의 정치적 영향력은 크게 축소되었다. 미소공동위원회의 재개에 즈음하여 그는 반탁 운동을 다시 벌였으나, 우파 안에서도 그 열기는 많이 식어 있었다. 또한 당시 반탁 운동은 이미 단정 운동으로 성격이 변질되어 김구의 통일 독립의 노선과는 거리가 있었다. 김구와 이승만의 관계도 그즈음 크게 벌어졌다. 그것은 단정 수립과 임시정부 추대라는 상반된 정부 수립 방법에 관한 문제이기도 했지만, 또한 궁극적으로 서로 자신에게 유리한 정국 변화를 도모한 노민족주의자들 간의 세력 경쟁의 결과이기도 했다. 이후 두 사람은 다시 화합하지 않았고, 정부 수립 후 배후가 의심스러운 김구의 암살(1949년 6월 26일)로 둘의 관계는 끝나고 말았다.

한편 좌익 세력은 1946년 중반 이후 세력이 점점 약화되었다. 이를 타개하기 위한 방편으로 박헌영은 '정당방위의 역공세'라는 구호 아래 이른바 '신전술'을 채택했다. 이로써 공산당은 미군정에 대한 협조를 포기하고 남한 사회의 적극 교란을 통한 폭력 혁명 노선으로 방향을 선회했다. 그러나 이 노선은 오히려 미군정의 탄압을 야기하여 좌익 세력에게 치명적인 상처를 안겼다. 10월 인민봉기 실패의 결과 민전의 포용성이 와해되었으며, 공산당이 해체되고 더 과격하고 배타적인 '남조선노동당'(남로당)이 탄생했다. 이후 계속된 전술적 착오와 중앙·지방 조직의 일관성 결여를 보인 남로당은 더 폭력적이고 전투적인 행동, 그리고 중앙과의 체계적인 연계가 결여된 무장 봉기에 의존함으로써, 미군정과의 힘 투쟁에서 패배를 자초했다. 1946년 말에 접어들면서 미군정과 좌익의 적대 관계는 돌이킬 수 없게 되었다. 남로당에 대한 미군정의 탄압은 1947년 8월 100명 이상의 좌익 인사들이 체포됨으로써 절정에 달했다. 이는 당시 진행되던 미소공동위원회에 찬물을 끼얹었다. 당시 좌익은 신전술을 추구하면서도 합법 투쟁을 통해 미소공동위원회를 재개시키기 위해 노력하기도 했다. 그러나 미소공동위원회의 최종 결렬로 좌익이 설 공식적인 정치 공간은 소멸되었다.

이로써 남한 내 좌우파의 타협에 의한 통일 정부의 수립은 불가능하게 되었다. 이제 남한에서의 우익의 승리는 돌이킬 수 없게 되었고, 이는 북한에서 김일성을 위시한 공산 세력의 지배가 공고해지고 있는 것과 같은 과정이었다. 따라서 이제 단독 정부의 수립은 점차 피할 수 없는 현실로 다가오고 있었다. 그러나 이는 미국의 정책 변경 없이는 이루어질 수 없었다. 미국 정부 측의 단정 의지가 처음 공식화된 계기는 1947년 3월 미 국무부 점령 지역 담당 차관이었던 힐더링이 남한에서의 단독 정부 수립이 타당한 정책 대안이라고 발언한 것이었다. 이에 반대하던 미 국무부 당국도 미소공동위원회가 끝내 결렬되자 1947년 8월 미군의 한반도로부터의 조속한 철수에 동의하게 되었다. 그러나 문제의 성격상 언제부터라고 꼬집어 말하기는 어렵지만, 단정 수립의 의지는 그 이전에 이미 미군정과 미 국무부 내부에서 무르익고 있었다고 보아야 할 것이다. 미국 정부가 언제부터 단정을 추진했는가에 대해서는 의견이 분분하고 또 문제의 성격상 그럴 수밖에 없는 것 같다. 다만 부임 초부터 하지가 봉쇄 정책을 취해 사실상 단정으로 나아가고 있었다는 수정주의자들의 주장은 지나치다.[13] 해방 첫해에 이미 '단독 국가 기구'들이 창설되었음은 사실이나, 이것이 미군정이나 워싱턴 당국이 처음부터 단정을 염두에 두고 있었다는 증거일 수는 없다. 더구나 단독 국가 기구의 수립은 북한에서 오히려 더 체계적으로 진행되고 있었다.

제2차 미소공동위원회가 열리던 1947년 여름 무렵 남과 북 모두에서 권력 투쟁이 마무리되고 있었으며, 독자적인 국가 기구들이 정착되고 있었다. 당시까지 미군정과 미 국무부는 여전히 모스크바협정의 준수를 다짐하고 있었으나, 미 정계는 이미 한국에서의 조속한 철수를 진지하게 검토하고 있었다. 미국 정부는 미소공동위원회가 최종적으로 결렬되고 이를 대신해 자신이 제안한 조선 문제를 위한 4대 연합국 회담도 소련이 거부하자, 조선 문제를 유엔으로 가져갔다. 이로써 미국 측의 남한 단독 정부 수립의 의지는 표면적으로 드러나게 되었다.

(4) 우파 승리 및 분단국 수립기(1947년 9월~1948년 8월)

한국 문제의 유엔 상정으로 분단국가의 수립은 결정된 것이나 다름없었다. 미국은 유엔의 결정에 따라 남북한 인구 비례에 의한 총선을 통해 통일 정부를 수립하려고 했지만, 소련이나 북한이 이 안을 받아들일 리 없었다. 유엔은 미국이 장악하고 있었고, 북한에서는 이미 소비에트 체제의 골격이 형성되었기 때문이다.

상황이 이렇게 전개되자 남한 내의 정치 투쟁은 단정 추진 세력과 통일 정부 추진 세력 사이의 투쟁으로 나타나게 되었다. 이승만은 유엔이 남한 단독 선거를 결정하자 조기 총선을 위해 하지를 공격하고 적극

---

13 이러한 주장은 Bruce Cumings(1981), 제5장 참조.

적인 캠페인을 벌였다. 하지와 미국 정부는 이승만의 완고한 독선을 혐오하여 그가 선거에서 당선되지 못하도록 노력했다. 미군정은 김규식을 남한의 지도자로 추대하고자 했으나, 당시 한반도 내의 정치 세력 관계가 이를 불가능케 했다. 미군정은 이를 위한 최후의 방법으로 이승만이 출마한 동대문 갑구 후보 등록일을 연기하면서까지 후보자를 경합시키려 했으나 그 뜻을 이루지 못했다. 당시 이미 이승만의 정치적 승리가 확정적이었기 때문에 미국 측의 이러한 소극적인 노력은 결실을 거둘 수 없었다.

김구와 김규식은 단정 수립을 저지하기 위해 '남북 협상'을 추구했다. 단정파의 득세 속에서 정치적 입지를 상실한 그들은 분단 고착화를 막으려는 민족주의적인 열정으로 북한 정치 세력들과의 협상을 추진했다. 그러나 평양에서 열린 '전조선 정당 사회단체 대표자 연석회의'(1948월 4월 19~30일)는 진정한 협상의 자리가 아니었다. 김일성 세력은, 1948년 2월 이미 인민군을 창설하고 헌법 초안을 작성하는 등 완결 단계에 접어든 북측의 국가 선포를 정당화하고 남한에서의 단독 선거를 저지하기 위해, 김구와 김규식 등의 남한 측 지도자들을 이용했을 뿐이다. 이 비운의 지도자들은 분단국 수립을 막지 못하고 정치적으로 몰락했다. 5·10총선거에 대한 불참이 이 두 실패한 협상파가 명분을 가지고 취할 수 있는 마지막 행동이었다. 그러나 이들의 선거 불참은 역설적이게도 이승만의 승리를 보장하여 분단을 더욱 공고하게 하는 결과를 가져왔다.

단정파에 대한 또 다른 도전은 지하 세력화한 좌익에게서 왔다. 좌익은 우파의 득세와 단정 수립을 막기 위해 '2·7구국투쟁'을 통해 파업과 폭동을 일으키고 제주도반란을 주도하여 제주도에서의 선거를 불가능하게 만들기도 했다. 그러나 우익 정부의 수립을 막기에는 역부족이었다. 남로당은 이미 혁명이나 대규모 봉기를 일으키기에는 너무 약화되어 있었다. 총선에 직면하여 그들은 유효한 방해 전략을 구사할 수 없었다. 우익 '향보단' 단원들의 협박과 폭력 행위들로 긴장된 분위기가 조성된 가운데에서도 총선은 비교적 순조롭게 치러졌다. 무모한 폭력 투쟁으로 힘이 더욱 약화되고 정치적으로 패배한 남로당 세력은 이후 무장 유격전으로 투쟁 양태를 바꾸었으나, 6·25전쟁이 일어나기 전에 모두 토벌되고 말았다.

5·10총선거에서 우익이 거둔 완전한 승리로 남한에서의 분단국 수립은 일단락되었다. 그것은 이데올로기적으로 우익의 승리를 의미했고, 정치권력의 측면에서는 이승만의 정권 장악을 뜻했다. 우익 국가의 탄생 속에서 민간 사회는 다시 침체되었다. 해방 후 3년에 걸친 좌우익의 투쟁과 미소의 대립은 남에서의 미국 보호하의 우익 정권 탄생과 북에서의 소련 비호하의 공산 정권 탄생으로 일단락되었다. 그러나 그것이 이야기의 끝은 아니었다.

4. 6·25전쟁과 분단 고착

38선 분할로 시작되어 두 개의 단독 정부 수립으로 일단 고착된 분단 상황은 6·25전쟁이 승자 없이 패자만을 남긴 채 끝남으로써 더욱 공고하게 되었다. 6·25전쟁의 기원에 대해서는 지금까지 수많은 논쟁이 있었지만, 근본적으로 그것은 해방 이후 당시까지 진행되었던, 국가 건설을 둘러싸고 일어난 힘 투쟁의 최종적인 국면을 의미했다. 그것은 단독 정부의 구성으로 고착되어 간 분단 상황을 역전시키고 민족 통일 국가를 이루려는 의지에서 나온 것이었다. 당시 남북한 양쪽의 정부와 국민 어느 누구도 분단 정부 수립을 최종적인 것으로 간주하지 않았다. 남쪽은 남쪽대로 북쪽은 북쪽대로 자신의 정부를 중심으로 한 통일 국가 수립을 꾀했고, 타협의 수단이 모두 실패로 돌아간 상황에서 폭력 수단이 전면에 나서게 되었다. 당시 양쪽의 정부는 무력 통일의 의지를 공공연히 드러내고 있었다. 이는 북측에서는 게릴라 침투를 통해서, 남측에서는 무력 사용 의지의 공공연한 선언을 통해서 나타났다. 실제적인 무력 침공은 소련의 적극적인 군사 원조로 전쟁 준비가 월등히 앞섰던 북한 측에서 왔다.

대한민국 초대 대통령 이승만 역시 무력에 의한 통일을 꾀하고 있었다. 그는 기회 있을 때마다 북진 통일을 주장했으며, 이를 위한 군사적·외교적 지원을 받기 위해 백방으로 노력했다. 이러한 정책은 미국의 대한 방위를 강화하고 원조를 확대시키며 북한 측에 압력을 가하려는 의도로 이루어졌지만, 이러한 노력은 남한 정부의 북침을 우려한 미국의 반대로 실현되지 못했다.[14]

1949년 봄부터 38선 주변에서는 군사 분쟁이 자주 일어났다. 이 중 다수가 한국군의 공격에 의한 것이었다. 공격은 주로 현지 사령관들의 주도로 일어났지만 이승만은 이를 저지하기 위해 노력하지 않았다. 당시 이승만 정부는 북한 측에 대해 새로이 자신감을 갖게 되었다. 총선을 앞두고 제주도반란과 이에 대한 파병을 앞두고 여수와 순천에서 벌어진 좌익 군인들의 반란(여순반란사건, 1948년 10월 19~27일) 들이 진압되었

---

14 이승만은 미국에 다음과 같은 제의를 했다. ① 미국의 대한 방위 보장 선언 혹은 한미 상호 방위 조약의 체결, ② 반공 투쟁을 위한 태평양 동맹의 결성, ③ 진해의 미 해군 기지화, ④ 경제 협력 기구를 통한 경제 원조. 미국 정부는 ①, ③에 대해서는 전략적 가치가 낮은 한국이 짐만 된다고 명백히 거절했다. ②에 대해서도 중국 문제에 미국을 끌어들이려는 음모로 보고 반대했다. 이호재,『한국 외교 정책의 이상과 현실』(서울: 법문사, 1969), 제7장 참조.

고, 표현이 모호하기는 했지만 유엔에서 남한 정부가 한반도에서의 유일 합법 정부로 승인받음으로써 생긴 외교적 성공 등 일련의 일들이 그러한 자신감을 부추겼다.

그러나 국내에서는 이승만 정권이 커다란 정치·경제적 위기를 겪고 있었다. 이승만의 권력은 어느 정도 확보되었으나 국회에서 야당의 큰 도전에 직면해 있었고, 경제는 미국의 원조 부진과 물가 앙등으로 위기 상황에 빠져 있었다. 미국의 대한 군사 원조는 미미했고, 경제 원조도 '한국 원조 법안'이 의회에서 부결되어 어려운 상황에 처해 있었다. 군사적으로 볼 때에도 당시 한국은 북한에 비해 일방적인 열세에 있었다. 이러한 상황이 북한 수뇌부로 하여금 무력 침공을 결정하는 데 기여했으리라는 것은 쉽게 추정할 수 있다. 전면 공격이 개시된 6월 25일까지 이승만은 헌법 개정을 둘러싸고 국회와의 대립에 골몰했고, 얼마 전 북한이 시도한 일련의 평화 공세에 어떻게 대응할 것인가 고심하고 있었다.

당시 미국의 대한 정책 기조는 군사적으로 철수한 후 경제 원조를 통해 남한 정부를 강화시키고 이를 대소 봉쇄 정책의 일환으로 삼는다는 것이었다. 미군 철수는 1949년 6월 29일 완료되었다. 그러나 트루먼 대통령은 한국을 포기할 생각이 없었고 철군도 그 때문에 상당히 지연되었다. 미군 철수의 완료는 소련에 대한 군사적 봉쇄에서 경제 원조를 통한 봉쇄로의 방법 전환을 의미했으며, 동시에 한반도에서 무력 분쟁이 생길 경우 미국이 선택 폭을 가지고 이승만의 변덕스러운 행동을 통제할 목적도 가지고 있었다.

미국 정부는 이승만을 불신하여 1950년 총선을 예정대로 치르도록 압력을 가했고, 물가 대책을 마련하지 않으면 원조를 삭감하겠다고 위협했다. 이러한 상황에서 조약으로 공식화되지 않은 미국의 한국 방위 약속은 믿을 수 없어 보였다. 1950년 1월 12일에 있었던 애치슨의 방송기자클럽 연설은 한국에 대한 방위를 명백하게 포기하지는 않았지만 남한과 북한 모두에게 상당한 영향을 주었다. 남한 당국은 한국을 미국의 방위선에 포함시키지 않은 그 연설 때문에 동요했고, 북한 수뇌부는 같은 이유로 고무되었다고 한다. 이런 상황에서 북한의 전면 공격이 시작되었고, 한국을 포기하지 않은 트루먼의 기본 정책에 따라 미국의 즉각 개입이 이루어졌다. 미국 정부는 1) 북한의 남침을 소련의 사주에 의한 것이라고 믿었고, 2) 이는 아시아의 안전에 크게 위협을 가할 뿐 아니라, 3) 침략을 방관하는 것은 미국의 위신과 지위, 그리고 대외 공신력의 실추를 의미할 것이었기 때문에 침략자에 대한 응징으로 참전을 결의했다.[15]

단정 수립 후 북한은 이승만 정권을 전복시키기 위해 남한에서의 게릴라 활동을 지원했다. 1949년 6월 북로당과 남로당이 통합하여 조선노동당을 결성함으로써 정치적 재편성을 일단락 지은 북한 정권은 같은 달 남북한 민전을 통합하여 '조국통일민주주의전선'을 발족시켰다. 이 기구의 기본 목적은 미군 철수를 틈타 이승만 정권을 붕괴시키는 데 있었다. 이를 위해 조선인민유격대의 9월 공세 때 1,300명 이상의 게릴라를 남파하는 등 남한 정부에 대한 전복 기도를 본격화시켰다. 그러나 조국통일민주주의전선의 정치 선전은 남한에서 큰 호응을 받지 못했고, 게릴라는 토벌되고 말았다.

---

15 미국이 6·25전쟁에 개입한 이유에 대해서는, Willim Whitney Stueck, *The Road to Confrontation: American Policy toward China and Korea, 1947~1950*(Chapel Hill: The University of North Carolina Press, 1981), pp. 185–190; Rosemary Foot, *The Wrong War: American Policy and the Dimensions of the Korean Conflict, 1950~1953* (Ithaca and London: Cornell University Press, 1985), pp. 58–63; 국제 역사학회 한국위원회, 『한미 수교 100년사』(1982), 474~475쪽 참조.

그 결과, 언제부터인지는 확실치는 않으나 직접 무력 침공에 의한 '남조선 해방'의 전략이 북한의 공식 전략으로 굳어지게 되었다. 김일성과 박헌영은 1949년 2월 소련을 방문하여 문화와 경제에 관한 조약과 군사원조에 대한 비밀 협정을 체결했다. 이로써 1949년부터 이듬해 사이의 겨울 동안 북한의 군사력은 크게 증가했다.

북한군의 규모는 1950년 첫 주 동안에 2배로 증가했고, 중국군에서 복무하던 1만 2,000명의 북한 군인들이 귀환했다. 1950년 봄에 북한으로의 무기 공수가 증가했고, 2월부터 4월까지 국경 지역 약 3.2km 사이에 거주하는 주민이 소개되었다. 남파되는 게릴라의 임무도 더 이상 해방구의 창설이 아니라 정치적 소요를 일으키고 통신 수단을 교란시키며 남로당 조직을 재건하는 데 중점이 주어졌다. 이 모든 것이 전쟁 준비를 의미했다.

그러나 북한은 전쟁 준비를 하면서도 평화 공세를 취하는 것을 잊지 않았다. 남한에서 1950년 5월 30일 총선의 결과 반이승만 세력이 대거 국회에 진출하자, 북한은 여러 평화 통일안을 내놓았다. 마지막 평화 제의는 전면 공격 일주일 전인 6월 19일에 나왔다. 이것은 남북한 의회의 통합을 통한 통일 방안의 제시였다. 그러나 김일성은 5월 초에 이미 전쟁이 임박했음을 알고 있었다.

내전의 성격을 띠고 시작된 공산화 통일 전쟁은 한반도의 지정학적 성격상 불가피하게 국제전으로 비화했다. 즉, 통일 국가 수립의 수단으로 벌어진 6·25전쟁은 동북아 정치 안보 질서의 헤게모니 투쟁으로 증폭되었다. 전쟁의 성격이 한민족의 내전에서 동북아에서의 공산주의와 자본주의 혹은 자유민주주의의 대결로 변한 것이었다. 이전에도 그랬지만, 한민족 통일의 과제에 동북아 패권 투쟁의 성격이 더 강하게 끼어들어 힘 투쟁의 양상이 복잡하게 되었다. 그 결과는 승자 없는 분단 경계선의 재조정에 불과했고, 그 대가는 엄청난 민족의 불행과 분단의 공고화였다.

1950년 6월 25일 발발하여 3년 뒤 1953년 7월 27일 휴전협정으로 막을 내린 6·25전쟁은 잠정적일 수 있었던 한반도의 분단 상황을 지금까지 지속되게 했다. 전쟁 이후 한반도의 두 국가는 냉전의 최첨단 보루로 세계적 냉전이 끝난 지금까지도 긴장 상태를 계속하고 있다. 남북한의 동서 진영으로의 편입은 '한미상호방위조약'과 '조소 우호협력 및 상호원조조약'으로 공식화되었다. 전쟁은 국제적으로 냉전 체제를 심화시켰고 국내적으로 분단 체제를 고착시켰다. 이념적으로 볼 때, 남한에서는 반공 이념이 북한에서는 반미 사상이 국가와 사회 모두에 지배적인 것으로 되었다. 이러한 이데올로기적인 대립은 전쟁의 상처가 남긴 뿌리 깊은 적대 의식과 상호 불신감으로 더욱 악화되었다. 정부와 국민 양자에 내재한 적대 의식과 불신감은 지금까지 통일 논의가 큰 성과 없이 공전하고 있는 가장 근본적인 이유다. 이 점에서 6·25전쟁이 분단 고착화에 미친 영향은 엄청나다. 이러한 분단의 공고화는 '남침 위협'과 '미 제국주의자의 침략'을 내세운 양 정권의 권력 유지 수단으로 악용되어 더욱 굳어졌다.

제2장

이승만 정권: 민주주의의 도입과 타락

1948년 8월 15일 수립된 대한민국 정부는 자유민주주의 헌법을 채택했다.[1] 자유민주주의는 우리가 경험하지 못한 낯선 체제였지만, 이에 대한 아무런 반대가 없었다. 조선 왕조가 일제에게 망한 뒤에 왕정을 다시 세우려는 시도가 있을 법도 했지만, 그런 움직임은 미약했다.[2] 해방 뒤에도 많은 혼란과 힘 투쟁을 겪으면서 국가 수립에 대한 많은 구상이 나왔지만, 그것들은 모두 서양에서 나온 근대적 정치 체제에 관한

---

[1] 여기서 자유민주주의라는 말은 대의민주주의의 다른 말이다. 얼마 전 중등학교 교과서 개편 문제를 둘러싸고 논란이 되었던 시장경제와 반공 지향의 좁은 의미의 자유민주주의를 말하는 것이 아니다. 후자는 민주주의보다는 자유주의, 그것도 보수적 부류의 자유주의에 더 가깝다. 정권과 정부라는 용어는 구별하여 사용할 수 있으나, 이 책에서는 같은 의미로 사용한다. 이에 대한 정치학적인 구분을 하는 것은 여기서 별 의미가 없을 것 같다.

[2] 특히 고종이 세상을 뜬 뒤 이전의 복벽 운동이나 입헌 군주제 구상은 급격히 힘을 잃었고, 따라서 상하이 임시정부도 공화제를 채택했다. 한홍구, 『대한민국사』(서울: 한겨레출판사, 2003), 34쪽.

것이었다.[3] 미국과 소련이 강요하다시피 한 체제를 벗어날 수 없었다. 하지만 말이 '강요'이지, 그것은 미국과 소련이 설정한 근본적인 한계를 의미했을 뿐 반대하는 한국인에게 특정 체제를 강제로 부과했다는 의미는 아니다. 다시 말해, 정치 체제를 미국식으로 할 것이냐 아니면 소련식으로 할 것이냐를 놓고 갈등과 투쟁이 벌어지기는 했으나 반대는 없었다.

이렇게 보면 대한민국이 자유민주주의 체제를 도입한 것은 미국 점령이 남긴 필연적인 결과라고 할 수 있다. 그러면 우리 안에는 민주주의를 심을 조건들이 있었던가? 한국 민주주의의 전통을 조선조에 있었던 공론 정치의 전통 등에서 찾는 시도도 있지만,[4] 그런 경험이 근대적 의미의 민주주의와 거리가 먼 것은 분명한 사실이다. 1919년 3·1운동 뒤에 수립된 상하이 임시정부가 공화제를 채택하여 민주주의의 싹을 심었다고 할 수도 있지만, 그것이 이후의 한국 정치 지도자들에게 민주주의 훈련을 시켰다고 보기는 힘들다. 일제 통치 아래에서 조선인들은 중앙 정치에서 철저히 배제되었기 때문에 정치 경험을 쌓을 수 없었고, 군국주의 아래에서 민주 정치 훈련은 생각하기조차 힘들었다.

그러니 결국 한국에 자유민주주의가 이식된 것은 미국 점령에 따른 결과였다. 소련이 한반도를 분할 점령하고 미군이 남한에 진주한 필연적인 결과였다. 민주주의가 자생적으로 싹트지 않고 바깥에서 이식된 것이라는 사실은 한국 민주주의가 제대로 자랄 수 없었던 근원적인 이유였다. 우리가 주체적인 역량으로 자유민주주의의 싹을 틔우지 못한 현실에서 외국에서 가져온 낯선 제도가 제대로 꽃피기는 어려웠다. 당시 정치, 경제, 사회, 문화 여러 면에서 민주주의를 구가하기에는 역부

---

3 해방 직후 국가 구상들에 대해서는 『한국사 시민 강좌』 제17집(1995)의 특집을 참조할 것.
4 김용직, 『한국 근현대 정치론』(서울: 풀빛, 1999), 제2장 참조.

족이었고, 정치 엘리트와 대중 모두 자유민주주의의 규범과 제도를 내면화하기에는 시대가 뒤져 있었다. 그것이 한국 정치에서 비극의 싹틈이었다.

미국은 우리에게 병도 주고 약도 주었다. 분단과 전쟁이라는 비극의 씨앗을 미국이 키웠다. 그러면서 미국은 또 민주주의를 우리에게 안겼다. 하지만 미국은 한국에서 자유민주주의가 꽃피는 것보다는 공산주의 통제를 더 소중한 가치로 여겼다. 이렇게 탄생한 반공 이데올로기는 공산주의 팽창을 막는 데는 성공했지만, 자유민주주의를 유린하는 이념의 기반이 되기도 했다. 우리는 자유민주주의를 거역할 수 없는 명분으로 여겼지만 이를 꽃피울 준비가 되어 있지 않았다. 오랫동안 한국 정치에 영향력을 미쳤던 미국도 반공을 이유로 한국의 권위주의 독재 세력을 비호했다.

하지만 자유민주주의 이념은 아무리 상처를 받고 절름발이가 되었다고 하더라도 국가를 세우면서 일단 거역할 수 없는 명분으로 자리 잡았고, 그 명분이 결국 민주주의가 다시 살아나는 정신적·도덕적 힘을 마련해 주었다. 자유민주주의의 명분이 이후 한국 정치사에서 중요한 자리를 차지한 것이다. 권위주의 정권 아래에서도 민주화 운동의 도덕적·이념적 동력을 제공했고, 심지어 권위주의 세력도 민주주의의 명분을 정면으로 부인하지는 못하고 오히려 자기 나름대로의 민주주의를 내세웠다. 이러한 민주주의의 도덕적 지배력은 한국만의 현상이 아니라 제2차 세계대전 이후 전 세계적인 현상이었다. 따라서 준비가 안 된 한국에 민주주의가 심어졌고 그것이 자라지 못하고 시들어 버렸지만, 민주주의의 명분은 깊은 뿌리가 되어 한국에서 자유민주주의가 다시 살아나게 했던 것이다.

1. 민주주의 도입: 미군정과 대한민국 수립

1) 미군정과 자유민주주의의 이식

한민족에게 서구식 자유민주주의가 이상이 되기 시작한 것은 아마 19세기 말 독립협회 등을 통한 개화파 운동에서부터였을 것이다. 그러나 그들의 구상은 결코 충분한 민주적 정치 체제를 대상으로 했다고 할 수 없었고 그들에게 이를 실현할 능력은 더더구나 없었다. 당시 조선의 민족 지도자들은 임시정부가 공화제를 채택한 것에서 볼 수 있는 것처럼 서구의 민주주의 사상과 제도를 도입하려고 했으나, 그것은 미국이 한국에 강요한 것과 같은 정도의 시민민주주의로까지 발전한 것은 아니었다. 3·1운동 후 재미 독립운동가들은 앞으로 조국에 탄생할 새 정부가 미국의 정체를 모방한 대통령제 민주공화 정부여야 한다고 생각했다. 그러나 동시에 한국인의 교육, 경제 등 수준이 당장에 완벽한 민주주의적 자치를 실현시키기에 미흡한 상태임을 감안하여 건국 후 10년간 강력한 통치 체제를 유지하면서 점진적으로 민권을 확대해 나가는 것이 바람직하다고 보았다.

그러나 해방이 되자 각 정치 세력의 지도자들은 저마다 민주주의를 기치로 내세우고 자기들 나름대로의 민주주의 체제를 도입하기 위해 노력했다. 이승만을 위시한 우익 지도자들은 미국식의 자유민주주의 제도를 도입하고자 했고, 좌익 세력들은 소비에트 사회주의야말로 진정한 민주주의라고 주장하면서 이를 관철하고자 했다. 일반 국민에 대한 여론조사 결과들에서도 대다수의 국민이 막연하고 혼란스러우나마 민주주의 체제에 대한 호감이랄까 추종심을 표현하고 있는 것을 확인할 수 있다.[5] 따라서 당시 한반도에서 건설되어야 할 정치 체제에 대한 지도자와 일반 민중의 의식은 서로 모순된 형태의 민주주의 제도들에 대한 갈망을 표현하고 있었다고 할 수 있다. 특기할 점은 어느 누구도 조선 왕조의 부활이나 입헌 군주제의 창설을 주장하거나 기도하지 않았다는 사실이다. 그만큼 민주주의 제도의 도입은 세계적인 차원에서와 마찬가지로 당시 한국 사회에서 거역할 수 없는 추세였다고 할 수 있다.

그러나 민주주의 제도의 도입을 선도한 측은 역시 당시 최고의 정치 권력을 장악하고 있던 미국이었다. 미국은 제2차 세계대전 후 세계의 신질서를 구상하면서 자신이 점령했던 지역에 자유민주주의 체제를 이식할 것을 중요한 정책 목표의 하나로 가지고 있었다. 이는 소련 공산주의 세력 확대의 저지, 즉 반공이라는 또 하나의 대외 정책 목표와 짝을 이루는 것이었다. 이러한 상황에서 우리 민족이 자체적으로 정치 체제를 선택할 여지는 사실상 없었다. 이에 저항했던 좌익 세력들은 냉전의 와중에서 정치적으로 소멸해 갈 수밖에 없었다. 그만큼 미국은 대한민국의 탄생에 넘을 수 없는 경계선을 설정했던 것이다.

동서 냉전의 와중에서 미국이 반공적인 자유민주주의 체제를 한국에 강요한 것은 당연한 일이었지만, 그 체제가 우익 세력만의 좁은 기반에 입각할 것이냐 아니면 극좌를 제외하고 더 광범위한 이념적 집단들을 포괄하는 기반을 가질 것이냐가 문제였다. 미국 측은 후자를 원했으나 냉전의 격화와 국내 우익 세력들의 득세로 광범위한 이념적·정치적 연립을 이루는 데에는 실패했다.

미국 정부의 남한에 대한 민주주의 이식 노력은 1) 토지개혁, 2) 과도 입법의원 창설과 보통선거제 도입, 3) 법과 제도 개혁, 4) 자유민주주의

5　전상인, 「1946년경 남한 주민의 사회 의식」, 『사회와 역사』 제52집(1997 가을호) 참조.

이념의 홍보 등에서 구체적으로 나타났다.[6]

(1) 토지개혁

토지개혁은 해방 직후부터 가장 중심적인 개혁 의제였다. 미군정은 1946년 10월부터 준비에 착수하여 1948년 3월 관련 법령을 공포했다. 한민당 등 우익과 지주 세력의 반발에도 불구하고 미군정 당국은 토지 분배를 강행하여 1948년 8월 1일 이를 완료했다. 그 결과 50만 2,460명의 소작농이 토지를 분배받았고, 농지 소유 형태의 변화를 보면 1944년에는 자작농 14%, 소작농 50%로 소작농이 절반을 차지했던 데 비해 1948년에는 자작농 34%, 소작농 20%로 소작농의 비율이 현격히 줄어들었다.[7] 물론 당시 토지개혁의 대상이 되었던 농지는 미군정 당국의 소유 아래 있던 신한공사 소유의 것에 국한되었다. 그러나 미군정 당국에 의한 토지개혁은 이후 남한 정부에 강한 압력으로 작용하여 이승만 정부에 의한 토지개혁의 완료를 재촉했다.

미군정과 이승만 정부에 의한 토지개혁의 완료는 지주 세력의 정치적 몰락을 가져왔고, 대중적 민주주의의 사회·경제적 토대를 마련했다. 국가와 농민 양자에 대한 지주의 영향력이 사라졌고, 농촌의 정치적 세력 관계에 큰 변화를 가져오게 되었던 것이다. 이러한 혁명적 조치가 큰 무리 없이 이루어질 수 있었던 것은 일제 치하에서 지주 세력의 정치적 세력화가 이루어지지 않아 조직적인 저항이 없었기 때문이다. 오히려 지주들은 토지개혁의 실시에 대비하여 사전에 농지를 매각하여 개혁의 속도를 앞당기는 데 기여했다. 상황이 이러했기 때문에 압도적인 강

---

6   이 부분은 박찬표에 많이 의존했다. 박찬표, 『한국의 국가 형성과 민주주의: 미군정기 자유민주주의의 초기 제도화』(서울: 고려대학교 출판부, 1997).

7   박명림, 『한국전쟁의 발발과 기원』 제2권(서울: 나남, 1996), 369~370쪽.

압력을 지녔던 두 국가 기관, 곧 미군정 당국과 이승만 정부가 신속하게 개혁을 추진할 수 있었던 것이다.

미군정 당국이나 이승만 정부가 토지개혁에 적극적이었던 것은 무엇보다도 공산주의의 확산을 차단하고 정치적 지지를 확대하기 위한 것이었다. 대한민국은 분단된 채로 반공적이고 권위주의적인 국가로 출발했지만, 행정 당국은 동시에 그 정치적 기반을 최대한 확대하여 민주주의의 기본 조건을 충족시키고자 했다. 그 기반의 확대가 좌익의 배제 때문에 전 국민적이지 못한 한계는 있었으나, 이러한 노력은 다른 한편 한국의 정치에서 권위주의 국가의 지배 아래에서도 민주주의를 향한 투쟁이 꾸준히 성장하는 데 중요한 배경이 되었다고 할 수 있다.

(2) 과도입법의원 창설과 보통선거제 도입

자유민주주의의 제도 이식은 과도입법의원의 창설과 보통선거제의 도입으로 본격화되었다. 이 두 제도는 모두 한국 역사상 처음으로 시도된 민주주의 제도로서 한국 민주주의 발전에 첫걸음을 내디딘 중요한 장치들이다.

남조선 과도입법의원은 미군정이 1946년 들어 추구한 중간파 육성 계획 및 행정의 한국화 계획의 일환으로 그해 12월 공식 출범했다. 이에 발맞추어 1947년 2월 안재홍이 민정 장관으로 취임하고 각 부처의 장 및 도지사가 전부 한국인으로 대치되었고, 이를 통해 6월 3일에는 남조선 과도정부가 공식 출범했다. 이 두 기구의 출범으로 형식상으로나마 남한 행정의 한국화가 시행되었다.

남조선 과도입법의원의 개원으로 한국인들은 역사상 처음으로 의회 정치를 경험하게 되었다. 입법의원의 구성은 국민이 직접 뽑은 민선의원 45명과 미군정 장관이 임명한 관선의원 45명 등 총 90명으로 했다.

과도입법의원은 1946년 12월 12일부터 1948년 5월 20일까지 열렸지만, 의미 있는 법안을 제정하지는 못했다. 이렇게 볼 때, 입법의원이 진정한 의미에서 국민의 대표기구라고 하기는 어려웠다. 오히려 이는 준대의기구이자 미군정의 자문기구 역할을 담당했고, 입법과 의결에서 여전히 미군정 당국의 지배 아래 있었으며, 좌파와 우파 모두의 배척을 받아 민의를 제대로 반영했다고 볼 수 없었다. 더욱이 좌파의 선거 불참으로 우익 세력들이 민선의원의 대다수를 차지하게 되어 그 대표성은 더욱 빈약하게 되었다. 그러나 입법의원은 미군정에 한국인의 의사를 반영하는 기회를 제공했고, 자치의 다음 단계로 나아가는 데 기여했다. 또 제한되었으나마 일반 시민의 정치 참여의 기회를 확대했다.

미군정 당국은 애당초 과도입법의원에서 선거법을 제정하고, 이에 기초하여 이후 본격적인 대의기구를 설치할 방침을 가지고 있었다. 이렇게 하여 제정된 선거법은 한민족 최초의 보통선거제를 마련하는 계기가 되었다. 이는 선거권을 23세 이상으로 제한하는 등 우익에 유리한 것이었는데, 그것은 우익과 중도파가 반좌익 연합을 이룩한 결과라고 할 수 있다. 이후에 시행된 제헌의회 선거는 수정된 선거법으로 치러졌는데, 새로운 선거법은 공정한 게임의 규칙을 확립하기 위해 선거권의 연령을 21세 이상으로 낮추었고, 이전의 여러 제한 규정을 없앴다. 이로써 1인 1표에 입각한 보통선거제가 확립되었다. 또 이 선거 제도는 이후 한국 국회의원 선거 제도의 주류를 이룬 소선거구, 단순다수대표제를 채택했다.

물론 당시에 선거 참여가 모든 정치 세력에게 고루 개방되어 있었던 것은 아니었다. 법과 제도적으로는 각 정치 세력들에게 공정한 장치를 마련했으나, 실질적으로 좌익 세력들은 선거 참여가 매우 제한될 수밖에 없었다. 남로당은 공식적으로는 불법화되지 않았으나 실제로는 지하로 숨을 수밖에 없는 상황이었고, 소선거구제, 다수대표제는 소수파 정치 세력들에게는 높은 문턱이 될 수밖에 없었다. 그러나 선진적인 보통선거제의 도입은 신생 대한민국에 자유민주주의의 핵심적인 제도를 도입했다는 점에서 역사적인 의의를 지니고 있었다.

(3) 법과 제도 개혁

미군정 당국은 민주화 개혁의 법적·제도적 장치들을 마련하기 위해 노력했다. 우선 식민 악법의 철폐와 일제 잔재의 제거를 위해 노력했고, 기본권 보장의 장치를 마련했으며, 정부 조직의 민주화와 사법부 독립의 제도적 기반을 마련했다.

또 미군정 당국은 행정의 한국화를 통해 간접 통치로 전환하면서 정부 제도의 민주화를 추진했다. 제헌의회 선거를 감시하기 위해 내한한 유엔 한국임시위원단은 공정한 선거를 보장하기 위한 조치를 강요했다. 이에 따라 미군정 당국은 형사소송법을 개정하고, 인권장전을 발표했으며, 좌익 정치범들을 사면했다. 또 우익 청년 단체들이 선거에 개입하지 못하도록 여러 조치를 취했으며, 경찰의 선거 개입을 방지하기 위한 교육을 실시했다. 또 행정 부처인 법무국에서 담당하던 사법 행정을 독립된 사법부로 이관하여 독립시킴으로써 삼권분립의 제도적 장치를 마련했다.

이러한 민주화 개혁들은 국내 우파 세력들의 반발 속에서 미군정 당국이 수행했다. 미군정은 이러한 자유민주주의적인 개혁들을 통해 극우파가 향후 한국 정부를 장악하는 것을 미리 방지하고자 했다. 미국은 단정 정책으로 선회한 이후에도 남한에 온건 좌파까지를 포함하는 광범위한 세력에 기반을 둔 튼튼한 자유민주 체제를 수립하고자 했다. 이러한 광범위한 연합이 공산 세력의 확산을 막는 효율적인 길이라고 생각했기 때문이다.

(4) 자유민주주의 이념의 홍보

미국은 점령 초기부터 점령 당국에 민주주의적 이상과 원칙을 보급하기 위해 선전 홍보 활동을 강화할 것을 지시했는데, 이는 미소공동위원회가 개최된 후 신탁통치와 임시정부의 수립을 둘러싸고 소련과 대결하게 되고 국내 좌우파의 대립이 격화된 것을 계기로 더 본격화되었다. 당시 미군정 당국에 설치된 공보부를 중심으로 북한 사회주의 혁명의 비민주성을 비판하고 자유민주주의의 우월성을 홍보하는 데 주력했다. 이를 위해 라디오 프로그램과 영화도 적극 활용했으며, 미국식 자유민주주의를 소개, 선전하는 정치 교육 프로그램들을 적극 활용했다. 이러한 선전 활동은 미국이 단정 노선을 확정하면서 더욱 강화되었다. 즉, 1947년 말부터 1948년 5·10총선거까지 대대적인 홍보 작업을 벌였는데, 이는 자유민주주의와 미국 사회의 좋은 점, 유엔의 역할과 투표의 방법, 공산주의와 북한 체제가 지닌 문제점 등을 다루고 있었다.

미군정의 자유민주주의 이념 전파에는 교육 제도와 내용의 혁신도 중요한 몫을 차지했다. 즉, 일제의 전체주의적 교육 내용과 식민지 교육 정책을 불식하고 다양하고 자주적인 미국식 민주주의 이념을 기초로 한 교육 정책을 채택 실시했다. 또 교원에 대해 민주주의 교육 이념과 그에 맞는 새로운 교수 방법을 익히도록 재교육을 실시했다. 이렇게 하여 이전까지의 일제 식민 통치를 위한 교육이 미국식 민주주의의 주입을 위한 교육으로 바뀌었다.

이러한 미국식 민주주의는 남한에서 주로 언론, 출판, 집회의 자유와 선거에 집중되는 경향을 보였다. 이러한 좁은 의미에서의 제도적 민주주의는 반공 국가의 수립을 정당화하는 이념으로 기능했다. 이런 점에서 당시 도입된 자유민주주의는 명백한 한계를 지니고 있었다. 그러나 당시의 냉전 상황에서 이러한 반공적 이념 이상의 것을 남한 체제에서 기대한다는 것도 사실 무리였다. 많은 한계가 있었지만, 선거와 절차에 중점을 둔 자유민주주의 제도의 도입은 한국 민주주의의 첫출발을 의미했다.

2) 대한민국 건국과 자유민주주의 도입

1948년 5·10총선거를 거쳐 국회를 구성하고 8월 15일 정식 출범한 이승만 정부는 미군정의 시도를 이어받아 서구식 민주주의 제도를 우리나라에 도입했다. 앞서 본 바와 같이 이에 대한 반대는 없었다. 초대 대통령으로 취임한 이승만 역시 미국식 민주공화제 정부를 선호했다. 그는 청년기부터 미국에서 유학하고 삶의 대부분을 미국에서 보낸 만큼 미국식의 기독교 문화와 공화제 민주주의 이념의 영향을 많이 받았다. 그는 초대 국회의장으로 선출된 뒤 국회 개원 식사에서 새로이 출범할 대한민국이 민주주의의 원칙에 입각한 정부일 것과 그 체제하에서 모든 국민이 평등권과 언론, 출판, 집회, 종교 등 모든 생활 분야의 자유권을 누려야 한다는 이상을 밝혔다. 그러나 동시에 그는 강력한 대통령제를 고수했다. 이승만은 유진오가 기초하고 헌법기초위원회의 위원 대다수가 찬성하여 기안한 내각 책임제의 헌법 초안을 대통령 책임제로 바꾸도록 강력히 요구했고, 초안에 명시된 국무위원 임명에 대한 국무총리의 제청권을 삭제케 함으로써 대통령 전횡의 길을 열었다. 이는 무엇보다 제왕적인 통치권을 원했던 권력욕의 결과였으며, 동시에 한국 국민의 민주 능력에 대한 그의 의심을 반영한 것이었다. 그는 민주주의 제도를 채택하되 그 자신이 정점에 서는 대통령제를 원했던

것이다.[8]

이렇게 하여 탄생한 제1공화국 헌법의 주요 내용은 다음과 같다. 즉, 국회를 단원제로 하고, 정부 형태는 대통령제를 중심으로 하되 반대파에 대한 타협으로 내각 책임제의 요소를 가미하는 형식을 띠었다. 국회의 정부 불신임 결의안과 정부의 국회 해산권을 삭제하여 대통령제를 본질로 하면서, 동시에 대통령에 대한 의회의 권한을 보장하기 위해 대통령의 선출을 국회에서 하도록 규정했다. 국회의원과 대통령의 임기는 4년으로 하고, 대통령은 1차에 한해 중임할 수 있게 규정했다. 그러나 이후 이승만은 대통령 직선제와 중임 제한 철폐를 위한 불법적 개헌을 강행함으로써 정치적 파란을 일으켰고 개인 권력을 확대했다. 한마디로 대한민국 최초의 헌법은 이후 한국 권력 구조의 원형을 이루면서, 동시에 한국의 민주주의가 개인적 권위주의로 타락할 수 있는 소지를 안고 있었다고 할 수 있다.

2. 이승만 정권과 민주주의의 쇠퇴

이승만 정권의 정치적 의미는 먼저 이것이 한민족에 의한 최초의 근대 국가 형성을 의미했다는 점에서 찾을 수 있다. 이는 한국 현대사에서 첫 번째의 대안에 의한 국가 건설을 의미한다. 그것은 우익 정치 세력이 지배한 반공의 보수적 국가, 그리고 주변부 자본주의적 국가·사회 구조의 형성으로 나타났다.[9] 이러한 국가·사회의 구조는 자유민주주의의

---

8 그 과정에 대해서는, 서희경, 「대한민국 건국기의 정부 형태와 운영에 관한 연구」, 『한국정치학회보』 35:1(2001) 참조.
9 여기에 대해서는, 김영명, 「한국의 정치 변동과 미국: 국가와 정권의 변모에 미친 미

정치 이념을 명분으로 내건 권위주의적 정권에 의해 지탱되었다.

이러한 의미에서 이승만 정권의 수립은 국가와 민간 사회의 관계, 정치 사회의 구조와 과정, 정권과 통치 구조의 성격, 이들에 정신적 기반을 제공한 정치 이데올로기, 그리고 이 모든 국면에 영향을 준 대외 관계의 면에서 중요한 첫출발을 뜻했다. 이 국면들이 보여 준 숱한 모순과 문제도 그 씨앗은 이승만 정권의 탄생으로 생겨났다고 할 수 있을 것이다.

1) 이승만 정권의 성격

(1) 강한 국가와 약한 사회

이 정권에서 국가는 일제와 미군정에서 물려받은 경찰, 관료 기구들을 중심으로 한국의 정치·경제를 좌우할 수 있었던 반면, 민간 사회는 산업화의 미숙과 그에 따른 계급 형성의 미약, 그리고 각종의 사회단체, 이익 단체들의 미발달로 독자적인 힘을 형성할 수 없었다.

경찰과 관료는 이 정권 권력 구조의 가장 중요한 부분을 형성했다. 이들은 이승만의 권력 확장을 위해 불법적인 선거 개입과 반대파에 대한 정치 탄압을 자행했다. 전국적 규모와 조직을 가지고 이승만이라는 최고 권력자와 일종의 후원–피후원 관계를 형성한 경찰과 관료의 간부들은 이 정권의 흥망과 자신의 흥망을 동일시했다. 따라서 대통령에게서 물질이나 지위의 보상을 받는 대가로 그들은 대통령의 권력 유지를 위해 불법과 폭력 행위를 기꺼이 수행했다.

경찰은 일제가 식민 통치의 주요 수단으로 성장시켰다. 해방 후에도

국의 영향」, 『한국정치학회보』 22:2(1988) 참조.

일제 때의 경찰 조직은 질서 유지의 명분과 좌익 탄압의 실제적 목적으로 미군정에 의해 온존되었다. 이러한 상황은 이 정권에서도 마찬가지여서 일제 때의 군인, 사법 요원들과 함께 경찰들이 다시 요직을 장악하게 되었다. 이러한 친일파 청산 실패의 문제는 권위주의 정권 아래에서는 잠복해 있다가 민주화된 이후 정치 쟁점으로 부상했다.

미군정기에 좌익 탄압의 주요 기구로 부상한 경찰은 국가 수립 이후에도 제주도반란과 여순반란, 6·25전쟁을 거치면서 강화되었다. 이후 경찰은 부산정치파동, 발췌개헌, 사사오입개헌 등 헌정 교란 행위와 부정 선거에 직접 개입하여 이 정권의 권력 연장에 중요한 역할을 담당했다. 이러한 역할은 폭력적인 어용 단체와 전국적 조직을 갖춘 관료 기구에 의해서도 수행되었다.

경찰과 마찬가지로 관료 또한 일제와 미군정기를 거치면서 성장했고, 이 정권의 유지에 중심 역할을 담당했다. 해방 후 친일파들을 처벌해야 했지만, 미군정과 이승만 정권은 행정의 효율성과 이를 위한 전문 인력의 필요성을 이유로 일제 때의 친일 관리들을 존속시켰다. 정부 수립 후 관료 조직은 급성장하여 1953년에는 그 규모가 일제 강점기에 비해 3배로 증가했다.[10] 관료 조직, 특히 내무부와 지방자치 조직들은 부정 선거에 앞장섬으로써 이승만의 권력 유지와 정치적 퇴행에 중요한 역할을 담당했다. 특히 정권 말기, 즉 자유당 과두 지배기에 관료 기구는 극심하게 정치화되었고, 관료 출신 인사가 자유당 내에서 강경파로 실권을 장악케 되었다.

---

10 Gregory Henderson, *Korea; The Politics of the Vortex*(Cambridge : Harvard University Press, 1968), p. 161. 6·25전쟁은 옛 친일 관료들을 대거 유입케 했다. 김경순, 「관료 기구의 형성과 정치적 역할」, 한배호 편, 『현대 한국 정치론 I : 제1공화국의 국가 형성, 정치 과정, 정책』(서울 : 나남, 1990), 234~235쪽.

이렇게 볼 때, 이승만의 통치 구조는 경찰과 관료에 의존한 통치 구조라고 할 수 있다. 전국적 조직망과 연계를 통한 이들의 민간 사회 및 정치권에 대한 통제가 이 정권의 존속에 결정적인 역할을 담당했다. 이러한 사실은 다른 각도에서 보자면, 당시에는 아직 민간 사회와 정치 사회의 도전에 대응할 전문적인 폭력 기구, 보안 기구들이 개발되지 않았다는 의미이기도 하다. 1961년 군사 쿠데타 이후 본격화된 군부 조직들에 의한 정치적 탄압이나 중앙정보부 등 보안 기구에 의한 체계적인 국민 사찰은 존재하지 않았다. 이런 의미에서 이 정권의 권위주의는 이후의 군사적 권위주의에 비해 비교적 온화한 권위주의라고도 할 수 있을 것이다. 다시 말해 '연성' 권위주의였던 것이다.[11] 거기에는 여러 가지 이유가 있을 수 있다.

우선 당시는 건국의 명분으로 자신이 내건 자유민주주의의 내용과 절차를 이승만이 본격적으로 부인할 수 있는 상황이 아니었다. 미국식 대의민주주의의 이념은 북한의 소비에트 체제에 맞설 대한민국의 중요한 정치적 명분으로 국내외에 내세워졌고, 이에 따라 이 정권의 정당성 여부가 판단될 상황이었다. 따라서 권력 확장의 끊임없는 집착에도 불구하고 이승만은 자유민주주의적 외피를 포기하지 않았다. 의회는 지속적인 탄압과 무력화 공작에 시달렸으나 계속 유지되었고, 언론 자유도 상당히 보장되었다. 부정 선거가 자행되기는 했으나 선거 과정이 중단되지는 않았다.

또 민간 사회와 정치 사회가 허약했기 때문에 국가는 강력한 폭력과 공포 정치에 의존하지 않고서도 지배를 유지할 수 있었다. 아울러 당시

---

11 한배호 교수는 이를 '발생기적 권위주의'라고 부른다. 한배호, 「자유당 정권의 정치 구조」, 동아일보사 편, 『현대사를 어떻게 볼 것인가 3』(서울: 동아일보사, 1990), 462쪽.

한국의 정치 과정에 큰 영향을 행사한 미국 정부는 이승만에게 자유민주주의의 절차를 존중하고 합리적인 경제 정책을 수행하라는 끊임없는 압력을 가하고 있었다. 이승만이 호락호락하지는 않았으나, 미국의 이러한 태도가 그의 정치적 전횡에 통제를 가한 것만은 틀림없다.

해방 후의 짧은 분출이 소진된 후, 민간 사회는 정치적으로 큰 힘을 발휘하지 못할 상황에 있었다. 이는 당시의 계급 상황을 살펴보면 명백해진다. 우선 자본가 계급을 볼 때, 1950년대 한국의 사회·경제는 귀속 재산의 불하와 원조의 도입으로 관료적 자본주의의 출발을 보였으나 토착 자본가의 형성은 미미한 상태에 있었다. 지배적 자본가 계급이 형성되지 않은 상황에서 자본가 계급은 매판적·관료적인 독점 자본가층과 토착적인 중소·영세 자본가층으로 구성되어 있었다. 독점 자본가층은 국가가 제공하는 원조 자금의 배분과 각종의 특혜를 통해서만 성장할 수 있어, 이를 담당한 관료 기구에 거의 절대적으로 의존하고 있었다.[12] 따라서 1960년대 들어 시작된 본격적인 산업화의 기반이 이때 싹트고 있었다는 점을 인정하더라도 당시 경제적 지배 계급의 형성은 미미했고, 이들의 국가에 대한 정치적 도전은 생각할 수 없었다는 점을 강조할 수 있다.

한편 이승만 정부에 의해 시행된 농지개혁(1949년 6월 21일 농지개혁법 공포)은 지주 계급의 해체를 초래했다. 당시의 농지개혁은 여러 측면에서 불완전한 것이었지만, 그것이 지닌 정치적 의미는 매우 컸다.[13] 일제 강점기까지 조선인 중에서는 지배 계급의 일원을 형성하고 있던 지

---

12 공제욱, 「1950년대 한국 사회의 계급 구성」, 『경제와 사회』 제3호(1989 여름·가을호), 240~247쪽.

13 농지개혁의 내용과 정치적 의미에 대해서는, 공제욱(1989), 235~240쪽; 김태일, 「농촌사회의 구조 변화와 농민정치」, 한배호 편(1990), 454~462쪽.

주 계급의 해체는 사회적 평등을 향한 획기적 전환점이 되었을 뿐 아니라, 건국 후 국가에 도전할 가능성을 가졌던 유일한 사회 세력이 소멸되었음을 의미했다. 국가의 민간 사회에 대한 지배력이 이로써 더 강화되었다. 정치 사회의 차원에서 볼 때, 이것은 한민당 세력이 약화되고 이승만의 권력이 강화됨을 의미했다. 이승만이 농지개혁을 추진한 중요한 이유가 바로 이것이었다.

국가에 대한 민간 사회의 취약성은 노동자, 농민, 도시 서민의 하층 계급의 경우에서도 증명된다. 산업화가 본격적으로 이루어지지 않은 상황이었기 때문에 산업 노동자의 수효와 조직화는 미미했다. 1955년의 경우, 노동자 계급은 계급 구성에서 7.8%를 차지했다. 1960년에 10.3%로 증가하기는 했으나, 종업원 규모 5인 이상의 자본제 부문에 고용된 노동자 수는 정체 현상을 보였다.[14]

노동자 수효가 적었을 뿐 아니라 그 조직도 국가에 거의 완전히 예속되어 있었다. 당시 노동 단체를 대표한 대한독립촉성노동총연맹(대한노총)은[15] 노동자의 권익 투쟁보다는 반공 투쟁을 제일의 목적으로 탄생한 단체로서, 자유당의 일개 하부 조직의 역할을 담당했다. 국가의 노동 정책은 근본적으로 독자적인 노동 운동을 억압하는 방향으로 전개되었고, 노동 계급 일반이 국가의 실질적인 통제하에 들어갔다. 1953년에 제정된 노동조합법, 노동쟁의조정법, 노동위원회법 등 일련의 노동관계법들이 이러한 통제의 법적 장치를 마련해 주었다. 이러한 통제는 분단 상황이 제공한 반공 이데올로기의 명분에 의해 강화되었고, 다른 한편으로는 노동자의 계급 의식의 미약도 여기에 한몫을 담당했다.

---

14 공제욱(1989), 263쪽.
15 1946년 3월 결성되었다. 이후 1954년 이 단체는 해체되고 대한노동조합총연합회가 발족되었다.

농민의 경우도 정치 사회적인 세력을 형성하지 못했다. 농민층은 이승만 정권하에서 가장 소외되고 착취당한 계급이라고 할 수 있으나, 정치적으로는 전형적인 순응과 무관심을 나타내었다. 농지개혁을 통해 농촌의 극심한 불평등이 해소되어 급진 세력이 농촌에서 지지 기반을 잃게 되고 정치적 투쟁의 초점은 도시로 이동하게 되었다. 농지개혁의 결과 나타난 지주 계급의 해체와 소농 경영 양식의 확산은 농민의 정치적 보수화를 촉진시켰다. 6·25전쟁의 결과 이전의 농민 조직가들이 사라지고 반공 이념이 농민들 사이에 내면화됨으로써 농민은 국가에 대체로 순응했다. 또한 국가는 1947년 결성한 대한독립농민총동맹과 농민조합총연맹 등을 통해 농민을 통제하고 자생적인 조직화를 사전에 방지했다. 그 결과 1950년대 전반에 걸쳐 국가에 대한 농민의 어떠한 조직적·집단적 저항도 존재하지 않았다. 농민은 해방 직후의 폭발을 끝으로 더 이상 체제에 저항하지 않았다. 각종 선거에서의 이른바 '여촌 야도'의 투표 행태는 선거가 지역 대결로 전환되는 1980년대까지 이어졌다.[16]

당시 국가는 압도적인 조직적 기반으로 자본주의 계급 관계가 본격화하지 못하고 정치적으로 동원되지 못한 민간 사회를 지배했다. 오히려 국가가 사회 세력을 동원하고 조직화하여 지배의 수단으로 이용했다. 대한국민회, 대한청년단, 대한노총, 농민조합총연맹, 대한부인회 등이 자유당의 기간단체로 가입했고, 이들에 의한 관제 시위가 정권 유지에 큰 몫을 담당했다. 사회 세력들의 독자적 영역이나 정치 세력화는 극히 미미했다.

그러나 이 말이 국가의 정책적 '능력'이 높았다는 말은 아니다. 이 정권 당시의 국가는 건국의 중요 과제로 고려되어야 했던 사회·경제적 발

---

16 백영철, 『제1공화국과 한국민주주의』(서울: 나남, 1995), 275쪽.

전을 외면한 채 통일의 구호에만 집착했다. 국가의 정책 목표는 오로지 실현 능력도 없는 통일 및 이와 관련된 반공에 집착했다. 통일의 구호와 반공의 현실적 적용은 6·25전쟁으로 절정에 이른 분단의 비극적 현실에서 이승만의 권력 확장에 크게 기여했다. 경제 발전의 과제는 국가 목표로서 우선 고려되지 않았을 뿐 아니라, 환율 정책, 물가 정책들이 경제적 효율보다는 정권 유지의 수단으로 이용되어 경제적 파행과 부패의 온상이 되었다. 물론 6·25전쟁의 파괴가 경제적 어려움의 주요 원인이었고, 정부가 전후 경제 부흥에 노력을 기울인 것도 사실이었다. 그리고 1950년대 후반 들어 기술 관료의 성장이 이루어져 경제 발전을 향한 사회적·제도적 분위기가 고조되고, 관료 조직 내에서도 개발 계획을 향한 새로운 분위기가 어느 정도 조성된 것도 사실이었다.[17] 그러나 1958년 2월 17일 창설된 부흥부를 중심으로 시도된 3개년 장기 개발 계획은 자유당 내각의 반대에 부닥쳤고, 이것이 채택된 때는 정권의 몰락이 임박한 때였다. 이승만 정권 말기에 국가는 경제 부흥과 정치적 통제 사이의 중요한 기로에 접했고, 자유당 과두 세력은 후자를 선택했던 것이다.

(2) 정권의 기본 성격

이승만 정권의 기본 구조는 일인 체제 또는 '가부장적 권위주의'로 규정될 수 있다. 가부장주의의 특징은 다음과 같다. 첫째, 일인 통치자가 정치와 사회를 지배하고, 이를 위해 사적 충성을 바치는 관리들에 의존한다. 권위 구조는 방사형으로 구성되고, 지배는 신뢰할 수 있는 개인적 추종자들로 구성된 비공식적이고 비교적 응집성이 강한 구조에 의해

---

17 박종철, 「자유당의 경제정책: 원조와 수입대체산업, 농업정책」, 동아일보사 편 (1990), 487~490쪽.

유지된다.[18] 또한 통치자의 권력은 주요 정치 엘리트의 충성을 확보하느냐에 의해 좌우된다. 통치자는 지배를 강요할 강제력이 부족한 상태에서 지지자에게 보상, 특히 물질적인 보상을 함으로써 복종과 충성을 끌어낸다. 정치 과정은 좁은 엘리트층에 국한되고 대중은 묵종적이다. 치자와 피치자의 관계는 가부장적 권위와 자식과 같은 종속에 의존한다. 정치적 경쟁은 통치자를 둘러싼 하위 행위자들에 의해 이루어지고, 통치자는 지배의 유지를 위해 이를 조장하기도 한다.

이 정권의 통치 구조는 위에서 열거한 가부장주의의 특징들을 가지고 있었다. 그것은 이승만 개인에 의해 지배되고 이승만의 개인적 특질에 의해 성격이 좌우된 정권 구조였다. 후기에 이승만이 늙어 자유당 과두 세력이 실제 권력을 행사하게 되었으나, 그들은 여전히 이승만에게 개인적 충성을 바치고 있었다. 자유당 과두 세력은 이승만의 개인적 흥망에 정치 생명을 걸고 있었다. 정권 후기에 자유당 강경파들이 실권을 장악했다는 견해도 옳기는 하나, 그것도 어디까지나 이승만의 이름 하에 이루어진 것이었기에, 가부장적 일인 체제의 성격 규정이 훼손되는 것은 아니다.[19] 이승만 주위에는 관료, 경찰, 청년 단체, 자유당 조직 등에 속하고 그에게 개인적 충성을 바치는 사람들로 비공식적이고 장기적인 인맥이 형성되어 있었다. 정책 결정은 이승만(과 나중에 그를 대행한 이기붕)의 개인적 선호에 의해 이루어졌고, 그만큼 비효율과 혼란에 빠졌다.

이승만과 그 부하들 사이에는 충성과 은덕, 혹은 물질, 지위의 보상

---

18 Karen L. Remmer, "Neopatrimonialism: The Poltics of Military Rule in Chile, 1973", *Comparative Politics* (January 1989), p. 65.

19 그런 견해는, 문정인·유상영, 「자유당과 경무대」, 문정인·김세중 편, 『1950년대 한국사의 재조명』(서울: 선인, 2004) 참조.

이 교환되는 일종의 후원-피후원의 관계가 형성되어 있었다. 정치적 경쟁의 가능성을 보인 인물에 대해서는 비정한 숙청이 뒤따랐다. 내각의 잦은 개편에서 이러한 현상이 보였고, 대표적으로는 조선민족청년단의 이범석 제거에서 나타났다. 국가와 정치 사회 내의 경쟁은 이승만의 아랫사람들에 국한되었다. 그들 사이의 경쟁은 연로한 이승만 아래에서 누가 더 실권을 장악하고 후계 세력이 될 것인가에 대한 경쟁이었다. 이승만의 총애를 더 받고 자신의 정치적 혹은 물질적 이해를 관철하기 위한 정치적 경쟁이 자유당 내의 파벌 투쟁으로 나타났다.

지배 세력은 관료, 경찰, 군 등의 국가 기구와 청년 단체, 노동 단체 등 외곽 조직을 통해 반대파를 탄압하고 폭력적 개헌과 부정 선거를 자행했다. 그러나 동시에 이승만 개인의 카리스마와 대중 동원 능력도 정치적 통제에 큰 역할을 했다. 국가 건설과 국민 통합이 시급했고 전후 복구를 서둘러야 했던 건국 초기에는 이승만의 카리스마적 지도력이 국민에게 큰 호소력을 가졌다. 특히 1953년의 반공포로 석방 결정, 휴전 반대 범국민 운동 들은 국민의 열렬한 호응을 받았다.[20] 해방 직후부터 국민에게 직접 호소하는 방법을 통해 정치적 목적을 달성해 왔던 이승만은 정권 수립 후에도 정치적 반대에 직면할 때마다 대중을 동원하여 반대 세력을 궁지에 몰아넣고 자신의 정치적 목적을 달성했다. 앞의 대중 동원 외에도 1952년, 1956년의 이승만 재선 요구 대중 시위, 1952년 부산정치파동 때의 의원소환운동 등이 대표적인 예다. 이때마다 이승만은 반공 청년 단체와 심지어 깡패 조직들을 동원했다. 그러나 이러한 대중 동원은 국민에 대한 그의 카리스마적 지도력이 유지될 때는 효과가

---

20 손봉숙, 「제1공화국과 자유당」, 한국정치학회 편, 『현대 한국정치론』(서울: 법문사, 1986), 163쪽.

있었으나, 그 기반이 흔들린 1950년대 중반 이후에는 효력을 상실하여 제대로 실행되지 못했다. 이제 개인적 인기는 사라지고 오직 강제력과 정치적 조작에 통치를 의존하게 되었던 것이다.

동시에 가부장주의가 가능한 또 다른 조건인 정치 엘리트의 동질성도 당시 한국 정치 사회의 뚜렷한 특징이었다. 분단국가의 수립과 6·25전 쟁을 통해 좌파와 혁신적 중도파의 정치적 입지가 사라졌으며, 집권 세력과 야당 세력 모두 보수적 반공주의에 지배당하고 있었다. 그들 사이에는 국가 건설의 대안이나 통일의 방법, 경제 발전의 기본 방향 등에서 별다른 차이를 찾아볼 수 없었다. 정치적 경쟁은 좁게 규정된 정치 사회의 한계 내에서 정치권력을 장악하기 위한 투쟁으로 좁아져 있었다. 진보당(1956년 창당)의 도전이 있었으나 그들의 이념이 그렇게 급진적인 것도 아니었고, 통치 구조에 대한 근본적인 도전이 되지도 못했다. 그 도전이 의미 있는 것이었다면 그것은 이승만의 가부장적 지배가 후기 들어이미 흔들리고 있다는 점을 보여 주었다는 데 있었다.

가부장적 지배 구조는 엘리트의 동질성이 유지되고 대중의 묵종이 지속되는 한 계속될 수 있다. 그러나 엘리트의 동질성은 오래 유지될 수 있을지 모르나, 급속한 사회적 동원을 경험하는 근대화 사회에서 대중의 묵종은 오래 지속되지 않는다. 앞서 본 바와 같이 1950년대의 한국 사회는 근본적인 변화를 경험하고 있었다. 이러한 사회적 변화와 이를 통한 정치 참여의 증대를 수용할 정치적 수단을 가부장적 지배 체제는 마련하지 못한다. 그것은 본질적으로 정치 제도에 의존한 지배 체제가 아니라 개인의 지도력과 사적 조직을 이용한 지배 체제이기 때문이다. 이승만의 지배 체제도 대중의 순응적 태도가 지속되는 한 유지될 수 있었으나, 그것이 사라진 1950년대 후반부터 흔들리기 시작했다. 옹고집의 가부장적 통치자는 더 늙어 감에 따라 사회의 흐름에서 점점 더 격리

되었다. 이를 자유당 과두 체제가 대신하고자 했으나, 이 체제는 급변하는 사회 상황에 적응할 수 없었다. 근본적으로 그것은 이승만 개인 지배의 기초 위에 선 체제였기 때문이다. 따라서 부정 선거를 통해 지배를 연장하고자 한 시도는 파국을 맞을 수밖에 없었다. 당시 자유당 세력이 추구할 만했던 유일한 대안은 정치 체제의 개방과 자유화를 통한 개혁이었으나, 그들에게 그것은 정치적 죽음을 의미할 수도 있었다. 따라서 그들은 이러한 대안을 채택하지 않고 더 위험한 모험을 했던 것이다. 결과는 더 엄청난 파국이었다.

이승만 정권의 유지는 한편으로는 반대 정치 세력의 취약성 덕분에 유지될 수 있었다. 한민당-민주국민당(민국당)-민주당으로 이어진 주요 야당 세력은 집권 세력과 이념적인 면에서 차이가 없었기 때문에 근본적인 정치적 대안 세력이라고 할 수 없었다. 또한 야당에게는 이승만의 개인적 권위에 필적할 만한 정치 지도자가 존재하지 않았다. 신익희가 유일한 후보자였으나, 1956년 그의 돌연한 죽음은 야당 세력의 지도력에 커다란 공백을 남겼다. 또 야당 세력 자체에 내재한 파벌 갈등은 지도력을 크게 훼손했다. 정치 투쟁이 이승만 반대에 집중된 동안에는 파벌 갈등이 심각하지 않았으나, 1958년 총선에서 민주당이 거둔 상당한 성공으로 야당의 집권 가능성이 생기자 파벌 싸움은 가시화되었다. 이러한 야당 세력의 취약성 때문에 정권에 대한 결정적인 도전은 학생을 중심으로 한 도시 민간 세력에서 나왔다. 이것이 민주당이 집권한 후 가졌던 치명적 약점의 하나였다.

한미 관계는 당시 국내 정치 과정에 매우 중요한 영향을 행사했다. 미국 중심의 세계 정치·경제 체제로의 편입이 한국의 근본적인 국가·사회 구조를 형성했음은 앞에서 이미 언급했다. 또 이러한 근본 구조가 한국 정치 변동의 넘기 어려운 경계선을 설정했음도 언급했다.

좀 더 구체적으로 보자면, 우선 이승만 정권은 그 존립 자체를 미국의 지원에 크게 의존하고 있었다. 미국의 군사적·경제적 원조 없이는 국가를 존립시킬 수 없을 만큼 한국의 정치·경제는 미국에 종속되어 있었다. 그러나 이러한 후원–피후원 관계가 한미 간의, 특히 이승만 정권과 미국 행정부 간의 이해관계의 일치를 의미하는 것은 아니었다. 미국 정부는 한국을 경제적으로 부흥시켜 공산 세력의 팽창을 저지하고 한국에 자유민주주의의 진열장을 만들기를 기대했다. 그러나 이승만의 행태는 경제 발전이나 민주주의 제도의 정착과는 거리가 먼 쪽으로 움직였다. 그의 최대 관심은 자신의 권력 장악과 이를 바탕으로 한 북진 통일이었다. 그는 전자를 위해 갖은 정치적 파행을 야기했고, 후자를 위해 미국에게서 외교적·군사적 원조를 얻기 위해 노력했다. 그러나 미국 정부는 본격적인 군사 원조를 제공하지 않았을 뿐 아니라, 경제 부흥과 민주적 절차의 존중을 위해 이승만을 계속 압박했다. 미국 정부는 과도한 국방비를 줄이고 인플레를 잡기 위한 세제 개혁과 환율 조정의 압력을 가했으나, 정치 자금 조달에 몰두한 이승만은 이를 받아들이지 않았다. 이러한 상황은 미국으로 하여금 환율을 일방적으로 변경케 하고 1957년 이후 경제 원조 삭감을 단행하게 했다. 그 결과 경제 성장이 둔화되고 물가가 치솟았다.[21] 이러한 경제적 어려움은 4·19 전야에 발생한 사회·경제적 혼란의 한 원인이 되었다.

　　미국의 간섭은 더 명시적인 정치 개입의 형태도 수반했다. 1950년 제2대 총선을 예정대로 실시하도록 압력을 가했고, 1952년 부산정치파동을 해결하기 위해 개입했으며, 이 과정에서 이승만 제거 계획, 곧 에버

21　이승만 정권 후반기의 경제 상황에 대해서는, 이화수, 『4월 혁명: 정치 행태학적 연구』(서울: 평민서당, 1985), 62~66, 82~88쪽 참조.

레디 계획을 세우기도 했다. 그리고 1958년 보안법파동을 둘러싸고 이승만에게 사임하도록 압박하기도 했다. 미국 정부는 한국의 자유당 온건파가 진보적 개혁을 시도하여 공산화의 위험을 제거할 필요가 있다고 판단했다. 그러나 1958년 보안법파동에서 자유당 온건파가 주도권을 행사하지 못하고 1959년 7월 31일 조봉암이 처형되자, 미국 정부는 이승만 정부로부터 등을 돌리기 시작했으며, 4·19봉기가 일어나자 이승만의 하야를 강권했다.

그러나 이러한 정치적 간섭이 이승만의 독주를 막지는 못했다. 이승만은 미국의 압력에도 아랑곳없이 자신의 정치적 목적 수행을 위한 부패와 부정을 자행했고, 미국은 이를 적극 저지할 수 없었다. 그것은 근본적으로는 한국에서 이승만을 대체할 반공적 지도자를 미국이 찾을 수 없었기 때문인 듯하다. 미국은 이승만의 독재와 부패, 경제적 파행을 혐오했으나, 그가 반공의 국민적 지도자로서 공산주의의 팽창에 대한 확실한 방패막이의 구실을 할 수 있는 한 그를 제거하려고 하지 않았던 것이다.[22] 서로 다른 목적을 가진 후원자와 피후원자는 구체적인 정치·경제의 쟁점들에서 자주 충돌했으나, 반공의 지역 체제 확립에는 공통의 이해를 가지고 있었던 것이다. 이렇게 볼 때, 이승만 정권하의 한국의 정치 과정은 한미 관계가 규정한 근본적인 이념적·전략적 테두리 안에서 이승만을 위시한 국내 정치·사회 세력들 사이의 힘의 각축에 따라 일차적으로 규정되었다고 할 수 있을 것이다. 이러한 상황은 이후 한국의 대미 종속이 점차 감소되어 갈수록 더욱 사실로 나타났다.

---

22 Richard Allen, *Korea's Syngman Rhee: An Unauthorized Portrait*(Rutland, VT: Charles E. Tuttle, 1960), p. 191.

(3) 일인 체제의 (연성) 권위주의로 간 이유

그러면 이승만 정권은 왜 자유민주주의 제도로 시작했는데도 일인 지배의 권위주의적 정권으로 변질되었는가?[23] 이 질문은 두 부분으로 구성되는데, 하나는 이승만 정권이 왜 권위주의로 갔느냐 하는 것이고, 다른 하나는 그것이 왜 일인 지배 체제가 되었느냐 하는 것이다.

첫째, 제1공화국이 권위주의화한 이유로는 거시적인 것부터 미시적인 것까지 여러 가지를 들 수 있다. 일제 강점기부터 계속된 강한 국가와 약한 사회의 전통, 민주주의 경험의 부족, 정당 등 제도나 중간 집단, 정치 세력의 미발달 등 거시적인 조건들에 유교적인 정치 문화와 지도력 등 정치 문화의 문제가 겹친다. 한마디로 정치인이나 일반 국민이나 민주주의를 실천할 준비가 되어 있지 않았다. 또 분단과 전쟁이라는 한국의 특수 상황이 국가가 사회를 더 쉽게 통제하게 만들어 주었다. 한배호 교수는 제2차 세계대전 이후 신생국들이 민주주의 제도 정착에 실패한 이유에 대한 여러 가설을 소개했는데, 제도 불상용설, 근대화 위기설, 정당성 결여설, (서구와는) 다른 발전 경로 가설 등이다.[24] 이런 가설들은 제3세계에서 민주주의가 자리 잡지 못하는 일반적인 이유들에 대한 설명인데, 이런 일반적인 이유들에 덧붙여 한국의 경우 특히 왜 개인적·가부장적 체제, 다시 말해 일인 지배 체제로 갔는지를 설명할 필요가 있다.

둘째, 한국의 권위주의가 타이완이나 싱가포르처럼 일당 체제가 되지 않고 일인 지배 체제가 된 까닭을 이해하기 위해서는 우선 일당 체제

23　실제로 이승만 정권 초기에는 자유민주주의적인 헌법의 채택으로 민주적인 절차가 상당히 지켜졌다. 그러나 시간이 지나면서, 특히 6·25전쟁을 거치면서 권위주의적인 권력의 남용이 더 횡행하게 되었다. 이승만 정권 초기의 민주적 성격에 대한 강조는, 백영철, 「제1공화국의 의회 정치에 관한 연구」, 『한국정치학회보』 25:1(1991) 참조.

24　한배호, 『한국 정치변동론』(서울: 법문사, 1994).

가 나타나기 위한 조건에 대해 알 필요가 있다. 일당 체제는 일반적으로 극심한 사회적 양극화가 존재하는 곳에서 혁명이나 이와 유사한 대규모 변동을 통해 일어나는 것으로 알려져 있다.[25] 이런 곳에서는 체계적인 정치 이념을 갖춘 혁명 전위대가 확고한 당 조직을 통해 구체제를 무너뜨려 권력을 장악하고 일당 지배 체제를 구축한다. 중국, 소련 등 공산 체제가 가장 분명한 사례지만, 북한, 이라크(바트당), 싱가포르, 타이완 등도 정도와 역사적 조건의 차이가 조금 있으나 기본적으로 같은 경우다. 해방 후 한국에서도 그와 비슷한 양극화가 있었다고 할 수 있으나, 이는 남한과 북한의 갈라짐으로 해소되었다. 그 뒤 남한에서는 일당 체제가 필요할 만큼의 양극화가 없었고, 이를 통제하기 위한 이념적 체계화나 당 조직도 필요하지 않았다. 그래서 정치 제도와 정치 이념은 여전히 엉성했다.

이런 거시적인 조건하에서 한국에서는 전통적인 가부장적 문화와 이승만 개인의 뛰어난 위치가 가부장적인 일인 체제를 가능하게 했다. 그를 견제할 세력이나 지도자가 없었다는 말이다. 김구가 유일한 후보였지만, 그는 1949년에 암살되고 말았다.

이승만 정권은 정치 이념으로 미국식 자유민주주의를 내세웠다. 그러나 이를 뒷받침할 사회·경제적 배경이 없었을 뿐 아니라 이승만 자신이 민주주의의 이식보다는 자신의 권력 강화와 유지에 더 몰두했기 때문에, 정치 체제는 권위주의화의 길을 밟았다. 또한 자유민주주의의 이념은 공산주의와의 대결이라는 분단 상황의 논리로 인해 실제로는 반공 이념으로 대체되거나 변질되었다. 이러한 반공 이념에의 집착은 주요

---

25 Samuel P. Huntington, "Social and Institutional Dynamics of One-Party Systems", in S. P. Huntington and Clemens H. Moore, eds., *Authoritarian Politics in Modern Society* (New York: Basic Books, 1970) 참조.

야당 세력에게서도 마찬가지였다. 야당 세력은 자유민주주의의 이념을 내걸고 이승만 정권의 정치적 전횡에 도전했으나, 이 이념이 그들에게 얼마나 내면화되어 있었는지는 의문이다.

이승만은 본질적으로 조선 왕조의 정치적 심성을 가진 사람이었다. 그는 독립 운동 당시부터 그 자신을 최고 정점으로 한 정치 운동에만 관심을 기울였다. 임시정부 요인들과의 끊임없는 권력 투쟁의 중요한 원인이 거기에 있었다. 해방 후 귀환한 다음에도 그 자신을 중심으로 한 정당 통합 운동을 펼쳤으며, 자신이 최고 정점에 서지 않을 어떠한 국가 건설의 대안도 받아들이지 않았다. 건국 당시 채택된 민주주의 체제도 자기 나름대로 해석한 민주주의였다. 그것은 자신이 '정파를 초월한' 초월적인 존재임을 확인할 수 있는 정치 제도였다. 정치 체제의 건설에서 그에게 중요한 것은 정치 이념과 제도의 원칙보다는 그의 '국부적'인 존재의 확인이었다. 건국을 위한 권력 투쟁에서의 동반자였던 한민당과 결별한 근본 원인이 여기에 있었다.

가부장적 권위주의의 구축은 물론 이를 허용한 사회·정치적 또 문화적 조건 없이는 불가능했다. 정치 문화의 면에서 볼 때, 한국 국민은 1950년대 후반에 이르기까지 아직 서구적 의미에서의 '시민'의 지위를 획득하지 못하고 있었다. 치자와 피치자에 대한 전통적인 유교 관념이 여전히 광범위하게 퍼져 있었다. 또한 6·25전쟁을 통해 반공 이념이 국민 사이에 확산된 결과, 반공의 화신으로 대두된 이승만의 개인적 이미지가 대중의 지지와 추종을 유도했다. 사회 구조적인 측면에서 볼 때에도, 민간 사회의 미성숙과 이로 인한 국가에 대한 도전의 허약성이 이승만의 개인적 지배를 쉽게 만들었다. 일인 지배가 가능한 조건 중의 하나인 대중의 수동성은 정치 문화와 사회 구조의 복합적 산물이었던 것이다.

2) 권력 투쟁과 정권의 흥망

　이승만 정권에서의 정치 변동은 권력 유지를 위해 노력한 이승만 및 그 추종 세력과 이를 저지하기 위한 야당 세력 간의 힘겨룸에 따라 결정되었다. 이 힘겨룸에서 강한 물리적 강제력과 조직력, 대중 동원력을 겸비한 집권 세력이 이러한 힘의 자원에서 열세를 보인 야당 세력을 압도했다. 집권 세력의 정치적 정당성이 크게 훼손당한 1950년대 중반 이후 야당 세력은 상당한 국민적 지지를 얻을 수 있었다. 그러나 이러한 지지도 야당 세력의 정치적 역량의 결과라기보다는 자유당 정권에 대한 국민의 혐오가 증가했음을 반영한 것이었다. 따라서 이승만 정권의 궁극적 몰락도 야당 세력의 공세가 아니라 도시 시민 세력의 도전에 의한 것이었다.

　이승만 정권의 변천 과정은 3단계로 나눌 수 있다. 제1단계는 1948년 건국부터 1952년 개헌과 대통령 재선을 통한 초기 권력 확립기며, 제2단계는 1952년 이후 1956년 장면의 부통령 당선까지의 권력 안정기이고, 제3단계는 그 이후 1960년 정권 붕괴까지의 권력 쇠퇴기이다.

(1) 초기 권력 확립의 문제(1948~1952년)

　제헌국회의 의석 분포는, 무소속 의원이 다수를 차지한 가운데 한민당이 무소속의 지지자를 합쳐 80명으로 다수를 점하고 대한독립촉성국민회를 중심으로 한 이승만 지지 세력이 61명으로, 팽팽한 세력 경쟁을 예고했다. 따라서 초기의 권력 투쟁은 이승만과 한민당 간의 투쟁으로 압축되었다. 이러한 권력 투쟁은 정부 구조를 둘러싼 헌법 제정 문제로 최초로 일어났다. 한민당은 건국 이전부터 이승만과 일종의 동맹 관계를 맺고 단정 수립에 일익을 담당했으나, 건국 후에는 그를 명목상의 국가수반으로 내세우고 실질적인 정치권력 장악을 기도했다. 따라서 그들은 내각 책임제 정부 형태를 고집했다. 그 반면 이승만은 모든 정파를 초월한 국부적 지도자로서의 자신의 위치를 양보하려 하지 않았다. 그 결과 정부 제도는 국회가 대통령 선출권을 가지고 대통령은 국회 동의 없이 내각을 임명할 권리를 가지는 기묘한 절충의 형태로 나타났다. 이러한 절충은 그러나 양자의 정치적 의도의 근본적 차이를 해소하지 않은 것이었기 때문에 이후 정치 투쟁의 근원적인 요인이 되었다.

이승만의 대통령 취임은 일단 한민당에 대한 그의 정치적 승리를 의미했다. 권력 구조는 본질적으로 대통령제에 가까웠기 때문이다.[26] 이승만은 대통령에게 부여된 내각 임명권을 이용하여 국무총리를 비롯한 각료의 임명에서 한민당을 배제함으로써 권력의 우위에 설 수 있었다. 이를 계기로 한민당은 권력 구조에서 소외된 야당의 지위로 전락했고, 임시정부 세력(신익희, 지청천 중심의 대한국민회)과 통합하여 1949년 2월 민주국민당(민국당)을 결성하여 이승만의 권력 확장에 도전했다. 민국당은 국회에 내각 책임제 개헌안을 제출했으나 부결되어 뜻을 이루지 못했다.

당시 이승만의 권력 확립은 여러 가지 수단을 통해 이루어졌다. 제주도반란과 여순반란의 성공적 진압이 반공 체제를 강화하는 데 기여했을 뿐 아니라, 이승만 정권은 이를 계기로 1948년 국가보안법을 제정하여 '공산주의 색출'이란 명목하에 공산주의자가 아닌 정적들을 탄압할 수 있었다.[27] 국가보안법은 이후 반공 체제의 강화와 권위주의 집권자의 권력 확보 수단으로 악용되었으며, 1987년 다시 민주화된 이후에는 그 개폐 문제가 정치 쟁점으로 등장했다. 이승만은 또 1948년 9월 국회에서

---

26 Henderson(1968), 158쪽.

27 서희경, 「'한계 상황'의 정치와 민주주의: 1948년 한국의 여순 사건과 국가보안법 관련 논의를 중심으로」, 『한국정치학회보』 38:5(2004 겨울호) 참조.

통과된 반민족행위처벌법에 따라 구성된 반민족행위특별조사위원회(반민특위)의 활동[28]을 중단시킴으로써, 자신의 지지 기반이던 경찰과 관료의 약화를 방지했다. 농지개혁을 단행하여 농촌에서의 한민당의 기반을 소멸시키고, 청년 단체들을 대한청년단으로 통합하여(1948년 10월) 관제 시위에 동원했다. 1949년 4월에는 전국 순회 연설을 통해 통일을 향한 국민적 열망에 호소하여 열띤 호응을 받았다. 또 그는 초기부터 빈번한 내각 교체로 잠재적인 경쟁자의 부상을 막았다.

그러나 그의 권력 강화 노력은 처음부터 상당한 난관에 봉착했다. 국회는 반이승만 세력이 우세한 상황에 있었고, 반민특위 사건으로 이승만의 정치적 정당성이 훼손되고 지배력 구축에 타격을 받았다. 의회 내 소장파 의원들의 도전도 거세졌다. 국회의 구성은 1950년 5월 30일 시행된 제2대 국회의원 선거로 더욱 불리해졌다. 이 선거에는 초대 총선에의 참여를 거부했던 중도파와 좌파가 대거 참여했다. 선거의 결과는 이승만과 민국당은 모두 지지를 잃은 것으로 나타났다. 이승만은 그의 정파를 초월한 국부로서의 이미지를 훼손당했다. 그러나 이 선거에서 더 큰 타격을 받은 것은 민국당이었다. 이승만이 지지의 20% 정도를 상실한 반면, 민국당은 그 세 배의 숫자가 낙선했고 재선된 인사는 24명에 불과했다. 야당 세력이 아직 이승만에 대한 위협적인 도전을 행사하지 못했다는 점을 의미했다.

이승만 체제의 위기는 그보다는 경제의 난맥상과 미국의 압력에서 왔다. 미국은 이승만이 시도했던 총선 연기와 물가 통제 문제로 원조 삭감의 협박을 하는 등 그에게 압력을 가했다. 6·25전쟁 이전 군사 원조와 경제

---

28 오익환, 「반민특위의 활동과 와해」, 송건호 외 『해방 전후사의 인식 1』(서울: 한길사, 1979) 참조.

원조가 제때 이루어지지 않아 국가로서의 존립이 위태로운 상황이었고, 쌀값을 비롯한 생필품값은 치솟아 사회적 불안을 조성했다. 이렇게 볼 때, 6·25전쟁 전 이승만 정권이 당면했던 위기는 야당 정치 세력의 정치적 도전보다는 신생 국가를 존립시킬 물적 토대 확보의 어려움에 있었다고 할 수 있다. 이러한 물적 토대의 확보는 6·25전쟁의 발발을 계기로 이루어진 미국의 적극적인 경제·군사 원조로 가능하게 되었다.

6·25전쟁은 이승만의 권력 강화에 크게 기여했다.[29] 전쟁의 소용돌이에서 이승만은 휴전 반대 국민운동과 북진통일 촉진 국민 궐기대회 등의 대중 동원을 통해 정치적 입지를 크게 강화하고, 야당 세력을 탄압하여 대통령 직선제 개헌안을 통과시킴으로써 장기 집권의 발판을 닦았다. 전쟁 중이던 1951년 발생한 거창양민학살사건, 국민방위군사건 등으로 정권의 정당성이 크게 훼손될 상황이었으나, "정부의 무책임한 행동도 전쟁상 필수불가결한 것으로 여겨질 수 있는 상황이 전개되었다. 미국 관리들뿐 아니라 많은 한국 사람까지도 승리하기 위해서는 이승만의 지도력이 필수적인 것으로 믿었다."[30]

(2) 일인 지배 확립기(1952~1956년)

이러한 대중 동원력과 이를 통한 자신감을 바탕으로 이승만은 장기 집권을 위한 대통령 직선제 개헌을 추진하게 된다. 이는 반대 세력이 우세한 국회를 통해서는 자신의 권력을 연장할 수 없다는 판단 때문이었다. 1952년의 부산정치파동은 최초의 반국회적이고 폭력적인 힘겨룸으

---

29 6·25전쟁이 이승만의 권력을 강화시키는 데 기여한 것은 부인할 수 없지만, 전쟁이 없었더라도 그의 지배 체제가 당분간은 유지될 수 있었으리라고 본다. 그것은 특히 야당 세력의 취약성 때문이었다.
30 한승주, 『제2공화국과 한국의 민주주의』(서울: 종로서적, 1983), 19쪽.

로 기록되었다. 또한 그것은 이승만의 정치권력이 안정기에 접어들어 이후 몇 년간 개인 지배가 확립되는 하나의 계기가 되었다.

부산정치파동의 본질은 정치권력을 유지하려는 대통령과 이를 저지하려는 야당 세력의 힘겨룸에 있었다.[31] 여기서 군과 경찰력, 그리고 대중 동원력을 겸비한 대통령이 미국의 소극적인 지원밖에는 아무런 힘의 자원도 소유하지 못했던 야당 세력을 압도했다. 정치적 투쟁은 대통령의 대통령 직선제 개헌안과 야당 측의 내각 책임제 개헌안의 대결로 시작되었다. 여기서 국회 해산 위협, 국회의원의 강제 억류, 대중 동원에 의한 국회의원 소환 운동, 반대자에 대한 공산주의자 매도, 임시 수도 부산 지역에의 계엄령 선포, 백골단·땃벌떼 등 폭력 단체들에 의한 시위와 협박 등 강제력을 동원한 이승만이 이에 맞서 싸울 만한 물리적·조직적·이념적 힘과 국민의 지지를 갖지 못한 야당에게 압승을 거두었다. 국가가 민간 사회를 동원하여 정치 사회에서의 권력 투쟁에서 승리하는 상황이었다.[32] 이런 상황은 박정희 유신 체제에서도 이어졌다. 이는 일인 지배 체제의 공통된 특징이다.

그 결과, 야당의 체면을 최소한 살려 준 범위 안에서 정부안인 대통령 직선과 양원제를 골자로 하고 그 대신 국회는 내각 불신임권을 가지고 대통령의 각료 임명은 국무총리의 추천을 통해서 한다는 소위 발췌개헌안이 7월 4일 통과됨으로써 정치 위기는 일단락되었다. 여기에는 절충을 권고한 미국의 역할도 작용했다. 오랫동안 정치 목표의 하나로 삼아 왔던 대통령 직선제를 관철시킨 이승만은 1952년의 대통령 선거에서 74.6%의 압도적인 득표로 재선에 성공했다. 당시 민국당은 대통령 후

---

31 이에 대해서는, 나종일, 「1952년의 정치 파동: 행정부, 의회, 군부, 외국의 상호 작용」, 『한국정치학회보』 22:2(1988) 참조.

32 정윤재, 『정치 리더십과 한국 민주주의』(서울: 나남 출판, 2003), 203쪽.

보를 내지 못했고, 무소속으로 출마한 조봉암과 이시영이 각각 유효표
의 11.4%, 10.9%를 획득하는 데 그쳤다. 부산정치파동에 이은 이승만
의 완승이었다(물론 이 선거에서 광범위한 부정이 개입되었다는 혐의가 짙
은 것도 사실이다).

부산정치파동이 본격화하기 전부터 이승만은 이전에 견지해 왔던 초
당파적 정치를 지양하고, 정치권력 확보의 수단으로 자유당을 창설했
다. 전쟁 중 드러난 정부의 실책 때문에 제2대 국회의 세력 분포가 점차
야당 측에 유리하게 전개되고 있던 상황에서, 이승만은 대중적 지원과
선거 동원을 조직할 정당의 필요성을 느끼게 되었다. 그는 국민 모두가
자신의 재선을 원하고 또 그것만이 전쟁을 승리로 이끌 것을 확신했다.
이를 위해서는 헌법을 개정해야 한다고 생각하고, 이의 당위성을 지지
하고 실행할 정당이 필요함을 실감했다. 자유당이 창당된 과정이나 그
것이 이후 맡았던 역할을 볼 때, 자유당은 이승만의 집권 연장을 위한
도구였고, 더 나아가 이승만의 개인화된 정당이라고 해도 과언이 아니
다. 이승만은 당시 원내 의원들이 중심이 되어 추진되던 소위 원내 자유
당을 무시하고 이범석의 조선민족청년당(족청) 조직을 중심으로 한 이
른바 원외 자유당 조직을 지지하고 이를 권력 확장에 이용했다(자유당은
이 두 파로 나뉘어 1951년 12월 23일 분열 발족했다). 그것은 원내 자유당의
과반수 의원들이 정부 측의 개헌안에 반대했고, 개헌안을 통과시키기
위해서는 대규모 대중 동원이 불가피하다고 생각했기 때문이었다. 대중
운동을 위해서는 여러 사회단체의 기존 조직을 기반으로 결성된 원외 자
유당이 적합했다.[33] 이러한 역할에는 광범위한 조직과 지도력을 가진 족

---

33 자유당 창당 과정에 대해서는, 문정인·류상영, 「자유당과 경무대」, 문정인·김세중
편(2004) 참조.

청 조직이 특히 어울렸다. 족청 세력은 부산정치파동에서 반대파 의원들에 대한 공갈과 테러, 그리고 대규모 대중 동원에 앞장섰다.

그러나 족청 세력이 부산정치파동을 통해 강력한 동원력을 발휘하고 자유당 조직 내에서도 세력을 확대해 가자, 이범석의 정치적 도전 가능성에 불안을 느낀 이승만은 이범석을 자유당에서 제거해 버렸다. 1952년의 정부통령 선거에서 이승만은 정치적 기반이 없던 무소속의 함태영을 부통령 후보로 지지하여 자유당 후보였던 이범석을 낙선시켰다. 1953년 9월에는 자유당에서 족청계의 주요 인사들을 축출했고, 1954년 1월에 들어서는 이범석을 포함한 족청의 주요 간부들을 제명했다. 이러한 사태는 족청과 관료 조직의 대결에서 관료 조직이 승리한 것을 의미했으며, 이를 계기로 정당 정치는 관료 조직에 그 자리를 빼앗기게 되었다. 또 그것은 자유당 안에 형성되었던 일종의 이원적 권력 구조가 해체되고 경찰과 관료를 장악한 이승만 개인에게로 권력이 집중되는 것을 의미했다.

이승만의 권력 강화는 1954년 제3대 총선에서의 대승과 같은 해 자행된 불법적인 개헌으로 절정에 이르렀다. 자유당 조직과 경찰, 관료 조직이 총동원된 총선에서 자유당은 월등한 조직력과 관권 개입으로 지리멸렬한 상태에 있던 야당 세력에 압도적인 승리를 거두었다. 자유당은 총의석 203석 중 114석의 당선자를 내었으나 무소속 당선자들을 영입하여 교섭단체 등록 즈음에는 개헌선인 3분의 2 의석, 즉 136석을 확보했다. 야당 세력은 부산정치파동에서의 패배로 침체해 있었고 뚜렷한 지도자가 없어 관권과 금권, 그리고 대중적 동원력까지 갖춘 이승만 세력의 적수가 될 수 없었다. 총선에서의 승리를 발판으로 이승만은 장기집권의 야심을 전면에 내세우게 되었다.

1954년의 이른바 사사오입개헌은 한국 헌정사에서 하나의 수치스러운 희극으로 기록될 만했다. 2년 전의 경우와 비슷하게 야당의 적극적인 반대에 부딪힌 자유당 세력은 재적 의원 3분의 2 선인 136표에서 1석 모자란 135석의 개헌 찬성표를 얻었을 뿐이었으나, 부결 선포가 있은 이틀 후(그 전날은 일요일이었다) 야당계 의원들의 강력한 반발 속에 이를 사사오입의 산수 원칙에 입각하여 번복, 통과시킨 것이다. 이 개헌으로 초대 대통령의 2차 연임 제한이 폐지됨으로써 이승만이 종신 집권할 수 있는 길이 열렸다. 또 개정 헌법은 국무총리제를 폐지하고 국무위원의 연대 책임제를 없앰으로써 당시까지 남아 있던 내각 책임제 정부 형태의 요소를 없애 버렸다. 동시에 대통령 유고 시 부통령이 이를 계승케 함으로써 자유당의 장기 집권을 꾀했다. 두 차례에 걸친 개헌은 모두 일차적으로 이승만의 권력 연장을 위한 것이었고, 반대 세력의 저항이 취약한 상태에서 이러한 시도는 큰 어려움 없이 달성될 수 있었다.

그러나 무리한 개헌을 둘러싼 정치 세력들 간의 투쟁은 야당 세력으로 하여금 정치적 연합의 필요성을 절감케 하여 민주당이 결성되는 계기를 만들었다. 민주당은 1954년 11월 30일의 호헌동지회 결성을 시작으로, 이어서 신당 조직 추진위원회가 발족되고, 개헌 파동으로 민심이 이반되고 있음을 느낀 민관식, 현석호 등 14명의 자유당 탈당 인사와 장면 등의 흥사단 세력이 민국당 인사들과 통합함으로써 1956년 9월 18일 창당되었다.

민주당의 발족은 한국 정치사에서 여러 가지 중요한 의미를 지닌다. 첫째, 민주당의 결성은 당시까지 지리멸렬했던 이승만 반대 정치 세력의 제도적 구심점이 되었다. 이는 이승만 정부의 부패와 전횡에 점차 등을 돌리고 있던 국민에게 정치적 대안 집단이 생겼음을 의미했다. 당시까지는 이승만에 반대하더라도 정치적 반대의 구심점이 없어 자유당과 경찰, 관료 조직을 이용한 이승만 세력이 계속 정치적 승리를 구가할 수 있었던 것이다. 또 민주당의 창당으로 한국의 정치사에서 처음으로 양당제적인 성격의 정치 경쟁이 중요한 의미를 띠게 되었다. 물론 정당 정치는 이후 군사 쿠데타로 제구실을 못하게 되었으나, 이후에도 민주적 정당 정치로의 회귀에 대한 국민의 욕구는 권위주의 독재 세력에 대한 도전의 원천이 되었다.

물론 민주당의 탄생이 당시 한국의 국민에게 다양한 정치적 선택의 기회를 제공한 것은 아니었다. 민주당도 이념적으로 명백히 반공, 보수의 노선을 따르고 있었다. 따라서 어떤 의미에서는 자유당과 민주당의 대결 구도가 이전의 중도파, 좌파의 정치 참여를 오히려 약화시킬 수 있었다는 의미에서, 국민의 정치 이념적 선택의 폭을 줄였다고도 볼 수 있다. 사실 당시의 정치 투쟁은 반공과 보수의 구도 속에서 민심 및 통일과 자유민주주의의 명분을 각각 내건 두 보수 세력 간의 투쟁이라고 해도 과언이 아니다.[34] 물론 진보당의 활동이 있었고 이것이 한국 정치사에서 가진 의미도 상당했으나, 진보당이 당시 세력 구도의 대등한 일원은 되지 못했다.

어쨌든 광범하고 급속한 사회적 동원을 겪고 있던 민간 사회는 민주당의 탄생으로 정치 사회와 연계될 집단을 찾을 수 있을 것처럼 보였다. 거꾸로 민간 사회의 동원화는 새로 출범한 야당 연합 세력을 고무시켰다. 그것이 1956년의 정부통령 선거에서 나타났다. 민주당은 당면의 적 앞에서 파벌 다툼의 위험을 일시적으로 극복하고 대중적 인기를 누리던 신익희를 대통령 후보에 지명하여 선풍적인 선거 열풍을 일으켰다. 신익희의 돌연한 사망으로 정권 교체는 좌절되었으나, 관심이 집중되었던

---

34 자유당과 민주당의 이념 비교는, 백운선, 「민주당과 자유당의 정치이념 논쟁」, 진덕규 외, 『1950년대의 인식』(서울: 한길사, 1981) 참조.

부통령 선거에서 예상을 뒤엎고 민주당의 장면이 자유당의 이기붕을 누르고 승리했다. 이로써 민주당은 앞으로 정권을 장악할 가능성마저 보이게 되었다. 더구나 이승만도 4년 전의 압승 때와는 달리 으뜸가는 경쟁자가 사망했음에도 유효표의 56%밖에 얻지 못하여 국민의 지지가 한계에 달했음을 보여 주었다.[35] 한마디로 이 선거는 자유당으로부터의 민심 이탈과 민주당의 정치적 부상을 보여 주었다.

민주당이 이 선거에서 떠오른 것은 민주당 자신에 대한 국민의 적극적 지지보다는 이승만 정권에 대한 국민의 불만에 힘입은 바 컸다. 따라서 정권 기반의 약화가 곧 정치적 대안 세력으로서의 민주당의 위치 확보를 의미한 것은 아니었다. 민주당의 대중적 기반은 여전히 취약했고, 당의 심각한 내분 때문에 정권 장악의 기회가 왔을 때 이를 충분히 이용하지 못했다. 민간 사회의 성장하는 정치적 욕구를 정치 사회의 정치인들이 수용하지 못한 것이다. 또한 민주당의 상승에는 이승만에 염증을 느낀 미국 정부의 지원도 한몫했다. 이러한 사실은 이후 탄생한 민주당 정권이 한국 역사상 미국에 가장 크게 의존한 정권이었다는 사실로도 나타났다.

(3) 쇠퇴와 붕괴(1956~1960년)

1956년 선거의 실패를 계기로 권력을 유지하기 위한 자유당의 전략은 당의 구조적 개편과 강압적 수단, 부정한 방법에 대한 과도한 집착으로 나타났다. 1956년 이후 자유당의 실권은 이기붕이 장악하게 되었다. 1956년 자유당의 전국 대표자 대회를 계기로 원외 비주류파가 몰락하

---

35 이 선거에서 진보당의 조봉암 후보도 216만 표(유효표의 23.9%)를 획득하여 선풍을 일으켰다. 그러나 그가 획득한 표의 상당수가 사망한 신익희에 대한 추모표였으리라는 사실은 쉽게 짐작할 수 있다.

고 관료 출신의 원내 주류파가 당권을 장악하게 되었다. 이들은 집권 연장을 최대의 목표로 내건 강경 세력이었다. 이때부터 자유당은 점점 더 관권과 주먹에 의존하는 강경 노선으로 치달았다. 1957년 3월 자유당의 제8차 전당대회는 당 조직을 개편하여 당무회를 설치하고 이것이 당의 주요 정책 결정을 담당하도록 했다. 이로써 당은 이승만의 개인 정당에서 이기붕으로, 그리고 나중에는 소수의 핵심 인사를 중심으로 운영되는 과두 체제로 옮겨 갔다.

따라서 이승만 정권 말기에는 실질적인 권력이 이기붕을 중심으로 한 자유당 과두 세력에게 있었다. 이때는 자유당이 가장 강화된 시기였다. 심지어 경찰과 관료 조직들도 자유당의 영향하에 들어갔다. 자유당 안에서는 3인자를 둘러싼 암투가 벌어지고 있었고, 이런 상황에서 과두 세력은 경제 개발이나 변화하는 사회적 욕구의 수용보다는 권력의 유지와 이를 위한 치안, 질서 유지에 몰두하고 있었다.

당시 이승만은 이미 팔순의 고령으로 현실 세계로부터 점점 더 유리되어 갔다. 자신의 뜻에 반하는 의견을 들으려고 하지 않는 옹고집의 성격이 늙어 갈수록 더욱 심해졌으리라는 점은 쉽게 짐작할 수 있다. 따라서 그의 주위에는 아첨꾼과 거짓 정보 전달자들이 들끓었다. 이들은 이승만을 옹립하면서 자신의 정치적·물질적 이익을 챙기려는 자들이었다. 가부장적 개인 통치자는 현실 판단력을 점점 잃었고, 이를 둘러싼 과두 세력은 이 통치자를 이용함으로써 그들의 지배를 연장하고자 했다. 여기서 우리는 대표적으로 후원－피후원의 관계가 중심이 된 정치적 가부장주의의 한 모습을 보게 된다.

1956~1958년 사이의 비교적 조용했던 시기가 지나자 정치 사회의 권력 투쟁은 1958년의 총선과 국가보안법 개정을 둘러싼 파동으로 다시 한 번 본격화되었다. 1958년 5월의 제4대 국회의원 선거에서 자유당은

막대한 경찰력의 투입에도 불구하고 126석 획득에 그쳐 의석을 10석이나 잃었다. 그 반면 민주당 의석은 47석에서 79석으로 늘어났다. 무소속의 비중이 크게 줄어 양당 제도의 성격이 뚜렷해진 이 선거는 2년 전의 정부통령 선거에 이어 다시 한 번 자유당에 대한 민심 이반을 증명했다.[36] 이제 자유당 과두 세력은 차기 대통령 선거에 대해 초조해지지 않을 수 없었다. 그들은 아직 이승만 대통령에 대한 국민적 지지에 자신을 갖고 있었으나 부통령 선거에 대해 자신이 없었고, 연로한 이승만의 유고 시 야당의 부통령이 대권을 이어받을 수 있다는 사실을 참을 수 없었다. 그리하여 국회에서 정부통령 동일 티켓제를 위한 개헌을 추진했으나 실패했다.

이렇게 되자 집권 세력은 폭력이나 불법 행동들을 통해 차기 선거에서의 승리를 확보하려고 했다. 그중 대표적인 것이 1948년 제정된 국가보안법을 개정하여 정치적 반대 세력을 탄압하려는 것이었다. 새로운 국가보안법은 용공 행위에 대한 색출을 목적으로 하고 있었지만, 그 조항들이 지닌 모호함과 포괄성은 정치적 반대자에 대한 자의적 탄압을 가능케 했다. 그전부터 해왔던 것과 마찬가지로 이 법안도 야당 의원들에 대한 강제 억류와 감금을 통한 날치기 통과로 처리되었다. 동시에 도지사, 시장, 군수, 면장 등 말단 관리까지 정부에서 임명토록 한 개정 지방자치법을 날치기로 통과시켰다. 1958년 12월의 일이었다. 이 역시 다음 선거의 승리를 위한 것이었다. 정권은 언론 탄압도 자행하여 1959년 정부에 비판적이던 「경향신문」을 폐간했다.[37] 또 선거에 대비하여 자

---

36 이런 의미에서 안병만은 이 선거를 1971년의 제8대 국회의원 선거와 함께 '중대 선거'의 하나로 분류했다. 안병만, 「우리나라의 정당과 정치 발전: 중대 선거와 정당 체제의 제도화 과정」, 『한국정치학회보』 제11집(1977).

37 한배호, 「경향신문 폐간 결정에 대한 연구」, 진덕규 외(1981) 참조.

유당 외곽 단체들을 통합하여 1959년 1월 대한반공청년단을 조직했고, 자유당 조직도 확대하여 선거 때 개입할 3인조, 5인조, 9인조 조직을 만들었다. 1958년은 진정 자유당 말로의 서막이었다.

강력해진 야당의 도전 아래 국민의 지지를 잃은 집권 세력이 취할 수 있는 대응책은 정치적 저항과 사회·경제적 불만을 수용하여 정치적 민주화와 경제 개발 계획을 과감히 수행하거나, 더 큰 강권력을 바탕으로 권위주의 독재를 제도화하는 것이다. 그러나 이승만 정권은 이 두 길 중 어느 것도 채택할 수 없었다.

우선 이승만 정권이 정치적 민주화를 채택하는 것은 구조적으로 불가능했다. 개인적인 권위와 대중의 묵종에 의존하는 가부장적 권위주의 정권은, 정치적 민주화가 필연적으로 수반하는 대중의 사회 정치적 참여와 정치적·이념적 다양성의 증가를 수용할 제도적 장치도 국민적 지지의 바탕도 없다. 따라서 권력이 개인화되어 있는 한 그것이 점진적인 변화를 통해 개방 체제로 나아가기는 매우 힘들다. 개인 통치자는 정치적 반대를 수용할 능력이 없고, 따라서 될 수 있는 한 이를 억제하려 하게 마련이다. 그 결과 개인적 통치는 많은 경우 그 수명이 오래 가기도 하나, 또 대부분의 경우 그 종말이 파국적이다.[38] 이승만 정권의 경우도 그랬다(그리고 박정희의 유신 체제도 어느 정도 그랬다). 이승만이 없는 제1공화국이란 생각할 수 없었다. 그만큼 당시의 통치 구조는 이승만의 개인적 자질과 결함에 의해 결정되었다고 해도 과언이 아니다. 궁극적으로 이승만 정권은 이승만 자신의 종말과 함께 끝이 날 수밖에 없었다. 그 끝을 얼마만큼 평화롭게 할 수 있느냐가 자유당 과두 세력에게 달려 있었으나,

---

38 글쓴이는 이를 개인적 정권과 제도적 정권의 차이로 논한 바 있다. 김영명,『제3세계의 군부통치와 정치경제』(서울: 한울, 1985), 특히 제3장.

그들은 자신이 당면한 역사적 위치를 깨닫지 못하고 이승만 없는 자유당 정권이라는 헛된 생각에 사로잡혔다. 그것이 그들이 범한 근본적인 오류였다. 따라서 그들이 자신의 정치적 생명을 어느 정도 유지하면서 취할 수 있었던 개혁의 길은 민주당 세력과의 연대를 통한 통치 구조의 개혁이었던 것으로 보인다. 이승만이라는 개인적 통치자가 사라진 자리를 메울 수 있는 개인은 없었다. 그 자리는 개인이 아니라 정치 제도가 메웠어야 했다. 그리고 그 정치 제도는, 당시의 국민적 열망으로 비추어 볼 때 개인적 권위주의를 대체할 자유민주주의적인 제도였어야 했다.

이승만 정권이 더 본격적으로 강압적인 권위주의 통치 구조를 갖추는 것도 불가능했다. 이 정권의 구조는 이후의 군사 독재 체제와는 달리 막강한 재정이나 폭력에 의존하고 있지 않았다. 국가는 민간 사회 위에 군림했지만, 그 물적 토대는 비교적 미약했다. 또 이 정권 자체가 자유민주주의를 공산주의에 대항하는 이념적 토대로 내세웠기 때문에 본격적인 탄압 체제를 갖추는 데는 무리가 있었다. 이 정권은 "형식적인 민주 정치 제도를 유지하면서도 그것을 무효화시켜야만 권력을 계속 유지할 수 있다는 구조적 모순"을 가지고 있었던 셈이다.[39] 무엇보다도 당시 고양된 국민의 정치 의식과 반자유당 감정이 더 탄압적인 체제로의 변화를 용납했을지가 의문이다.

민주주의 체제로의 개선도 본격적인 탄압 체제로의 개악도 불가능했던 시점에서 자행된 3·15부정선거는 이승만 정권의 모든 부패와 죄악을 농축해 놓은 사건이었다. 이에 대한 학생과 시민의 대규모 항거가 결국 이승만 정권의 종말을 가져왔다. 그리고 그것은 한국의 정치를 일종의 혁명적인 상황으로 몰고 갔다.

---

39 한배호, 「제1공화국의 정치체제」, 한배호 편(1990), 468쪽.

제3장

4·19와 민주당 정권: 민주주의의 짧은 부활

대한민국 건국과 함께 도입되었다가 이승만의 전횡으로 타락한 한국의 민주주의는 학생·시민의 봉기와 이승만의 하야로 부활의 기회를 맞았다. 그러나 뒤를 이은 민주당 정권 역시 민주 발전을 이끌어 나가기에는 여러모로 역부족이었다. 짧은 내각제 민주주의의 실험은 군부 쿠데타로 끝나고 말았다. 그 뒤 오랫동안 한국의 정치 체제는 일인 지배의 군부 권위주의 체제로 굳어졌다. 왜 그렇게 되었을까? 그 원인을 캐기 위해서는 그 학생·시민 봉기, 즉 4·19봉기의 성격부터 규명할 필요가 있다.

1. 4·19의 성격과 쟁점들

4·19는 한국에서 시민의 도전이 정권 와해로 이어진 대표적인 사례

다. 민주주의 세력과 권위주의 세력의 싸움에서 민주 세력이 승리한 최초의 일이었다. 당시 국가와 도전 세력이 동원할 수 있었던 힘의 자원에는 큰 차이가 있었고, 그 결과 현직 정부는 사회 세력의 도전 앞에 무너졌다. 그러나 대안의 정치 구조를 정착시킬 만한 정치 세력이 없었기 때문에, 한 권위주의 정권의 붕괴는 짧은 민주주의 실험 끝에 또 다른 권위주의 정권 수립으로 이어지고 말았다.

1) 4·19와 정치 변동

4·19와 그 결과 일어난 정치 변동의 개요를 살펴보자. 먼저 이승만 일인 독재하의 국가와 이에 대항한 민주당 및 도시 시민 계층을 중심으로 한 반대 세력 사이에 힘의 균형에 변화가 왔다. 이승만 정부가 장기 집권과 부정부패, 정치적 독재, 경제적 낙후 때문에 국민의 지지를 상실한 반면, 주요 야당이었던 민주당은 선거를 통해 국민의 지지를 상당히 끌어낼 수 있었다. 그러나 힘 균형의 변화에는 무엇보다도 급속히 진전된 사회적 동원화의 결과 도시 세력의 사회·정치적 비중이 팽창한 것이 가장 큰 요인으로 작용했다.

이승만 정권은 쇠퇴해 가는 정치권력을 유지하기 위해 폭력과 정치적 조작에 의존했으나, 정치 체제의 근본적 수정이 없는 한 권력 유지는 어려운 상황이었다. 이런 어려운 상황에서 정치권력을 계속 장악하기 위해 저질러진 것이 3월 15일 정부통령 선거에서의 대규모 부정이었고, 이를 계기로 당시까지 잠복해 있던 국민의 불만이 폭발한 것이 4·19봉기였다. 국민적 불만의 폭발은 학생 세력의 주도로 나타났다. 그들은 수적으로 팽창한 새로운 세대의 대변자로서 서구의 진보적 아이디어들을 가장 먼저 받아들였고 사회적 정의감이 충만했다. 학생들은 물리적 강제력을 소유하지는 않았으나, 학생 특유의 도덕적 이상과 열정, 그리고 행동력으로 무장했고, 도시 시민과 언론을 비롯한 전 국민적 지원을 획득했다. 또한 당시 한국의 정치 과정에 지대한 영향을 미치던 미국 정부의 지지도 얻어 엄청난 힘으로 국가의 비효율적인 무장력을 압도할 수 있었다. 국가는 군과 경찰 등 폭력 기구를 가지고 있었으나, 계엄령에 동원된 군은 시위대에게 발포하기를 거부하여 정권을 보호하기는커녕 오히려 그 와해를 재촉했다. 국가는 경찰력과 깡패 조직을 동원하여 시위를 진압하고자 했으나, 이미 전국적 폭동 사태로까지 번진 시위를 통제할 수 없었다.

국가가 사용할 수 있는 힘이 학생의 그것에 비해 열세였기 때문에 국가는 봉기를 진압할 수 없었다. 이 경우 국가는 도전 세력의 요구에 적극 대응하여 필요한 개혁 조치를 단행하고 사태의 변화를 선제적으로 주도하거나, 최소한 거기에 대응해 나가야 한다. 그러나 이승만 정부는 사태의 심각성을 인식하지 못하고 이념적 매도와 폭력 진압으로 맞서다가 도전을 더욱 거세게 만들어 몰락을 자초하고 말았다. 그 과정에서 학원 민주화와 부정 선거 규탄으로 시작된 민간 사회의 도전 목표도 정권 자체에 대한 도전으로 확대되었다.

그 결과 이루어진 정치 변동은 이승만 정부에서 민주당 정부로의 정부 교체, 가부장적 권위주의 정권에서 자유민주주의적 정권으로의 정권 교체로 나타났다. 이에 따라 정치 사회의 구성원과 게임의 규칙이 어느 정도 바뀌었으나 본질적인 변화는 없었다. 국가와 민간 사회의 본질적 성격에는 변화가 없었으나, 양자 사이의 관계에는 상당한 변화가 왔다. 다시 말해, 한국 사회의 구조적 변화는 일어나지 않았으나, 민간 사회의 힘으로 정부가 집권할 수 있었기 때문에 국가의 사회 세력에 대한 자율성이 크게 위축당하게 되었다.

2) 4·19에 관한 쟁점들

4·19에 대한 이론적 쟁점 중에는 세밀한 분석이 필요한 것이 많다. 특히 4·19의 원인과 정치사적 의미가 논란거리다. 그 외에 아직 본격적으로 논구되지 않은 중요한 쟁점들은 다음과 같다.

① 왜 학생이 주도적 역할을 담당했는가?
② 학생들은 어떠한 목적으로 시위에 나섰으며, 그 목표는 어떻게 변해 갔는가?
③ 국가는 학생들의 도전에 어떻게 대응했는가? 그 대응의 방식은 사태의 진전에 어떠한 영향을 미쳤는가?
④ 왜 군은 진압에 나서지 않고 정치적 중립을 지켰는가?
⑤ 왜 미국은 이승만을 포기하고 학생들을 지지했나?
⑥ 이 정권 붕괴 후 왜 민주당이 집권하게 되었으며, 그 정치적 의미는 무엇인가?
⑦ 이승만 정권 붕괴 전과 붕괴 후 일어난 학생 운동 성격의 변화는 어떤 의미를 가지고 있나?
⑧ 5·16군사쿠데타는 4·19학생운동과 어떠한 관계에 있나?

이들 중 뒤의 세 질문은 뒤에서 다룰 문제다. 여기서는 앞의 문제들, 즉 학생이 주도 세력으로 나선 이유, 국가의 대응, 군부 및 미국의 역할에 대해 간단히 살펴보기로 한다.

(1) 학생

학생들이 4월봉기의 주역으로 등장한 것은 당시 한국 사회의 구조적 특성 때문이다. 앞 장에서 다루었다시피 당시의 한국 사회는 급속한 도시화로 사회 계층의 이동이 있었으나 산업화에 바탕을 둔 계급의 분화와 성장은 미진한 상태에 있었다. 당시의 민간 사회는 여전히 기본적으로 농업 사회로서 계급의 조직화와 정치의식은 걸음마 단계에 있었다고할 수 있다. 따라서 정치적 투쟁은 정치 사회에 국한되어 있었고, 민간세력들은 독자적인 정치 세력을 형성하지 못하고 오히려 국가의 통제아래 이승만의 개인적 지배에 이용당하는 형편에 있었다.

이러한 형편은 수적으로 팽창하고 서구의 선진적인 아이디어들을 가장 먼저 받아들인 대학 사회에서도 어느 정도 마찬가지였다. 1950년대의 대학 사회는 사상의 획일화와 정치적 독재, 경제적 빈곤, 그리고 대학 사회 자체의 모순과 비리 속에서 정치적 모순에 적극 대항하지 못하는 침체 상태에 빠져 있었다. 대학은 정부의 횡포와 부패에 항거하기는커녕 오히려 관제 시위와 궐기 대회 등에 동원되고 있었다.[1]

그러나 1950년대 후반에 접어들면서 대학의 동요는 싹트고 있었다. 대학생의 양적 팽창은 그들의 정치 세력화에 중요한 변수로 작용했다. 1960년경 거의 10만 명에 육박한 대학생의 숫자는 여타 사회 세력이 성장, 조직화하지 못한 상황에서 대학생의 정치적 비중을 높일 수 있는 계기가 되었다. 수적 팽창에 수반되지 못한 대학의 질적인 침체는 대학생의 사회적 불만을 고조시켰다. 당시의 대학은 교육 시설과 그 내용, 학원에 대한 정부의 간섭, 교육 행정의 비민주성, 사학 비리 등 내부적 모순에 싸여 있었다. 이러한 여건 때문에 대학생들의 학내 불만은 정치적인 불만으로 확대되기에 이르렀다.

---

[1] 당시 대학 사회의 상황에 대해서는, 고영복, 「4월 혁명의 의식구조」, 강만길 외, 『4월 혁명론』(서울: 한길사, 1983), 85~94쪽 참조.

이러한 전반적인 구조적 조건은 대학생들의 구체적인 행동 동기와 결합하여 그들이 봉기의 주역이 되도록 만들었다. 당시 대학생의 행동 동기는 적극적인 것과 소극적인 것으로 나누어 볼 수 있다. 적극적인 행동 동기는 근본적으로 당시 대학 사회가 군부와 더불어 (적어도 정치의식의 측면에서) 한국 사회에서 가장 발전한 부문이었다는 점에서 나왔다. 대학은 자유, 평등, 인권, 민주주의 등 서구의 진보적 사상들을 한국에서 가장 선진적으로 받아들였다. 1950년대 대학 사회가 구조적인 모순 속에서 무기력해 있었던 것은 사실이지만, 대학의 일각에서는 자유민주주의와 민족주의적인 사상의 싹이 트고 있었던 것도 사실이다.[2] 학생들은 기성세대의 무능과 부패에 불만을 갖고 사회·정치 지도자들을 불신했으며, 자신들을 민주주의 수호의 전위대로 자처했다. 이러한 정의감은 한국의 학자, 지식인들이 전통적으로 가져온 유교적 전통의 한 유산이라고 할 수 있다.

학생들은 누적된 부패와 부정, 정치적 독재에 대한 불만뿐 아니라, 당시의 열악한 경제 환경 속에서 장래의 지위에 대한 심한 불안을 느꼈다. 구체적으로 대학 졸업자들의 대량 실업 사태는 전반적인 사회적 불안과 더불어 학생들에게 상대적 박탈감을 심어 주기에 충분했던 것으로 보인다.[3] 종합해 볼 때, 학생들의 불만에는 사회·정치적 차원에서의 부정부패 및 독재에 대한 불만과 생활고, 실업의 불안, 대학 내의 실정에 대한 불만 등 더 직접적이고 개인적인 불만이 뒤섞여 있었던 것으로 보인다. 이 중 어떤 요인이 정치적 봉기로 행동화하는 데 더 중요했는가를

---

2 차기벽, 「4·19, 과도정부, 민주당 정권의 의의」, 진덕규 외, 『1950년대의 인식』(서울: 한길사, 1981), 159쪽.
3 당시의 사회·경제적 불안과 학생들의 상대적 박탈감에 대해서는, 이화수, 『4월 혁명: 정치 행태학적 연구』(서울: 평민서당, 1985), 81~98쪽 참조.

밝히는 것은 매우 어려운 일이다. 본격적인 분석이 있어야 할 것이다. 잠정적으로 여기서는 자신과 밀착된 조건에 대한 불만이 정치적 행동화의 간접적인 잠재적 요인으로 작용했으며, 사회·정치적 상황에 대한 도덕적 분개가 더 직접적인 봉기의 요인으로 작용했다고 상정해 볼 수 있을 것 같다. 이러한 도덕적 분개가 자유당의 부정 선거라는 촉매를 통해 정치적 봉기로 폭발한 것이었다.

(2) 국가의 대응

초기의 학생 항거에 대한 국가의 대응은 정책적 경직성과 무기력을 여지없이 드러내 보였다. 이러한 경직성과 무기력은 제한된 목표로 시작된 학생 시위가 일반 시민이 대거 가세한 정권 퇴진 운동으로 비화하는 데 중요한 원인이 되었다. 이승만과 자유당은 사태를 제대로 이해하지 못했다. 그들은 학생들의 시위를 공산주의자의 사주에 의한 것이라고 선언하고,[4] 경찰력을 동원하여 폭력적 진압에 나섰다. 그러나 경찰의 폭력 진압은 학생들의 분노를 고조시켰고 일반 시민까지 가세하게 만들었다.

4월 11일 최루탄이 눈에 박힌 고등학생 김주열의 시체가 마산 앞바다에 떠오르자 시위가 대구와 마산 등 지방으로부터 서울로 확산되었다. 4월 18일 일어난 반공청년단원들의 고대생 습격 사건은 사태의 확대에 불을 붙인 또 하나의 촉매가 되었다. 이제 경찰력은 시위 군중을 진압할 능력을 상실하게 되었다. 4월 19일 일어난 대규모 시위는 이제 부정 선거 규탄에 머무르지 않고 정권의 퇴진을 요구하고 있었다. 소규모의 제

---

4 이들 중 상당수는 실제로 이를 믿었던 듯하다. 적어도 이승만은 이를 믿었다. Quee-Young Kim, *The Fall of Syngman Rhee*(Berkeley: Institute of East Asian Studies, University of California, 1983), pp. 75-76.

한된 목표로 시작된 운동이 대규모의 전국적 정권 퇴진 운동으로 발전한 것이었다.

(3) 군부의 역할

4월봉기 당시 육군 참모총장이었던 송요찬은 군이 정치적 중립을 지킨 것이 봉기가 성공한 중요한 요인이 되었다고 뒷날 주장했다. 계엄령 선포에 따라 주요 도시에 주둔한 군인들이 시위대에 발포했더라면 아무도 막을 수 없었으리라는 것이다.[5] 당시 실제로 계엄군이 시위대에 발포하고 진압에 나섰을 경우 민주화 운동은 실패하고 민간 사회는 국가의 탄압 아래 상당 기간 동안 침체했을 가능성이 있다. 물론 광주의 유혈 진압을 통해 집권한 전두환 정권의 경우와 마찬가지로 이 경우에도 권위주의 지배 세력의 진압과 독재의 강화가 장기간 지속되기는 어려웠을 것이다. 그러한 방법으로 이 정권이 존속되었다고 하더라도 심각한 정통성의 문제 때문에 오래 가기는 어려웠을 것이기 때문이다. 이 경우 더 장기적인 유혈 사태가 왔을 가능성도 있었을 것이다.

그러나 더 중요한 것은 당시 군부가 정치적 중립을 유지하고 정부의 발포 요청을 거부했다는 현실이다. 왜 그랬던가? 이에 대해 다음과 같은 이유들이 제시된다. 첫째, 미국이 군의 고문관을 통해 군 동원을 반대했을 가능성이 있다. 그러나 이것은 확인되지 않았다. 둘째, 한국군은 소수의 군 지도자가 자신의 정치적 신조를 위해 동원할 수 있는 단일체가 아니었다. 셋째, 마찬가지로 군 지도자들 중에는 반공을 제외하고는 목숨까지 걸 체계적 가치관이나 이념을 가진 사람이 없었다.[6] 고위

---

5 한승주, 『제2공화국과 한국의 민주주의』(서울: 종로서적, 1983), 49쪽.
6 한승주(1983), 54~55쪽.

장교들은 대체로 이승만에게 충성을 바치고 있었으나, 그 충성심이 위기 상황에서 목숨을 걸 정도의 것은 아니었다. 이승만과 고위 장교들의 관계는 서로의 필요에 의해 이루어진 기회주의적인 후원-피후원의 관계였다고 할 수 있다. 따라서 결정적인 위기가 왔을 때 군 지도자들은 정권과 정치로부터 거리를 유지하려고 했다.[7]

더구나 나중에 살펴볼 것과 같이 당시의 군부는 내부 분열의 몸살을 앓고 있었다. 이승만 정권에 대한 쿠데타 계획도 이미 나오고 있었다. 이런 상황이 군의 개입을 저지했다. 군부의 불개입은 국가가 사회 세력의 도전 앞에서 동원할 수 있는 최후의, 그리고 결정적인 힘의 자원을 잃게 되었다는 점을 의미했다.

(4) 미국의 역할

1950년대 전 기간에 걸쳐 미국이 한국의 정치 과정에 미친 영향이 지대했다는 것은 상식에 속한다. 이승만 정권의 붕괴에도 미국 정부는 상당한 역할을 담당했던 것으로 보인다. 미국 정부는 부정 선거의 파문이 일자 이에 대한 우려를 표명했으며, 상황이 대규모 대중 봉기로 발전하자 학생과 시민의 민주적 투쟁을 공개적으로 지지하고 나섰다.[8] 4월 26일 매카너기 당시 주한 미국 대사는 이승만을 방문하여 그의 하야 결정에 영향을 미친 것으로 전해진다.[9]

---

7 Kim(1983), p. 100. 4월 11일 내무부 장관 홍진기가 군 병력 동원을 요청했을 때 국방부 장관 김정렬은 군이 민간 사태에 개입해서는 안 된다는 이유로 이를 거절했다. 유엔군 사령관 매그루더도 같은 의견이었다. 앞의 책, pp. 72-75.
8 당시 미 정부기관의 성명 혹은 공식 논평에 대해서는 구영록·배영수 편, 『한미 관계』(서울: 서울대학교 미국학연구소, 1982), 135쪽; John Kie-Chiang Oh, *Korea: Democracy on Trial*(Ithaca: Cornell University Press, 1968), pp. 63-64 참조.
9 이상우, 『군부와 광주와 반미』(서울: 청사, 1988), 215~216쪽.

그러면 왜 미국 정부는 이승만에 대한 지지를 철회하고 봉기 세력을 지지했는가? 그리고 미국의 태도 표명과 정치적 개입이 봉기의 진전에 얼마만 한 영향을 미쳤던가? 앞 장에서 본 바와 같이, 미국 정부는 효율적인 반공 지도자로서의 이승만의 정치적 가치를 인정했으나, 그의 경제적 비효율성과 정치적 독선을 몹시 혐오했다. 미국은 군사·경제 원조를 통해 한국에 반공의 보루이자 자유민주주의의 진열장을 만들고자 했으나, 이승만 정권의 실상은 그들에게 실망스러운 것이었다. 미국 정부는 이승만을 제거하고 싶었으나, 그를 대체할 효율적인 반공적 지도자를 찾을 수 없었기 때문에 실천에 옮기지 못했다. 그러나 이승만에 대한 한국 국민의 전면적인 저항이 일자, 미국 정부는 이 기회에 이승만을 제거하고 민주적이고 친미적이면서 동시에 경제적으로 효율적인 정부로 대체하기를 희망했다. 이렇게 볼 때 미국 정부가 이승만에 대한 지지를 철회하고 민주 저항 세력을 지지한 것은 제2차 세계대전 이후 미국이 취한 대한국 정책의 일관된 맥락 속에서 이해될 수 있다.

　　그러나 이러한 미국의 정책이 봉기의 성공에 얼마나 영향을 미쳤는가는 별개의 문제다. 당시 나타난 상황을 볼 때 민주 봉기의 원인과 과정, 그리고 정권 붕괴라는 결과는 기본적으로 한국 내 정치 세력 간의 투쟁의 결과로 파악된다. 봉기는 국내 사회 세력들에 의해 자생적으로 촉발되었고, 국가의 효율적 대응의 실패가 이를 격화시켰다. 미국 정부는 이승만에게 압력을 가하거나 지지를 철회하는 방법으로 이 과정에 영향을 미쳤다. 미국의 개입이 저항 세력에게 고무적인 힘으로 작용했고 집권 세력에게 상당한 타격을 주었음은 짐작할 수 있지만, 그것이 결정적인 것은 아니었던 것으로 보인다. 이승만의 하야 결정만 하더라도, 세간의 일부 추측과는 달리 매카너기가 그를 방문했던 4월 26일 아침 이전에 이미 내려졌던 것으로 보인다.[10] 당시 미국이 한국의 정치 과정에 미친 영향이 매우 컸던 것은 사실이지만, 4월봉기의 발생과 진행 과정은 외부의 힘보다는 일차적으로 국내 정치 세력들 간 힘겨룸의 결과로 이루어진 것이었다.[11]

3) 4·19의 성격

4·19는 '혁명', '의거' 또는 아무 명칭 없이 그냥 '4·19' 등 여러 가지로 불리고 있다. 5·16쿠데타 세력은 그 의미를 축소하고 자신의 거사를 정당화하기 위해 이를 '의거', 곧 '의로운 거사'로 의미를 축소하여 일상화시켰다. 그러나 이에 반대하여 4·19의 의미를 중시하는 쪽에서는 이를 '혁명'으로 부르기를 즐긴다. 김영삼 정부도 '역사 바로 세우기' 정책을 펼치면서 이를 '혁명'으로 규정한 바 있다. 양쪽 다 문제가 있다.

의거는 학술적 용어가 아니니 논외로 치자. 필자는 이를 왜 혁명으로 규정하기 어려운지 길게 설명한 적이 있다.[12] 그 근본 원인은 혁명의 뜻에 있는데, 혁명이란 '어느 구조의 근본적인 변화'를 의미하기 때문이다. 계속 살펴볼 것과 같이, 4·19는 한국의 국가나 민간 사회의 근본적인 구조 변혁을 이루지 못했고, 이를 시도하지도 않았다. 시도할 이념이나 지도력도 없었다. 정권이나 정치 사회의 수준에서 보면 권위주의 일인 체제를 무너뜨리고 민주 정권을 수립했기 때문에 혁명이라고 할수도 있겠다. 하지만 이승만 정권도 법이나 제도의 면에서는 민주 정권

---

10 Kim(1983), pp. 215–216; 이화수(1985), 133쪽.

11 이런 의미에서 " …… 미국은 4·19혁명을 지원했다. 그러나 그것은 결코 넘어가려는 정권을 학생과 함께 떠밀었다는 의미에서의 지원이 아니라, 반대편에 서서 그 정권을 떠받쳐 주려 하지 않고 옆에 서서 넘어진다는 것을 알려 준 그런 의미의 지원이었다."라는 지적은 정곡을 찌른다. 이상우(1988), 217쪽.

12 김영명, 『한국 현대 정치사: 정치 변동의 역학』(서울: 을유문화사, 1992), 제8장 참조.

이었고 민주적 정치 절차가 있었기 때문에 민주당 정권의 법·제도와 근본적인 차이가 없다. 단지 차이는 실제 적용의 차이였다. 정권이 자유당에서 민주당으로 넘어갔지만 정권이나 정치 사회의 주역들의 근본 성격이 변하지 않았으므로, 이 수준에서 혁명이 일어났다고 말할 수는 없다.

이런 점에서 4·19를 혁명으로 부르는 것은 적절하지 않다. 오히려 민중이 집권 세력에 대해 '들고 일어났다'는 의미에서 봉기라는 말이 더 적합하다. 단지 요즘에는 이 말이 학문적으로나 일상 용법으로나 흔히 쓰이지 않는다는 점이 흠으로 남는다. 또 글쓴이는 4·19에 대해 학술적이 아니라 상징적이거나 실천적인 의미에서 혁명이라는 이름을 주는 것에 굳이 반대하고자 하지는 않는다. 어쨌든 4·19는 한국 민주화 운동에서 큰 획을 그었고, 혁명의 경험이 없는 한국인의 결핍감을 해소해 주는 의미가 있기 때문이다.[13] 이런 까닭으로 여기서는 4·19의 성격을 꼼꼼히 따지지 않고 간단히 살펴보도록 한다.

4·19는 해방 이후 한국에 도입된 한국 민주주의가 이승만의 개인적 통치로 시들어 가던 현실에서 이를 되살릴 기회를 제공했고, 더 나아가 한국 역사상 처음으로 국민의 힘으로 집권자를 교체한 매우 중요한 사건이었다. 또 이러한 성공이 이후 독재 권력 앞에서 민주화 투쟁이 끊임없이 지속되게 한 중요한 정신적 원동력이었고 역사적 교훈이자 정치적 토대가 되었다. 이런 점에서 4·19 운동의 정치사적 의미는 지대하다고 하겠다.

---

13 최근의 '미완의 시민혁명론' 주장은, 이택휘, 「4월 혁명과 장면 정권」, 이달순 외, 『한국 정치사 논쟁』(수원: 수원대학교 출판부, 2002) 참조. 전상숙, 「4·19와 장면 정부의 수립: 『사상계』의 당대 정치 담론을 통해 본 고찰」, 『한국정치외교사논총』, 32:1(2010)도 참조.

그러나 그것은 동시에 중요한 한계를 지니고 있었다. 그것은 우선 기성세력이 아니라 학생이 주도했다는 데서 근본적인 한계를 지녔다. 다른 각도에서 보자면, 당시 학생 이외에는 어떠한 민간 세력도 이승만 정권을 타도할 힘을 가지지 못했다는 의미다. 그만큼 당시 한국의 정치·사회적 성숙도가 낮았다는 말이다. 학생들이 이승만 정권이 무너진 뒤 이를 수습할 위치에 있지 못했다는 것은 말할 필요조차 없는 사실이다. 이를 대체할 정치 세력은 크게 미흡하여 이 정권 붕괴 후의 권력 공백을 메우거나 거세어진 학생·시민 세력의 요구를 수용할 능력이 없었다. 더 근본적으로 이승만이 사라진 후 이를 대체할 민간 정치 세력이 크게 미흡했다고밖에 볼 수 없다. 이들은 이승만 후의 정치 과정을 주도하고 민주개혁을 이루며 동시에 드높아진 사회·정치적 요구들을 수용할 수 있는 체계적인 계획이나 이념을 갖지 못했다. 시위를 주도한 학생들 역시 정권 타도 이후의 새로운 정치 질서에 대해 아무런 계획이 없었다. 학생이라는 신분상 그럴 수밖에 없었다. 시위는 즉흥적이었고 돌발적이었고 비체계적이었고 비조직적이었다. 학생 세력의 목표는 처음에는 '학원 자유', '부패와 독재의 배격'이었다가, 3·15부정선거와 마산 사태를 계기로 '부정 선거 배격', '정권 퇴진' 등 더 정치적인 구호로 나아갔다.

이런 상황에서 일종의 혁명적 분위기가 창출된 것은 사실이었다. 그러나 학생이든 주변 계층이든 중산층이든 대통령 하야라는 기대보다 엄청난 정치적 사태 앞에서 그다음의 질서를 구상할 능력도 준비도 없었다. 이러한 힘의 공백에서 당시 최대 야당이던 민주당이 정권을 인수한 것은 예정된 일이었다. 그러나 민주당 정권은 이승만의 하야로 조성된 일종의 혁명적 분위기와 이로 인한 대중 욕구의 분출을 수습하거나 주도할 의도도 없었고 능력도 없었다.

결론적으로 볼 때, 4·19 주도 세력은 이승만 하야 전이나 후나 체제 전복과 신체제 건설을 위한 사회 혁명 혹은 정치 혁명을 시도하지 않았다. 이를 뒷받침할 이념적 토대도 없었고, 조직적 기반도 없었으며, 정치적 지도 세력도 없었다. 심지어 그들이 보수적이고 무능하다고 불만을 품은 민주당 정권에 대한 퇴진 요구도 없었다. 이런 의미에서 4·19는 자유민주주의를 향한 봉기였다고 할 수도 있으나, 오히려 독재와 부패에 '반대한' 봉기였다고 하는 편이 더 진실에 가깝다.

그러나 그렇다고 해서 4·19의 역사적 의미가 감소하는 것은 아니다. 당시의 상황은 혁명이 불가능한 상황이었다. 그런 상황에서 적어도 부패한 정권을 쓰러뜨릴 수 있는 시민의 힘을 발휘한 것은 한국 역사상 길이 기억되어야 할 사건이다. 그것은 한민족의 역사상 국민 대중이 통치 권력을 쓰러뜨린 최초의 사건으로서 심대한 의미를 지니고 있다. 4·19는 대한민국 수립과 동시에 이승만 정권이 도입했으나 실천하지 않은 자유민주주의적 이상에로의 복귀를 시도한 정치적 사건이었다. 독재와 반독재의 싸움이 이 사건을 계기로 본격화되었으며, 4·19의 역사적 의미도 이런 점에 우선 존재한다고 할 수 있다.

2. 민주당 정권과 민주주의 실험

민주당 정부의 취임과 이를 통해 자유민주주의 제도를 한국에 실현시키고자 했던 시도는, 분출하는 민간 사회의 욕구와 그것을 정치적으로 여과할 정치 세력의 미숙함이 큰 괴리를 보인 결과 단기간의 불행한 실험으로 끝나고 말았다. 국가 건설의 두 번째 대안으로 시도된 자유민주주의는 뛰어난 조직력과 행동력으로 무장한 군부에 의해 부정당하고 군이 내세운 권위주의적 발전이라는 제3의 대안에 의해 대체되었다. 4·19를 주도한 학생들이 정권을 직접 장악할 수 없었기 때문에, '혁명'의 과제는 최대 야당이던 민주당으로 넘어갔다. 그러나 민주당 정부에서 정국은 혼란에 빠졌고, 이 혼란이 보수 세력의 정치적 반동을 유발했다. 그 궁극적인 결과가 이승만 정권 당시부터 정치 개입의 기회를 노리던 일부 소장 장교들에 의한 쿠데타였다.

민주당 정권의 특징은 다음과 같이 요약할 수 있다. 먼저 정치 이념의 측면에서 볼 때, 그것은 고전적인 서구의 자유민주주의의 이상에 충실하고자 했다. 따라서 내각 책임제에 기초한 민주당 정부는 보수, 혁신을 막론한 각 정치 세력들의 행동의 자유를 최대한 보장했다. 동시에 학생을 필두로 한 민간 사회 세력들의 정치 참여도 최대한 보장되었다. 그러나 당시 사회를 지배하던 반공과 반북한의 한계는 분명히 지켜졌다.

민주당 정권에서 국가는 그 물적 토대와 보수적 이념 성향에서 이승만 정권과 기본적으로 동일했다. 그러나 동시에 민간 사회에 대한 통제력은 이전에 비해 현저히 떨어졌다. 즉, 국가의 민간 사회에 대한 자율성이 크게 약화되었고, 동시에 정책 수행 능력 또한 매우 취약했다. 그것은 민주당이 사회 세력의 투쟁을 통해 어부지리로 정권을 얻었다는 사실과, 사회적 혼란과 정책적 미궁 속에서 경찰, 관료들의 효율성이 크게 떨어진 사실 때문이었다. 민주당 정부는 자유당 정부 붕괴 후에 생긴 정치적 공백을 메우고 국민 대다수의 불만을 해소해 나갈 뚜렷한 정책, 이념이나 효율적인 지도력을 개발하지 못했다. 그 반면 민간 사회는 '혁명'을 주도한 사실 때문에 민주당 정부에게 많은 것을 요구할 위치에 있었고, 실제로 혁명의 과업을 신속히 이행하지 못한 정부에 엄청난 압력을 행사했다. 국가는 민간 사회를 통제하지 못했을 뿐 아니라 학생과 더불어 가장 강력한 정치 세력으로 부상하고 있던 군부도 통제하지 못했다. 한국 사회의 가장 강력한 두 정치 세력, 즉 학생과 군부는 민주당 정권을 창출하고 이를 파괴하였다. 이 두 세력으로 대표된 힘겨룸이 이후 한국 정치사의 방향을 결정지었던 것이다.

민주당의 정치 사회는 보수적 이념 구조와 파벌주의 행태가 본질적으로 이승만 정권 당시와 동일했으나, 두 가지 면에서 변화를 보였다. 하나는 이승만의 개인적 통치력 아래 부차적인 역할을 담당하던 정치 세력 간의 파벌 싸움이 정치 과정의 본질적인 요소로 등장했다는 사실이다. 다른 하나는 자유민주주의의 명분과 이에 따른 정치적 개방 덕분에 용공으로 탄압받던 혁신 세력의 정치 활동이 보장되어 이념적으로 보수와 혁신의 대립 구조가 성립되었다는 점이다. 이러한 두 요소는 당시의 정국에 상당한 파란을 몰고 왔다.

1) 허정 과도 내각

시민 투쟁이 막바지에 달한 4월 24일 이승만은 허정을 외무부 장관으로 임명했다. 이렇게 하여 부통령인 이기붕이 일가족 집단 자살로 사라진 상황에서, 이승만 하야 후 허정이 사태 수습을 위한 과도 내각을 맡게 되었다. 여기서 알 수 있듯이, 허정은 봉기 세력, 즉 새 질서를 대표한 인물이 아니라 이승만에 의해 임명된 구질서의 인물이었다. 따라서 허정을 수반으로 1960년 4월 27일 구성된 과도 내각은 급격한 개혁을 요구한 학생과 시민의 요구를 만족시킬 수 없었다. 허정 과도 내각은 철저하게 '과도적'이기를 의도한 것으로 보인다. 과도 내각은 자신의 임무를 다음 정부의 구성에 국한하고, 민감하고 어려운 혁명적 과제의 수행을 다음 정부에게로 미루었다.

과도 내각의 정책은 본질적으로 보수적이었다. 이런 성격은 내각이

5월 3일 '5대 시정 방침'을 통해 반공을 한층 더 견실하게 진전시키고, 부정 선거의 처벌 대상을 고위 책임자와 잔학 행위자에 국한시키며, 혁명적 정치 개혁을 비혁명적 방법으로 추진하겠다고 밝힌 데서 뚜렷하게 드러났다.[14] 그러나 실제로 허정 내각은 비혁명적인 방법으로도 혁명적 정치 개혁을 추진하지 않았고, 오히려 혁명의 억제에 초점을 맞추었다. 이는 부정 선거 관련자와 부정 축재자 처벌에 대한 내각의 태도에서 분명히 드러났다. 과도 내각은 이들에 대한 공판을 매듭짓지 못하고 민주당 정부에게로 넘겼다. 경찰의 처벌 문제도 마찬가지였다. 과도 정부는 경찰의 정치적 중립화와 민주화를 약속했으나, 경찰의 현존 골격을 유지하는 선에서 선거 부정과 정치 테러 관련자를 해임하고 좌천하는 데 그쳤다.[15]

당시 민주당의 행태 역시 혁명이나 참신한 정치·사회 개혁과는 거리가 멀었다. 이승만이 하야한 뒤에도 자유당 인사들이 여전히 국회를 장악하고 있었기 때문에, 당시의 정국 구도는 앞으로 정권을 장악할 것으로 예상되는 민주당과 현재 국회 다수를 장악한 자유당 사이의 공존을 위한 일종의 거래 성격을 띠게 되었다. 민주당은 국회를 해산하지 않고 기존 국회에서 내각제 개헌을 결정했다. 민주당은 이로써 기존 의원들의 기득권을 지키는 동시에, 자유당으로부터 정치 자금을 기부받는 대가로 일시적으로나마 자유당이 정치적으로 연명할 수 있도록 해주었다.[16] 이렇게 볼 때, 과도 정부의 보수성과 소극성, 그리고 민주당과 자유당의 비혁명성과 정치적 기득 이익의 확보라는 현실 목표의 추구가 맞물려, 정치권은 민간 사회의 정치적·도덕적 고양에 찬물을 끼얹었

---

14 이정식, 『한국 현대 정치사』 제3권 『제2공화국』(서울: 성문각, 1976), 118쪽 참조.
15 한승주(1983), 63~66쪽.
16 차기벽(1981), 164쪽.

다. 그러나 허정 내각은 비교적 순조롭게 개헌과 총선의 절차를 마쳤다는 점에서 과도 정부로서의 최소한의 역할은 수행한 것으로 보인다. 또 그 과정에서 이승만 정권을 상징한 정치 제도인 자유당이 해체됨으로써 구질서 청산의 최소한의 요건은 갖추게 되었다.

정부의 재구성을 위한 7·29총선은 매수, 매표 등으로 타락한 양상을 보였으나, 비교적 자유로운 분위기 속에서 치러졌다. 그것은 한국 선거 사상 이념적으로 서로 다른 여러 정치 세력이 비교적 자유로운 분위기에서 공개 경쟁한 첫 경험이었다. 여기서 민주당은 233석의 민의원 의석 중 175석을 차지하여 압도적인 승리를 구가한 반면, 혁신 세력들은 사회대중당이 4석, 한국사회당이 1석을 획득하는 데 그친 참패를 맛보았다. 이는 유권자들이 민주당을 거의 유일한 정치 지도 세력으로 받아들였다는 뜻이었다. 이러한 결과는 다른 정치 세력이 미약했던 당시 상황에서 자연스러운 일이었다. 1956년 정부통령 선거 이후 유권자들이 민주당에게 보인 지지의 연장선상이었다고 할 수 있다. 그러나 다른 한편, 그것은 동시에 국민의 민주당에 대한 열렬한 지지의 결과였다기보다는 정치적 선택의 폭이 그만큼 좁았기 때문이라고 보아야 한다.[17]

국민이 선택할 수 있었던 다른 대안의 가능성은 혁신 정당들에 있었지만, 국민은 이를 외면했다. 혁신 정당들의 패배는 자금과 조직에서의 열세, 파벌 싸움 등 여러 가지 요인으로 설명될 수 있지만, 근본적으로 한국 국민은 당시 혁신 세력의 정치 노선을 받아들일 준비가 되어 있지 않았다. 분단으로 싹트고 6·25전쟁으로 강화된 일반 국민의 보수·반공 의식은, 지금의 기준으로 보면 사실 그렇게 혁신적이지도 않았던 혁

---

17 심지연, 「민주당 정권의 본질」, 사월혁명연구소 편, 『한국 사회변혁 운동과 4월 혁명 1』(서울: 한길사, 1990), 207쪽.

신 세력의 정치 이념을 받아들일 수 없었다. 당시 이승만 정권은 무너졌지만 국가와 사회의 보수적 구조는 계속 유지되었고, 이런 점에서 볼 때 좌우익의 대립이 격렬했던 해방 직후의 상황과는 달랐다. 보수와 혁신의 대결이 있었다고 하나, 그것은 보수 세력의 힘이 압도한 대결 구도였다. 단, 수와 조직, 자금, 국민적 지지에서 열세였던 혁신 세력이 제도권 밖에서 벌인 정치적 투쟁이 학생들의 소요와 더불어 정국을 상당한 소용돌이로 몰아넣었고, 이러한 사실이 군부의 정치 개입에 한 빌미를 제공했던 것은 사실이다.

2) 국가의 취약성과 민간 사회의 도전

(1) 국가와 학생

새 정부의 수반으로 장면 총리가 취임했다. 민주당 정부에서의 국가는 정권이 탄생한 경로를 볼 때 본질적으로 취약할 소지를 안고 있었다. 그것은 앞서 언급했던 바와 같이 민주당이 이승만 정권 타도를 주도하지 못했기 때문이었다. 특히 새 정부와 봉기 세력의 정치적 이념과 정책적 선호가 일치하지 않을 때 이들 사이에 갈등이 싹트는 것은 자연스러운 일이었다. 정권을 인수한 신정부가 뚜렷한 이념과 정강 정책으로 무장하여 정치적 지도력을 발휘할 수 있었다면 상황이 달라질 수도 있었다. 그러나 민주당 정부는 국민을 선도할 체계적인 이념도 없었고 효율적인 정치 지도력도 결여하고 있었다. 더구나 민주당 정부는 권위주의 정권에 대한 반작용으로 등장했기 때문에 자유민주주의 원칙의 실현을 정치적 정통성의 근거로 삼을 수밖에 없었다. 그 결과 집회, 언론, 결사, 시위, 정당 결성 등의 시민적·정치적 권리에 대한 제한이 철폐되어 이들을 제어할 수단이 사라졌다. 이런 의미에서 국가의 사회 세력에 대한 '자율성'은 매우 제한되어 있었다. 그러나 이는 네오마르크스주의에서 말하는 상대적 자율성으로 설명될 성질의 것은 아니었다. 민간 사회의 국가에 대한 영향력은 계급적 기반을 갖춘 것이 아니었다. 다시 말해, 부르주아 계급의 이익이 국가를 통해 관철되는 상황이 아니라, 학생, 지식인, 언론을 필두로 한 도시 세력의 사회 정치적·도덕적 개혁의 압력 아래 국가가 놓여 있었다는 말이다.[18]

그러면 국가에 대한 민간 사회의 도전은 구체적으로 어떠한 쟁점으로 어떻게 나타났던가? 근본적인 쟁점은 개혁의 속도와 방향에 관한 것이었다. 여기서 국가에 가장 큰 도전을 행사한 사회 세력은 이념적으로 급진화한 학생 집단이었다. 이들의 불만과 요구는 크게 두 가지의 형태로 나타났다. 하나는 정부의 미온적인 '반혁명' 세력 처벌에 대한 항거라는 소극적인 형태로 나타났고, 다른 하나는 더 적극적인 자주화, 통일 운동의 형태로 나타났다.

민주당 정부는 부정 선거 및 부패 관련자의 처벌에 미온적이었다. 사형 구형을 받은 9명 중 5년 이상의 형기를 선고받은 사람이 하나도 없었고, 4명이 무죄 혹은 집행 유예로 석방되었다. 정권의 보수적 속성이 이어지고 있었다는 한 증거였다. 이에 분노한 학생들은 국회의사당을 점거하고 격렬한 항의를 벌였다. 민주당 정부는 이에 굴복하여 비상 개헌으로 혁명재판소를 설치했고, 국회는 이들의 처벌을 위한 소급 법률을 제정하기에 이르렀다. 이 사건은 국가에 대한 사회 세력의 힘, 정부에 대한 학생의 힘을 여지없이 보여 준 상징적인 사건이었다. 정부는 적극적인 개혁을 주도하지 못하여 학생들의 불만을 샀고, 동시에 소급 입법

---

18 이한빈의 표현에 의하면 민주당 정부는 정당 정치인, 지식인, 학생, 언론인의 연합 집단이었다. Han-Been Lee, *Korea: Time, Change, and Administration*(Honolulu: East-West Center Press, 1968), p. 117.

을 통한 구질서 관련자의 처벌은 보수 세력의 불만도 야기했다. 이로써 민주당 정부의 정치적 기반이 하나하나 사라져 갔다.

민주당 정부가 들어선 후 일차적인 투쟁 목표를 상실한 학생들은 두 부류로 나누어졌다. 하나는 정권의 교체로 일단 목표가 달성되었다고 판단하고 질서 유지, 신생활 운동, 국민 계몽 운동 등을 펼치다가 학원 생활로 돌아간 다수의 학생이었고, 다른 하나는 진보적 이념 동아리를 중심으로 통일 운동과 반외세 자주화 운동을 벌인 소수의 급진적 학생이었다. 민주당 정권하에서 정치적 긴장의 원인이 된 것은 뒤의 학생들이었다. 이들의 시위는 보통 200~300명이 참가하는 소규모의 것이었으나, 이념적 급진화와 함께 강한 내적 결속으로 국가에 대해 큰 도전을 행사했다.

그들의 행동 중 정치적 파문을 가장 크게 일으킨 것은 통일 운동이었다.[19] 통일의 쟁점은, 분단 상황에서 정치적 민주화의 목표를 일단 달성한 학생들에 의해 다음 단계의 운동 목표로 자연스럽게 설정되었다. 전국의 대학들에서 결성된 민족통일연맹들이 선봉에 나섰다. 특히 1960년 11월 초에 결성된 서울대학교의 민족통일연맹은 창립 대회에서 공산당이 참여하는 전 한국 보통선거를 주장하고 장면 국무총리가 미국과 소련을 방문하여 이 문제를 협의할 것을 주장했다. 이 조직은 또한 이듬해 5월 초에는 남북학생회담을 제안하여 큰 파문을 일으켰다. 유엔 감시하의 남북한 총선이라는 본질적으로 보수적인 통일관을 가지고 있던 민주당 정부는 물론 이를 인정하지 않았다. 그 반면 북한 정부는 이를 열렬히 지지하고 나섰으며, 혁신 세력의 민족통일연맹 또한 5월 13일 이를

---

19 상세한 내용은, 홍석률, 『통일 문제와 정치·사회적 갈등』(서울: 서울대학교 출판부, 2001) 참조.

지지하는 궐기 대회를 가졌다. 5·16군부쿠데타가 일어나기 불과 3일 전의 일이었다.

국가에 대한 민간 사회의 또 하나의 도전은 노조 운동에서 나왔다. 이승만 정권 당시 국가의 철저한 통제 아래 있던 노동조합들은 4·19 이후의 정치적 개방의 틈을 타서 활발한 운동을 전개했다. 노동조합들의 수와 규모가 급속히 증가했고, 노동 쟁의의 건수 역시 급증했다. 봉기 후 6개월도 채 안 되어 노동조합의 숫자는 621개에서 821개로 증가했고, 조합원의 수도 2만 5,000명 이상으로 늘어났다. 노동쟁의의 건수도 급속히 늘어나 봉기 이후 8개월 동안의 노동쟁의가 1959년 한 해 동안에 비해 적어도 80% 이상 증가했다.[20] 그러나 이들은 거의 전적으로 임금 인상이나 노동 조건의 개선을 목표로 한 자연 발생적인 경제적 쟁의에 그쳤고, 정치적 목표를 가진 것은 거의 없었다. 당시 산업 노동자들의 조직화나 정치화는 여전히 낮은 수준에 있었다. 이는 당시의 낮은 산업화 수준과 노동 계급의 미성장을 반영하는 것이다.

정치적 의미를 지닌 노동 운동은 오히려 사무직 계층의 교원 노조에서 나왔다.[21] 이는 다시 한 번 당시의 정치적 갈등이 도시 진보 세력의 보수적 국가에 대한 (사회적·경제적이 아닌) 정치적·이념적 토대에서의 도전 때문이었음을 입증하는 일이었다. 1960년 4월 대구에서 처음 조직되고 5월 서울로 확산된 교원 노조는 한국교원단체총연합(대한교련)의 통제를 반대하고 학원의 정화와 더 나아가 정치적 개혁을 요구하고 나섰다. 그들은 전국 교원의 22%를 점하는 거의 2만 명의 회원이 가입했음을 주장했다. 그들은 처음에는 정부, 여당에 의한 학교의 정치적 이

---

20 한승주(1983), 180쪽.
21 이목,「교원노동조합운동」, 사월혁명연구소 편(1990) 참조.

용, 학교 내에서의 부당 이득 획득, 직업 불안 등에 대한 불만에서 행동에 나섰으나, 이윽고 당시 진행되던 '2대 악법'에 대한 반대 투쟁과 남북 학생회담 개최 지지 등 정치적 행동으로 나섰다.[22] 정부는 교원 노조가 좌익 이념에 지배받고 있다고 믿었고, 따라서 그 합법성을 인정하지 않아 정치 갈등이 고조되었다.

이상에서 살펴본 국가와 민간 사회의 대결은 근본적으로 보수적인 국가와 진보적인 사회 세력의 이념 대결에 그 토대를 두고 있었다. 국가는 자유민주주의와 기존 사회·경제 구조의 온존이라는 비교적 명확하게 규정된 입장을 지니고 있었다. 그러나 이를 달성할 체계적인 이념과 지도력은 없었다. 진보적 사회 세력들의 노선 역시 좀 더 자주적인 경제와 통일의 달성이라는 민족주의적 이상 외에는 구체적인 정책 프로그램에서 모호한 편이었다.

당시의 힘겨룸을 보수와 혁신 사이의 이념적 양극화로 보는 견해도 있지만,[23] 이는 사태를 과장한 것으로 보인다. 당시 상황이 이념적 양극화의 상황이 아니었다는 사실은 혁신 세력이 총선에서 참패하고 국민의 지지를 받지 못하는 미약한 세력이었다는 점에서 가장 잘 드러난다. 힘겨룸은 좌파와 우파의 대결이었다기보다는, 더 느슨한 의미에서의 진보적 도전 세력과 보수적 집권 세력 간의 대결을 한 축으로 하고 강경 보수 세력의 정부에 대한 도전을 다른 축으로 한 이중적인 양상을 띠고 있었다. 민주당 정부의 근본적인 문제는 좌우파의 대결보다는 민간 사회의 도전을 통제하지 못한 국가의 취약성과 정치 지도력의 무능, 그리고 파

---

22 1961년 3월 정부는 '집회와 시위에 관한 법률안'과 '반공을 위한 특별법'을 추진했다. 이는 진보 세력의 저항을 야기했음은 물론이고 보수적 정치인의 반발도 일으켜 시국에 큰 파란을 야기했다. 정부는 심각한 저항에 부딪히자 이를 유보했다. 손병선, 「2대 악법 반대 운동」, 사월혁명연구소 편(1990) 참조.
23 한승주(1983), 특히 제8장.

벌 투쟁에 있었다. 이러한 사실은 당시 혁신 세력의 성격과 정치적 위치를 보면 더 분명해질 것이다.

(2) 혁신 세력의 정치적 의미

혁신 정당들은 6·25전쟁 이후 철저한 억압하에 있다가 4월봉기로 정치와 사상의 자유가 상당히 보장된 상황에서 다시 한 번 정계에 참여할 수 있었다. 당시 혁신 세력의 정치 노선은 명확하고 단일한 이념으로 이루어지지 않았다. 그것은 중도파와 급진파를 포괄하고 때때로 자유당이나 보수 민주당 어느 쪽에도 속하지 않은 사람들을 지칭하는 데도 쓰일 만큼 광범위하게 적용되었다.[24] 따라서 혁신 정당들은 계급 정당이기보다는 국민적 대중 정당의 성격을 띠고 있었고, 공식 노선도 자유당이나 민주당의 그것과 크게 다르지 않았다. 정치적 파문은 오히려 당 차원이 아니라 개인적 차원에서의 견해 표명들이 정부, 국회, 언론의 반발을 일으킴으로써 일어났다.

혁신 세력은 7·29총선에서 참패하자 급진 이념보다는 민족주의적인 대중 운동에 초점을 맞추었다. 따라서 그들은 한미 경제협정 반대와 2대 악법 반대 투쟁을 벌였으며, 통일 문제를 쟁점화하여 정치적 파문을 일으켰다. 혁신계의 통일 운동은 조금씩 다른 노선을 보인 두 세력이 추진했다. 하나는 북한과의 무조건 협상과 중립화 통일에 역점을 둔 급진적인 사회대중당과 그 외곽 단체인 민족자주통일협의회였고, 다른 하나는 통일 한국의 영세 중립화를 강조한 통일사회당 및 그 외곽 단체인 중립화조국통일운동총연맹의 온건한 세력이었다. 전자는 남북학생회

---

24 요사이 '진보' 세력의 규정만큼이나 모호하고 포괄적이다. 그만큼 한국의 이념 구도가 뚜렷하지 않다는 증거다. 요사이 '이념 문제'의 본질에 대해서는 마지막 장에서 다룬다.

담 환영 및 통일촉진궐기대회를 열어 대중적 지지를 호소했고, 후자는 남북한 협상에 앞서 민주사회주의를 통해 남한 체제를 공고화시킬 것과 민주적 절차에 의한 남북한 총선을 거쳐 중립화 통일을 달성할 것을 주장했다.[25]

학생과 혁신 정당들의 국가 정책에 대한 도전은 특히 1961년 2~3월에 고조되어 거의 매일 가두시위가 벌어졌다. 정치적 성격의 시위는 4·19 직후의 국회 해산 요구 시위를 효시로, 7·29총선 때 반민주 세력의 출마를 규탄하는 시위, 대법원 판결에 불만을 품은 4월 부상 학생들의 의사당 점거 등으로 확산된 바 있다. 민주당 정부가 소위 2대 악법의 제정을 추진하자 보수 정당 일부에서도 그 제정을 반대하는 시위를 전개하여 산발적이던 시위는 점차 조직적이고 대규모로 발전했다. 1961년 3월 18일 서울에서는 30여 개의 혁신 단체가 연합하여 2대 악법 제정을 반대하는 대규모 시위를 벌였고, 이후 시위는 마산, 부산, 광주, 전주 등 전국 주요 도시로 확산되었다. 5월에는 대학생들이 남북학생회담을 주장하는 시위를 벌였으며, 그 밖에도 각양 각종의 크고 작은 시위가 한국 사회를 휩쓸었다. 이러한 상황에서 군부 쿠데타의 풍문이 세간에 파다하여 정국이 뒤숭숭했다. 이른바 4월 위기설이 그것이었다.

이러한 상황에서 보수 세력이 반격에 나섰다. 우익 청년 조직들과 재향군인회 등을 중심으로 우익 세력의 결속을 주장하는 시위가 벌어지고, 4월 2일 대구에서 혁신계와 우익계 사이에 대규모 충돌이 일어났다. 이러한 보수, 진보 사회 세력 간의 충돌과 쿠데타 풍문은 국민의 불안을 자극하기에 충분했다. 학생들과 혁신계 인사들은 이러한 위기를 인식하고 정치적 행동을 자제하기 시작했다. 군부의 정치 개입 움직임을 알아

---

25 홍석률(2001) 참조.

채고 그 빌미를 주지 않기 위해 행동을 자제한 것이다. 그러나 이미 때는 늦었다.

그러면 진보적 학생과 혁신 세력의 도전은 당시의 정국에서 어떤 정치적 의미를 가졌던가? 구체적으로, 그것은 민주당 정부의 존속에 얼마만큼 치명적인 영향을 주었는가? 쿠데타를 일으킨 후 주동자들은 장면 정부에서의 용공 사상 대두를 '군사 혁명'의 첫 번째 원인으로 내세웠다.[26] 또한 그들은 혁명 공약의 첫 항을 "반공을 국시의 제일의로 삼는다"라고 규정했다. 이것은 실제로야 어쨌든 혁신 세력의 도전과 이로 인한 정치적 혼란의 종식을 군사 쿠데타의 가장 큰 명분으로 내세웠다는 사실을 의미한다. 쿠데타 주동 세력이 당시의 상황을 용공 세력의 득세로 인한 위기 상황으로 인식했을 가능성은 충분히 있다. 실제로 보수적 국가와 진보적 사회 정치 세력의 대결이 이념적 대립의 양상을 보인 것은 사실이다. 그러나 객관적으로 판단할 때, 당시는 여전히 보수 세력이 국가와 민간 사회의 지배자로 군림하고 있었다. 혁신 세력은 선거에서의 패배가 보여 준 바와 같이 국민의 지지를 거의 받고 있지 못했다. 그들의 시위도 정권 자체를 위협할 만한 규모와 열기를 보여 주지 못했다. 급진적 학생들의 행동 또한 대다수 학생과는 유리되어 있었고, 정권에 대한 직접적 도전을 행사할 만큼의 힘을 가졌던 것으로는 보이지 않는다. 혁신 세력이 자신의 한계를 안 4월 이후 행동을 자제한 것이 하나의 중요한 증거가 될 것이다.

진보 운동 세력들은 사회적 선전과 선동의 능력이 있었으나 국민적 지지, 내적 결속, 조직적 효율성의 면에서 근본적으로 허약했다. 따라서 자신의 목적 달성을 위해 전투적인 방법에 호소했고, 이것이 많은 시

---

26 국가재건최고회의 군사혁명사 편찬위원회, 『한국군사혁명사』(1963), 173~176쪽.

민과 우익 집단에 위협을 준 것은 사실이었지만, 체제에 대한 근본적인 도전이 되지는 못했다. 실제로 자본주의 체제의 전복은 물론 민주당 정부의 퇴진을 주장하는 구호도 없었다. 한마디로 당시의 정치적 대결은 정권과 체제에 관한 이념 선택의 차원이 아니었다. 오히려 그것은 개혁의 방향과 속도를 둘러싼 정책 차원에서의 대결이었다고 할 수 있다. 이러한 도전을 보수 세력들이 정권과 체제에 대한 도전으로 인식한 것은 별개의 문제였고, 이런 의미에서 당시의 상황을 정치적·이념적 양극화의 상황이었다고 말할 수 있을지는 모르겠다. 그러나 그것은 힘의 분포가 양극화되어 있었다는 의미는 아니었다. 달리 표현하자면, 쿠데타 세력의 주장과는 달리 당시는 용공 사상의 대두로 인한 국가적 위기의 상황이 아니었다. 오히려 더 큰 문제는 이러한 상황을 통제하지 못한 국가 자체의 취약성에 있었다. 그리고 민주당 정권 말기에는 보수 정계에서도 진보적인 통일 논의를 체제 내로 수렴하려는 움직임이 나타났고, 양자가 타협점을 찾아가려는 움직임도 있었다.[27]

(3) 국가의 정책 능력 부재

민주당 정부가 4월봉기 이후 물려받은 과제는 정치·사회적 민주화와 경제 발전이었다. 정부도 이러한 과제를 인식했고, 이를 달성하기 위해 노력했다. 그러나 당시의 국가는 취약한 자율성과 정책 능력의 부재로 이 두 과제의 어느 것도 이루지 못했다. 물론 10개월의 집권 기간이 구체적인 정치·경제적 성과가 나타나기에는 너무 짧았던 것도 사실이다. 그러나 민주당 정부는 근본적으로 정책 프로그램의 개발과 그 실천의 능력이 부족했다. 이는 오랜 야당 생활 동안 반독재 투쟁에 골몰함으

---

27 홍석률(2001), 209쪽.

로써 구체적인 정강 정책과 이를 실천할 조직적·이념적 기반을 갖추지 못한 탓이었다. 게다가 보수, 진보를 막론한 사회 세력의 도전과 불만 속에서 효율적인 정책 수행의 기반이 될 정치적 지지를 확보하는 데 실패했다. 또 정부와 당의 내부 분열이 효과적인 정책의 입안과 집행을 더 불가능하게 만들었다. 한마디로 집권 10개월 동안 민주당 정부는 생존에 필요한 최소한의 정치적 지지 기반을 확보하는 데 전력을 기울여야 했고, 이런 상황이 효과적인 정책 프로그램의 개발을 불가능케 했던 것이다. 정치와 경제 상황이 호전되지 않자 국민은 정부에 대해 점점 냉담한 자세를 취하게 되었다. 이런 상황에서 1961년 3월 초 발표한 야심적인 국토건설사업은 민주당 정부가 내세운 유일한 발전 계획이었다. 이 계획으로 국가는 치수, 도로, 토목 등 사회간접 자본의 확충을 꾀했고, 더 나아가 이를 5개년에 걸친 경제개발계획으로 확대할 예정이었다. 그러나 이 계획은 채 실행에 옮겨지기도 전에 쿠데타에 의해 무효로 돌아갔다.

당시 한국의 경제 상황은 심각한 지경에 있었다. 경제 지표상의 거의 모든 지표가 1960년, 1961년 두 해에 최저를 기록했다. 물가는 앙등하여 1961년 1~2월 사이에 15%가 뛰었고 1960년의 실업률은 24%에 달했다. 그러나 경제 상황이 어려웠던 것은 사실이었지만, 이것이 민주당 정권이 붕괴한 가장 중요한 원인은 아니었다. 경제적 어려움은 정부에 대한 국민의 지지를 약화시켰지만, 정권이 실패한 근본 원인은 자유민주주의의 대안을 한국 사회에 뿌리 내리기에는 너무나 미숙했던 정치 지도 세력과 민간 사회의 욕구 분출 사이에 존재하는 괴리에 있었다.

3) 정치 사회의 권력 투쟁

민주당은 원래 이승만 정권에 대한 투쟁이라는 공동 목표를 가진 이질적인 보수 정치인들 사이의 느슨한 결합으로 이루어진 정당이었다. 따라서 이 정권 타도라는 공동의 목표가 사라지고 정치권력을 장악하게 되자 당내 권력 투쟁이 금방 표면화되었다.

민주당의 파벌 다툼은 한국의 파벌 정치 연구에서 대표적인 사례로 간주될 만하다. 그것이 집권 정당에 의한 것이었고, 두 개의 세력에 의해 팽팽한 각축전으로 전개되었으며, 정국의 악화에 미친 영향이 엄청났기 때문이다. 해방 이후 이승만 정권 시기까지의 파벌들이 개인적인 지도자를 중심으로 한 인맥 관계로 형성되었던 것에 비해, 민주당의 파벌은 뚜렷한 지도자가 없는 상태에서 정치권력의 배분을 중심으로 한 현실적 이해관계의 이합집산으로 특징지어진다.[28] 뚜렷한 지도자가 없었다는 사실은 파벌의 내부적 결속과 파벌들 사이의 상호 관계 모두가 불안정할 수밖에 없었음을 뜻하며, 이러한 사실이 정부의 통치력과 총리의 지도력을 더 약하게 만들었다.

민주당의 파벌은 크게는 구파와 신파로 구성되어 있었다.[29] 전통적인 사고방식과 행동 양태를 보이며 대체로 연상인 구파 인물들에 비해, 신파의 인물들은 사회적인 변화에 민감했고 대내외 정책에서 덜 배타적인 입장을 취했다. 구파의 인물들이 권력 지향적인 전통적 정치가의 특징을 보였다면, 신파의 인물들은 상대적으로 관료적이고 프로그램 지향

---

28 안병영, 「한국의 정당 체계와 정당 내의 파벌 형태」, 김운태 외, 『한국 정치행정의 체계』(서울: 박영사, 1982), 101~102쪽.
29 자세한 연구는, 이윤기, 「한국 야당의 파벌에 관한 연구: 민주당을 중심으로(1955~1961)」, 한양대학교 박사 학위 논문(1987) 참조.

적이었다. 그러나 이러한 스타일상의 차이에도 불구하고 그들 사이에는 이념이나 정책 정강에서 뚜렷한 차이가 없었다.

이승만 정권하에서 이미 양파 간의 권력 투쟁은 표면화되었다. 이는 특히 대통령 후보 경쟁을 둘러싼 장면과 조병옥의 경쟁에서 두드러졌는데, 1960년의 대통령 후보 지명 대회장에서는 폭력이 난무하기도 했다. 그러나 본격적인 파벌 싸움은 이승만 하야 후에 나타났다. 7·29총선에서 우세한 위치를 점하기 위해 신파와 구파는 서로 자파의 인물을 공천시키고자 치열한 싸움을 벌였다. 양측의 세력이 거의 대등한 가운데 구파가 약간 우세하게 나타난 총선 결과는 양파 간의 파벌 투쟁을 더욱 심하게 만들었다. 어느 파가 궁극적인 정치권력을 장악할 것인가를 둘러싸고 본격적인 경쟁이 시작되었다. 국회 의석에서 약간 우세했던 구파는 대통령과 국무총리 자리를 다 차지하려 했고, 세 불리를 인정한 신파는 명목상의 지위인 대통령직을 포기하고 국무총리직을 확보하고자 했다. 결국 신파의 전략이 적중하여 구파의 윤보선이 대통령, 신파의 장면이 실권을 가진 총리에 취임했다.

구파는 의석의 우세에도 불구하고 실권을 신파에게 빼앗긴 것을 참을 수 없었다. 이후의 내각 개편에서도 소외당하자, 마침내 구파 인사들은 12월 초 신민당을 결성하고 이탈한다. 신민당 분당 시 민주당에 잔류한 구파 의원들과 무소속 의원들을 포섭하여 신파는 한때 124석의 민 의원을 가진 다수당으로 변모했다. 그러나 민주당은 여전히 정치적·인적 결속을 이룰 수 없었다. 이제 민주당 내 새로운 파벌 싸움이 표면에 나섰다. 권력의 배분에서 소외된 소장파의 노장파에 대한 도전, 노장파 내의 갈등, 구파에서 이탈한 잔류파와 기존의 신파 사이의 갈등 등으로 집권 전 기간에 걸쳐 민주당은 이권 쟁취를 위한 파벌 싸움의 소용돌이에 휩싸였다. 특히 한때 민주당 의석의 거의 반에 육박했던 신풍회 소속의 소장 의원들은 권력 배분에서 소외된 데 불만을 품고 사사건건 민주당 정부를 비판하고 나섰다.

장면에게는 이러한 상황을 타개해 나갈 지도력이 없었다. 그의 성품은 정치적 격동기를 이끌어 나갈 결단성이나 강직성을 결여하고 있었다.[30] 한마디로 정치 '지도자'의 자질이 없었던 그는 재임 기간 내내 효율적이고 결단력 있는 정책 집행을 한 번도 하지 못했다. 그 결과는 권력의 쇠퇴와 국민 지지의 소멸이었다.

4) 군 통제의 실패

민주당 정부는 이승만 정권 당시 이미 동요하고 있던 군부를 통제하지 못하여 결국 군부 쿠데타로 붕괴되었다. 이로써 건국 후의 첫 두 정권이 당시 새로운 사회·정치의 질서를 요구하던 새로운 세대, 즉 학생과 소장 장교로 구성된 신세대의 욕구를 감지하거나 이를 실현시키지 못함으로써 모두 붕괴하고 말았다. 이 두 집단은 당시 한국 사회에서 근대적 문물과 사고를 대변한 집단이었다. 그리고 다른 어느 집단보다 자신의 도덕적·정치적 열망을 실현시킬 사명감과 행동력을 강하게 지니고 있었다. 이 두 집단은 모두 이승만 정권의 부패와 정치적 파행을 혐오하여 새로운 대안을 추구했고, 학생이 선두에 나서 이 정권을 쓰러뜨렸다. 그러나 이후 세워진 민주당 정부의 정치적 혼돈 상태는 군부 내 음모 집단의 정치적 행동 동기를 수그러지게 하기는커녕 더 부추겼다.

소장 장교들의 불만은 군에 대한 정부의 미숙한 정책으로 더욱 악화되었다. 장면은 선거 공약으로 당시 60만 명이던 군의 규모를 10만 명으

---

30 정윤재, 『정치 리더십과 한국 민주주의』(서울: 나남 출판, 2000).

로 감축하겠다고 발표하여 군의 불만을 샀다. 그러나 이 계획은 한국 장성, 미군, 외국 외교관들의 반대에 봉착하여 실현될 수 없었다. 정부에 대한 군의 불만만 야기하고 정책 실현에 대한 신뢰를 실추시킨 일이었다. 그는 또 선거운동 기간 동안 군 내 정화를 약속했으나, 실제로 소장 장교와 노장 장교들의 충돌이 발생하자 미봉책으로 일관하고 군 정화를 포기했다. 민주당 정부는 실제로 소장 장교들의 불만 원인이었던 고위 장성들의 부정부패보다는 소장 장교들의 하극상 행동을 더 우려했다.[31] 군부의 동요와 정부의 대책 부재는 장면의 재임 기간 동안 국방부 장관이 세 번, 육군 참모총장이 네 번이나 경질되었다는 사실에서도 간접적으로 입증되었다.

정화 운동을 지지하여 소장 장교들의 신망을 받던 최경록을 해임하고 장도영을 육군 참모총장에 임명한 것도 실수였다. 장도영은 군 내부의 존경을 받지 못했을 뿐 아니라 민주당 정권에의 충성심도 약했다. 그는 최경록 참모총장하에서 진행되던 군 내 부정행위 조사를 중단할 것을 명령했다. 또한 그는 소장 장교들의 반란 가능성에 대해서도 모호한 태도를 취했고, 쿠데타 가능성에 대한 보고를 여러 차례 받았으나 이에 대한 아무런 대책도 마련하지 않았다. 근본적으로 민주당 정부는 당시 군부의 동요를 제대로 이해하지 못했고 소장 장교들의 불만과 행동력을 과소평가했던 것 같다. 1961년 봄부터 장면 총리는 십여 차례나 쿠데타 정보를 보고받고도 이에 따른 대응책을 세우지 않았다. 장면 총리는 "미군이 있는데 어떻게 우리 군이 쿠데타를 하겠소?"라면서 믿지 않았다고 한다.[32]

---

31 한승주(1983), 167쪽.
32 정윤재(2000), 274쪽.

사실 정부가 효과적인 군 정책을 펼 수 있었다고 하더라도 군의 반란 행위를 막기는 어려웠을지 모른다. 군은 당시 한국의 각 사회 부문에서 조직적으로 가장 짜임새 있고, 무력으로 가장 강력했으며, 이념적으로 강력한 반공 의식을 소지했고, 기술적으로 가장 진보한 집단에 속했다. 민간 정부의 효율적 지도력이 발휘되지 못한 근대화 사회에서 이런 속성을 지닌 군부가 정치에 개입하는 것은 당시 보편적인 현상이었다. 다만 그 개입의 동기가 어느 정도 약화되느냐 강화되느냐는 개별 정부의 효율성과 국민적 지지의 정도에 달려 있었다. 민주당 정부는 이 중 어느 것에서도 성공적이지 못했기 때문에 군의 개입 동기를 강화시켰고, 그것이 행동으로 옮겨졌을 때 맥없이 무너지고 말았다.

5) 결론: 민주당 정권 붕괴의 원인과 의미

민주당 정권은 해방 이후의 국가 건설에서 이승만의 가부장적 권위주의 체제에 이은 두 번째의 대안으로 시도되었다. 그것은 보수 우익의 바탕 위에서 자유민주주의의 정치 제도와 이념을 정착시키려는 시도였다. 건국과 함께 이승만 정권에서 자유민주주의는 명목상으로 도입되었으나, 실제 정치의 내용은 이를 부정하는 방향으로 전개되었다. 이러한 명분과 실제의 괴리, 이상과 현실의 괴리가 학생 봉기의 주된 원인이었고, 이를 통해 이승만 정권의 가부장적 권위주의 지배가 부정되었다. 그러나 그 위에 자유민주주의의 싹을 심으려는 시도는, 이를 담당할 세력이 성장하지 못했고 전반적인 사회·경제적 구조가 이를 떠받치지 못함으로써 실패로 돌아가고 말았다.

민주당 정권이 당면했던 가장 큰 문제점은 일인 지배 권위주의를 타도한 세력과 자유민주주의를 심을 세력이 동일하지 않았다는 사실에 있었다. 이들은 동일하지 않았을 뿐 아니라 개혁의 방향과 속도에 있어서 서로 다른 견해를 갖고 충돌했다. 이러한 충돌을 극복하고 자유민주주의 이념을 견지하면서 정치적 통제를 이루어 나갈 능력을 장면 내각은 갖추지 못했다. 뚜렷한 정치적 이데올로기도, 정책 프로그램도, 조직적 기반도, 국민적 지지도 확보하지 못한 정부는 사회 세력의 성급한 도전을 통제하지 못했다. 정부는 정치적 자유를 최대한 보장해야 한다는 명분에 사로잡혀 있었으나, 근본적으로 자유민주주의 제도를 어떻게 한국 사회에 이식시키고, 이를 위해 필요한 사회·경제적 개혁을 어떻게 이루어 나가야 할 것인가에 대해 명확한 계획이 없었다.

이러한 상황에서 이승만 정권하에서 이미 태동하고 있던 국가 건설과 발전에 대한 군부의 대안이 무력을 바탕으로 전면에 나서게 되었다. 당시 한국의 정치·사회 세력들은 이승만의 가부장적 권위주의와 부패에는 반대했으나, 그 대신 어떠한 체제와 제도를 건설해야 할 것인가에 대해서는 애매모호했으며 서로 대립하고 있었다. 다시 말해, 자유민주주의 제도는 재생시켰으나, 이를 존속시켜 나갈 준비가 국가나 민간 사회 모두에게 부족했다고 말할 수 있다. 그 결과 군부 쿠데타가 민간 정부에 의한 자유민주주의적 실험을 전면 부정하고 나왔을 때에도 이에 대한 조직적인 저항이 없었던 것이다.

제2부

군부 권위주의 정권의 흥망

제4장
군부 권위주의 정권의 탄생과 변모

5·16쿠데타에 따른 군부의 집권은 한국 현대사에서 중요한 분수령을 이루었다. 이로써 고려조의 무신 통치가 끝난 이후 수백 년 동안 지속되었던 민간 우위의 정치·문화 질서가 파괴되었고, 건국 이래 파행을 거듭한 권력 구조가 강한 물질적 토대를 갖춘 권위주의 통치로 정착되게 되었다. 민간 사회에 대해 힘의 우위를 지켰으나 정책적으로 취약했던 국가는, 강력한 군부 통치자의 등장과 기술 관료의 성장으로 자율성과 능력을 함께 갖춘 강성 국가로 변모했다. 이 강성 국가는 자본주의적 산업 발전을 지배의 물적 토대와 정치적 정당성의 원천으로 삼았다. 그 결과 한국 경제는 매우 빨리 성장했고 민간 사회는 엄청난 변모를 경험했다. 이러한 경제·사회적 변화는 다시 국가와 정권의 변화에 중요한 구조적 조건을 마련했다.

18년에 걸친 박정희 통치는 그 이전까지의 한국 정치의 파행이 심화된 결과이면서 그 뒤에 나타난 숱한 정치·사회적 모순의 근원이기도 하다. 박정희 통치를 통해 한국 정치는 권위주의 독재와 민주주의 사이의 투쟁이 본격화되었고, 한국 사회는 본격적인 자본주의 발전과 그에 따른 다양한 문제를 겪게 되었다. 이전의 정치 변동이 권위주의 독재와 자유민주주의적 이상 사이에 발생한 명백히 정치적인 갈등의 결과였다면, 이제 그 정치적 갈등에 자본주의 산업화의 모순이 중첩되어 정치 변동은 더 복잡하고 격렬한 양상을 띠게 된 것이다. 이 장에서는 군부 쿠데타와 민정 이양, 제3공화국의 통치 구조와 그 변화를 중심으로 당시 한국 정치 변동의 양상에 대해 살펴보기로 한다.

1. 쿠데타의 원인과 성격

1) 쿠데타 발발의 원인

5·16쿠데타의 발발 원인과 성공 요인에 대한 지금까지의 연구는 대체로 단편적인 원인(정치·사회적 혼란, 군의 성장, 미국의 역할 등)들을 역사 분석의 방법으로 추적하는 것들이다. 이들 모두 그 나름대로 뜻있는 연구지만, 발발과 성공의 요인을 구분하고 각각에 미친 다양한 요인들의 이론적 지위를 종합적으로 다룬 것은 매우 드물다.

5·16쿠데타가 발생한 원인을 알기 위해서는 먼저 당시 쿠데타 주도 세력이 정권을 장악하면서 내세운 명분에 대해 검토해 볼 필요가 있다. 그것은 "용공 사상의 대두, 경제적 위기, 고질화된 정치 풍토, 사회적 혼란과 국민 도의의 피폐, 그리고 한국군의 발전과 군사혁명"으로 구성되어 있다. 특히 그들은 "군부의 정치적 중립과 정치 불관여라는 명제를 충실히 신봉하던 군인들이 드디어 혁명의 전위에 나서게 된 것은 무

엇인가의 (정확히 말하자면 혁명) 근본적 개혁을 절규하던 거족적인 요구라는 외적 요인과 군 자체의 강군 육성을 위한 내부 정화라는 진통으로 나타난 내적 요인의 결합에서 귀결되는 필연적인 당위의 결말이라 아니할 수 없다."[1]라고 주장했다. 또 그들은 군부가 '혁명'을 추진해야만 했던 이유로서, "군부의 정치적 초연성, 군의 민주적 훈련, 군의 행정적·정치적 역량, 투철한 반공정신, 정의와 양심의 편에 선 군인의 청렴성 및 행동주의"를 들었다.[2]

여기서 우리가 주목해야 할 점은 그들이 내세운 '혁명'의 정당성보다는(그들이 이를 주장하는 것은 너무나 당연한 일이기 때문에), '혁명'의 요인으로 그들이 사회·정치적 상황이라는 외적 요인과 군의 성장이라는 내적 요인의 결합을 내세웠다는 점이다. 덧붙여, 군인이 국가를 구원할 유일한 세력이라는 일종의 소명 의식을 그들의 주장에서 확연히 볼 수 있다. 이러한 그들의 주장에는 군인의 정치 개입에 대해 지금까지 미·영 학계에서 전개되어 온 논의의 중요한 요소들이 포괄되어 있다. 군부의 정치 개입의 원인에 대한 지금까지의 논의는 크게 군부 외적인 요인, 즉 사회·정치적 요인을 강조하는 주장과 군부 내적인 요인을 강조하는 주장으로 나누어진다.[3]

사회·정치적 요인과 군부 내적 요인은 모두 5·16쿠데타의 원인으로 작용한 것으로 보인다. 문제는 이 다양한 요인들이 서로 어떠한 관계를 가지고 모반 장교 집단에게 최종적으로 행동 동기를 부여했는가를 밝히는 일일 것이다. 덧붙여, 군부 정치의 동태적 국면을 이해하기 위해서는

1　국가재건최고회의 군사혁명사 편찬위원회, 『한국군사혁명사』(1963), 190쪽.
2　국가재건최고회의 군사혁명사 편찬위원회(1963), 193쪽.
3　이에 대해서는, 김영명, 『제3세계의 군부통치와 정치경제』(서울: 한울, 1985), 21~35쪽 참조. 여기서 글쓴이는 군부의 정치 개입 원인에 대한 기존의 연구를 개인적·군사 제도적·사회적·세계 체제 수준으로 나누어 정리한 바 있다.

동시에 쿠데타라는 단기적인 행동과 군부의 사회·정치적 지배라는 장기적인 현상을 구별할 필요가 있다. 이들은 관련되지만 서로 다른 요인들이 결정한다. 앞의 것 설명에는 더 구체적이고 단기적인 행동 동기들이 중요해질 것이며, 뒤의 것 설명에는 더 장기적이면서 구조적인 요인들이 중요해질 것이다. 예를 들어 쿠데타를 주도한 소장 장교들이 가졌던 진급 기회의 소멸에 대한 불만이 쿠데타라는 정치적 사건을 일으키는 데 구체적인 동기가 되었다고 하더라도, 이 요인이 이후 그들이 장기적인 지배 체제를 유지하게 된 데 대한 설명을 제시해 주지는 못한다. 거꾸로 사회 구조적인 요인들에만 주목하게 되면, 행위자들이 왜 특정한 시점에서 특정한 행동을 취했는가에 대해 충분히 설명할 수 없게 된다.

이상의 논점을 종합하면, 쿠데타와 군부의 정치적 지배는 각각 사회적 수준의 요인과 군사 제도적 수준의 요인의 결합으로 이루어지며, 각 수준에서의 요인들은 다시 (사회·정치) 구조의 요인과 (행동) 동기의 요인으로 구분된다고 할 수 있다. 이를 따라 한국의 경우를 설명해 보자.

(1) 군사 제도적 수준

쿠데타 당시까지 진행되었던 군부의 양적·질적 성장이 군부가 5·16 이후 오랫동안 정치적 지배력을 행사하는 데 군사 제도적 수준에서의 구조적 요인을 제공했다. 군부는 6·25전쟁의 와중에서 급속히 성장하여 1950년의 10만 규모에서 1956년 70만의 대군으로 변했다. 1958년 10만이 감축되어 60만의 규모가 이후 유지되었으나, 이는 한국 사회에서 단일 집단으로는 가장 큰 규모에 속했다. 이러한 군부의 양적 팽창은 민간 집단이 미성숙한 현실에서 자연히 사회적인 역할의 팽창으로 이어졌고, 이는 남북한의 대치 상황으로 인해 더 심화되었다.

그러나 이러한 양적 팽창보다도 정치적으로 더 큰 의미를 가진 것은

6·25전쟁 이후 군부가 보여 준 급속한 제도, 기술, 조직의 발전이었다.[4] 미국의 막대한 군사 원조와 훈련 지도로 성장한 군부는 사실 1961년 당시 한국에서 가장 근대화되고 서구화된 집단이라고 해도 좋을 만했다. 대학과 관료 등 근대화의 도정을 밟고 있던 민간 집단이 존재하지 않은 것은 아니었으나, 이들은 군부에 비해 덜 조직적이고 덜 근대 지향적이라고 할 수 있었다. 그들은 탄생이 체계적이지 못했고 규모가 작았으며 정치·경제적 참여가 제한되어 있었다. 군부가 민간 사회에 비해 먼저 근대화되고 제도적으로 발전한 것은 많은 신생국에서 볼 수 있는 보편적인 현상이었다. 이러한 괴리는 자연히 군 장교들에게 민간 엘리트에 대한 불신감을 조장하고, 진정한 국가 발전을 담당할 세력은 자신밖에 없다는 일종의 소명 의식, 즉 군 장교의 통치 의식을 부추겼다.

이러한 구조적 요인들은 군 장교들의 구체적인 행동 동기를 통해 정치 개입으로 나타난다. 그런데 군의 정치적 행동 동기는 실제 당사자가 어떻게 인식하든 구국의 소명 의식만으로 이루어지는 것은 아니다. 오히려 그것은 행동의 주체가 품고 있는 개인적·파당적 또는 군부 전체의 집단적 불만의 소산인 경우가 많다. 5·16 주체의 경우를 볼 때, 그들의 군 내부적 불만은 크게 두 가지로 이루어져 있었다. 하나는 상급 장교들의 부패와 이들에 대한 이승만의 정치적 이용에 대한 불만이었고, 다른 하나는 진급 기회의 소멸을 중심으로 한 직업적인 불만이었다. 모두는 한국 군부의 뿌리 깊은 파벌주의와 연결되어 있었다.[5] 이승만은 초기의 군

---

4 창군에 대해서는, 한용원, 『창군』(서울: 박영사, 1984); 1950년대의 민군 관계에 대해서는 김세중, 「1950년대 민군관계 변동의 추이와 결과」, 문정인·김세중 편, 『1950년대 한국사의 재조명』(서울: 선인, 2004) 참조.

5 당시까지 한국 군부의 파벌주의에 대해서는, Gregory Henderson, *Korea: The Politics of the Vortex*(Cambridge: Harvard University Press, 1968), pp. 336–351; Se-Jin Kim, *The Politics of Military Revolution in Korea*(Chapel Hill: University of North

장성들과 후원-피후원의 관계를 맺고 특정 장성들에게 시혜를 제공하는 대신, 군을 부정 선거와 야당에 대한 탄압에 동원하는 등 개인적 권력의 확대에 이용했다. 이러한 사실이 군의 극심한 부패와 정치 개입을 초래했으나, 이승만은 이를 오히려 정치적 통제의 수단으로 삼았다. 그러나 이것이 상급자와 하급자의 갈등을 일으켰고, 이러한 군부 안의 소요는 장면 내각 수립 이후 하급자 주도의 정화 운동으로 본격화되었다. 이러한 갈등은 같은 교육 경험과 전투 경험을 지닌 청년 장교 집단으로 구성된 소수의 모반 집단을 형성시켜 쿠데타라는 직접적인 정치 행동을 야기했다. 즉, 그들은 군 정화 운동이 실패하고 사회·정치적 혼란이 가중되자 이를 일거에 해결할 목적으로 쿠데타라는 직접적인 무력 행동을 통한 정권 탈취를 감행했던 것이다.

(2) 사회적 수준: 수입 민주주의의 위기

사회적 수준에서 일어난 건국 이후의 정치·사회적 파행이 청년 모반 집단에 또 다른 행동 동기를 부여했다. 이승만 정권 말기에 이르러 군 내부의 불만과 사회·정치적 혼란이 어우러져 박정희에 의한 쿠데타 계획이 세워지고 있었다. 이승만 통치 말기와 장면 시기에 만연했던 사회·정치적 혼란은 쿠데타 계획에 한 직접적인 촉매로 작용했다.

사회·정치적 요인을 더 구조적인 측면에서 보자면, 그것은 한마디로 '수입 민주주의의 위기'라고 표현할 수 있는 것이었다. 이 정권의 수립과 함께 도입된 서구식의 자유민주주의는 들어오자마자 곧 타락해 버렸고, 학생 봉기 이후 장면 정부의 민주주의 부활 노력도 민간 사회의 욕구와 국가 능력 간의 괴리로 실패로 돌아가고 말았다. 이러한 상황이 자

Carolina Press, 1971), pp. 69-79.

유민주주의의 이상 그 자체를 부인하면서 강력한 국가와 효율적인 행정을 앞세운 군 장교들의 정치 개입과 장기 지배의 구조적 여건을 마련했다. 이런 의미에서 5·16쿠데타는, 건국 당시 도입된 서구적 자유민주주의의 실험이 여의치 않자 이를 거부하고 강력한 군부, 관료적 국가와 효율적인 경제 개발을 전면에 내세운 권위주의 세력이 당시까지의 복잡했던 힘겨룸을 일단락 지은 사건으로 볼 수 있다.

이상의 논의를 요약해 보자. 한국의 정치에서 군부가 지배적인 역할을 담당하게 된 것은 수입 민주주의의 위기라는 사회·정치적 상황과 민간 집단보다 군부가 먼저 발전한 군부 내적 조건에 그 근본적인 원인을 두고 있었다. 이러한 구조적 상황 속에서 군의 성장 및 파벌 갈등을 통해 청년 모반 집단이 형성되었고, 이들에게는 통치 의식이 무르익었다. 쿠데타라는 구체적인 행동의 동기는 당시 일어났던 군 정화 운동의 실패와 사회·정치적 혼란에 있었다. 이상과 같은 군사 제도적 수준과 사회적 수준에서 존재했던 구조적 및 동기적 원인들이 군사 쿠데타를 촉발하고 군부의 장기적인 지배 체제가 존속할 수 있게 해주었다.

구조 원인들이 존재하지 않았더라면 쿠데타가 일어나지 않았거나 일어났다고 하더라도 장기적인 군부 지배를 허용하지 않았을 것이다. 동기 원인들이 존재하지 않았더라면 1961년 당시 쿠데타가 일어나지 않았거나 일어났더라도 성공하지 못했을 것이다. 다시 말해, 민주당 정부가 학생과 군부 등 폭발적인 세력들을 통제하고 정치적 안정을 이루었더라면 쿠데타가 일어나지 않았을 것이다. 그러나 당시 민주당 정부에게 이를 기대하는 것도 사실은 무리였다. 이런 의미에서 군부 쿠데타가 1961년의 시점에서 일어나지 않았다고 하더라도 그 이전이나 이후의 가까운 시간에 일어났을 가능성은 매우 크다. 당시의 사회·정치적 구조, 특히 군부와 민간 집단 사이의 힘 관계를 볼 때 그렇다. 달리 표현하자면, 해방 이후 한국 정치사의 전개에서 민간 세력과 군부 세력의 대결, 또는 이와 반드시 일치하지는 않지만 민주 세력과 권위주의 독재 세력의 대결은 어차피 필연적이었던 것으로 보인다.

2) 쿠데타 성공의 요인

일단 쿠데타가 시도된 후 그것이 성공하기 위해서는 일정한 조건이 필요하다. 이는 쿠데타 세력과 이를 저지하려는 세력 사이의 힘의 균형과 행사에 의해 결정된다. 구체적으로 국민의 대규모 저항이 있거나 현직 정부를 지지하는 군부대의 쿠데타 진압 작전이 있을 경우, 쿠데타는 실패하거나 성공하더라도 상당한 정치·군사적 대가를 치르게 된다. 또 강대국의 강한 영향하에 있는 약소국의 경우, 강대국이 명백하고 단호하게 쿠데타에 반대하면 그 성공은 어렵게 된다. 이때 강대국의 입장은 쿠데타가 발생한 지역에서 자신이 갖는 여러 가지 국가 이익에 대한 고려에 따라 결정된다.

5·16쿠데타의 경우, 쿠데타에 대한 국민의 저항도 없었고 쿠데타 진압군도 동원되지 못했다. 현직 민간 정부는 쿠데타를 저지할 능력을 갖추지 못했을 뿐 아니라, 그렇게 할 뚜렷한 의지도 지니고 있지 못했다. 또 처음에는 쿠데타를 반대한 미국 측도 군의 권력 장악이 기정사실화되어 가자 현상을 인정하는 방향으로 태도를 바꾸었다.

쿠데타가 일어나자 국민은 적극적인 지지도 적극적인 반대도 없이 침묵하고 방관했다. 적극적인 지지가 없었던 것은 민간 우위의 정치·문화적 전통에서 군부의 집권이라는 것이 일반 국민에게 생소하고 비정상적인 것으로 받아들여졌기 때문이었다. 그 반면 민주당 정부에서의 사회·정치적 혼란은 국민으로 하여금 어떠한 형태로든 변화가 오기를 희망하게 만들었다. 실제로 쿠데타가 일어나기 전인 1961년 봄부터 이미 '4월 위기설'을 위시하여 쿠데타의 풍문이 나돌고 있었다. 따라서 정작 쿠데타가 일어났을 때 국민은 일종의 체념(혹은 안도감?)을 느꼈는지 모른다. 국민은 대체로 군의 개입을 필요한 조처로 받아들였으나, 이를 오직 일시적인 치유로만 간주했다.

쿠데타에 대한 현직 민간 정부의 태도는 또 한 번 무능과 무책임을 여실히 나타내었다. 장면 총리는 5월 16일 새벽 쿠데타 발발 보고를 받고 한 미국 수녀원으로 피신하여 이틀 동안이나 모습을 나타내지 않았다. 쿠데타와 반쿠데타의 숨 막히는 순간에 행정 수반이 잠적했다는 사실은 쿠데타군에게 결정적으로 유리한 상황을 조성했다. 쿠데타에 적극적으로 반대한 유일한 세력인 미국 측은 한국의 행정 수반을 찾지 못해 적극적인 진압 행동에 나서지 못했다. 윤보선 대통령은 쿠데타의 주역들이 방문했을 때 "올 것이 왔구나!"라는 탄식으로써 이를 인정했다.[6] 실제로 장면과의 파벌 다툼에서의 승리가 무엇보다도 중요했던 윤보선은 쿠데타를 지지했을 뿐 아니라 은근히 이를 바라기도 했는지 모른다. 그는 매그루더 주한 유엔군 사령관이 야전군을 출동시켜 쿠데타군을 진압하자고 강권했을 때에도 내전을 피한다는 구실 아래 이를 거절하고, 오히려 군 출동 금지 서한을 야전군 사령관들에게 발송했다.

야전군, 즉 제1군 사령관 이한림은 모호한 태도로 일관했다. 그는 박정희의 쿠데타에는 반대했으나, 이를 저지할 적극적인 행동 동기와 의지는 갖고 있지 않았다. 또 야전군 부대 안에 뿌리박은 쿠데타 가담 장교들이 군 출동을 저지하는 데 큰 역할을 담당했다. 여기에 윤보선의 군

---

6 이상우, 『비록 박정희 시대 (1)』(서울: 중원문화사, 1984), 105~106쪽. 당시 윤보선의 행동에 대해서는 98~125쪽 참조.

출동 금지 친서는 결정적인 힘을 보태었다. 이한림은 모호한 태도로 일관하다 급기야 쿠데타 세력들에게 체포되고 말았다. 장도영 육군 참모총장은 쿠데타 이전부터 모호하고 무책임한 태도로 일관하다가 쿠데타 세력의 추대에 응해 국가재건최고회의 초대 의장으로 취임했으나, 이후 숙청되고 말았다.

미국 측은 처음에는 쿠데타를 반대하고 민간 정부를 지지하는 태도를 취했다.[7] 특히 매그루더 주한 유엔군 사령관은 한미 합동 군사작전으로 쿠데타를 진압하자고 윤보선 대통령에게 강경하게 요구하기도 했다. 당시 주한 미국 대리 대사였던 그린도 쿠데타에 반대하고 민주당 정부를 지지하는 성명을 발표했다. 그러나 주한 미국 관리들의 이러한 행동은 워싱턴 당국의 훈령이 없는 상태에서 자신들의 독자적 판단에 따른 것이었다. 진압군 출동이 실패하고 쿠데타 세력이 실제로 권력을 장악하게 되자, 미국 정부는 쿠데타의 현실을 인정하면서 빠른 시일 내에 민정 이양을 이룰 것을 요구하고 나오게 되었다.

2000년대 들어 쿠데타에서 차지한 미국의 구실을 밝히려는 논문들이 나왔다. 세밀한 논의들이지만, 미국의 구실이 무엇이었는지를 뚜렷하게 밝히지 못하고 당시의 전반적인 정황과 한미 관계의 구조를 언급하는 데 그친다. "미국 군부와 정부가 이승만 정권과 민주당 정권에 불만을 가져서 이들의 하야를 적극 권했고 소수 모반 장교들의 행동을 저지하지 않았다."라는 정도의 주장이다.[8] 또 쿠데타를 결국 인정한 것을 두

7　김영명, 「한국의 정치 변동과 미국」, 『한국정치학회보』, 22: 2(1988), 107~108쪽.

8　홍석률, 『통일 문제와 정치·사회적 갈등』(서울: 서울대학교 출판부, 2001) 제4장; 마상윤, 「5·16쿠데타와 제3공화국의 수립」, 김용직 편, 『사료로 본 한국의 정치와 외교: 1945~1979』(서울: 성신여대 출판부, 2005); 박태균, 「군사 정부 시기 미국의 개입과 정치 변동」, 한국정신문화연구원 편, 『박정희 시대 연구』(서울: 백산서당, 2002); 이재봉, 「4월 혁명, 제2공화국, 그리고 한미 관계」, 백영철 편, 『제2공화국과

고 미국의 역할 운운하는데, 이는 쿠데타 성공의 한 요인으로 볼 수는 있으나 미국이 쿠데타에서 어떤 적극적인 역할을 했다는 증거는 될 수 없다. 이런 면에서 미국의 역할이 있지만, 이를 쿠데타의 '원인'이라고 하는 것은 초점이 맞지 않는다. 오히려 '구조적 배경'의 하나이며, 또 쿠데타 '성공 요인'의 하나라고 해야 할 것이다.

미국이 쿠데타 발발에 개입했다고 주장하려면 미국 측이 쿠데타를 사주했거나 주동자들과 사전에 의논했다는 것을 밝혀야 할 것인데, 그런 증거는 없다. 아니면 미국이 한국군에 대한 교육과 원조 등을 통해 남미에서와 같이 일종의 '신직업주의'(정치 개입주의)[9]를 부추겼다고 주장하거나, 미국 원조로 한국군이 과대 성장한 것이 필연적으로 쿠데타로 나타났다고 주장할 수 있다. 이런 주장들은 쿠데타와 군부 지배의 거시적 · 구조적인 배경으로 제시될 수 있는데, 그런 연구는 오히려 없는 것 같다.[10]

어쨌든 국민과 현직 정부, 군부 내 반대 세력, 그리고 미국 정부의 효과적인 반대나 저항이 없는 상태에서 쿠데타가 성공한 것은 당연한 일이었다. 그것은 전 세계적으로 드물게 피를 적게 흘린 쿠데타였다. 그만큼 쿠데타에 대한 명시적인 반대가 적었기 때문이었다. 그리고 그것

한국 민주주의』(서울: 나남, 1996).

9 신직업주의에 대해서는, Alfred Stepan, "The New Professionalism of Internal Warfare and Militery Role Expansion", in Alfred Stepan, ed., *Authoritarian Brazil: Origins, Policies, and Future*(New Haven: Yale University Press, 1973) 참조.

10 2000년대 들어 쿠데타에 대한 미국의 역할을 찾으려는 논문이 많이 나온 것은 미국 측에서 관련 문서들을 공개했기 때문으로 보인다. 글쓴이는 여기서 한국 정치학과 역사학의 미국 종속성을 본다. 한국 현대사 연구의 주제 선택을 미국 자료 공개가 결정짓는 현상 자체도 문제지만, 미국 측 자료에 주로 의존하다 보면 아무래도 미국의 역할을 과장하게 되기 쉽다. 그 문서들의 주체가 대부분 미국 측 행위자들이기 때문이다. 자료가 부족하더라도 한국 측 행위자들의 행동에 더 주목할 필요가 있다.

은 해방 후 16년 동안의 국가 건설 시도가 실패했다는 사실을 상징하고 있었다.

3) 쿠데타의 성격과 의미

5·16 군부 쿠데타는 4·19 민주화 운동보다 장기적으로 더 큰 영향을 한국 사회에 미쳤다. 그것은 무엇보다도 쿠데타의 주역들이 압도적인 물리력과 조직력으로 이후 오랜 기간에 걸쳐 한국의 국가와 사회를 지배할 수 있었기 때문이다. 이러한 통치 기반을 바탕으로 그들은 자신들이 인식한 대로의 국가 건설을 강력하게 추진했다. 그러나 5·16쿠데타와 이로 인한 사회·경제·정치적 변화를 쿠데타의 주역들이 주장한 바와 같이 혁명으로 규정할 수는 없을 것이다. 아무리 큰 사회·경제적인 변화를 그들이 이루었다고 할지라도 그것은 근본적으로 이전에 형성되었던 구조, 즉 주변부 자본주의 경제와 권위주의 정치 구조에 바탕을 두고 있었기 때문이다. 그 변화는 현존하는 질서의 변형과 심화였지 사회·정치 구조의 근본적인 변혁은 아니었다.

5·16은 흔히 인식하듯이 4·19의 부정으로만 보기에는 문제가 미묘한 것으로 보인다. 쿠데타가 민주당 정부만을 목표로 했던 것은 아니었다. 쿠데타 계획은 이승만 정권 시절에도 1960년 2월부터 박정희를 중심으로 이미 추진된 바 있다. 따라서 민주당 정부의 혼란에서 쿠데타의 기원을 찾는 것은 잘못이다. 쿠데타의 기원은 이 정권에서부터 찾아야 한다. 근본적으로 쿠데타는 자유민주주의와 자본주의 경제를 바탕으로 한 국가 건설의 시도가 개인 권력자의 전횡과 미숙한 정부의 무능으로 파탄 상태에 이르자, 자유민주주의를 부정하면서 자본주의 경제 성장의 단일 목표를 추구한 군부 세력의 새로운 국가 건설 대안이 전면에 나섰

음을 의미한다.

이런 의미에서 우리는 4·19와 5·16을 역사적인 연속선상에서 이해해야 한다. 그것은 동일한 사회·경제적 조건에서, 또 근본적으로 같은 정치 구조에서 나타난 두 개의 서로 다른 정치적 대응을 의미했다. 그 두 대응은 당시 한국 사회에서 근대적 힘을 대변한 두 세력, 곧 학생과 군인에게서 나왔다. 학생의 대안은 무력과 조직력이 없어 실현될 수 없었던 반면, 군인의 대안은 이 둘을 보유하여 실현될 수 있었다. 동시에 학생의 행동이 즉흥적이고 비체계적이었으며 자연 발생적이었던 반면, 군인의 행동은 계획적이고 체계적이었다.

그러나 군부의 대안이 처음부터 뚜렷한 이념과 정책 프로그램을 가지고 있었던 것은 아니었다. 그들의 통치 의식도 처음부터 일관된 것은 아니었다. 여기에서는 두 가지 측면이 고려되어야 한다. 하나는 당시 군부가 한국에서 가장 근대화된 집단이었다고는 하나, 군 장교들은 투철한 반공 의식을 빼면 아무런 뚜렷한 이념 정향이나 국가 건설의 대안을 가지고 있지 못했다는 사실이다. 군 교육기관이 발전하고 미국의 선진 기술을 도입하고 많은 장교가 유학을 했으나, 이들이 군사적 부문이 아닌 사회·정치·경제 분야에서 체계적인 지식을 습득하고 국가 발전 전략을 개발했다는 증거는 없다. 다시 말해, 남미에서 1960년대 이후 보인 군부의 신직업주의의 개발은 찾아볼 수 없었다. 쿠데타 주역들이 보유했던 것은 반공 의식과 군 안팎의 상황에 대한 막연한 울분과 불만이었다. 다시 말해, 1년 앞의 학생들과 마찬가지로 그들은 무엇을 부수어야 하는가에 대해서는 비교적 명확했으나 그 위에 무엇을 세워야 할 것인가에 대해서는 모호했다.

이러한 상황은 쿠데타 성공 뒤의 정책 방향, 특히 민정 이양의 시기와 방법에 관한 쿠데타 주역 간의 혼란과 알력을 불렀다. 실제로 쿠데타를 주도한 젊은 장교들은 비교적 명확한 통치 의식을 지니고 있었다고 할 수 있다. 다시 말해, 그들은 처음부터 스스로 '통치자'이기를 의도했다. 그러나 쿠데타 모의 과정이나 성공 후 이에 가담한 상급 장교들이 인식한 군의 역할은 '중재자'의 그것이었다.[11] 자신의 역할에 대한 이러한 견해 차이는 군 내부의 치열한 파벌 투쟁의 한 원인이 되었고, 이를 통해 이후의 정치 구조는 결국 유사 민간화된 형태의 군사 정권으로 귀착되었다.

2. 정권의 변화: 직접 통치에서 유사 민간 통치로

1) 유사 민간화[12]의 이유와 의미

권력을 장악한 후 쿠데타 주역들은 중재자 역할에 만족하여 곧 군문으로 복귀하지도 않았고, 그렇다고 군부의 장기적인 직접 통치를 시도하지도 않았다. 왜 그랬을까?[13] 그 이유는 당시 한국의 군부와 일반 사회가 당면했던 구조적 특성에 있었다.

우선 쿠데타 주역들이 '혁명 공약'을 어기고 곧 군문으로 복귀하지 않은 것은, 특히 군 내 힘겨룸의 승자가 된 소장파 장교들이 군인만이 나

---

11 통치자와 중재자로서의 군부의 정치적 역할 차이에 대해서는, Eric Nordlinger, *Soldiers in Politics: Military Coups and Governments*(Englewood Cliffs: Prentice-Hall, 1977), pp. 26–27; Alfred Stepan, *The Military in Politics: Changing Patterns in Brazil*(Princeton: Princeton University Press, 1971), 제3, 4부 참조.

12 유사 민간 정권의 성격에 대해서는, Samuel E. Finer, *The Man on Horseback: The Role of the Military in Politics*(Baltimore: Penguin Books, 1975), pp. 176–190; 김영명(1985), 152~159쪽 참조.

13 이에 대한 연구는 글쓴이의 것밖에는 찾지 못했다. 김영명(1985).

라를 구할 수 있다는 통치 의식에 젖어 있었기 때문이다. 그러나 민간 우위의 정치 문화 유산이 국민에게 팽배한 상황에서 군이 장기적인 직접 통치를 시도하기에는 자신감이 약했던 것으로 보인다. 군의 직접 통치는 민간 사회와 정치적 반대 세력의 형성이 크게 취약한 아프리카와 같은 후진 지역이나, 그 반대로 민간 사회도 성장했지만 군의 제도적 발전이 더 두드러진 20세기 후반의 남미와 같은 지역에서 흔히 나타난다. 한국의 경우는 이 중간쯤에 있었다. 민간 사회 세력의 저항은 아프리카의 경우보다는 그 기반이 형성되어 있었으나, 그렇다고 쿠데타를 저지할 정도는 되지 못했다. 군의 제도적 성장은 민간 사회에 비해서는 괄목할 만했으나, 직접 통치를 담당할 만큼 또 1960년대 남미의 군부처럼 견고하지는 못했다. 이런 상황이 군부로 하여금 민간 정치의 외양을 통한 권력 유지를 시도하도록 만들었다.

다른 한편, 한국 군부의 제도화, 직업화의 수준이 중간 정도였기 때문에 군부는 개인으로서도 제도로서도 아닌 '파당'으로서 정치에 개입했다. 이 점에서도 한국의 경우는 개인적 야심가가 개인적 수준에서 쿠데타를 일으키는 아프리카와 군부가 전체 제도로서 개입한 20세기 후반 남미의 경우의 중간에 존재했다. 군부가 파당으로서 개입했기 때문에 처음부터 개인적 독재를 시도할 수도 없었고 군 전체의 제도적 바탕에 입각한 통치를 수립할 수도 없었다. 그 결과 궁극적인 통치 형태는 군 안의 치열한 파벌 다툼을 거쳐 유사 민간화의 길을 밟게 되었다.

군이 직접 통치를 연장하지 않고 민정 이양을 한 것은 한국 민주주의 역사에서 상당한 의미를 지닌다. 민정 이양이 문자 그대로의 민정 이양이 아니라 쿠데타 주역들이 민간인 복장으로 권력을 유지한 것이기는 했으나, 어쨌든 민주주의 정당 정치 제도를 복원했다는 사실은 한국 민주주의가 쿠데타 때문에 바로 압살되지 않고 상당 기간 존속하게 해주었다. 그 결과 한국의 정치인과 국민 일반이 민주주의의 경험을 더 쌓을 수 있었고, 제도 발전의 기회도 가질 수 있었으며, 더 중요하게 민주주의의 명분이 녹슬지 않게 되었다. 제한되었으나마 민주 과정과 언론 자유가 한동안 살아 있었다는 사실이 그 뒤 한국 민주주의의 부활에 중요한 기억과 명분으로 작용했던 것이다. 그것이 군사 독재에 항거한 저항 세력의 도덕적 힘을 키울 수 있었다.

2) 직접 통치의 특징과 유사 민간화의 과정

1961년 5월 16일의 쿠데타에서 1963년 12월의 민정 이양에 이르기까지의 직접 통치 기간은 쿠데타 주역이 기존의 권력을 해체하고 자신의 권력을 수립하기 위한 진통의 시기였다.

기존 권력의 해체는 효율적인 반대가 없었기 때문에 비교적 단순했다. 쿠데타 주역들은 국가재건최고회의를 창설하고 중앙정보부(중정)를 만들어 행정과 통제의 수단으로 삼았다. 그들의 조치는 모든 새로운 권력 집단이 한 것과 같은 것이었다. 기존 정치인들을 체포, 구금하고 정당, 사회단체들을 해산했다. 1962년 3월 16일 공포된 정치활동정화법을 통해 구정치인 4,374명의 정치 활동을 규제했다. 15개 정당과 238개의 여타 단체를 해산했으며, 1,170여 종의 신문, 잡지들을 폐간시켰다. 또 군 정화를 시도하여 40명의 장군을 포함한 장교 2,000여 명을 예편시켜 잠재적인 도전의 싹을 잘랐다.

쿠데타 주역들이 군부의 잠재적인 도전을 제거한 가장 대표적인 일은 국가재건최고회의의 초대 의장으로 추대되었던 장도영을 제거한 것이었다. 장도영은 쿠데타 이전부터 모호한 태도를 취했으나, 쿠데타 주역들은 육군 참모총장이던 그를 최고위직에 추대함으로써 군 전체의 단합과 정치적 정당성을 높이고자 했다. 그러나 쿠데타 주역들과 다른 길을 걸으면서 권력 확장을 노리던 그를 쿠데타 주역들이 용납할 리 없었다. 그의 체포는 쿠데타 이후 처음 일어난 대규모 '반혁명 사건'에 대한 조치였다.

군 통치의 제도적 기반은 국가재건최고회의와 중앙정보부, 그리고 내각으로 구성되어 있었다. 국가재건최고회의와 내각에는 쿠데타에 영입된 장군급 장교들이 포진하여 행정과 경영의 업무를 주로 담당했다. 권력의 실체는 중정을 장악한 육사 8기생 쿠데타 주역들에게 있었다. 그들은 군의 정치적 역할에 대해 서로 다른 견해를 지니고 있었다. 상급 장교들이 직업적·행정적 정향을 가지고 있었던 반면, 하급 장교들은 권력 엘리트의 정향을 지니고 있었다. 이러한 역할 인식의 차이는 파벌 다툼의 중요한 요인이 되었다.

파벌 다툼은 구체적으로 민정 이양의 시기와 방법을 둘러싸고 일어났다. 박정희의 권력 독점을 비판하고 민정 이양을 주장한 전 육군 참모총장 송요찬, 쿠데타 주역 중 해병대를 대표했던 김동하 등은 쿠데타 음모죄 등으로 1963년 8월과 3월 각각 체포되었다. 이 와중에 이들의 주요 정적이었던 김종필도 강요에 의한 외유를 함으로써 정치적 타격을 입었다. 박정희는 심화된 군 내 권력 투쟁과 혁명 공약의 불이행에 실망하여 1962년 2월 18일 민정에 참여하지 않겠다고 선언했다. 그러나 곧 젊은 장교들의 강경한 반대에 봉착하자 오히려 4년간의 군정 연장으로 이를 번복했다. 민정 이양과 군정 연장의 번복은 당시 치열했던 군 내부의 파벌 투쟁뿐 아니라, 군의 확고하지 못했던 정치적 프로그램을 그대로 반영해 주는 것이었다.

군의 정치적 역할에 대한 인식보다 군 내 파벌 투쟁의 더 큰 원인이 된 것은 정치권력을 궁극적으로 누가 장악하느냐에 관한 것이었다. 이는 무엇보다 쿠데타를 처음부터 계획하고 주도한 김종필과 이에 대항한 세력 사이의 권력 투쟁으로 나타났다. 직접 통치 기간 중 김종필이 일단 승리한 것으로 보였으나, 권력 투쟁은 제3공화국 내내 지속되었다.

김종필 권력의 토대는 군의 헌병대 조직을 이용해 그가 만든 중앙정보부에 있었다. 이 기구를 이용하여 그는 군 안팎의 반대 세력을 감시하고 숙청할 수 있었다. 이 기구는 1961년 6월 창설 이후 1963년 5월까지 13개의 '반혁명 사건'을 발각했다. 본격적인 권력 투쟁은 김종필이 민정 이양의 제도적 수단으로 추진한 민주공화당(공화당) 조직을 둘러싸고 일어났다.[14] 공화당은 민주집중제 방식의 고도로 중앙 집권적인 구조로 추진되었다. 따라서 정치권력이 몇몇 인물에 집중될 소지를 처음부터 안고 있었다. 송요찬, 김동하 등 김종필의 정적들은 바로 이 점을 문제 삼아 직접적인 도전을 행사했다. 김동하는 당시 4대 의혹 사건으로 타격을 받은 김종필을 외유시키고 민정 이양을 추진할 것을 계획했으나, 중정의 정보망에 걸려 체포되고 말았다.[15] 김동하와 송요찬의 제거는 군 내부 권력 투쟁의 일단 종결을 뜻하는 것이었다.

이러한 권력 투쟁의 와중에서 궁극적인 승리자로 부상한 사람은 박정희였다. 박정희는 쿠데타의 실세인 소장 장교들의 지주 노릇을 했으나, 이들과 박정희 간의 권력 관계가 처음부터 명확하지는 않았다. 박정희가 장도영같이 얼굴만의 지도자일 가능성은 처음부터 없었지만, 그렇다고 그의 정치적 위치가 처음부터 확고했던 것은 아닌 것으로 보인다. 한 연구에 의하면, 박정희의 당시 정치관은 조속한 민정 이양을 지지하는

---

14 김용호, 「공화당과 삼선개헌」, 동아일보사 편, 『현대사를 어떻게 볼 것인가 4』(서울: 동아일보사, 1990), 75~84쪽.

15 4대 의혹 사건이란 공화당의 정치 자금 확보 수단으로 일어난 새나라 자동차 사건, 파친코 사건, 증권 파동, 워커힐 사건 들을 가리킨다.

상급 장교들의 그것에 가까웠다고 한다.[16] 따라서 권력 투쟁의 와중에서 박정희가 육사 8기생들에 대한 통제력을 확보하지 못했을 수도 있다. 그러나 상황은 그 반대로 전개되었다. 여기에는 군 내부의 알력을 잘 이용한 그의 정치적 수완이 큰 역할을 담당했다. 박정희는 처음 그에게 직접 도전한 장도영의 쿠데타 시도를 분쇄함으로써 쿠데타 주역들로부터 권력을 인정받았고, 이후 그를 정점으로 한 권력 구조에서 일어난 권력 투쟁을 효율적으로 조정함으로써 자신의 권력 기반을 다졌다. 공화당 창당을 둘러싼 내분에서는 기본적으로 김종필을 지지했으나, 당시 김종필의 지위 또한 타격을 입어 박정희의 입지가 강화되었다. 실제로 박정희의 타협안에 의해 공화당 조직은 원안보다는 상당히 덜 중앙 집중적인 구조를 갖게 되었다. 그 결과 공화당은, 외유에서 돌아온 김종필파가 주류를 형성한 가운데 출범했으나, 처음부터 박정희에게 크게 의존하고 있었다. 이렇게 볼 때, 이후 보인 정당 정치의 훼손과 권력의 개인 집중은 직접 통치 시절에 이미 뿌리를 내리고 있었다고 할 수 있다.

1963년 3월의 군정 연장 계획 발표는 국내외의 즉각적인 반대에 부딪혔다. 이에 대해 민간 정치인들이 크게 반발한 것은 물론이고, 학생들도 조속한 민정 이양을 요구하는 가두시위를 벌였다. 그러나 가장 효과적인 반대는 미국의 케네디 행정부로부터 왔다. 미국 정부는 쿠데타를 현실로 인정했으나, 조속한 민정 이양을 그 대가로 요구했다. 군정 연장 선언이 발표되자 케네디는 박정희에게 강한 항의문을 전달했다. 당시 한국 재정의 상당 부분을 조달하고 있던 미국 정부는 군사 정부가 요청한 2,500만 달러의 경제 원조를 거부했다. 그것은 군사 정부가 계획

---

16 Yong-Ho Kim, "Authoritarian Leadership and Party Dynamics: The Rise and Fall of the Democratic Republican Party in South Korea, 1962-1980", 박사 학위 논문 (University of Pennsylvania, 1989), p. 65.

하고 있던 경제개발 5개년 계획의 수행에 필수적인 자금이었다. 더욱이 춘궁기의 비상 구호 식량 원조도 필수적인 상황이었다. 그 결과 박정희는 미국의 요구에 굴복하여 4월 총선 계획을 재확인했다. 그리하여 1963년 10월의 대통령 선거와 다음 달의 국회의원 선거를 통해 '민정 이양'이 이루어지게 되었다. 이른바 제3공화국의 탄생이었다.

그러나 이 민정 이양은 말 그대로의 민정 이양은 아니었다. 쿠데타의 주역들, 특히 그동안의 권력 투쟁에서 승리한 박정희와 김종필 세력이 민간인 옷으로 갈아입고 선거를 통해 정치권력의 핵심을 장악했다. 이런 의미에서 군사 정권의 성격은 여전히 지속되었다. 다만 그것은 민간 정치의 겉모습을 정치적 정당성의 재료로, 그리고 통치의 제도적 기반으로 이용하고 있었다.

선거 또한 공정한 것이 되지 못했다. 중앙정보부와 공화당 조직들이 사회·정치적 통제력을 확보한 가운데 정치활동정화법으로 묶여 있던 구정치인들은 총선을 불과 몇 달 앞둔 때에 겨우 정치 활동을 재개할 수 있었다. 4대 의혹 사건으로 막대한 정치 자금을 확보한 공화당과 빈약한 야권의 정치 자금 또한 비교될 수 없었다. 반대 세력의 정치 활동이 묶인 가운데 건설된 공화당의 전국적인 조직 기반과 여전히 분열과 정치적 탄압 속을 헤매던 야당들의 조직력 또한 비교될 수 없었다. 그러나 이러한 불공정한 상황 속에서도 윤보선이 박정희에게 거의 이길 뻔했다는 사실은 주목할 만하다.[17] 이는 기본적으로 많은 국민이 아직도 군부의 통치를 정당하지 못한 것으로 믿고 있었다는 증거다. 실제로 당시 선거전의 중요 쟁점은 군정과 민정 간의 선택에 관한 것이었다.

그러나 국회의원 선거에서는 공화당이 110석을 확보하고 야권의 민

---

17 두 후보는 유효 투표의 41.2%와 42.6%를 각각 차지했다.

정당과 민주당이 각각 41석과 13석을 확보하는 데 그침으로써 공화당이 안정된 의석 기반을 가질 수 있었다. 이러한 결과에는, 위에서 지적한 군부 세력과 민간 정치 세력 간의 힘의 자원의 차이 외에도, 민간 정치 세력이 크게 분열되어 있었다는 사실이 큰 몫을 차지했다. 이렇게 시작된 유사 민간화된 정당 정치 구조는 이후 박정희의 개인 권력 확장이 절정에 달할 때까지 계속되었다.

3. 통치의 기반

민정 이양을 통해 수립된 박정희 정권은 두 가지 의미에서 유사 민간 정권이라고 불릴 수 있었다. 하나는 주요 정책의 입안과 집행이 군부와 민간인의 일종의 연립에 의해 이루어졌다는 점이며, 다른 하나는 권력의 핵심이 군인 정치가들이 장악한 행정부에 있었지만 정치 과정이 적어도 표면상으로는 민간 정당 정치의 형태를 띠고 있었다는 점이다.

쿠데타 집권 세력은 흔히 자신에게 부족한 정치적 정당성과 행정·기술상의 전문성을 보충하기 위해 지식인, 전문가로 구성된 광범위한 민간 세력의 충원을 도모한다. 한국의 경우에도 집권 세력은 정치, 경제, 행정의 폭넓은 분야에 걸쳐 민간인들을 충원했다. 민간인들은 정치, 경제의 다양한 위치에 포진하여 박정희가 추구한 정치적 통제의 명분을 제공했고 경제 성장 과정을 관리했다. 이러한 충원의 형태는 개인적인 수준에서 이루어진 것이었다. 따라서 민간 세력이 일종의 집단적 이해관계에 기초하여 군부 세력과 지배 연합을 이루었던 남미의 군사 정권들의 상황과는 달랐다. 그것은 아직 한국의 민간 사회가 집단적 이해, 특히 계급 이해를 정권 차원에서 관철시킬 만큼 성장하거나 조직화되지 못했다는 점을 의미한다.

따라서 이러한 민군 연립 체제 속에서 정치권력의 실체를 장악한 것은 당연히 대통령을 정점으로 한 군부 출신의 정치인들이었다. 물론 경제 정책을 담당한 민간 기술 관료들이 박정희의 권력 팽창과 함께 그 역할을 점차 확대하기는 했으나, 이들이 정치권력 자체에 영향을 행사하지는 못했다. 이런 의미에서 '민군 연립'이라는 용어는 사실 부적합한지도 모른다. 정치권력이 쿠데타로 집권한 군부 출신의 정치인에게 있었고 또 통치 기반이 군부와 기타 억압 기구에 있었다는 점에서, 제3공화국의 정권 구조는 유사 민간화되었지만 여전히 군사 정권으로 분류될수 있었다.

중앙정보부와 군부는 이 유사 민간화된 군사 정권의 중요한 통치 기반이었다. 중앙정보부는 당, 국가 기구, 민간 사회의 전역에 걸쳐 사찰업무를 수행하고 불법 납치와 고문을 일삼아 공포 정치의 핵심으로 떠올랐다. 그뿐 아니라 이 시기의 중요한 모든 국가 정책이 이를 중심으로이루어졌다. 한일회담을 당시 중정 부장이던 김종필이 비밀리에 추진했으며, 1971년의 남북 대화 역시 당시 중정 부장이던 이후락을 중심으로이루어졌다. 당시 국무총리이던 김종필은 이 과정에서 철저히 제외되었다. 이는 중정과 내각의 관계를 상징적으로 보여 준 일이었다.

군부는 또 하나의 통치 기반을 구성했다. 쿠데타 이후 군부는 정치권력의 원천이었고, 대통령은 이를 위기 시마다 활용했다. 이러한 현실이 1964년 6·3사태에서의 군 동원, 1971년의 위수령 발동과 국가비상사태 선언, 그리고 이듬해의 유신 선포에서 적나라하게 드러났다. 그러나 군은 대통령에게서 독립된 독자적인 정치 세력을 이루지는 못했다. 박정희는 통치의 전 기간에 걸쳐 군을 효율적으로 장악했다.

대통령의 군 통제는 여러 가지 방법에 의존했다. 숙청이나 강제 퇴역을 통해 쿠데타 당시 박정희 소장보다 계급이 높았던 장성들이 모두 현역에서 사라졌다. 이들 중 일부는 이후 정계와 관계로 진출하거나 준정부 기관의 기관장으로 발탁되었다. 또 육사 8기생 등 동기생을 중심으로 한 지배 집단이 형성되어 최고 통수권자인 대통령에게 충성을 바쳤다. 지역적 동질성 또한 군의 결속과 대통령에 대한 충성의 원천이 되었다. 이전까지 중요한 군 파벌을 형성하던 서북파는 권력을 잃고 박정희의 출신지인 영남, 특히 경북을 중심으로 한 권력 집단이 형성되었다. 이들이 군을 장악함으로써 쿠데타 이전까지 군부에 만연했던 파벌 싸움이 끝나고 대통령을 정점으로 엄격한 위계질서가 확립되었다. 대통령은 방첩대 등 보안 기구들을 이용하여 군 장교들을 감시하고 직접 통제했다.

한편 군의 처우 개선 또한 군의 잠재적 도전을 방지하고 대통령에 대한 충성을 제고하는 데 중요한 역할을 차지했다. 백선엽, 이한림, 정일권 등 최고위 장성들을 포함하여 퇴역한 장교들에게 정계, 관계에 충분한 지위가 보장되었다. 이승만 집권기에 보이던 진급 체계의 무질서나 정치 자금의 요구와 같은 장교들의 불만 요인이 사라진 것도 군이 동요하지 않고 박정희에게 충성을 바친 요인이 되었다. 이상과 같이 박정희는 '채찍과 사탕'을 적절히 활용하면서 군에 대한 통제를 확립하는 데 성공했다.

군 집권 이후 정치, 경제, 사회의 각 분야에 군 출신 인사들이 대거 진출한 결과 전 사회에 군사 문화가 만연하게 되었다. 정부의 정책 결정과 집행 과정에는 군의 그것이 그대로 도입되었다. 그 특징은 중앙 집권화와 탈정치화에 있었다. 민주적 토론과 다양한 견해의 인정보다는 일사불란한 명령 계통과 효율성이 강조된 결과, 경제 성장이라는 맹목적인 목표의 추진이 가능했으나 정치 과정의 민주화는 반대의 길을 걸었다.

정책의 결정은 대통령을 중심으로 군 출신의 개인적 측근들이 장악하게 되었다. 비서실장 이후락, 중앙정보부장 김형욱, 경호실장 박종규, 차지철 들이 이러한 전횡과 권력 독점을 누렸다.

그러나 박 정권이 이상에서 본 바와 같은 억압 기구들에만 통치를 의존한 것은 아니었다. 박정희는 쿠데타 당시부터 반공과 경제 성장을 통치의 명분으로 분명히 내세웠다. 그는 민주당 정부하에서 분출했던 것과 같은 통일 논의를 허용하지 않을 것을 분명히 했다. 그의 논리는, 남한의 경제 상황이 북한의 그것보다 우월하게 될 때까지 적화 통일을 용이하게 할 통일 논의를 해서는 안 된다는 것이었다. 이러한 논리는 제3공화국 말기부터 본격화된 안보 강조와 이를 통한 정치적 탄압의 토대가 되었고, 궁극적으로 유신 체제를 선포하는 데 가장 중요한 명분으로 이용되었다.

경제 성장은 제3공화국 당시 박정희가 내세운 최대의 정치적 명분이었다. 동시에 이는 그가 지녔던 국가 건설과 발전에 대한 비전을 반영한 것이었다. 그는 이승만과는 달리 경제 발전을 통한 국부의 축적과 국가 권력의 확대라는 분명한 목표를 가지고 있었다. 박정희 정부가 추진한 일련의 경제개발 5개년 계획 덕분에 한국 경제는 급속하게 성장했다. 그리고 이것은 박정희의 통치 기반을 크게 넓혔다. 이른바 '조국 근대화'의 기치는 1960년대에 걸쳐 박 정권이 내세운 가장 중요한 국가사업이었고 정치 명분이었다. 그러한 명분의 추구가 적어도 1960년대에는 상당한 효과를 지닐 수 있었다. 자본주의 산업화가 배태한 무수한 사회·경제적 모순과 정치적 억압은 아직 본격적으로 나타나지 않고 있었다. 1960년대의 한국 사회는 본격적인 산업화가 이제 막 시작되는 단계에 있었기 때문에, 분배와 사회 정의를 둘러싼 계급 갈등은 상당한 기간 동안 겉으로 나타나지 않았다.

그러나 이러한 상황은 오래 지속될 수 없었다. 1970년대 들어서면서 그동안 취했던 국가의 성장 위주의 정책이 잉태한 계급 간 지역 간 불평등의 심화, 급속하고 불안정한 인구 이동으로 인한 도시의 소요, 경제 성장 자체의 한계 등이 국제적 경기 침체로 증폭되어 정부에 대한 국민의 불만을 심화시켰다. 이제 더 이상 경제 성장이 정치적 정당성의 원천이지만은 않다는 사실이 현실로 나타났다. 그 결과 정권에 대한 도전이 심각하게 나타나기 시작했다.

4. 정치적 저항과 사회적 통제

군사 정권의 권력 확장에 비해 정치적 반대 세력의 저항은 1970년대 초반까지 비효율적이었다. 전통적으로 분열되어 있던 야당 세력은 군정의 정치 활동 금지와 민정 이양 이후의 탄압 속에서 여전히 단결된 힘을 발휘하지 못하고 있었다. 근본적으로 야당 세력은 집권 세력이 내세운 경제 성장과 정치적 효율성의 추구에 대항할 정치 이념을 개발하지도 못했고, 기술적 전문성의 면에서도 여당과 기술 관료에 비해 뒤떨어졌다. 국가 발전의 정책 프로그램도 개발하지 못했고, 민주화를 위한 조직적 결속도 이루지 못했다. 또 야당 세력은 국민 대중과 유기적 관계를 맺은 대중 정당이 되지 못했고, 해방 직후부터 보이던 명사 정당의 테두리를 벗어나지 못하고 있었다.

야당은 1965년 한일협정이 체결되기까지 정부의 한일 국교 정상화 추진을 굴욕 외교라 하여 격렬하게 반대했으나, 모든 수단과 방법을 동원하여 이를 관철하려 한 정부의 의지를 꺾지 못했다. 근본적으로 야당 세력은 이를 대체할 수 있는 국가 발전의 대안을 내놓지 못했다. 게다가 한일회담에 대한 반대에는 분열된 야당의 권력 투쟁의 일면이 보이기도 했다. 더 강경했던 윤보선(민정당)과 비교적 타협적이었던 박순천(신한당)의 야권 내 지도력 확보 경쟁이 그것이었다. 이상과 같은 한계 때문에, 야당들은 1967년 선거에서의 참패에서 나타난 것처럼 국민의 지지를 얻지 못했고 박정희의 권력 확장을 견제하지 못했다. 그러나 이후 야당의 통합과 세대교체를 통해 새로운 국면이 전개되기 시작했다. 1971년의 대통령 선거가 전환점이었다.

권력 집중과 권위주의화에 대한 도전은 여전히 저항 세력의 핵심을 이루고 있던 학생에게서 나왔다. 정부에 대한 학생들의 도전은 한일회담 반대 투쟁에서 절정에 달했고, 이후 1969년의 삼선개헌 반대 투쟁과 1970년대 초의 반정부 활동으로 꾸준히 성장했다. 흔히 '6·3사태'로 불리는 1964년의 한일회담 반대 시위는 제3공화국 최초의 대규모 정치 위기였다. 한일회담 반대 시위는 한국의 경제가 일본에 예속될 것을 우려한 학생들의 민족주의적 저항 의식의 발로였다. 학생들의 저항은 격렬하고 대규모적이어서, 내각이 사퇴하고 회담을 주도한 김종필이 공화당 의장직을 사퇴하고 두 번째 외유를 떠나는 사태가 발생했다. 그러나 정부는 서울 일원에 비상계엄을 선포하는 초강경 정책으로 맞섰다. 학생들과 야당은 격렬하게 항의했으나 군 병력까지 동원한 정부의 회담 관철 의지를 꺾을 수 없었다. 이듬해 정부는 야당과 사회 세력의 도전이 재개된 가운데 한일협정에 정식 조인하고 국회는 날치기 통과를 통해 이의 비준에 동의해 버리고 말았다. 한일협정을 둘러싼 정부와 야당, 사회 세력의 싸움에서 정부는 분명한 승리를 구가했다. 이로써 국가는 사회 세력에 대해서, 정부는 야당에 대해서 통제력을 확보했다. 이러한 통제력이 이후 수년 동안 지속되었다.

이후 베트남 파병을 둘러싸고 일어난 공방에서도 사정은 덜 폭발적이었지만 마찬가지였다. 야당과 학생·지식인의 반대, 위수령 발동을 통한 군의 개입, 야당의 국회 출석 거부, 여당의 날치기 통과 등등 낯익은 과정을 통해 국군의 베트남 파병은 결정되었고, 이후 그 쟁점은 묻혀 버렸다. 박정희의 집권 연장을 위한 삼선개헌도 비슷한 과정을 통해 학생, 언론, 지식인의 격렬한 반대 속에 정부, 여당이 국회 통과를 관철했으나, 그것이 가진 장기적인 충격은 심각했다. 왜냐하면 이 문제는 당시까지, 그리고 그 이후 계속 한국 정치 갈등의 가장 중요한 쟁점이었던 권위주의 독재 대 민주화 간의 투쟁에 직접 연관되는 것이었기 때문이다. 삼선개헌 반대 투쟁은 민주주의를 향한 반독재 투쟁이었고, 이것이 일단 좌절되었다고 하더라도 이후의 민주화 투쟁에 계승되었기 때문이다.

결론으로 볼 때, 제3공화국 말기에 이르기까지 야당과 사회 세력의 국가에 대한 도전은 효과적이지 못했다. 그 까닭은 근본적으로 양자가 가진 힘의 차이에 있었다. 국가는 압도적인 무력을 갖추었을 뿐 아니라 그 행사에서 신속했고 단호했다. 분명한 정책 추진은 단호한 의지와 힘의 행사로 뒷받침되어 반대 세력의 저항을 압도했다. 반대 세력인 야당은 분열되었고 분명한 대안을 제시하지 못했으며, 학생들의 민족·민주적 투쟁은 뚜렷한 조직과 이념이 없어 국가의 강제력 앞에서 무력했다. 일반 국민도 정치를 파국으로 이끌면서까지 반정권 운동에 가담할 것을 원했던 것으로 보이지는 않는다. 이러한 상황이 국가의 사회 세력에 대한 통제를 쉽게 만들었다. 이는 박정희 개인 권력의 확장으로 이어졌다.

5. 정당 정치의 부식과 권력의 개인화: 일인 지배 체제로

민정 이양은 공화당을 중심으로 한 정당 정치를 가능케 했으나, 시간이 갈수록 정당 정치는 개인 권력자의 권력 유지와 연장의 부속물로 전락해 갔다. 정당의 정치적 역할은 점점 줄어들었고, 이 자리를 경제 계획의 입안, 집행을 담당한 관료와 중앙정보부 중심의 보안 기구가 장악했다. 궁극적으로는 이는 이들을 권력의 기반으로 삼은 대통령 개인의 권력 확장으로 이어졌다. 그 중요한 고비는 삼선개헌을 둘러싼 투쟁이었고, 1972년의 유신 헌법 선포로 그 과정이 일단락되었다.

1) 권력의 개인화

공화당은 처음 군부 지배의 제도적 기반과 통치의 정당성을 마련하기 위해 창설되었으나, 그 창설 과정에서부터 박정희 대통령의 지배 아래 놓였다. 더구나 급속한 조국 근대화, 즉 경제 성장을 정치적 정당성과 권력의 중요한 물적 기반으로 간주한 박 대통령은 이를 추진하기 위해 기술 관료에 크게 의존하게 되었고, 또 이를 위해 정치적 고려보다는 행정적 효율성을 앞세웠다. 따라서 공화당이 민주적 토대하에서 제3공화국의 정치를 주도할 가능성은 처음부터 제한되어 있었다. 공화당은 시간이 흐를수록 권력의 원천이 되기보다는 정부의 하수인으로 전락해 갔다.

당시 적극적으로 추진되었던 경제 개발 계획은 전문 기술 관료의 역할을 자연히 증대시켰다. 당시 내각은 정책 결정과 집행의 실제 권력을 장악한 세력으로 부상했다. 각료들은 당의 통제를 받지 않고 당이 제공할 수 없는 권력의 원천을 대통령에게 제공했을 뿐 아니라, 이를 바탕으로 자신들의 정치·경제적 영향력을 확대했다. 국가 관료 기구는 경제 성장과 이를 위한 기술적 효율성이 강조될수록 그 역할을 확장해 갔다. 이렇게 하여 이른바 '발전 국가'가 1960년대에 본격 형성되었다.[18]

당의 약화와 관료의 역할 증대는 궁극적으로 대통령 자신의 권력 강화를 뜻했다. 박정희도 이승만과 비슷한 일인 지배 체제를 형성한 것이다. 이승만과는 달리 박정희는 카리스마적 호소력이 약했고, 그 권력의 기반이 처음부터 확고한 것도 아니었다. 그러나 그에게는 다양한 권력의 분파와 도구들 속에서 권력의 균형을 자신에게 유리한 방향으로 전개시킬 능력이 있었다. 그는 군의 도전 가능성을 쿠데타 초기에 뿌리 뽑았으며, 정당 정치를 처음부터 자신의 권력 확대에 이용할 줄 알았다. 그는 일단 정치권력을 잡은 후 독자 세력의 성장을 용인하지 않았고 잠재적인 도전 세력의 부상 가능성을 처음부터 제거했다. 이를 위해 통치 세력 내의 여러 인물과 파벌에 대한 효율적인 견제 전략을 단호한 의지와 무자비한 방법으로 구사했다.

가장 대표적인 경우는 그에 대한 잠재적 경쟁자의 선두에 서 있던 김종필에 대한 견제였다. 박정희는 당 안에서 김종필파가 다수를 차지하자 이를 견제하기 위해 이후락과 김형욱을 각각 대통령 비서실장과 중앙정보부장으로 활용했다. 또 당 안에도 소위 4인방(김성곤, 길재호, 김진만, 백남억)을 키워 김종필파를 견제하게 했다. 이들은 삼선개헌 추진의 주역을 담당하여 김종필의 도전을 꺾어 놓았다. 그러나 박정희는 이후 일어난 소위 '항명 파동'을 계기로 이 4인방 또한 숙청하고 말았다.[19] 마찬가

---

18 김일영, 「1960년대의 정치 지형 변화: 수출지향형 지배 연합과 발전 국가 형성」, 한국정신문화연구원 편, 『1960년대의 정치사회 변동』(서울: 백산서당, 2002) 참조.

19 1969년 4월 오치성 내무부 장관 불신임 투표에서 여당인 공화당 의원 몇 명이 찬성 표를 던져 이를 통과시켰다. 박정희는 크게 노하여 이들을 정계에서 축출했다. 이들은 친김종필 인사들이었다.

지로 삼선개헌에서 김종필파가 양보하는 대가로 이후락과 김형욱을 각각의 자리에서 해임했다.[20] 그런 고전적인 분할 지배 방법을 통해 박정희는 잠재적인 도전 세력을 모두 제거하고 1970년대에 들어설 무렵 권력의 개인 집중을 거의 완결시켰다. 그 대가는 제3공화국 출범 당시 외형적인 가능성을 보여 주었던 정당 정치와 민주주의의 완전한 소멸이었다.

1967년의 대통령 선거와 국회의원 선거에서 공화당은 압도적인 승리를 거두었다. 4년 전의 상황과는 매우 달랐다. 이러한 결과는 그동안 정부가 추진한 경제 성장의 과실에 대한 국민 지지의 표시로 이해할 수 있다. 정치적으로도 한일협정의 폭발적인 쟁점이 사라진 뒤 박 정권에 대한 심각한 도전은 존재하지 않는 상황이었다. 말하자면 1967년은 한일회담을 둘러싼 정치적 위기를 극복하고 난 뒤 박 정권의 권력이 안정기에 접어든 시기였다.

그런데 총선 이후 대권 계승을 둘러싸고 정치적 위기가 다시 일어났다. 당시 제2인자였던 김종필은 박정희 이후의 대권을 꿈꾸었으나, 박정희 자신의 집권 연장욕 앞에서 꺾일 수밖에 없었다. 한 번 연임만을 허용한 기존 헌법으로는 권력을 연장할 수 없었기 때문에 박정희는 삼선개헌 작업에 착수하고, 이에 반대하는 여야 인사들을 탄압하고 나섰다. 공화당 안에서는 앞서 본 바와 같이 김종필파와 반김종필파가 대립하고 있었다. 주류였던 김종필파는 당연히 김종필이 대권을 계승해야 할 것으로 생각했으나, 반대 세력은 그것을 용납할 수 없었다. 박정희는 1968년 5월의 국민복지회사건[21]을 계기로 김종필을 당 의장직에서

---

20 김형욱은 잠시 후 복귀했다가 다시 숙청당했다. 이후 해외에서 반박정희 운동을 벌이다 실종되었다. 2000년대 언론 기사들에 따르면 파리에서 한국 정부의 사주를 받은 프랑스 조폭들에게 살해당했다고 한다.
21 김종필계인 김용태 의원은 국민복지회란 단체를 조직하여 김종필의 대권 계승을 준비했다. 그 때문에 그는 1968년 5월 24일 당에서 제명당했다.

축출하고 당적마저 포기하게 만들었다. 그 결과 비주류가 당권을 장악하여 당의 권력 구조에 큰 변화가 생겼다. 박정희는 김종필의 도전이 약화되자 어렵지 않게 삼선개헌 의지를 관철시킬 수 있었다. 김종필파는 이후 항명 파동을 거쳐 더욱 약화되고, 정치적 경쟁자인 이후락 비서실장과 김형욱 중앙정보부장의 해임을 대가로 삼선개헌에 동의하게 되었다. 공화당의 삼선개헌 결정은 쿠데타 세력의 권력 투쟁이 드디어 박정희 일인 지배 체제로 귀결되었음을 의미했다. 이는 이후 있을 유신 헌법 선포의 중요한 전 단계였다.

이후 정부 여당은 야당, 언론, 국민의 거센 저항을 물리치고 국회에서 삼선개헌안을 통과시켰다.[22] 야당 의원들이 국회 본회의장을 점거한 가운데 여당계 의원들은 1969년 9월 14일 새벽에 기명 투표라는 변칙 방법을 통해 개헌안을 통과시켰다. 건국 이후 여섯 번째의 헌법 개정이었는데, 이승만 정권 당시와 흡사한 모습이 이어졌음을 볼 때 그때보다 민주주의가 진전한 것은 별로 없어 보였다. 이로써 박정희는 다시 한 번 집권할 헌법 조치를 마련했고, 이후 1971년의 제7대 대통령 선거를 통해 그 꿈을 이루었다.

이런 상황에서 정부에 대한 국민의 지지는 4년 전에 비해 크게 약화되어 있었다. 정권의 지속적인 개인화와 독재화는 국민의 저항을 불러일으켰다. 집권 10년 동안 군사 정권은 대중적 지지를 이끌어낼 제도적 기틀을 다지지도 않았고, 국민의 광범위한 정치적 참여를 보장하지도 않았다. 정치적 부패는 경제 성장과 더불어 심화되고 있었고, 효율성의

---

22 이 개헌안의 내용은 첫째, 대통령의 연임 금지 조항을 삭제하고 세 번 연임을 허용했고, 둘째, 대통령 탄핵 발의에 필요한 의원 수를 30명에서 50명으로, 또 탄핵 통과에 필요한 의원 수를 과반수에서 3분의 2로 상향 조정했으며, 셋째, 국회의원들의 행정부 장·차관 겸직을 허용했고, 넷째, 국회의원 최대 정수를 200명에서 250명으로 증가시킨 것 등이었다.

추구는 정치를 탈정치화시키면서 사회적 통제를 심화시켰다. 정당 정치는 사라지고 일인 지배 구조는 점점 뚜렷해졌다. 더욱이 집권의 유일한 명분으로 내세운 경제 발전은 심화되는 계급 불평등과 근대화의 부작용, 그리고 세계 경제의 위기 때문에 한계에 부딪히게 되었다. 무엇보다도 개인 독재자에 의한 장기 집권의 전망은 국민을 다시 한 번 생각하게 만들었다.

2) 야당의 도전

당시 파벌 싸움에 휩싸여 정권을 제대로 견제하지 못하고 있던 야당 세력도 1967년의 선거를 앞두고 오래간만에 통일된 모습을 보여 주었다. 쿠데타로 해산되었던 민주당의 주요 지도자들과 기타 민간 정치인들은 1963년 정치 규제가 풀리자 민정당, 민주당으로 양립했다가 1965년 5월 민중당으로 합쳤다. 여기서 윤보선의 신한당이 떨어져 나감으로써 다시 분열되었다가, 1967년 2월 유진오를 당수로 하고 윤보선을 대통령 후보로 한 신민당으로 통합되어 이후 정권에 대한 통일된 도전을 행사하게 되었다. 그러나 그해 선거에서 신민당은 참패했다. 이에는 정부, 여당의 업적에 대한 국민의 지지라는 요인 외에도 자금 부족, 신생당의 조직력 부족 등의 요인이 작용했다.

그러나 1971년의 선거를 앞두고 신민당은 세대교체를 이루면서 정부에 대해 강력한 도전을 행사하기 시작했다. 김대중은 이후 수십 년에 걸쳐 정치적 경쟁자가 된 김영삼을 누르고 대통령 후보 자리를 따내어 선풍적인 열풍을 일으키면서 선거 유세에 돌입했다. 그의 민중주의적 호소력은 전통적인 야당 지지의 기반인 도시 지역을 강타했다. 대통령 선거의 결과는 박정희가 비교적 안정된 차이(유효 득표율 51.2%

대 43.6%)로 승리한 것으로 나타났으나, 당시의 선거가 광범한 부정으로 얼룩졌다는 의혹은 사라지지 않았다. 어쨌든 김대중은 쿠데타 이후 처음으로 효과적이고 강력한 도전을 집권 세력에 안겨 주었다. 이러한 상황은 이어 실시된 국회의원 선거에서도 나타났다. 야당인 신민당은 공화당을 바짝 추격하여 득표율에서 근소한 차이를 보였다(48.8% 대 44.4%). 여당에게 압도적으로 유리한 선거 제도[23] 덕에 공화당 의석 수의 우세는 여전히 유지되었으나(113석 대 89석), 양대 선거에서 보여 준 야당 세력의 부상은 이제 선거에 의한 정부 교체를 가능한 현실로 만들었다. 이러한 현실에서 박정희가 권력 연장을 위해 취할 수 있는 방법은 무엇이었을까?

정부가 야당의 강력한 도전에 봉착해 있을 때, 국내외의 정치·경제적 상황 또한 정부에게 시련을 안겨 주고 있었다. 미국과 중국이 손을 잡아 세계의 냉전 구조가 바야흐로 깨어지려는 찰나에 있었다. 1969년 닉슨 대통령의 괌 선언으로 미국의 대아시아 정책이 바뀐 결과 주한 미군이 감축되어 한국 정부를 긴장시켰고, 중동에서 비롯된 석유 파동이 한국 경제를 위기로 몰아넣었다. 국내에서는 무리한 경제 성장 일변도 정책이 낳은 모순들이 석유 위기로 인한 경제난에 즈음하여 폭발하고 있었다. 경제 성장에서 소외되고 10년 동안의 권위주의 통치에 식상한 반대 세력의 도전은 거세어지고 있었다. 이런 상황에 위기의식을 느낀 집권자는 1971년 8월 15일 남북 대화를 제의하여 국제적 데탕트에 적응하려 했고, 같은 해 12월 6일 국가비상사태를 선포하여 정치적 통제를

---

23 제3공화국에서는 국회의원 전국구 의석이 제1당에게 압도적인 비율로 배당되게 되어 있었다. 즉, 제1당이 유효투표 총수의 50% 미만을 얻었을 때 전국구 의석(전 의석의 3분의 1인 44석)의 2분의 1을 배분받고 그 이상을 획득했을 때는 그 비례에 따라 의석을 추가 배정받기로 한 것이다. 이러한 제도는 제4공, 5공의 개악을 거쳐 노태우 정부에서 다시 도입되었다.

굳히려 했다. 그리고 사회적 소요가 어느 정도 가라앉고 남북 대화가 진행되고 있던 이듬해 10월, 박정희는 유신 헌법을 선포하여 한국 역사상 가장 체계적으로 탄압적인 통치로써 권력을 유지, 확장하고자 했다.

6. 결론

제3공화국의 정치 체제는 모호한 성격을 가지고 출발했다. 그것은 완전한 군사 정권도 아니었지만 그렇다고 민간 정권이라고 볼 수도 없었다. 그것은 군 출신 정치인이 대규모 민간인 충원을 통해 통치 기반을 다진 일종의 유사 민간 정권이었다. 정치 과정은 반대 당을 허용하고 지배적인 정당이 존재하는 정당 정치로 출발했다. 헌법은 상당히 민주주의적인 요소를 가진 대통령제의 정부 형태를 마련했다. 정치적 반대도 반공의 이념적 테두리 안에서 비교적 허용되는 편이었다. 이런 점에서 박 정권은 민주주의 정권도 아니었지만 처음부터 뚜렷하게 권위주의 정권의 증상을 보인 것도 아니었다. 오히려 처음에는 건국 당시 도입했던 민주주의의 법과 제도를 계승하는 것처럼 보였다. 당시 대한민국에서 민주주의가 누렸던 정치적 명분은 여전히 굳건했던 것이다. 그러나 박 정권은 시간이 지나면서 권위주의적인 성격을 뚜렷이 드러내기 시작했다. 그것도 개인화된 일인 지배 권위주의 체제였다. 정당 정치는 쇠퇴하고 정치권력은 개인의 손에 집중되었으며, 그의 수족인 청와대 측근들과 기술 관료, 그리고 폭력 기구, 보안 기구들이 하위 권력자로 행세했다. 이런 상황이 유신 체제가 선포될 때까지 심화되고 있었다.

이런 의미에서 볼 때, 제3공화국 체제는 어쩌면 더 탄압적인 유신 체제로 가기 위한 준비 기간이었는지도 모른다. 1960년대에 이미 보이던 통치 구조, 국가 정책, 민간 사회의 변모, 그리고 사회 구조적 모순들이 유신 체제에서 더 극단적인 형태로 집약해 나타났고, 그로 인한 정치 변동이 유신 말기에 폭발적인 형태로 일어났다.

제5장

유신 체제의 탄생과 소멸

유신 체제는 대한민국 역사상 가장 탄압적인 정치 체제였다. 정치적 자유가 말살되다시피 했고, 일인 장기 집권 체제가 보장되었으며, 대통령에 대한 비판이 금지되는 것은 물론이고, 심지어 헌법 자체에 대한 언급조차 금기 사항이 되었다. 이런 체제를 집권자는 통일 여건 조성을 위한 효율적인 체제이며, '한국적인' 민주주의를 위한 것이라고 정당화했다. 민간 사회는 억압받았고 정치 사회는 질식되다시피 했다. 이러한 체제가 탄생한 원인에 대해서는 한때 상당한 연구가 있었으나, 체제의 성격 자체에 대해서는 본격적인 연구가 아직 부족한 형편이다.

1. 유신 체제 탄생의 원인

유신 체제의 탄생 원인에 대해서는 여러 가지의 설명이 존재하는데,

크게 보아 1) 자본주의 산업화의 위기에서 그 원인을 찾는 경제적 설명, 2) 동북아 안보 환경의 변화에 대한 정부의 대응으로 파악하는 관점, 그리고 3) 박정희의 권력 의지를 중심으로 한 정치적 설명으로 나눌 수 있다.[1] 첫째 주장은 주로 오도넬의 관료적 권위주의론을 한국에 적용하려는 시도였으며, 둘째 주장은 박정희 정부 자신이 내세운 유신 선포의 명분이었다. 셋째 주장은 많은 정치학자가 동의하는 정치 권력적 분석이다. 그런데 이제는 위의 경제적 설명이나 안보 요인의 설명이 설득력을 많이 상실했으므로 이에 대해 자세히 다룰 필요는 없어 보인다. 따라서 간단히 언급하기로 한다.

1) 경제 위기, 계급 투쟁과 체제 변동?

오도넬의 관료적 권위주의론은, 아르헨티나, 브라질 등 비교적 앞선 남미 국가들에서 민중 정권이 추진한 수입 대체 산업화가 한계에 달하자 중공업, 자본재 산업 위주로 산업을 '심화'할 필요성이 제기되었는데, 민중 정권 아래서 강력해진 노동 세력이 이에 저항하자 이를 억누르기 위해 탄압적인 군사 정권이 들어섰다는 논리로 요약된다. 이 과정에서 국내 부르주아지, 외국 자본, 군부, 기술 관료들이 동맹을 맺고 노동과 도시 서민을 중심으로 한 민중 부문을 가혹하게 탄압하면서 경제·사회 정책에서 기술 관료의 역할이 증대한 새로운 형태의 '관료적' 권위주의 정권이 탄생했다는 것이다.[2]

---

1 이 세 요인을 모두 고려한 연구는 매우 드물다. 김영순, 「유신 체제의 수립에 관한 연구」, 한국산업사회연구회 편, 『오늘의 한국 자본주의와 국가』(서울: 한길사, 1988); 최완규, 「권위주의 체제 성립의 정치경제학적 분석」, 『한국과 국제정치』 4:1(1988)이 이에 속한다.

2 Guillermo O'Donnell, *Modernization and Bureaucratic-Authoritarianism: Studies in*

상당수의 한국 학자가 이런 가설을 받아들여 유신 체제의 탄생을 설명하려고 했다. 하지만 얼핏 보기에도 이는 지나친 경제 결정론이며, 더구나 민중 부문의 힘이 매우 취약했던 당시의 한국 상황을 경시한 끼워 맞추기란 인상을 지울 수 없다. 하지만 이런 정치 경제론의 도입이 활발했던 1980년대 중후반 당시에는 그것이 상당한 지적 영향을 미쳤으며, 이러한 견해에 대한 반론 또한 충분히 나왔다. 반론의 핵심은 당시 한국에는 정권 변환을 요구할 만한 계급 투쟁이 존재하지 않았다는 것으로 요약된다. 유신 체제를 선포하지 않고도 국가가 민간 사회의 소요를 충분히 억압할 수 있었다는 말이다. 부차적으로, 유신을 선포한 목적이 산업 심화(중화학공업화)를 위한 것이었다는 사실 또한 선후가 맞지 않는 주장이다. 유신 없이도 국가는 노동을 충분히 통제하고 있었으며, 중화학공업화를 추진한 시점도 오히려 유신 선포 이전이었다. 이런 반론이 무성하게 나왔기 때문에 여기서는 자세하게 언급하지 않겠다.[3]

1960년대 당시 현실적으로 드러난 계급 갈등은 대체로 미소했다고 볼 수 있다. 그러나 1970년대로 넘어가면서 지난 10년 동안의 경제 성장 일변도의 국가 정책이 심각한 사회·경제적 부작용을 빚고 사회적 소요도 현저해지기 시작한 것도 사실이다. 계급 갈등이 현재화하게 된 직접적인 계기는 1970년 평화시장 노동자 전태일의 분신자살이었다. 이후 1970년대에 노동 쟁의는 크게 증가했고, 상당한 정치적 여파를 몰고

South American Politics(Berkeley: Institute of International Studies, University of California, 1973); 강민, 「한국정치체제의 구조적 특성: 신권위주의를 중심으로」, 한국정치학회, 『한국 정치 발전의 특성과 전망』(서울: 한국정치학회, 1984); 한상진, 『관료적 권위주의와 한국 사회』(서울: 문학과 지성사, 1988).

3 김영명, 「한국의 정치 변동과 유신 체제」, 한국 정치학회 편, 『현대 한국 정치와 국가』(서울: 법문사, 1986); 한배호, 『한국 정치변동론』(서울: 법문사, 1994).

왔다. 정치적으로 당시는 삼선개헌을 통해 박정희의 장기 집권을 굳히고 국가비상사태 선포에 이어 유신 헌법이 공포됨으로써 심대한 정치적 변화가 왔던 시기다. 여기에서 사회·경제적 위기와 정치 변동의 상관관계에 대한 학계의 논쟁이 싹트게 되었다.

1970년대 초반의 한국 경제는 확실히 어려운 상황에 있었다. 제1차 석유 파동의 여파가 한국 경제를 강타했고, 무리한 경제 성장의 부작용이 현저해졌고, 사회는 상당한 소요를 겪었다. 1970년 11월의 전태일 자살을 계기로 노동 소요가 심해졌고, 이에 학생과 종교, 민권 운동가들이 가세함으로써 민주화 운동과 노동 운동이 결합되는 양상이 나타나기 시작했다. 이러한 상황에서 정부는 10월 15일 서울에 위수령을 발동하여 주요 대학들을 장악하고, 12월 6일에는 국가비상사태를 선포하여 저항을 묵살했다. 이후 시위는 잠잠해졌고, 공화당이 국회 등원을 거부하여 국회는 기능을 발휘하지 못했고, 정치적 대립도 소강 사태에 빠져들었다. 그동안 남북 대화는 상당히 진전되고 있었다. 유신 헌법의 선포는 적어도 표면상 심각한 정치·사회적 불안이 없을 때 나왔다.

당시의 항의와 시위 사태들은 지난 10년 동안의 정부 치적에 대한 국민의 불만이 처음으로 본격적으로 터져 나온 것이라고 할 수 있다. 그러나 이러한 정치·사회적 저항이 집권 세력에게 얼마나 큰 위협이 되었는지는 의문이다. 그들의 저항은 조직되지 못했고 산발적이었다. 노동 계급과 신중간 계급의 요구는 순수히 경제적인 것이었고, 철거민의 집단 행동도 생존권 확보를 위한 것이었다. 사회·정치적 저항의 성격을 보더라도 그것이 확실한 계급적 기반을 가지고 있었다고 말하기는 힘들다. 물론 이전에 비해서 계급 갈등의 요인이 증가했고 실제로 노동 운동과 학생 운동 등을 통해 이것이 나타나기도 했지만, 여전히 정치적 갈등의 핵심은 권위주의와 민주화를 둘러싼 정치적 힘겨룸이 일차적이었다.

더욱이 유신 체제의 선포는 기존의 정권을 쓰러뜨린 계급 투쟁의 결과가 아니라 기존의 집권 세력이 권력을 강화한 제도적 변화였다.[4] 박정희는 당시까지의 경제적 성과와 정치적 통제에 힘입고, 국제 정세 변화의 불안감 속에서 통일과 남북 대화를 명분으로, 사회 세력의 도전을 이용하여 유신 헌법을 선포했다.

2) 안보 위기와 정권 변동

국제 정세의 변화에 따른 안보 위기는 집권 세력이 내세운 유신 선포의 공식적 이유였고, 남북 대화와 통일의 추진은 그 정치적 명분이었다. 당시 집권 세력뿐 아니라 몇몇 학자도 안보 환경의 변화가 박정희의 유신 선포에 중요한 구실을 했다고 주장한다.[5] 이들의 주장이 얼마나 신빙성이 있는지 판단하기 위해 우선 당시 한국의 안보 환경부터 살펴보자.

6·25전쟁 이후 남북한의 두 체제는 내부 건설에 몰두하여 평화적이든 전투적이든 별 관계를 맺지 않았다. 본격적인 관계는 불행히도 1960년

---

4 이 주장에 대해 오창헌은 제3공화국과 유신 체제는 명백히 다른 정치 체제라고 하면서 앞의 것은 '준권위주의'로 뒤의 것은 권위주의로 이름 지었다. 오창헌, 『유신 체제와 현대 한국 정치』(서울: 오름, 2001). 준권위주의라는 개념의 타당성 여부는 차치하고, 이 지적에 일리가 있다. 헌법 구조로 볼 때 명백히 둘은 다른 체제였다. 헌법 구조로 보면 제3공화국은 (준)권위주의 체제가 아니라 민주 체제로 규정해야 하고, 실제 정치 과정도 민주적 요소가 많이 있었다. 그러나 그것이 점차 권위주의로 변해가고 있었으며, 그 변화의 정점을 헌법 개정으로 이루었다고 보면 된다. 이 문제는 특정 정치 체제의 성격을 헌법 구조로 볼 것이냐 아니면 실제 정치 행동과 통치 유형까지 포함할 것이냐의 쟁점을 낳는데, 마땅히 후자가 되어야 할 것 같다.

5 배긍찬, 「닉슨 독트린과 동아시아 권위주의 체제의 등장」, 『한국정치학회보』 22:2 (1988); 마상윤, 「안보와 민주주의, 그리고 박정희의 길: 유신 체제 수립 원인 재고」, 『국제정치논총』 43:4(2003). 그들의 주장에서는 안보 위기, 위기 인식, 유신 선포 사이의 논리적 인과 관계가 박약하다.

대 후반 북한의 일련의 도발 행위로 재개되었다. 어느 정도의 사회주의 건설과 정치적 통제를 확립한 북한 정부는 1960년대 들면서 관심을 '남조선 해방'에 기울이기 시작했다. 1962년 12월 조선노동당 중앙위원회가 '4대 군사 노선'을 채택했고, 1964년 2월에는 '3대 혁명 노선'을 선포했다.[6] 이 정책들은 군비 증강과 휴전선 부근에서의 군사적 충돌로 이어졌다. 북한의 군비는 1964년, 특히 1967년 이후 급속히 증가했다. 총정부 지출 중 군사비가 차지하는 비율이 1963년 2.1%에서 1964년 7.5%로 급증했다. 1967년에는 전년의 두 배인 30%로 뛰었다. 비무장지대에서의 충돌은 1965년 59건, 1966년 50건에서 1967년 566건, 1968년 629건으로 급증했다.[7] 이어서 본격적인 도발 행위가 시작되었다. 1968년 1월 박정희의 목숨을 노린 특수 부대가 청와대 근처까지 침투했다 격퇴되었고, 11월에는 울진·삼척 지구에 대규모 무장 공비가 침투하여 사회 혼란을 기도했다. 같은 해 1월 미 정보함 푸에블로호가 납북되었고, 1969년 4월에는 미 정찰기 EC-121기가 북한군에 의해 격추되어 동북아에 긴장이 고조되었다.

이러한 남북한 관계의 긴장 속에서 미국 정부가 1969년 발표한 닉슨 독트린은 아시아의 방위를 아시아 사람들에게 우선 맡기고 미군의 직접 개입을 피할 것을 천명하여 한국 정부를 긴장시켰다. 미국 정부는 그 일

---

6 4대 군사 노선은 군사 분야에서 주체사상을 구현하여 스스로의 힘으로 국가를 보위해야 한다는 국방 자위 정책을 구체적으로 추진하기 위한 행동 노선으로, ① 전 인민의 무장화, ② 전 국토의 요새화, ③ 전군의 간부화, ④ 장비의 현대화를 내용으로 한다. 3대 혁명 노선은 남조선 혁명론을 구체화한 적화 전략으로, ① 혁명 기지의 강화(남한을 공산화시킬 수 있는 북한 지역 자체의 힘), ② 남조선 혁명 역량 강화(북한의 도움으로 남한에서도 혁명이 일어나도록 하는 힘), ② 국제 혁명 역량 강화(공산화 통일에 유리한 국제적 여건을 만들어내는 힘)를 말한다.

7 Byung Chul Koh, *The Foreign Policy Systems of North and South Korea*(Berkeley: University of California Press, 1984), pp. 130-133.

환으로 주한 미 지상군 감축 계획을 발표했고, 1971년 3월 제7사단이 실제로 철수했다. 이런 상황은 미국의 닉슨 대통령이 1972년 중국을 방문함으로써 본격화된 미·중 화해 조류로 절정에 이르렀다. 남북한 간의 긴장 고조, 미 지상군의 철수, 적국인 중국과 우방인 미국의 화해라는 국제적 상황 변화가 박정희 정부로 하여금 이에 대처할 정치적 변화를 시도하게 만들었다. 정부는 여기에 두 가지의 방법을 병행했다. 하나는 남북 대화를 시도함으로써 긴장을 완화시키는 것이고, 다른 하나는 이미 본 바와 같이 군비 증강과 국가비상사태 선포 등을 통해 국내 통제력을 확립하는 것이었다.

1970년 8월 15일 광복절 경축사에서 박정희는 적대적인 대북한 정책을 변경할 것을 천명했고, 이듬해 8월 12일 대한적십자사는 북한 측에 남북적십자회담을 제의했다. 이러한 한국 정부의 태도 변화는 북한 측의 정책 변경과 맞물리어 분단 후 처음으로 정부 차원에서의 양자 간 대화가 시작되었다. 남북 대화는 1972년 역사적인 7·4남북공동성명에 양쪽이 합의함으로써 절정에 달했다. 여기서 남북한 정부는 민족 통일을 위한 3대 원칙, 즉 자주, 평화, 민족 대단결의 원칙에 합의했다. 그러나 그 구체적 내용에 대한 해석은 쌍방에게 매우 달랐고, 이것이 남북 대화 단절의 중요한 원인이 되었다. 이러한 남북한의 합의는 남북한 양쪽에서의 정치적 통제가 굳어진 이후(10월 남한의 유신 체제 선포와 12월 북한의 사회주의 헌법 선포) 곧 교착 상태에 빠지고 말았다.

유신 체제의 선포를 둘러싼 당시의 안보 상황을 곰곰이 살펴보면 다음과 같은 결론을 내릴 수 있다. 우선 당시의 동북아 정치 질서의 변화가 집권 세력에게 안보 위기의식을 불러일으킨 것은 사실인 것 같다. 집권 세력은 이에 대처하기 위해 상당히 고심했으며, 남북 대화는 그 하나의 방편으로 나왔다. 집권자가 당시의 사회 혼란과 국제 정세에 위기의식을 느끼고 남북 대화와 안보 강화를 위해 더 '효율적인' 체제를 추구했을 가능성은 충분히 있다. 이에 대해서는 본격적인 실증 연구를 해야 한다. 이 책에서 지금 할 수 있는 것은 단편적인 증언들을 취합하여 박정희와 측근들의 의도를 추정하는 것이 고작이다.

이렇게 볼 때 집권자의 안보 위기의식과 정권 변화에 대해서는 다음과 같이 결론짓는 것이 타당하다. 즉, 안보 위기의식을 느낀 집권자는 긴장 완화와 대내적 통제를 동시에 추구했다. 이 둘 모두에서 어느 정도 성공한 집권자는 이를 이용하여 이미 추진되어 가던 권력 집중화와 장기화를 더 과감하게 추진했다. 안보 위기에의 대응과 권력의 개인화, 집중화는 어느 정도 따로 추진되었다. 이런 의미에서 남북 대화 자체가 유신 선포의 사전 공작이었다고 말할 수는 없을 것 같다. 그러나 대화를 추진하는 과정에서 남북 대화를 유신 체제의 대의명분으로 삼았을 가능성은 매우 컸다고 볼 수 있다. 따라서 박정희가 유신 체제를 구상한 시기가 중요해진다. 이에 대해서는 아직 확실히 규명할 수 없으나, 이경재는 이후락이 평양을 다녀온 10여 일 후 유신 작업이 본격화되었다고 한다.[8] 전자는 후자에게 절호의 기회를 제공했다. 그것이 바로 유신 체제의 선포로 나타났던 것이다.

3) 박정희의 권력 의지와 원인의 종합

유신 체제 탄생의 원인을 박정희의 권력욕으로 돌리는 견해는 다른 견해들에 비해 시간이 지나면서 더 우세해졌다.[9] 그러나 당시의 체제 변

---

8 이경재, 『유신 쿠데타』(서울: 일월서각, 1986), 212~213쪽.
9 2000년 이후에 발표한 연구로는, 오창헌(2001); 임혁백, 「유신의 역사적 기원: 박정희의 마키아벨리적인 시간(상) (하)」, 『한국정치연구』 13:2-3(2004); 최연식, 「권력

동을 집권자의 권력욕만으로 설명하는 것은 너무 단순하고 비설명적이기 때문에 그에 관련된 여러 쟁점을 볼 필요가 있다.

권력의 자기 확장 본능은 어느 시대 어느 곳에서나 보편적이다. 박정희의 경우, 객관적인 증거로 볼 때 그가 정신적이거나 육체적인 까닭으로 권력을 자발적으로 포기할 가능성은 별로 없었다. 그의 권력을 제한하거나 빼앗을 세력은 여러 번 도전하기는 했으나 번번이 실패했다. 여전히 반대 세력은 남아 있었지만, 그렇게 강하거나 위협적인 존재가 되지 못했다. 그러면 법과 제도로 박정희의 권력 의지를 제어할 수 있었는가? 아니었다. 오히려 그 반대로 박정희는 법과 제도를 마음대로 바꾸면서 그 위에 군림했다. 삼선개헌도 대표적인 경우였지만, 그런 자의적인 권력 행사가 절정에 달한 것이 바로 유신 체제의 선포였다.

그런데 여기서 권력 의지를 강조한다고 하여 박정희가 순수하게 자기 권력의 유지나 확장만 꾀했다고 주장하는 것은 아니다. 그는 한국의 대통령으로서, 그리고 흔히 하는 말로 처음으로 '한국을 보릿고개에서 벗어나게 해준 지도자'로서 일종의 사명감을 짙게 느끼고 있었다. 자신이 아니면 한국을 이끌 사람이 없다는 소명 의식, 자신이 지도하지 않는 한국에 대한 불안감, 북한의 위협과 사회적 소요에 대한 불안, '무책임한' 정적들에 대한 불신 등등의 사명감과 불안이 그로 하여금 권력에 더 집착하게 만들었던 것으로 보인다. 이렇게 보면 '권력 의지'라는 것에는 그야말로 순수한 '권력욕'과 지도자로서의 '사명감'이 같이 작용한다고 보아야 할 것이다. 물론 이 문제를 포함하여 유신 체제를 선포할 당시에

의 개인화와 유신 헌법: 권력 의지의 초입헌적 제도화」, 『한국정치외교사논총』 33:1 (2011).

박정희가 어떤 생각을 하고 있었는지에 대한 실증적인 연구가 있어야 한다. 아직 그런 연구를 찾을 수 없는 것이 유감이고, 그런 실증 연구를 통해 증명될 때까지 필자의 주장은 하나의 가설로 남을 수도 있다고 본다. 하지만 당시 관여했거나 관찰했던 사람들의 단편적인 증언들은 볼 수 있다.[10]

그러면 당시 박정희는 권력 유지를 위해 어떤 방법을 사용할 수 있었을까? 삼선개헌도 마찬가지였지만, 박정희가 권력을 계속 유지할 수 있는 법적·제도적인 수단은 헌법을 다시 고치는 것 외에는 달리 없었다. 그래서 그는 타이완의 총통제를 연구하러 사람을 보내기도 하고 헌법학자들을 동원하여 가능한 방법을 찾아보았고, 마지막으로 내린 결론이 유신 헌법의 제정이었다. 이런 간단하고 상식적인 논리를 두고 유신 체제의 선포를 눈에 보이지도 않는 어떤 '구조'에서 찾거나 안보 상황에서 찾는 것은 학술적인 논의를 떠나 우스꽝스럽게 보이기까지 한다. 상식을 제대로 포섭하지 못하고 때로는 이에 배치되는 것을 중시한다는 점에서 글쓴이는 현대 '사회과학'의 한계를 본다. 그렇다고 해서 물론 글쓴이가 당시 한국 사회가 겪었던 경제·사회적인 어려움이나 안보 위기의 존재를 과소평가하려는 것은 아니다. 단지 그런 어려움이나 위기를 과장하려는 경향에 반대하며, 더 중요하게는 그런 위기가 컸다고 하더라도 그것이 바로 유신 선포라는 정권 변동의 직접적인 원인으로 볼 수는 없다는 점을 지적하고자 하는 것이다.

유신 체제의 탄생으로 인한 정치 변동의 특징은 두 측면으로 나눌 수 있다. 즉, 박정희의 집권 연장으로 인한 정치권력의 개인화와 더 큰 차

---

10 김정렴, 『아, 박정희』(서울: 중앙 M&B, 1997); 김진, 『청와대 비서실: 육성으로 들어본 박정희 시대의 정치권력 비사』(서울: 중앙일보사, 1992); 이상우, 『박정권 18년, 그 권력의 내막』(서울: 동아일보사, 1986); 이경재(1986) 등 참조.

원에서의 정치적 변화들인 정치·경제적 탄압의 강화 및 국가와 사회의 준군사화 및 탈정치화와 효율성의 강조다.

그러면 이런 변화들을 가져온 각각의 원인은 무엇이었던가? 권력의 개인화와 이에 부수된 정치 사회의 약화 및 정치적 탄압의 증대는 명백히 박정희의 권력 의지의 산물이었다. 따라서 이는 앞 장에서 본 정당정치의 부식과 공화당 내 파벌 갈등, 그리고 정치권력의 개인적 집중의 연장선상에서 이해되어야 한다. 유신 체제는 이런 의미에서 제3공화국으로부터의 단절 혹은 도약이라기보다는 그 정점화를 뜻했다. 이미 존재하던 정권과 정치 사회의 성격이 수정, 강화된 것이지 근본적으로 변화한 것은 아니었다. 정치 체제 전반의 성격 변화 역시 박정희의 권력 의지가 큰 원인이 되었다. 권력의 확대와 장기(종신?) 집권을 위해서는 국가 기구의 강화, 민간 사회의 왜소화와 군국주의화, 그리고 사회적 탄압의 증대가 필요했기 때문이다. 따라서 박정희의 권력 의지는 체제의 탄압성과 탈정치성에 영향을 미쳤다.

그런데 여기에는 동시에 자본주의 성장 모델이 배태한 (계급 갈등을 포함한) 사회적 모순을 선제적으로 통제하려는 의도 또한 개입된 것으로 보인다. 1970년대 전반에 걸친 노동 통제에서 그 대표적 예를 찾을 수 있다. 따라서 경제적 요인은 유신 체제의 탄압성과 효율성의 강조에 영향을 미쳤다. 이런 의미에서 경제적 요인이 유신 체제 탄생에 전혀 관계가 없다고 말할 수는 없다. 안보 요인 역시 민간 사회의 위축과 준군사적 동원을 야기하고 정치 사회를 위축시킴으로써 체제의 탄압성과 효율성의 강조에 영향을 미쳤다.

이렇게 볼 때 정치 변동의 내용에 미친 영향에서도, 경제·사회적 모순과 안보의 요인들도 일정한 역할을 했던 것은 사실이나, 박정희의 권력 의지를 중심으로 한 정치적 요인이 가장 큰 구실을 했다. 따라서 이상의 세 요인, 즉 권력 의지, 경제·사회적 모순, 안보 요인들이 유신 체제의 탄생에 미친 영향의 우선순위를 결론적으로 말하면, 첫째로 박정희의 권력 의지, 둘째로 집권 세력의 안보 위기의식, 마지막으로 자본주의 발전의 모순의 순서로 들 수 있다.

2. 유신 체제의 특징

위에서 잠시 살펴본 유신 체제의 특징은 논의의 편의상 다음과 같이 다시 정리할 수 있다. 1) 정권 구조의 개인화와 정치 사회의 위축(정치적 탄압의 강화와 정치의 탈정치화), 2) '총력안보 체제'로 불린 준군사적 동원 체제, 3) 민간 사회에 대한 국가 통제의 강화 들이다. 이러한 탄압적 준동원 체제는 지배 세력의 응집성과 도전 세력의 취약함 때문에 상당 기간 유지될 수 있었으나, 정치적 도전의 증가와 권력 내부의 분열로 파국을 맞고 말았다.

1) 일인 체제의 구축과 정치 사회의 위축

유신 체제의 정권 구조는 압도적으로 박정희의 일인 지배 구조였다. 이러한 일인 지배 구조가 박정희의 장기 집권을 가능하게 했다. 이러한 정권의 성격은 나중에 일어날 정권 변환 또는 교체의 성격에 큰 영향을 주었다. 그러면 한국의 권위주의 지배자는 왜 장기 집권을 할 수 있었을까? 이것을 단순히 국가와 사회의 힘의 격차만으로 설명할 수는 없다. 왜냐하면 권위주의 국가가 민간 사회를 압도하더라도 지배 세력 안에서 힘이 다원화되어 있으면 특정 지배자가 장기 집권할 수 없기 때문이다.

장기 집권의 중요한 원인은 따라서 정권 안에 도전 세력이 없었기 때문으로 보아야 한다. 그럴 만큼 정치 지도 세력이 다양하지 못했고 정치 제도도 발전하지 못했으며, 그만큼 특정인의 개인적 능력이 정권과 한국 정치 전체를 좌우할 수 있는 상황이었다. 제도화의 부족과 일인 지배는 어느 쪽이 먼저랄 것도 없이 상호 작용하는 한몸이었다고 할 수 있다.

제3공화국은 처음 박정희를 정점으로 한 군 출신 정치인들의 일종의 집단적 지배 체제로 출발했으나, 시간이 지나면서 공화당의 역할이 약화되고 권력이 대통령과 그가 권력 확대를 위해 이용한 관료 및 측근 보좌역들에게 집중되게 되었다. 동시에 시간이 지날수록 민간인의 정권 참여가 많아져서 일종의 유사 민간 체제의 성격이 점차 뚜렷해졌다. 그러나 역설적인 것은 이러한 탈군사화가 정권의 탄압 증가 및 사회 전반의 군사화와 병행했다는 사실이다.

이러한 일인 체제에서 대통령의 권한은 절대적인 것이었다. 계엄령 하에서 1972년 11월 21일 국민투표로 통과된 유신 헌법은 대통령을 입법, 사법, 행정의 3부 위에 군림하는 국가적 지도자로 규정했다. 대통령의 선출은 통일주체국민회의라는 어용 기구에 위임되어 대통령의 종신 임기가 실질적으로 보장되었다. 대통령은 국회 해산권과 국회의원 3분의 1의 '추천권'(실제로는 임명권)을 가짐으로써 국회를 거수기로 전락시켰다. 동시에 판사 임면권과 긴급조치권을 부여받아 대통령은 안보에서 사법에 이르는 국정의 모든 분야를 직접 장악할 수 있게 되었다.

유신 체제에서 국가의 중추를 이룬 것은 대통령과 그 보좌 기관, 군부, 그리고 기술 관료였다. 그중 군부는 박정희의 개인 체제를 떠받드는 중요한 기구였다. 쿠데타 직후의 파벌 투쟁을 극복하고 박정희가 군에 대한 통제를 확립한 후 군부의 박정희에 대한 도전은 자취를 감추었다. 박정희의 군에 대한 통제는 철저했다. 그는 제도적 수단보다는 비공식적인 연결망을 통해 잠재적 도전자를 제거했다. 이로써 개인적 시혜와 충성으로 연결된 후원–피후원의 관계가 대통령과 특정 고위 장교들 사이에 형성되었다. 또한 그는 군 장교들을 상호 감시케 하여 권력의 중추가 생기는 것을 방지했다. 중앙정보부와 보안사령부, 합동참모본부 정보국, 방첩대 등이 중요한 정보 기구로 이용되었다.[11] 그 결과 유신 체제에서 박정희에 대한 군의 도전은 있을 수 없었고, 오히려 군 장교들 사이에서는 박정희에 대한 충성 경쟁이 벌어졌다. 박정희는 군의 충성을 확립하고 통치의 발판으로 삼기 위해 특정 장교들을 총애하고 키웠다. 그가 죽은 후 새로운 군부 권력의 핵심이 된 하나회가 그 결과로 나왔다.[12]

이런 상황에서 일부 장성들은 유신 체제에서 고도로 정치화되었다. 박정희의 통제가 계속되는 동안에는 군의 정치적 욕구가 표면으로 드러날 수 없었으나, 그가 죽은 후에는 사정이 달라졌다. 1980년의 군의 재집권이 그 결과였다. 박정희는 군을 효율적으로 통제했으나 동시에 특정 장성들을 정치화시킴으로써 이후에 나타난 군의 정치 재개입에 비옥한 토양을 제공했다.[13]

대통령의 권력이 크게 증대된 데 반해, 국민의 정치적 자유와 시민권은 크게 제약받았다. 표현, 집회, 언론, 결사의 자유가 크게 제약받았고, 노동의 권리, 법적 절차를 밟을 권리들이 위축되었다. 이러한 자유

---

11 C. I. Eugene Kim, "Civil–Military Relations in the Two Koreas", *Armed Forces and Society*, 11:1(Fall 1984), pp. 24–25.

12 하나회는 전두환, 노태우, 정호용 등 이른바 신군부 세력의 주요 인물들이 가담했던 사조직이다. 유신 체제에서 군부의 실세로 군림하던 윤필용 장군이 지도자로 있었다. 1973년 그가 군에서 추방되자 하나회는 표면상으로는 없어졌으나 그 인맥은 유지되고 있었다. 이른바 '윤필용 사건'은 그의 부정부패가 공식 원인이었으나, 근본적으로는 박정희 대통령이 윤필용이 실세로 부상하는 것을 막기 위한 것이었다. 강창성, 『군벌 정치』(서울: 해동문화사, 1991), 357~378쪽; 「정치 장교의 대부 윤필용 본격 증언, 노태우, 전두환, 정호용」, 『신동아』(1989. 12.) 참조.

13 강창성(1991), 제2부 제2장 참조.

와 권리의 제약은 통일과 국가 발전을 위해 낭비를 배제해야 한다는 명분, 즉 행정의 효율성과 질서 유지의 명분으로 정당화되었다. 집권자는 이를 '한국적 민주주의'라고 불렀다.

한국적 민주주의는 민주주의라는 이름과는 정반대로 극심한 인권 탄압으로 얼룩졌다. 이는 달리 보면 극심한 탄압을 통하지 않고서는 통치할 수 없을 정도로 민간 사회가 성장하고 정치적 반대 세력의 힘이 커졌다는 뜻이기도 했다. 또 그만큼 유신 체제의 정당성에 대한 국민의 신뢰가 낮았다는 뜻이기도 했다. 정치적 반대 세력에 대한 불법 체포와 고문, 납치가 횡행했는데, 이는 주로 중앙정보부와 보안사령부, 수도경비사령부 등의 군 기관들이 담당했다. 유신 초기에는 신민당 정치인 13명을 체포하여 고문했고, 1973년 8월에는 유신 선포 직후 일본으로 건너가 반정부 활동을 펼치던 야당 지도자 김대중을 중앙정보부 요원들이 납치하여 국내로 강제 송환했다. 이는 한일 관계를 악화시켰고, 학생들의 반정부 활동에 불을 질렀다. 또한 이 사건은 당시 이미 교착 상태에 빠져 있던 남북한 관계에 영향을 미쳐, 북한은 이를 구실로 모든 대화를 중단한다고 선언했다. 이후에도 정보 기관은 국민 사찰과 테러 활동을 계속했고, 이를 많은 경우 안보의 구실로 정당화했다.

정치적 탄압의 법적 조치는 일련의 긴급조치 선포로 나왔다. 1973년 말에 일어난 개헌 서명 운동을 억압하기 위해 1974년 1월 8일 발효된 긴급조치 1호는 유신 헌법에 대한 비판을 금지했다. 이는 전년 가을의 유신 헌법에 반대한 학생 시위에 자극받은 결과였다. 이 조치로 정부는 1974년 1월 재야 지도자 장준하와 백기완을 체포했다. 1974년 4월 3일의 긴급조치 4호는 전국민주청년학생총연맹(민청학련) 사건의 처리를 위한 것이었다. 많은 학생 운동 지도자가 국가 전복을 모의한 혐의로 체포되었다. 그러나 이후 드러난 바와 같이 민청학련의 존재는 정부 측의 조작이었다. 정부는 또 민청학련의 배후 세력으로 가공의 인민혁명당을 조작하여 여정남 등 관계자 8명을 전격 사형시켰다. 이러한 만행은 세계의 지탄을 낳았으며, 인권 탄압의 대표적인 사례로 기록되었다.

긴급조치 가운데 가장 포괄적인 것은 1975년 5월 13일 선포된 긴급조치 9호였다. 이는 긴급조치 4호의 실패 이후 증가하는 정치적 도전을 분쇄하기 위한 것이었다. 정부는 당시 베트남의 공산화 통일 등 인도차이나 사태를 이 조치를 정당화하는 데 이용했다. 긴급조치 9호는 '유언비어'의 유포를 금지하고 헌법 비방을 금지하여 체제에 대한 모든 비판을 봉쇄했다. 동시에 정부에 대한 어떠한 비판도 유언비어의 족쇄로써 차단할 수 있었다. 이 조치로 정부는 국민의 언로를 차단했고 정권과 대통령에 대한 어떠한 비판도 금지하여 국민에게 정치적 암흑시대를 강요했다.[14]

이러한 상황에서 정당 정치는 더욱 위축되었다. 정당들은 대통령 선출에 참여할 수 없었을 뿐 아니라, 국회의원 선거도 무소속 입후보가 가능하게 되어 정당의 역할은 더욱 축소되었다. 대통령 선출의 임무를 맡은 통일주체국민회의 대의원(2,000~5,000명)은 정당에 가입할 수 없었다. 국회 의석의 3분의 1은 대통령이 임명한 유신정우회(유정회) 의원들로 채워졌다. 더구나 유신 체제에서는 국회의 권한이 크게 축소되어 정당들의 역할이 더욱 위축되었다. 국회는 국정감사권을 박탈당했고, 공화당은 조직과 예산이 대폭 줄어들었다. 정당 정치의 위축은 유신 체제에서 정치 과정 자체가 배척당했다는 사실을 의미한다. 예를 들어 1976년의 경우 국회는 한 번밖에 열리지 않았다. 정치가 사라진 자리를 정부와 어

---

14 긴급조치 1호와 함께 공표된 2호는 긴급조치 위반자를 심판하기 위한 비상군법회의 설치에 관한 것이었고, 3호는 세제 개혁 등 경제적인 조치였다. 4호는 민청학련 사건을 빌미로 반독재 투쟁을 탄압하기 위한 것이었고, 7호는 고려대학교 시위 사태를 진압하기 위한 것이었다. 긴급조치 5호는 1호 및 4호를 해제한다는 내용이었으며, 6호는 3호를, 8호는 7호를 해제한다는 것이었다.

용 단체들에 의한 안보 동원이 차지했다.

이렇게 탈정치화한 한국의 정치 상황에서 박정희는 1972년 12월 23일 제8대 대통령으로 선출되었고, 1978년 2,578명의 통일주체국민회의 대의원 중 2,577명의 찬성(1표는 무효!)으로 중임되었다. 1973년의 국회의원 선거에서 공화당은 73석, 신민당이 52석, 통일당이 2석(무소속 19석)을 얻었으나, 유정회가 3분의 1 의석을 차지하여 이러한 의석 분포는 큰 의미가 없었다. 오히려 정치적 의미는 1978년에 치러진 제10대 국회의원 선거에 있었다. 유정회의 존재로 야당은 여전히 국회에서 힘을 발휘할 수 없었으나, 이 선거에서 신민당이 공화당보다 많은 득표율을 차지하여(32.8% 대 31.7%. 의석수는 61대 68로 공화당이 많았다), 유신 체제에 대한 국민의 반감이 표출되었다. 당시는 이미 유신 체제가 말기로 접어들고 있을 때였다.

2) 총력안보 체제

총력안보 체제는 유신 정부가 정치적 통제와 안보 동원, 그리고 통치의 명분을 위해 만들어낸 용어였고 지향한 체제였다. 안보는 경제 성장과 함께 유신 체제의 양대 명분을 형성했다. 안보에 대한 강조는 유신 선포와 함께, 특히 인도차이나 반도에서 공산화가 가속화된 1975년 이후 두드러졌다. 1970년대에 본격화한 중화학공업화의 추진에서 보는 바와 같이 안보와 경제 성장은 이제 떼려야 뗄 수 없는 관계를 가지게 되었다. 집권자는 경제 개발과 국가 안보를 국가 발전과 그 생존에 필수 불가결한 두 목표로 설정, 제시했다. 집권자는 이러한 체제를 총력안보 체제라 이름 짓고 한국 사회와 국가의 병영화와 군사적 동원을 꾀했다.

집권자는 안보를 위해 민주주의 정치 과정을 국력 낭비라고 배척했다. 그는 평화 통일을 유신 선포 전후와 유신 초기에 국가 목표로 강조했다가 남북 대화가 끊긴 뒤 이에 대한 언급을 중단했다. 그러다가 '국론 분열'이 심화되었던 유신 말기에 이를 다시 강조했다. 한편 안보 위기에 대한 강조는 유신 체제 선포 이후 급격히 증가했다. 평화 통일의 명분이 실제로는 안보 위기의 강조를 통한 사회적 통제로 변질되었던 것이다. 그 반면 경제 성장, 즉 조국 근대화의 목표는 유신 선포 이전에 비해 덜 강조되었다. 정권의 정당성 추구의 강조점이 경제 성장에서 안보로 옮겨 갔다고 할 수 있다.

총력안보 체제는 구체적으로 다음의 세 가지 측면으로 나타났다. 하나는 국가와 사회의 군국주의화였고, 다음은 군부 내의 '신직업주의'의 개발이었으며, 마지막으로 국방 산업과 무기 도입의 증대였다. 앞의 둘은 군의 정치화와 국가의 사회적 통제에 직접 관련된 것이었고, 마지막 것은 북한과의 군비 경쟁으로 나타났다.

국가와 사회의 군국주의화는 일련의 입법과 조직 개편으로 이루어졌다. 향토예비군(1968년 4월 1일 창설)과 교련 교육(1969년 1월에 결정)의 강화로 준군사적 기구들이 강화되었다. 1975년 7월에는 국회에서 안보에 관한 법률 네 개가 통과되었다. 그 가운데 사회안전법은 미전향 사상범을 만기 복역 후에도 억류하기 위한 것이었고, 민방위기본법은 국민의 공습 대처 훈련을 위한 것이었으며, 방위세법은 방위 산업 육성을 위해 세금을 신설한 법이었다. 또 교육법 개정을 통해서 각 대학에 학도호국단이 창설되었다.[15]

안보 동원은 1970년대 중반 인도차이나 반도가 공산화됨으로써 절정

---

15 학도호국단은 1949년에 설립되었다가 4·19 후 해체되었는데, 1975년에 다시 창설된 것이다.

에 달했다. 박정희는 이를 정치적 반대파의 척결과 안보 위기의식의 강화에 적극 활용했다. 1975년 4월 박정희는 '국가 안보와 시국에 관한 대통령 특별 담화'를 발표하여 안보를 위한 국민의 일치단결을 강조했다. 또 대규모의 안보 궐기 대회를 개최하여 당시 사회를 안보 우선의 분위기로 몰고 갔다. 이러한 상황은 정부의 독재에 대한 비판을 약화시키고 정치적 탄압을 강화시키는 계기가 되었다. 국민 또한 이러한 안보 위기 상황에 압도되어 방위성금 모금에 앞장서고 대학생들의 반정부 운동에 비판적인 태도를 취했다. 긴급조치 9호 발표 이후 몇 년 동안 정국은 안보 문제가 압도했고, 정치적 저항은 침체 상태에 빠졌다.

한편 군 내부에서는 1960년대 이후 순수히 군사적 영역이 아닌 정치·사회적 영역에 대한 체계적인 관심이 점차 나타나기 시작했다. 군 교육기관의 교과과정은 정치·사회 문제들에 대한 군의 관심을 잘 반영하고 있었다. 이를 통해 군부는 국가 방위와 국가 발전을 연결시켰고, 밖의 적뿐 아니라 안의 적으로부터의 안보 확립을 강조하게 되었다. 안보 개념을 확대한 것이었다. 이는 특히 1960년대 이후 국방대학원을 중심으로 한 군 교육기관들에서 두드러졌다. 물론 군의 가장 큰 관심은 여전히 북한으로부터의 남침 위협이었으나, 당시 한국의 군부는 스테판이 말한 신직업주의를 개발하고 있었다.[16] 군 장교 내에 성장한 신직업주의는 박정희가 암살된 후 새로운 군부 세력이 국가 발전에 대한 그 나름대로의 소명 의식을 가지고 다시 한 번 권좌를 노리게 하는 데 이념적 바탕을 제공했다.

당시의 남북한 관계는 짧았던 대화의 노력이 수포로 돌아가고 군사적 긴장 상태로 되돌아가 있었다. 남북 대화가 지지부진하자 박정희 대통

---

16 Stepan, Alfred, *The Military in Politics: Changing Patterns in Brazil*(Princeton : Prnceton University Press, 1971).

령은 1973년 이른바 6·23평화통일외교정책선언을 발표하여 유엔과 다른 국제기구들에 남북한이 동시 가입할 것을 천명하고 실질적인 '두 개의 한국' 정책을 표명했다. 북한은 한국 정부가 김대중 납치 사건을 일으키자 이를 구실로 모든 대화의 중단을 선언했다.[17]

군사적 대치 상황은 1960년대 말의 북한 도발 사태들에 이어 1970년대의 일련의 땅굴 사건, 1976년 판문점에서의 도끼 만행 사건 등으로 고조되었다. 또 미 지상군 일부의 한반도로부터의 철수, 1975년 미국의 베트남으로부터의 철수, 1977년 카터의 주한 미 지상군 완전 철수 발표 등으로 한층 안보 위기의식이 고조되었다. 이러한 상황에서 정부는 1978년부터 매년 하게 된 팀스피리트 훈련을 통해 한미 군사 지원 체계를 확고히 다지는 동시에 군비 증강에 박차를 가했다. 정부는 1968년 향토예비군을 창설한 데 이어 국방산업 육성 계획을 발표했다. 미 지상군 일부 철수의 대가로 주어진 군사 원조로 국군 현대화 5개년 계획을 추진하기도 했다.

이러한 군사 체제에 덧붙여, 박정희는 능률적인 국가 발전을 위한 자주 정신과 생활의 방편으로서의 조화를 강조했다. 개인과 국가의 합일 정신과 충효의 고전적 유교 이념을 강조했다. 개인보다는 국가를 우선하는 국가주의적 사고와 개인과 전체의 조화를 강조하는 유기체적 국가론을 국민에게 주입한 것이다. 이는 안보와 효율적인 국가 발전을 위한 능률의 제고와 총화 단결, 그리고 국력 신장을 위해 필수적인 사회적 관계로 규정되었다. 집권자는 국가의 생존과 발전을 위해서는 한국의 현실에 맞지 않는 서구적 민주주의가 아니라 한국 실정에 맞는 더 효율적

---

17 한국의 중앙정보부는 유신 체제 선포 이후 일본으로 망명하여 반정부 활동을 벌이던 김대중을 1973년 8월 8일 도쿄에서 납치하여 본국으로 강제 송환시켰다. 이 문제는 한일 관계와 남북한 관계에 심각한 악영향을 미쳤다.

인 정치 체제가 필요한데, 그것이 바로 유신 체제라고 주장했다. 이것은 행정부와 입법부의 유기체적 협력을 가능케 하는 능률적인 체제이며, 이것이야말로 국가적 위기를 극복하고 효율적인 근대화를 가능케 할 체제라는 것이다.[18] 이러한 유기체적인 국가관은 개인과 공동체의 합일, 그리고 임금에 대한 백성의 충성을 강조한 한국의 유교적 전통을 한껏 활용한 것이었다.[19]

3) 국가와 지배 연합

이상과 같은 국가 발전 목표는 점점 권력을 강화해 간 기술 관료들이 앞장서서 추진했다. 유신 체제의 지배 연합은 군부, 기술 관료, 재벌로 이루어져 있었다. 그중 기술 관료는 정치 과정이 개인 통치자에 의해 장악당하면 당할수록 경제 정책 결정 과정에서 더 큰 힘을 발휘하게 되었다. 그들은 개인 통치자의 직접 통제하에 경제적 역할을 확대해 갔다. 박정희는 개인 권력의 확대를 위해 기술 관료들을 적극 활용했다. 기술 관료들은 박정희의 비호를 받으면서 경제 성장 정책을 입안, 집행함으로써 통치의 기반을 다져 주었다. 정치권력은 통치자의 주변에 위치한 대통령 비서실, 경호실, 중앙정보부 등의 실권자들에게 공유되었다. 이러한 후원-피후원 관계의 정립을 통해 박정희는 이승만보다도 더 체계적이고 탈정치화된 (신)가부장적 통치를 꾸려 나갔다. 기술 관료의 권력 상승에 비해 군부의 권력은 상대적으로 줄어들었다. 그것은, 앞서

---

18 이상의 주장은, Park Chung Hee, *Korea Reborn: A Model for Development*(Englewood Cliffs, N.J.: Prentice-Hall, 1979) 참조.
19 한국의 국가를 유교 문화의 맥락에서 파악한 논의는, 박효종, 「한국 국가론의 비판적 고찰」, 한국정신문화연구원, 『한국 정치의 현대적 조명』(성남: 한국정신문화연구원, 1987).

본 바와 같이 박정희가 군의 독자적 권력 중심을 용납하지 않았고 시간이 흐르면서 군 출신 인사들의 정치·경제적 중요성이 줄어들었기 때문이다.

기술 관료는 경제 정책을 추진함에 있어 자본가 계급, 특히 재벌과 일종의 동맹 관계를 맺고 있었다. 재벌은 외국 자본의 도입보다는 국내 자본의 육성을 통해 경제 발전을 이루려는 박정희의 경제적 민족주의의 결과 성장할 수 있었다. 특히 1970년대의 중화학공업화는 국내 대자본의 독점과 복합 기업화를 가속화시켰다.[20] 당시까지도 재벌은 경제 정책 추진에서 기술 관료에 종속된 위치에 있었다. 물론 재벌의 이해와 경제적 합리성의 추구가 종종 경제 정책을 제안하거나 기술 관료가 입안한 정책을 저지하기도 했지만, 궁극적인 판단은 기술 관료, 그리고 그 위의 대통령이 내렸다.

재벌 기업들은 국가의 비호 아래 수출 지향 산업화를 성공적으로 수행하여 박정희 통치의 정당성을 제공했다. 또한 그들은 전국경제인연합회, 무역협회, 상공회의소 등의 이익 단체들을 통해 정책 건의와 이익 도모를 추진했다. 이러한 이익 단체들 역시 국가 주도하에 구성된 것들로서 이들의 정부 시책에 대한 압력은 미미했다. 한국 경제가 고도화되고 복잡해짐에 따라 그들의 경제 정책에 대한 발언권이 강화되었지만, 유신 체제에서 재벌이 자본가 계급으로서의 패권을 구축하거나 국가 기구에 정면 도전할 수 있는 세력으로 성장하지는 않았다. 국가는 여전히 민간 세력을 압도하고 있었다.

지배 연합 안에는 매우 높은 동질성과 응집성이 존재했다. 군부와 기

---

20 김대환, 「박정희의 중화학공업화 정책」, 동아일보사 편, 『현대사를 어떻게 볼 것인가 4』(서울: 동아일보사, 1990), 312쪽.

술 관료는 대통령에게 절대적인 충성을 바치고 있었고, 군부, 기술 관료, 재벌들 사이에는 경제 개발과 정치적 통제의 방향에서 아무런 의미 있는 차이도 존재하지 않았다. 군부, 기술 관료, 재벌들은 모두 능률과 합리성을 통한 경제 성장과 안보를 민주적 가치들보다 선호하고 있었다. 단지 군부가 안보를 중시하는 국가주의적 세력이었다면, 기술 관료와 재벌은 합리성과 경제 성장을 중시하는 자유주의적 경향을 보인 차이가 있을 뿐이었다. 다시 말해 그들의 이데올로기는 같았고 정치 권력의 단일체를 이루었다. 이러한 지배 체제의 동질성과 응집성은 최고 권력자 박정희 아래 단결된 지배 체제의 견고함을 나타낸 것으로서, 10 · 26사태가 발생할 때까지 유신 체제 유지의 중요한 원인이 되었다.

3. 저항 세력의 성장

국가의 철권통치에도 불구하고 정치적 저항은 약간의 부침이 있었으나 꾸준히 성장했다. 정치적 저항은 여전히 학생들을 중심으로 전개되었으나, 종교인, 지식인을 중심으로 한 이른바 '재야 세력'이 이에 가세하여 억압적인 국가에 대해 상당한 압력을 행사하게 되었다.[21] 국가 통제하에 있던 노동 계급도 직접적인 정치적 도전을 행사하지는 않았으나, 계속된 노동 분규로 결과적으로 지배자의 권력 기반을 약화시키는 데 기여했다. 특히 학생, 재야의 정치적 도전이 노동 계급의 경제적 도전과 연계를 맺어 일종의 저항 동맹을 형성했다. 야당 역시 유신 말기

---

21 이때부터 재야 세력이라는 이름의 반정부 민주화 세력의 역할이 두드러지기 시작하여 민주화가 달성될 때까지 지속되었다. 이는 당시 정치 사회의 힘이 약했다는 점을 보여 준다.

에는 한동안의 순응을 벗어나 전투적인 자세로 집권 세력에게 도전하기
시작했다.

1) 국가의 노동 통제와 노동 운동

중화학공업화의 일관된 경제 목표를 추구한 국가는 이를 위해 노동
계급에 대한 엄격한 통제 체제를 확립했다. 유신 체제의 선포에 즈음하
여 국가가 일련의 노동 통제 조치를 강구했음은 앞에서 본 바와 같다.
특이한 점은 유신 시기에 들어와 국가가 노동 통제에 유교적인 문화 전
통을 적극 활용했다는 점이다. 이는 앞서 본 박정희의 국가·사회관을
그대로 반영하고 있었다. 정부는 노사 간 화합을 강조하여 노동조합 대
신 공장 새마을 운동과 노사 협의제를 적극 시행하도록 했고, 공장 안에
서의 가족주의적인 인화 단결을 강조했다. 동시에 분단 상황이 야기한
안보 위기의식을 노동자들에게 주입하여 노동 운동에 대한 일종의 이념
적 장애물로 이용했다.

이러한 복합적인 국가의 노동 통제 정책은 상당한 효과를 거두어, 유
신 기간 동안 노동 운동은 대규모화하거나 조직적인 기반에서 장기적
으로 전개되지 못했다. 간간이 나타난 노동 운동은 규모가 대체로 작았
다.[22] 또 노동 운동의 목표는 여전히 임금 인상, 근로 조건 개선 등의 경
제적인 쟁점에 국한되어 정치 쟁점에 바탕을 둔 정치적 투쟁으로 발전
하지 않았다. 그만큼 당시 노동자의 조직화와 이념화의 수준이 낮았다.

---

22 노동 쟁의의 연간 발생 건수는 112건으로 매우 낮았는데, 소규모인 데 반해 그 양
상은 격렬하게 나타났다. 김윤환, 「산업화 단계의 노동문제와 노동운동」, 박현채
외, 『한국 사회의 재인식 1』(서울: 한울, 1985), 369~371쪽. 따라서 노동 운동의 정
치적 영향은 그 규모보다는 격렬성에서 나왔다.

그러나 간헐적으로 나타난 노사 분규의 폭발성은 상당한 정치적 반향을 불러일으켰다. 1970년대 중반 및 후반의 방림방적, 청계피복, 동일방직 사태들은 노조를 파괴하기 위한 사용자 측의 폭력적 탄압에 정부가 적극 개입한 대표적인 사례였다. 이러한 상황에서 노동자 자신들의 대응 능력에는 한계가 있었기 때문에, 여기에 자연히 바깥의 재야 조직들, 그중에서도 도시산업선교회를 중심으로 한 종교 단체들이 적극 후원에 나섰다. 그 결과 교회와 노동자의 연계 세력이 형성되어 기존의 정치·사회 구조에 도전을 행사하게 되었고, 이는 중요한 정치적 의미를 띠고 있었다. 이러한 노동자와 지식인의 연계는 1970년대에 본격화된 인권 운동의 핵심을 이루었고, 반정부 세력의 정치 활동을 진일보시켰다. 이런 상황에서 일부 노조 지도자들은 일상적인 노조 운동보다는 재야, 학생들과 비슷한 민주화 운동이나 투쟁 위주의 활동에 치중하기도 했다.[23]

2) 학생과 재야[24]

유신 체제에 대한 학생과 재야의 도전은 끊이지 않았고 오히려 시간이 흐를수록 확대, 강화되는 경향을 보였다. 직접적인 항거는 1973년 10월의 서울대학교 문리대생들의 시위로 시작되었고, 이후 전국 대부분의 대학으로 확산되었다. 교회 성직자들의 체제에 대한 비판도 비슷한 시기에 나타나기 시작했고, 도시산업선교회의 활동도 그 당시부터

---

23 김원, 「1970년대 여공과 민주 노조 운동: '민주 대 어용' 균열 구도의 비판적 검토」, 『한국정치학회보』 38: 5(2004 겨울호), 139쪽.

24 이 부분은 백운선, 「체제세력, 반체제세력과 한국 정치: 1970년대를 중심으로」, 『한국정치학회보』 22:2(1988)를 주로 참고했다.

시작되었다. 같은 해 12월 개헌 청원 백만인 서명 운동이 일어나 본격적인 반체제 운동으로 발전했다. 10월유신의 철퇴를 맞은 국민이 1년여의 강요된 침묵 끝에 드디어 항거하기 시작한 것이다. 정부는 납치 후 가택 연금되었던 김대중의 가택 연금을 해제하는 등 처음에는 유화적인 태도를 보였으나, 학생 시위가 격화되자 긴급조치 1호를 선포하고 강경책으로 맞섰다. 긴급조치 1, 2호는 유신 헌법에 대한 비판조차 금지하는 것으로서 유신 체제의 비민주성을 여실히 보여 주었다. 이후 학생은 계속 반체제 운동의 선두에 섰다.

종교계에서도 민주화 운동이 활발해져 천주교정의구현전국사제단과 한국기독교교회협의회를 중심으로 천주교와 개신교의 반독재 인권 운동이 활발하게 전개되었다.[25] 1974년 12월 25일 민주회복국민회의가 결성되어 재야의 지식인, 종교인, 구정치인들로 구성된 일종의 연대 기구가 형성되었다. 1974년 11월 하순 미국 대통령 포드가 방한했을 때는 재야인사들이 박 정권을 비판하는 메시지를 전달하고 박 정권에 대한 미국 정부의 비판을 요구하기도 했다.

이러한 민주화 운동에 대해 정부는 일시적인 유화 정책을 펼쳤다. 정부는 통치의 정당성을 과시하기 위해 1975년 2월 12일 국민투표를 실시했고, 15일에는 긴급조치 위반자 대부분을 석방했다. 그러나 새 학기 들어 학생들의 소요가 계속되자 강경 정책으로 돌아섰다. 3월 자유 언론 실천 운동을 주도하던 언론인들을 대량 해고했고, 언론 자유 수호를 결의한 「동아일보」 기자들에 대한 보복으로 「동아일보」에 광고를 싣지 못하도록 광고주에게 압력을 가했다. 뒤이어 박정희는 1975년 5월 13

---

25 이에 대한 자료는 한국기독교교회협의회 인권위원회, 『1970년대의 민주화 운동: 기독교 인권 운동을 중심으로』 전5권(1986).

일 가장 포괄적이고 탄압적인 긴급조치 9호를 발효함으로써 모든 도전에 대한 쐐기를 박으려고 했다.

긴급조치 9호의 발효로 정치적 탄압이 가중되고 땅굴 발견, 인도차이나 사태 등으로 안보 문제가 민주주의 문제를 압도한 정치 상황에서 반체제 운동도 일시적으로 둔화될 수밖에 없었다. 따라서 1970년대 중반 박 정권은 유신 전반기의 정치적 도전을 억누르고 통제를 확립한 것 같았다. 그러나 1976년 3월 1일 김대중, 윤보선을 포함한 각계의 지도자들이 민주구국선언을 선포함으로써 민주화 운동은 다시 활기를 띠게 되었다.

이후 터진 박동선 사건[26]과 한국의 인권 상황에 대한 미국의 비판, 미군 철수 정책으로 인한 한미 마찰 등 혼란의 와중에서 재야의 인권 운동은 강화되었다. 그 일환으로 그들은 1977년 3월 23일 민주구국헌장을 선포하여 미군 철수 반대와 민주주의 회복을 주장했으며, 정부 비판에 대한 외국의 지원 추구가 정당함을 주장했다. 이러한 그들의 주장은 몇 가지 점에서 흥미롭다. 우선 당시의 반체제 세력은 북한의 남침 위협과 이로 인한 안보 위기 상황을 인정하여 주한 미군 철수를 반대했다는 사실이다. 이는 당시 많은 체제 비판자가 안보 문제가 독재를 정당화하는 수단이라고 비판했음에 비추어 볼 때 특기할 만한 일이었다. 당시에는 1980년대와는 달리 북한에 동조적인 태도를 표명하는 주요 집단은 아직 존재하지 않았다. 당시의 반정부 인사들은 미국 정부에 많은 기대를 걸고 있었다. 미국 정부가 박정희에게 압력을 가해 민주화를 추진하는 데 도움을 달라는 것이었다. 이는 1980년대 반미 운동의 확산과는 매우 다

---

26 한국 정부의 사주로 박동선이 미 의회 의원들에게 뇌물을 준 사건으로, 한미 관계를 심각하게 악화시켰다.

른 상황이었다. 오히려 정부가 인권, 핵무기 개발 등의 문제에서 미국 정부와 대립하고, 외국 정부의 도움을 구하는 반정부 세력을 사대적이라고 비난하는 형편이었다.

저항 운동의 지도부가 확대되고 반체제 운동이 광범하게 확산됨에 따라 1977년 12월 29일 한국인권운동협의회가 결성되었고, 이어 1978년 7월 5일 더 정치적인 투쟁에 초점을 맞춘 민주주의국민연합이 결성되어 반정부 활동의 연대 기구로 나섰다. 이를 통해 1978년에는 서울 지역에서 유신 선포 후 처음으로 대중 시위가 벌어졌다. 1979년 3월 1일에는 이 기구가 확대되어 김대중, 윤보선, 함석헌을 공동 의장으로 하는 민주주의와 민족통일을 위한 국민연합(국민연합)이 결성되어 민주화 운동에 또 다른 결속을 이루었다.

전체적으로 볼 때, 유신 체제하에서의 재야 운동은 대중 조직을 갖춘 정치적 저항이었다기보다는 중간 계급 출신의 지식인, 구정치인, 명망가들의 주도로 이루어진 민주화 선언과 정부 비판에 국한되어 있었다고 할 수 있다. 학생 운동 역시 꾸준히 지속되기는 했으나, 산발적인 시위 이상의 것이 되지 못했다. 이는 국가의 정치적 탄압이 그만큼 강력했고, 따라서 반체제 운동이 대중적·조직적 운동으로 발전할 수 없었다는 의미이기도 했다. 이념적으로 볼 때에도, 학생·재야 운동의 목표는 유신 체제의 철폐와 자유민주주의의 건설에 있었다. 저항 세력은 근대화 모순의 타파와 사회·경제적 정의 실현이라는 목표도 추구했으나, 이 역시 자유민주주의의 정치적 틀과 자본주의의 경제 구조를 벗어나지 않는 것이었다. 그러나 이렇게 규모와 조직, 이념 면에서 한계가 있기는 했지만, 반체제 운동의 지속적인 생명력은 궁극적으로 박정희의 피살을 통한 체제의 붕괴에 기여했다. 이후 민주화가 실패하고 군부가 다시 집권하고 말았지만, 유신 체제하에서 본격 태동한 반체제 운동의 뿌리는 전두환 정권하에서 강화되어 오랫동안 이어진 민중 민주 운동의 근원이 되었다.

3) 야당

야당인 신민당은 유신 선포를 저지하는 데 아무런 힘도 발휘하지 못했고, 유신 선포 뒤에도 말기에 이르기까지 집권 세력에 대한 의미 있는 도전을 행사하지 못했다. 그것은 원래 신민당이 지니고 있던 조직적·재정적·이념적 한계와 국민적 기반의 제한성 때문이었지만, 더 직접적으로는 1973년 3월 유진산이 총재에 취임하면서 타협 정치를 내세우고 당시의 정치 현실에 적응해 가려고 했기 때문이다. 그것은 당시 신민당의 존립을 위해 불가피했는지 모른다. 그러나 그 결과 민주화 운동은 하나의 큰 잠재적 동력을 잃어버리고 말았다. 1974년 강경파인 김영삼이 새로운 총재로 취임하여 헌법 개정을 요구하는 장외 투쟁을 벌였으나, 1975년의 경색 국면으로 그의 투쟁도 약화될 수밖에 없었다. 1975년 5월 김영삼은 박정희와 회동한 뒤 강경 노선을 철회했다.

신민당의 정치적 무기력은 1976년 이철승이 이른바 중도통합론을 들고 총재에 당선됨으로써 한층 심화되었다. 그는 유신 체제의 존재와 그것이 내건 명분을 인정하는 대신 신민당의 정치적 존속을 보장받음으로써 반정부 투쟁을 명시적으로 포기했다. 그러나 정권에 대한 사회 각 부문의 불만이 고조되고 학생, 재야의 투쟁이 강화되고 있던 1979년 5월 김영삼이 전당대회에서 다시 총재로 선출됨으로써 신민당의 대 정부 투쟁은 본격화되었다. 이후 그의 집권 세력에 대한 도전과 집권 세력의 그에 대한 탄압은 유신의 붕괴를 가져온 정치적 격동의 직접적 촉매가 되었다. 행위자의 의도와 목표에 따라 정치적 상황이 달라질 수 있는 좋은 본보기를 당시 신민당의 행태가 보여 주었다.

4) 중간 계급의 역할

도시 중간 계급은 산업 노동자와 함께 1970년대 당시 크게 성장했지만 유신 체제하에서 대체로 정치적인 침묵을 지켰다. 서양 역사에서 중간 계급은 대체로 산업 사회와 자유민주주의 체제의 근간을 이룬 세력이었다. 이러한 사실은 궁극적으로는 한국에서도 마찬가지다. 그러나 심정적으로 자유민주주의를 선호한 이들은 일부 지식인을 제외하고는 정치적 저항 세력에 가담하지 않았다. 그것은 중간 계급이 박 정권하에서 고도성장의 주요 수혜자였기 때문이다. 동시에 중간 계급은 대체로 강한 반공 의식과 안보 의식을 견지하여 사회적 소요보다는 권위주의하에서의 정치적 안정을 선호하는 편이었다. 이러한 중간 계급의 침묵은 막강한 지배 체제에 대항한 학생, 재야의 민주화 투쟁을 맥 빠지게 만들기도 했다. 그러나 그렇다고 하여 중간 계급이 유신 체제의 적극적인 지지자였다고 말할 수는 없다. 당시 국회의원 선거에서 보여 준 도시의 강한 야당 성향은 유신 체제에 대한 그들의 반감을 잘 보여 주었다. 다만 그러한 감정이 적극적인 반체제 운동으로 나타날 만큼 강렬하지 못했고, 이것이 그들의 정치적인 침묵으로 표현된 것으로 보인다.

지금까지 본 유신 체제하에서의 저항 운동의 특징을 요약하면 다음과 같다. 우선 학생들이 가장 격렬하고 대규모적인 저항 운동을 벌임으로써 주도 세력으로 나섰다. 이를 종교계, 지식인, 구정치인들로 구성된 재야 세력이 뒷받침했다. 양적으로 팽창하던 도시 근로자들 역시 경제 투쟁에 초점을 맞추기는 했으나, 그 정치적 영향 또한 무시할 수 없었다. 이들 사이에는 민주화와 사회 정의 구현을 위한 체계적이지는 못하고 느슨하나마 광범한 일종의 정치 연합이 형성되었다. 이들의 투쟁 유형은 조직화된 집단적 투쟁과 자연 발생적인 대중적 투쟁의 중간쯤에 위치했던 것으로 생각된다. 이들의 목표는 무엇보다 인권 상황의 개선과 정치적 민주주의의 수립에 있었다. 여기에 사회적 불평등의 해소, 생존권의 확보, 배분적 정의의 확립 등 사회·경제적 개혁의 요구가 덧붙여졌다. 따라서 힘겨룸의 토대로서는 정치·사회적 개혁과 집권자의 정치권력 유지와 박탈을 둘러싼 권력 투쟁이 혼합된 양상을 띠고 있었다. 그러나 자유민주주의와 자본주의 체제 자체에 대한 회의는 본격적으로 나타나지 않았다. 집권 세력과 저항 세력의 힘겨룸은 따라서 기본적으로 권위주의 독재와 민주화의 쟁점을 중심으로 벌어졌다.

반체제 세력의 느슨한 동맹은 대체로 강압적인 국가 기구와 안보의 이념 동원에 대항해서 자신의 뜻을 관철하기에는 역부족이었다. 그만큼 국가의 조직력과 물리력이 이러한 자원을 갖지 못하고 산만하던 저항 세력의 힘을 압도하고 있었던 것이다. 이러한 현상은 실제로 저항 세력의 압력에 의해 정권이나 정치 사회의 성격이 조금도 변한 것이 없었던 점에서 명확하게 나타났다. 국가는 오히려 저항 세력에 대해 철권통치로 맞서 이를 무력화시키고는 했다. 그러나 이러한 철권통치도 무한정 계속될 수는 없었다. 저항 세력은 국가에 패배하면서도 그 세력을 꾸준히 확장해 갈 수 있었다. 이는 이들의 조직적 힘 덕분이었다기보다는 국민 일반의 체제에 대한 염증이 넓고 깊게 확산되고 있었기 때문이었다. 말하자면, 유신 말기의 위기는 어느 조직된 저항 세력의 주도였다기보다는 4·19의 경우와 마찬가지로 국민 다중의 대중적 도전에서 야기된 것이었다.

4. 유신 체제의 붕괴

1) 경제적 위기와 사회적 소요

제3차 경제개발 5개년 계획과 함께 시작된 정부의 의욕적인 중화학공업 투자는 산업 구조를 고도화하고 수출 증대에 한몫했으나, 1970년대 말 들어 수출 부진, 물가 앙등, 외채 급증, 무역수지 불균형, 경공업 경시로 인한 소비재 부족 등의 문제들을 낳았다. 제2차 석유 파동이 겹쳐 한국의 경제는 더 어려워졌다. 경제 성장은 둔화된 반면 실질 노동 임금은 하락했다. 국가는 이러한 경제 위기에 1978년 12월 발표한 긴축 정책으로 대처했는데, 이는 통화 긴축과 중공업에서 경공업으로의 산업 정책 변화를 포함하고 있었다. 그러나 이러한 정책들은 경제 위기를 해결하지 못하고 오히려 노동 소요를 자극했다.

1977년과 1978년에 걸쳐 일어난 방림방적, 청계피복, 동일방직 사태들로 고조되던 노동 소요는 이른바 YH사태로 절정에 달했다. 밀린 임금을 지불하지 않고 사장이 미국으로 도피한 상황에서 소규모 수출업체이던 YH무역의 여공들은 문제 해결의 방편으로 신민당사에서 농성을 벌였다. 신민당은 당시 김영삼 총재하에 정권에 대한 강경 도전 자세를 견지하고 있었다. 그러나 경찰은 이를 강제 진압하기 위해 당사 안으로 진입했고, 이 과정에서 여공 한 사람(김경숙)이 건물 옥상에서 떨어져 죽었다. 1979년 8월 11일의 일이었다. 이 사건 자체는 체계적이거나 규모가 큰 노동 운동은 아니었으나, 정권에 대한 도전이 무르익어 가던 상황에서 터졌기 때문에 전 국민을 경악시켰고 반체제 운동에 일종의 기폭제로 작용했다.

2) 부마사태와 집권 세력의 분열

국가와 민간 사회의 힘겨룸은 이른바 부마사태로 절정에 달했다. 여기에는 배경 설명이 필요하다. 1978년에 국민이 정권으로부터 등을 돌리고 있다는 증거가 정치 사회에서 나타났다. 국회의원 선거에서 신민당이 공화당보다 많은 득표율을 올린 것이다. 이는 신민당뿐 아니라 학생과 재야 세력에게도 용기를 주는 일이었다. 미국의 압력도 가중되어 1978년 12월 정부는 김대중을 석방했다. 1979년 5월에는 김영삼이 신민당 총재로 복귀하여 유신 체제에 대한 전면 투쟁을 선포했다. 김영삼은 박 대통령의 사임을 요구하고, 경제 정책을 비난했으며, 외신기자 클럽 회견에서 남북한 통일을 위해 김일성을 만날 용의가 있음을 표명했다.

정부는 이에 김대중을 재연금하고 상이군인들로 하여금 신민당사를 습격케 하는 등 강경책으로 맞서다가 김영삼의 축출을 기도했다. 중앙선거관리위원회는 신민당 대의원 두 명이 전당대회 당시 투표권이 없었음을 선언했고, 김영삼의 정적인 이철승계 인물들이 전당대회 결과의 무효를 제소하여 법원은 김영삼의 총재직 박탈을 결정했다. 국회는 더 나아가 그의 9월 16일 자 「뉴욕타임스」 회견 내용이 국가를 모독했다는 이유로 국회의원직마저 박탈하고 말았다.[27]

그동안 쌓이고 있던 국민의 불만이 이를 계기로 폭발했다. 김영삼의 선거구인 부산과 마산을 중심으로 일어난 학생 시위는 곧 일반 시민이 참여한 대중 봉기로 확산되었다. 시위는 10월 16일 부산에서 발생하여

27　여기서 김영삼은 미국 정부에 독재 정권과 민주주의를 열망하는 한국 국민 사이의 선택을 요구했다.

마산, 창원 등 인접 지역으로 확산되어 폭동 수준으로 번졌다. 이는 국가가 18일 부산에 계엄령을 선포하고 20일에는 마산, 창원에 위수령을 발동할 만큼 심각했다. 이것은 박정희의 퇴진을 요구하는, 정권에 대한 시민의 직접적인 도전이었다. 그동안 철권통치하에서 억눌려 왔던 국민의 정치적 불만이 김영삼에 대한 탄압을 계기로 폭발한 것이었다. 이제 국가는 어떠한 대응을 해야 할 것인가?

당시까지도 지배 연합은 아무런 분열의 조짐도 보이지 않았다. 즉 지배 연합을 구성하고 있던 군부, 관료, 재벌 사이에는 아무런 의미 있는 균열도 존재하지 않았다. 이것이 점증하는 정치적 저항에도 불구하고 국가의 통제가 비교적 확고히 유지될 수 있었던 중요한 까닭이었다. 그러나 유신 체제의 종말은 어떤 의미에서는 어처구니없게 왔다. 그것은 최고 통치자를 보필하던 피후원자들 간의 개인적인 권력 투쟁과 원한의 결과로 왔다. 물론 이들 간의 대립은 부마사태에 대한 강경책과 온건책이라는 정책 대립의 양상도 띠고 있었으나, 김재규가 박정희와 차지철을 살해한 극단적 행동은 정책상의 이견보다는 개인의 원한 때문이었다. 개인적인 원한이 없었더라면 정책상의 이견이 있었더라도 통치자의 피살까지는 가지 않았으리라는 말이다.[28]

중앙정보부장 김재규는 군의 한참 후배인 대통령 경호실장 차지철의 방자한 월권행위와 자신에 대한 무시, 그리고 그에 대한 대통령의 편애를 참을 수 없었다. 그는 부마사태의 심각성을 인식하고 온건 개혁을 건의했으나, 강경 진압을 주장한 차지철의 견해가 득세했다. 부마사태가 절정에 달했던 10월 26일 밤의 술잔치에서 그는 박정희와 차지철을 살

---

28 정책상의 이견이 더 중요했다는 견해는 오창헌, 「10·26 사건의 원인 분석: 김재규의 동기를 중심으로」, 한국정치학회 추계 학술대회(2000) 발표 논문 참조.

해하고 말았다. 이로써 유신 체제는 무너지고 새로운 정치 질서를 건설할 기회가 다시 한 번 도래하게 되었다. 그러나 얼마 가지 않아 새로운 질서는 아직도 먼 것으로 판명되었다. 그것은 10·26의 돌발성과 밀접한 관계를 갖고 있었다.

3) 경제적 요인과 미국

유신 체제가 붕괴한 요인을 그 탄생의 요인과 비교해 보는 것은 흥미롭다. 특히 경제적 요인이 어느 정도 작용했는가를 살펴볼 필요가 있다. 경제적 요인은 유신 체제의 탄생보다는 그 붕괴에 더 중요했던 것으로 보인다. 1970년대 말 당시의 한국 경제는 중화학공업화의 부작용으로 빚어진 심각한 위기에 빠져 있었고, 이것이 노동 소요를 비롯한 사회적 불만과 소요의 원인이 되었다. 유신 선포 당시의 한국 경제에 산업 전환이 필요했던 것과 마찬가지로, 아니 오히려 그것보다는 더 급박하게 유신 말기는 국가 주도의 중화학 투자에서 경제적 자유화로 구조 개편을 해야 할 필요성이 큰 때였다. 물가상승률, 경제성장률, 수출증가율 등 구체적인 경제 지표들에서도 1979년의 경제 여건은 1971~1972년보다 더 나빴다. 그러한 경제 여건은 노동 소요를 부추겨 유신 전야보다 더 많은 노사 분규가 일어났다.[29]

그러나 노동 운동 자체가 정권에 큰 도전이 되었다고 볼 수는 없다. 노동 운동은 국가의 통제 때문에 유신의 모든 기간에 걸쳐 여전히 미약했기 때문이다. 중요한 것은 노동 운동 일반보다는 YH사태와 같이 사소할 수 있는 특정 노동 소요가 미친 정치적인 충격이었는데, 이러한 충

---

29 1970년 88건, 1971년 101건에 비해 1978년 102건, 1979년 105건으로 조금 늘어났다.

격은 계속된 노동 억압의 부산물이었다. 조직적인 사회 운동이 여전히 미약했던 현실에서 이러한 폭발적인 노사 분규는 정치 탄압과 경제 위기에 대한 대중적 불만의 폭발을 상징했다.

다시 말해, 당시의 경제 위기는 일반 대중의 광범위한 불만을 야기했고, 이러한 불만이 정치적 파행으로 점화되어 부마사태라는 시민 항거가 일어났던 것이다. 이렇게 볼 때, 경제적 위기라는 요인이 유신 체제의 붕괴에 상당한 영향을 미쳤음을 부인할 수 없다. 그러나 그러한 경제적 요인은 자본주의 체제의 구조적 개편의 필요성과 연관된 것이라기보다는 정치적 불만에 불을 지른 경제적 어려움이었다. 이렇게 볼 때, 유신 체제의 붕괴는 일차적으로 정치 사회와 정권 구조를 둘러싼 권위주의 독재와 민주주의의 대결이라는, 명백히 정치적인 쟁점을 둘러싸고 일어난 사건이었다.

유신 체제의 붕괴를 둘러싼 두 번째의 논쟁거리는 미국의 역할에 관한 것이다. 박정희가 유신 체제를 선포하자 미국 정부는 자신과의 상의 없이 이루어진 이 조치에 대해 원칙적으로 반대했다. 그러나 당시 박 정권의 경제 성장 업적과 남북 대화 추진 노력으로 닉슨 행정부는 '국내 문제 불간여'의 입장을 표명하면서 박정희의 권력 확장을 인정해 주었다. 민주주의의 가치가 안보와 경제 성장의 가치에 종속되는 미국의 대한 정책의 결과였다.[30] 이러한 안보 우선 정책은 포드 행정부에도 이어졌다. 포드는 1974년 방한하여 박정희에게 정치적 완화를 요청했다가 거절당했지만 한국군 현대화 계획과 방위산업 육성 지원을 약속하고, 이듬해 12월 동아시아의 긴밀한 안보 관계를 강조한 태평양 독트린을 발

---

30 이러한 정책 기조는 1987년 슐츠 당시 미 국무장관이 밝힌 내용이다. 주한 미 공보원, *Backgrounder*, 1987. 3. 12.

표하는 등 한미 안보 동맹을 더욱 결속시켰다.

그러나 이러한 밀월 관계는 인권 외교와 주한 미군 철수를 정책 공약으로 내세운 민주당의 카터가 대통령에 당선되고 이어 박동선 사건이 터짐으로써 단절되었다. 이후 한미 관계는 해방 후 최악의 사태로까지 악화되었다. 미국의 의회와 언론, 지식인 사회는 유신 체제의 인권 침해를 격렬히 비판하고 나섰다. 미 의회는 한국에 관한 청문회를 개최하고 대한 군사 원조를 삭감하는 결의안을 통과시켰으며, 박동선 사건과 연루시켜 전 주미 대사의 증언을 요구하는 등 한국 정부에 심한 압박을 가했다. 이에 따라 박정희의 반미 감정 또한 악화되었다. 그는 인권 문제에서 양보하지 않았을 뿐 아니라, 독자적인 핵 무장을 추진하는 등 반미적인 민족주의 경향을 강화시켰다. 이러한 한미 관계의 긴장의 정점에서 박정희는 암살되었고, 이 상황이 암살에 대한 미국 개입의 풍문을 만들어낸 것으로 보인다.

그러나 한미 관계가 긴장 속에 있었다고 하더라도 그 근본적인 성격이 변한 것은 아니었다. 의회와 지식인 사회와는 달리 카터 행정부에게 가장 중요했던 것은 인권보다는 역시 안보 동맹의 유지였다. 미국 정부가 김대중 납치 사건이나 정치범 석방 등에서 어느 정도 영향력을 행사했던 것은 사실이고 유신 체제의 탄압적 성격에 명백한 반대를 표시한 것도 사실이지만, 이것이 미국으로 하여금 한국 정치의 변화를 적극적으로 추진할 정도는 되지 않았다. 그것은 박정희가 굳건하고 유효한 반공 정책을 고수하고 있었기 때문이다.

이렇게 볼 때, 당시 미국 정부는 한국의 권위주의 독재 체제에 비판적이었으나 안보 이익 때문에 이를 묵인하는 방향으로 움직였다. 영향력의 정도를 보더라도 박정희의 독자 노선 추구와 한국의 어느 정도의 국력 신장으로 미국이 한국의 정치 과정에 구체적으로 간섭하기는 어려운 상황이었다. 미국과의 관계 악화가 박정희의 국내 통제를 약화시키고 저항 세력을 고무한 측면이 없지는 않았지만, 미국이 한국의 정치 구조 변화에 직접적인 영향을 미치지는 못하고 있었다. 박정희 암살에 대한 미국 개입설은 한미 관계의 악화와 미국으로 볼 때 박정희의 '효용 가치 감소'에 근거하고 있는데, 이에 대한 구체적인 증거를 찾을 수 없거니와 당시의 한미 관계를 볼 때에도 이는 납득하기 어렵다.

4) 붕괴의 근본 원인

유신 체제가 붕괴한 근본적인 원인은 그것의 성격 자체에서 찾아진다. 무엇보다 그것은 한시적인 비상 체제였고 그런 만큼 정당성이 부족했다. 그리고 그만큼 반대 세력의 명분이 컸고 도전이 끈질겼다. 박정희도 그 사실을 알고 있었기 때문에 피살 전에 후계 구도에 대해 고민하고 있었다고 전해진다. 그러니 박정희가 그런 식으로 피살되지 않았더라도 어차피 유신 체제는 지속되기 어려웠을 것이다. 박정희는 아마 후계자를 민주적인 외양을 통해 대통령으로 앉히고 자신이 '상왕' 구실을 하는 체제를 꿈꾸었을 것이다. 마치 싱가포르의 리콴유 총리처럼 말이다. 하지만 이 또한 숱한 정치적 혼란을 불러왔을 것이다. 이에 대한 추론은 이 책의 논의 밖이다.

둘째, 성장하는 사회에서 고도 탄압 체제가 맞을 수밖에 없는 운명이 있었다. 유신 체제는 정권 구조상 남미의 관료적 권위주의와 비슷하면서 동시에 이승만 정권과 비슷한 일인 지배 체제의 특징을 띠고 있었다. 관료적 권위주의 정권은 정당성의 기반이 취약한 국가가 궁극적으로 강제력에 의존하여 사회 통제를 실현하는 체제다. 그러나 강제력과 그것이 가져오는 시민의 공포감은 체제 유지의 장기적인 수단이 될 수 없다.

상층 부르주아지, 국제 자본과 군부, 기술 관료로 구성되는 지배 연합은 대다수 국민을 권력과 부의 분배에서 소외시킴으로써, 국민의 정치적 지지는 물론 정치적 침묵마저 장기적으로는 보장하지 않는다. 특히 자본주의적 산업화가 위기에 직면할 때, 지배 연합에 대한 저항은 급격히 확산되게 마련이다.[31] 그러나 유신 체제는 남미의 관료적 권위주의 정권과는 달리 정치권력이 고도로 개인화되었으며, 민간 사회는 군사적 동원 체제의 성격을 띠었다. 이 두 요소가 지배 세력의 총화 단결을 이루어 비교적 허약했던 사회 세력에 대한 통제를 확립하고 박정희의 장기 집권을 가능하게 했다. 하지만 바로 그 요소가 집권자의 퇴로를 가로막는 역설을 연출했다.

셋째, 그리하여 박정희의 일인 지배 체제는 더 제도적인 관료적 권위주의 정권과는 다른 문제를 안고 있었다.[32] 그것은 정치적 계승에 관한 것이었다. 유신의 일인 지배 체제는 박정희 뒤를 이을 정치적 후계자 혹은 후계 집단을 키우지 못했다. 따라서 국민적 저항이 거세어졌던 정권 말기에도 박정희는 원했더라도 권력을 이양할 마땅한 후계자를 찾을 수 없었다.[33] 그래서 결과는 파국으로 나타났다. 이승만의 정치적 종말과 흡사한 상황이었다. 두 개인 통치자는 국민적 저항을 과소평가하고 강경 대응으로 맞서다가 정치적 혹은 개인적 최후를 맞이하고 말았다. 물

---

31 관료적 권위주의 정권의 모순에 대한 자세한 논의는 Guillermo O'Donnell, "Tensions in the Bureaucratic-Authoritarian State and the Question of Democracy", in David Collier ed., *The New Authoritarianism in Latin America*(Princeton: Princeton University Press, 1979), pp. 294-309 참조.

32 제도적 권위주의 통치의 가장 큰 문제 중 하나는 지배 세력 내의 균열에 있다. 김영명, 『제3세계의 군부통치와 정치경제』(서울: 한울, 1985), 203~204쪽. 제도적 권위주의 통치와 개인적 권위주의 통치의 차이점에 대해서는 같은 책, 제4장 참조.

33 실제로 박정희는 당시 후계자에게 정권을 인도할 의향이 있었던 것으로 전해진다. 예를 들어 정승화, 『12·12사건 정승화는 말한다』(서울: 까치, 1987), 78쪽의 당시 내무부 장관 김치열의 증언 참조.

론 그 이후의 상황은 다르게 나타났는데, 그것은 다시 한 번 지배 세력과 저항 세력의 힘 관계를 반영하고 있었다.[34]

---

[34] 오창헌은 '프로젝트의 결핍'을 유신의 한 본질적 약점으로 들었는데, 이는 남북 대화, 경제 발전, 국가 안보 등의 통치 명분이 다 소진되었다는 의미다. 이 점이 유신의 통치 명분을 약하게 만든 것은 사실이다. 실제로 유신 후기에 남북 대화는 이미 (1973년 8월) 결렬된 상태였고, 경제는 위기에 빠졌으며, 1970년대 중반에 활발했던 안보 동원은 한계에 도달했다. 오창헌(2001).

제6장

군부의 재집권과 전두환 정권

박정희가 피살되자 한국에는 민주주의가 다시 살아나는 듯했다. 모든 국민이 그러기를 바랐고 모든 정치 세력이 유신 체제를 벗어나 새로운 체제를 구축하기를 원했다. 대부분의 정치 세력이 최소한 겉으로는 다시 한 번 자유민주주의 제도를 심으려고 했다. 그러나 그것은 수포로 돌아갔다. 왜 그렇게 되었을까? 그것은 근본적으로 민주화 세력과 권위주의 군부 세력의 힘겨룸에서 민주화 세력이 패배했기 때문이었다. 민주화 세력의 힘은 유신 기간 동안 성장하기는 했으나 아직도 군부 세력을 축출하기에는 모자랐다. 거기다 민주화 세력 사이에 분열이 일어나 단합된 힘을 모을 수가 없었다. 자유민주주의를 명분으로는 원하되 민주화 운동에 나서기는 거부한 중간 계급의 이중성 또한 군부 세력의 재집권을 돕는 결과를 초래했다.

1. 군부 재집권의 과정과 원인

당시 권위주의 잔존 세력은 군부와 관료, 그리고 일부 보수 정치인들이었다. 민주 세력은 학생, 재야, 야당과 노동 계급의 일부였다. 그리고 이도 저도 아닌 기회주의 세력으로 중간 계급, 자본가 계급, 그리고 많은 수의 정치인이 있었다. 이들이 벌인 힘겨룸의 와중에서 새로 등장한 이른바 신군부 세력이 궁극적인 승자로 나타났다.

박정희의 피살은 모두에게 예상치 못한 사태였다. 저항 세력이건 집권 세력이건 어느 쪽도 박정희가 없는 정치 상황에 대한 물리적·심리적 준비가 되어 있지 않았다. 10·26 사건 자체도 치밀한 계획 없는 돌발적인 행위였다.[1] 사건 뒤의 혼란은 박정희의 유신 체제가 일인 통치자에 과도하게 의존한 일인 지배 체제였기 때문에 가중되었다. 야건 여건 어느 쪽도 박정희 이후를 향한 구체적인 정치 구도를 가지고 있지 못했고, 여권 안에서도 박정희의 뒤를 이어 과도기를 수습할 정치 지도자가 없었다.

이러한 정치적 혼란은 자연히 각 정치 세력들 사이에 치열한 힘겨룸을 불러왔다. 힘겨룸은 한국 정치의 대표적인 정치 세력들인 군부, 학생, 정당 세력을 중심으로 이루어졌고, 여기에 관료 집단과 재야 세력도 참여했다. 힘겨룸에서 군부가 궁극적인 승리자가 된 것은 근본적으로 힘의 자원에서 우세했기 때문이지만, 당시 각 세력들이 취했던 전략 또한 상당한 몫을 담당했던 것으로 보인다. 다시 말해, 당시의 세력 관계를 볼 때 군부의 득세를 막기는 어려웠을지는 모르나, 다른 정치 세력들의 전략, 전술과 행동이 달랐더라면 상당히 다른 결과도 가져올 수 있

---

1 정승화, 『12·12 사건 정승화는 말한다』(서울: 까치, 1987), 122쪽.

었으리라는 말이다. 여기에서는 특히 야권 지도자들의 행동이 문제가된다. 야권 지도 세력의 분열과 전 국민적 지도력의 부족이 그렇지 않아도 불리한 힘의 균형 속에서 군부의 득세를 저지하지 못하는 데 큰 역할을 했던 것이다.

1) 10·26에서 12·12쿠데타까지

10·26 사건 직후 정부는 제주도를 제외한 전국에 비상계엄을 선포하고 정승화 육군 참모총장을 계엄사령관에 임명했다. 그러나 군 안에서의 권력 투쟁이 곧 나타났다. 당시 보안사령관 자격으로 합동수사본부장을 맡고 있던 전두환 소장을 중심으로 한 새로운 군부 세력이 독자적인 힘으로 부상했다. 이러한 '신군부'는 보안사령부, 합동수사본부, 육사 11기, 하나회를 중심으로 뭉친 강력한 세력을 형성했다.[2] 정승화는 전두환의 부상을 우려하여 그를 좌천시키려 했으나, 그 직전에 12·12쿠데타가 발생하여 실패하고 말았다.[3] 12·12쿠데타로 정승화 세력은 몰락하고 전두환을 중심으로 한 신군부가 군을 장악하게 되었다.

신군부가 군내 권력 투쟁에서 승리한 요인은 다음과 같이 요약된다.[4] 1) 신군부의 지도자 전두환 소장은 당시 보안사령관의 직위를 이용하여 정보, 보안 기구를 장악했다. 2) 신군부 세력은 서울과 서울 근교의 중

---

2 하나회와 육사 11기에 대해서는, 정상용 외, 『광주 민중 항쟁』(서울: 돌베개, 1990), 59~65쪽; 강창성, 『군벌 정치』(서울: 해동문화사, 1991), 357~378쪽 참조.

3 쿠데타의 구체적 상황은, 정승화(1987), 제5장 참조. 군 내 권력 투쟁에 대한 간단한 요약은 Mun-Gu Kang, "The Military Seizure of Power in 1979·1980 in Korea: Analysis and Implications for Democracy", 한국정치학회 편, The National Community and State Development(1989), p. 197, 201.

4 Kang(1989), p. 201.

간 장교 집단에 대한 통제력을 확보하고 있었다. 3) 신군부는 계엄사령부에 비해 행동의 결단력과 신속성에서 앞섰다. 4) 장기간에 걸친 유대 관계로 그들은 강한 결속력을 유지할 수 있었다. 이에 비해 계엄사령부는 공식적인 지휘 계통의 관계에 불과했고 강한 결속력과 유대감을 갖고 있지 못했다.

박정희 피살 후 유신 헌법이 규정한 통일주체국민회의 선거를 통해 최규하 국무총리가 대통령으로 선출되었다. 과도 정부를 담당한 최규하 대통령은 11월 10일 특별 담화를 통해 정부가 추진하는 정치 일정을 밝혔다. 이는 기존의 헌법 절차에 따라 대통령 선거를 실시한 뒤 새로 선출된 대통령이 남은 임기를 채우지 않고 빠른 시일 안에 헌법 개정을 실시할 것을 골자로 하고 있었다. 최 대통령은 김대중의 가택 연금을 해제하여 정치 활동이 가능하게 해주었고, 긴급조치 9호를 해제함으로써 유신 체제의 법적인 탄압 장치를 해소했다.

이러한 정치적 자유화의 분위기 속에서 기존의 정당들은 활발하게 움직이기 시작했다. 공화당은 11월 13일의 전당대회에서 총재에 김종필을 선출하여 활성화를 꾀했고, 신민당은 10·26 사건 직후 곧 김영삼 체제로 복귀했다. 두 당은 모두 정상적인 정치 과정을 존속시키는 데 중점을 두었고, 군부를 자극하지 않으려고 조심했다. 따라서 신민당은 11월 12일 국회에 등원하기로 결정했고, 26일 국회 본회의는 헌법관계심의 특별위원회 구성안을 가결했다. 김대중, 김영삼, 김종필의 이른바 3김 씨들은 모두 조심스러운 태도를 보였다.

대체로 10·26에서 12·12에 이르는 기간 동안 국민은 사태의 추이를 관망하고 있었고, 학생과 재야도 적극적인 행동을 보이지 않았다. 여야 정당들도 역시 사태의 추이를 관망하면서 자신에게 유리한 정치적 전략을 모색하고 있었다. 정치 과정은 예측하기 어렵기는 했으나 큰 혼란 없이 진행되고 있었고, 정치적 자유화가 상당히 이루어진 상황에서 대다수 국민의 민주화에 대한 희망이 팽배해 있었다. 이런 점에서 12·12사태는 민간 사회와 정치 사회의 도전이 미약한 상황에서 군부 내에서 독자적으로 일어난 권력 투쟁의 결과라고 할 수 있다.

2) 12·12쿠데타에서 광주항쟁까지

쿠데타로 실권을 장악한 신군부 세력은 집권에 이르기 위한 준비 작업을 펼쳤다. 즉, 그들은 민주개혁을 저지하고 최규하 과도 정부를 무력화시키는 동시에 국민이 강력한 정부를 요구하도록 여론을 조작하고, 저항 진압을 위해 군 부대의 특수 훈련을 실시했다. 군부는 비상계엄을 계속 실시하고 합동수사본부의 권한을 강화했으며 헌법 개정 작업을 지연시켰다.

이러한 상황에서 민주 세력의 분열은 치명적이었다. 3김씨의 경쟁, 특히 김대중, 김영삼 두 야권 지도자의 경쟁은 막강한 적을 앞에 둔 민주 세력의 분열을 의미했고, 이에 따라 이들이 민주화를 주도할 가능성은 점점 멀어져 갔다. 물론 그들이 단결했더라도 신군부 세력이 여전히 권력을 장악했을 수도 있다. 그러나 다른 한편 그들의 단결이 신군부 세력의 정치 구상에 상당한 영향을 주었을 가능성도 있다. 그들이 단결했더라면 최소한 신군부 세력이 광주 학살을 통한 무소불위의 권력 행사를 하지는 못했을 것이다. 두 김씨는 모두 자신이 정점에 서는 민주화를 원했다. 박정희의 죽음 이후 국민적 지도자로 부상한 사람은 그들 둘이 전부였다고 해도 과언이 아니다. 여기서 그들의 경쟁은 숙명처럼 되어 버렸다. 이러한 숙명적 경쟁과 그로 인한 연합의 실패는 그들뿐 아니라 국민에게 큰 정치적 좌절을 안겨 주었다. 그들의 경쟁은 구체적으로 신민당에 김대중이 입당하느냐, 한다면 어떠한 조건으로 하느냐로 압축되었다. 유신 체제하에서 정치 활동이 금지되었던 김대중에 비해 신민당 총재로 있던 김영삼은 당 안에서 유리한 위치에 있었고, 이 점이 김대중으로 하여금 입당을 주저하게 만들었다. 양자의 협상은 실패로 돌아가고 김대중은 신민당 입당을 포기한 채 재야 세력을 규합하여 권력 경쟁에 돌입하게 되었다.

그들 사이에는 현실 인식에 있어서도 조금 차이가 있었다. 김영삼이 군부의 불개입에 대해 좀 더 낙관적이었던 반면, 김대중은 이를 더 우려하고 있었다. 따라서 전자는 군부의 비위를 건드리지 않으려고 조심하면서 제도권 정치를 통한 민주화를 추구하고 있었고, 후자는 군부의 개입 가능성을 우려하면서 최악의 경우 대중 동원을 통한 정치 변동을 꿈꾸고 있었다.[5] 그러나 둘의 현실 인식과 전략의 차이는 그들이 화합하지 못할 근본적인 차이는 아니었다. 그들은 모두 자유민주주의와 자본주의 체제에 입각한 민주화를 바라고 있었다. 본질적인 이념이나 정책의 차이는 없었다. 분열의 가장 큰 원인은 권력욕에 있었다.

학생과 재야 세력은 효과적인 정치 세력으로 앞장서지 못했을 뿐 아니라, 두 김씨의 분열에 따라 내분을 겪음으로써 제한된 힘의 자원을 그나마 소진했다. 재야의 분열은 김대중에 대한 지지와 밀접히 관련되어 있었는데, 이는 동시에 민주화의 방법과도 관련되어 있었다. 그 방법은 제도 정치를 중심으로 민주화를 이루고자 한 온건론자들과 학생 운동에 더 비중을 둔 강경론자들의 차이를 보였다. 전자는 주로 교수, 성직자, 정치인들로 구성되었고, 후자는 학생 운동 출신의 젊은 세대로 구성되

---

5 김대중은 4월 29일 '민주화 추진 전국민 운동'을 제의하고 국민연합과 정당들의 참여를 당부했다. 그러나 이에 대한 대응을 둘러싸고 국민연합이 더욱 분열되었고, 신민당과 김대중은 대립 상태로 들어갔다.

었다. 후자는 복학하여 학생 운동을 지도하려고 하여 재학생들과 마찰을 빚기도 했다. 전자는 신민당 주도의 제도적 개혁을, 후자는 대중 동원을 통한 민주화를 주장했다. 학생 운동도 재학생 지도부의 '단계적 투쟁론'과 국민연합의 강경 노선을 추종하는 복학생들을 중심으로 한 '전면적 투쟁론'으로 분열되었다. 그러나 이들은 모두 중간 계급에 토대를 둔 반독재 민주화 운동이라는 특징을 가지고 있었으며, 동시에 미국 정부가 민주화를 지원해 줄 것을 기대하고 있었다. 이런 점에서 민중민주주의와 반미 사상이 기세를 올린 1980년대 후반의 상황과는 매우 다른 특징을 보였다.

3) 광주항쟁: 힘겨룸의 절정

신군부 세력은 학생들의 대규모 시위를 구실로 권력 장악을 위한 본격 행동에 착수했다. 1980년 5월 17일의 비상계엄 확대가 그것이었다. 계엄포고령 제10호는 제주도에까지 계엄을 확대하고 국회를 해산하고 모든 정치 활동을 금지했으며 대학도 폐쇄했다. 또한 파업을 금지하고 언론 검열을 강화했다. 주요 대학 학생회 간부 전원에 대한 검거령을 내렸으며, 눈엣가시와도 같았던 김대중을 대중 선동과 민중 봉기에 의한 정부 전복을 기도했다는 이유로 체포했다. 5·17 계엄 확대와 김대중 체포는 저항 세력에 대한 신군부의 전면전 선포를 의미했다.

광주항쟁은 6·25전쟁 이후 대한민국에서 가장 많은 희생자를 낸 정치적 비극이었다. 이는 민주 저항 세력과 신군부의 전면 대결을 의미했다. 저항 세력은 학생을 중심으로 하여 기층 민중을 대거 포함한 시민으로 구성되었다. 학생들은 엄청난 동원력과 전투성을 보였다. 공수부대의 무자비한 진압이 광주 시민 전체의 분노를 자아내어 증오심이 시민의 투쟁에 중요한 힘의 자원으로 작용했다. 이것이 '시민군'의 탄생과 총격전, 그리고 시청에서의 마지막 대결로 이어지는 극한투쟁을 가능하게 했다. 그러나 폭력 투쟁을 선택한 이상 시민은 군부의 적수가 될 수 없었고, 그 결과 수백 명의 목숨이 희생되었다(정확한 희생자의 숫자는 밝히기가 불가능하다). 계엄하의 엄격한 통제 때문에 항쟁은 광주를 중심으로 한 전남의 좁은 지역에 국한되었고, 다른 지역의 주민은 그 실상을 제대로 알지 못했다. 광주 지역에서만 이런 사태가 일어난 것은 계엄 확대 이후 광주에서만 학생 시위가 있었고 이에 열띤 호응을 보인 이 지역 시민의 분위기 때문이었다. 더 깊게는 당시까지 호남인들이 겪었던 심한 차별 의식과 호남 출신의 지도자 김대중 집권에 대한 기대가 크게 작용했다. 다른 지역의 주민, 곧 국민의 대다수는 계엄 확대에 적극 반대하지 못했고 관망하고 있었다. 더 근본적으로 광주항쟁은 뚜렷한 지도부가 없는 상태에서 일어난 조직되지 않은 군중의 자연 발생적인 자구 행위에 지나지 않았다.

광주항쟁과 관련된 한 논쟁거리는 미국의 역할에 관한 것이다. 미국 정부는 이에 대한 모든 책임을 부인했다. 그 근거는 1) 미국 정부는 끝까지 배후에서 평화적인 해결 방법을 모색했고, 2) 국군 제20사단의 광주 투입 승인은 질서 회복과 공수부대의 재투입으로 인한 과잉 진압을 막기 위한 것이었으며, 3) 제20사단 투입 승인 후 진압 작전이 이틀 연기된 것도 미국의 노력 덕분이었다는 것이다.[6] 여기서 논쟁의 초점이 된 것은 국군 제20사단의 광주 파병 승인 문제였다. 1980년 5월 16일 육군 참모총장이 제20사단의 작전통제권 이양을 한미연합사령관에게 요청

---

6 박미경, 「광주 민중항쟁과 미국의 개입 구조」, 정해구 외, 『광주 민중 항쟁 연구』(서울: 사계절, 1990), 246~249쪽.

했고, 후자는 이 요청을 받아들였다. 20일 신군부는 제20사단을 파병하기 전 이에 대해 연합사에 문의했고, 연합사는 이에 동의했다. 제33사단 휘하 1개 대대의 작전통제권 해제에도 미국 측이 관련되었다. 23일 육군 참모총장이 한미연합사령관에게 광주 파병을 위해 이 부대의 작전통제권 이양을 요청하자 후자는 이를 승인했다. 이제 논쟁은 이러한 공개된 사실에 대한 해석에 관한 것이다. 한국인의 분노는 미군 측이 한국군의 광주 진압을 막지 않은 것에 대한 것이고, 이런 분개에는 충분한 타당성이 있다. 그러나 그렇더라도 광주 학살의 일차적인 책임은 여전히 미군이 아니라 국내 진압군과 그 최고 권력자였던 전두환에게 있다고 보아야 한다.[7] 잘한 것이든 못한 것이든 일차적인 책임은 우리에게 있었다. 사실이 그랬을 뿐 아니라, 한국 현대사에서 책임이든 은혜든 미국의 역할을 지나치게 강조하는 것은 우리의 정신적인 대미 의존을 상징하기도 한다.

4) 군부 권력의 공고화

광주에서의 승리로 신군부의 권력은 확고해졌다. 이제 남은 것은 정치권력 장악에 필요한 제도적 절차를 밟는 것과 국민과 미국의 동의를 얻는 일이었다. 힘 투쟁에서 승리했기 때문에 앞의 것은 어려울 것이 없었다. 미국의 동의를 얻는 일도 10·26 사태 이후 미국이 전두환의 득세를 묵인하는 방향으로 정책을 선회했기 때문에 큰 어려움이 없었다. 반공과 안보가 보장되면 독재를 묵인하는 일관된 미국 외교 정책의 반영

---

7 미국의 책임을 주장하는 글은, 이삼성, 「광주 민중 봉기와 미국의 역할」, 『사회와 사상』(1989. 2.). 미국 측의 연구는 Donald N. Clark ed., *The Kwangju Uprising: Shadows over the Regime in South Korea*(Boulder: Westview Press, 1988) 참조.

이었다. 국민의 동의를 얻는 일이 가장 어려웠다. 집권이 국민의 엄청난 피를 강요했기 때문이다. 그러나 국민의 충분한 동의를 얻기는 애초에 불가능한 일이었기 때문에, 집권자들은 부족한 동의로 출발하여 후유증을 최소화하고자 노력했다.

집권을 정당화하기 위해 군부 세력은 김대중과 주요 재야인사들, 그리고 광주항쟁 관련자들을 내란 기도 혐의로 구속했다. 7월 4일 발표된 김대중 일당 내란 음모 사건이 그것이었다. 반공 안보 이념을 최대한 활용한 권력 공고화 작업의 일환이었다. 동시에 김영삼을 자택 연금하여 정계 은퇴 선언을 받아내었다. 또 김종필, 이후락, 박종규 등 구여권 인사들을 부정 축재 혐의로 공직에서 사퇴하게 했다. 여기에는 정치적 도전자들을 거세함과 동시에 사회 정화를 통해 대국민 이미지를 고양하려는 이중적 의도가 있었다. 정치·사회 정화 조치는 대숙청으로 이어져 수많은 공무원, 언론인, 교수, 국공영 기업체 직원들이 일자리를 잃었다. 또 과외 금지 등 교육 개혁을 단행하고, 172개 정기 간행물의 등록을 취소했다. 불량배 소탕을 앞세워 3만여 명을 체포하고 이들 중 많은 수를 삼청교육대로 보냈다. 이러한 작업을 맡은 기구는 5월 31일 구성된 국가보위비상대책위원회(국보위)였다.

이렇게 하여 신군부의 집권은 기정사실이 되었고, 8월 16일 최 대통령이 잔여 임기를 채우지 못하고 하야함으로써 전두환 정권의 공식 출범이 가능하게 되었다. 미 국무부는 8월 18일 공식 성명을 내고 "한국 지도자의 선택과 채택될 헌법의 성격은 한국인들이 해결해야 할 과제"라고 함으로써 전두환의 집권을 인정했다.

여기서 마지막으로 검토해야 할 문제가 떠오른다. 만약 두 김씨가 분열하지 않고 힘을 합쳤더라면 어떻게 되었을까 하는 의문이다. 과연 그럼으로써 군부의 재집권을 막을 수 있었을까? 정서상으로는 당연히 그렇다고 대답하고 싶지만, 더 냉정하게 생각해 볼 필요가 있다. 오히려 다음과 같은 대답이 더 현실성이 커 보인다. 우선 그렇게 했더라도 군부의 재집권을 막기는 어려웠을 것이다. 역시 힘의 자원의 차이 때문이다. 여기서 혼란을 싫어한 중간 계급의 역할이 매우 중요했다. 둘째, 하지만 두 김씨가 단합하여 민주 세력의 역량을 보여 주었더라면 군부와 일종의 타협을 이룰 수도 있었을 것이다. 이원집정제나 민간이 겉으로 정부를 구성하고 군이 뒤에서 힘을 발휘하는 이중 구조가 들어섰을 가능성도 있다. 그렇게 되었더라면 정치 불안과 혼란이 계속되었을 것이고, 결국 또 다른 쿠데타가 일어났을 가능성이 있다. 하지만 어쨌든 민주 세력의 힘 집결이 쉬어졌을 것이고, 이에 따라 전두환, 노태우를 거치는 것보다 민간 민주화의 일정이 단축되었을 가능성이 크다. 셋째, 하지만 위의 논의는 일어나지 않은 것을 가정하는 것인데, 문제는 두 김씨 및 민주 세력 전체가 분열했다는 자체가 민주 세력의 역량이 부족했다는 증거였다는 점을 염두에 두어야 한다.

마지막으로, 민중 세력이 단결하여 시위, 파업 등으로 전국적인 공세를 펼쳤더라면 민주화를 이루지 않았을까 하는 가정이 있다.[8] 주로 강경 민주 세력의 가정인데, 이 가정은 현실화하기 불가능했다. 우선, 두 김씨도 단결하지 못했는데, 어떻게 민주 세력이 대동단결할 수 있었겠는가? 둘째, 중간 계급과 대다수 시민이 정치 안정을 바라는 상황에서 군에 대한 다수 국민의 공세는 실현 불가능한 일이었다. 특히 반공 안보 의식이 민주 의식 못지않게, 아니 그보다 더 투철했던 당시 한국인 일반의 이념 성향을 볼 때, 군 대 다수 국민의 대결이라는 그림은 비현실적인 그림이었다.

---

8 예를 들어, 최장집, 『한국 현대 정치의 구조와 변화』(서울: 까치, 1989), 201쪽.

2. 잉여 군사 정권: 전두환 정권의 성격

전두환 정부는 태어나서는 안 될 정부였다. 국민에게만 아니라 전두환 자신에게도 그랬다. 국민은 민주화를 최소한 7년 동안 빼앗기며 독재의 서슬 아래에서 고통을 받았고, 전두환 자신도 집권 뒤 얼마 되지 않아서부터 거센 저항에 직면했을 뿐 아니라, 퇴진한 뒤에도 백담사로 귀양 가는 등 온갖 수모를 겪었다. 군사 정권의 자연 수명이 쇠진한 상태에서 억지로 이를 연장한 결과였다. 이런 뜻에서 전두환 정권은 '잉여 군사 정권'이었다.

1) 정치적 통제

1980년 8월 이미 대장으로 승진해 있던 전두환 국보위 상임위원장은 퇴역하여 같은 달 27일 통일주체국민회의의 선출로 제11대 대통령에 당선되었다. 9월 1일 취임식에서 그는 네 개의 국가 목표를 제시했다. 그것들은 1) 한국의 상황에 맞게 민주주의를 내면화하고, 2) 복지 국가를 건설하며, 3) 정의 사회를 구현하고, 4) 교육 개혁과 문화 규범의 창달을 통해 국민정신을 고양한다는 것이었다. 그러나 이들이 뚜렷한 정책 프로그램이나 이념의 제시를 의미하지는 않았다. 이 목표들은 유신 체제와는 다른 참신성을 보여 주려는 노력에서 나왔으나, 실제로 그나 집권 세력 전체가 유신과 다른 국가·사회 목표를 제시하거나 추진할 능력은 없었다. 경제적 자유화 조치를 단행했으며, 성장 위주의 경제 정책을 여전히 계속했고, 환태평양 경제권 구상으로 정치적 명분을 제고하려 했으나, 국민과 외국 정부들은 냉담했다. 복지 국가, 정의 사회의 구현은 그야말로 구호뿐이었고, 각종 부정부패 추문으로 현실은 그 반대로 나타났다. 북한에 대해서도 '민주화합민족통일방안'을 내놓았으나, 박 정권 이래의 기본적인 통일 및 대북한 정책은 변하지 않았다.[9] 전두환 정권은 유신 체제를 공식적으로는 부인했으나, 당시 집권 세력의 성격으로 볼 때 이는 국민을 무마하고 정당성을 확보해 보려는 기도였을 뿐이다.

적나라한 힘을 통해 집권한 정부가 모두 그렇듯이 전두환 정부도 정치적 숙청으로 권력을 확보하고 개혁의 몸짓으로 집권의 정당성을 꾀하고자 했다. 9월 17일 내란 음모 혐의로 김대중에게 사형을 선고했으며 (이후 그는 무기징역, 20년 형으로 각각 감형되었다가 신병 치료차 미국으로 출국했다), 11월에는 부패와 정치적 소요의 책임을 물어 정치인 811명의 정치 활동을 금지시켰다. 또한 언론 기관을 통폐합했고, 더 나아가 언론기본법을 제정하여 언론 통제를 강화했다. 수백 명에 달하는 공직자들을 해직하고, 중앙정보부의 권력을 약화시켜 국가안전기획부(안기부)로 개칭했다. 반면 보안사령부의 기능과 권력을 확대하여 대민 사찰 업무를 담당하게 했다. 대공 관계 법규도 정비하여 반공법을 폐지하고 국가보안법에 흡수시켰다. 또 집회와 시위에 관한 법률을 제정하여 학생, 재야 세력의 집단행동을 규제하고자 했다.

이렇게 하여 출범한 소위 제5공화국의 헌법(10월 22일 국민투표로 확

---

9 이 방안은 민족 화합을 기초로 통일 헌법을 채택하고 이를 통해 통일 국가를 건설할 것을 목표로 했다. 이를 위해 '민족통일협의회'를 구성하여 통일 헌법을 기초하고, 이에 의거하여 전국 총선거를 실시하여 의회와 정부를 구성한다는 것이다. 또 통일 이전의 민족적 화합을 이루기 위해 '남북한 기본 관계에 관한 잠정 협정'을 체결할 것을 제의하고, 남북한이 공동으로 수행할 '20개 시범 실천 사업'을 제시했다. 신정현, 「한국 통일 방안 평가」, 동아일보사 편, 『통일 어떻게 할 것인가』(서울: 동아일보사, 1988), 33~35쪽 참조. 이는 남북한의 총선을 통해 단일 국가를 구성한다는 남한 정부의 일관된 통일 정책을 벗어나지 않는 것이다. 이 방안의 가장 큰 약점은, 이를 북한이 받아들이지 않을 것이라는 점 이외에도 통일로 이르는 구체적인 과정, 즉 중간 단계에 대한 구체적인 구상이 없다는 점이다.

정됨)은 유신 헌법을 약간 완화하기는 했으나 기본적으로 박정희와 유사한 권력을 대통령에게 부여했다. 즉 대통령은 선거인단에 의한 간접 선거로 선출되게 되었고 국회해산권을 가진 반면, 국회는 내각 불신임권을 가지게 되었다. 국회는 3분의 2만 지역구에서 뽑고, 3분의 1은 전국구로 채우기로 했다. 전국구 의석은 집권당에 큰 이득을 주도록 짜여졌다. 가장 눈에 띄는 조치는 대통령 임기를 7년 단임으로 못 박은 것이었다. 이는 실상 전두환이 내세울 수 있었던 유일한 정당성의 원천이었지만, 대다수 국민의 눈에는 매우 박약한 정당성의 원천이었다.

효율적인 정치 사회의 장악을 위해 집권 세력은 모든 정당을 해산한 후 여당[민주정의당(민정당)]과 야당[민주한국당(민한당), 한국국민당(국민당)으로 대표]들을 새로 구성했다. 그러나 야당은 이름 그대로의 야당이라기보다는 준여당의 성격이 강했다. 구성 자체를 안기부와 청와대가 담당하여 구정치인과 일부 지식인 중에서 순응적인 인사들을 발탁했다. 따라서 정부에 대해 야당이 진정한 반대를 행사할 가능성은 처음부터 차단되어 있었다.

여당인 민정당 또한 신군부 세력이 실권을 장악했다. 민정당은 제3공화국의 공화당에 비해 정치적인 힘이 더 부족했다. 군의 일부 엘리트만이 정당 정치에 가담했기 때문에 거의 모든 쿠데타 주동 세력이 참여했던 공화당보다 더 취약하고 대통령에게 의존할 수밖에 없었던 것이다. 거꾸로 말하자면, 군부가 박정희 치하에서보다 더 큰 정치적 영향력을 가지게 된 것이었다. 전두환 대통령은 지지 기반 확대를 위해 군부에 더 의존하게 되었다. 이러한 사실은 전 정권이 박 정권보다 군사 정권의 이미지를 더 강하게 가지게 했을 뿐 아니라, 대통령 자신의 권력을 제한하는 요인이 되었다. 다시 말해 전 정권은 박 정권보다는 인물 개인에 덜 의존하는 '제도적 군사 정권'의 성격을 상당히 띠고 있었던 것이다.

새로운 군부 집권 세력은 정치 사회의 형식적 부활을 통해 통치의 기반을 다지려고 했고, 여야 정당들은 이러한 기능을 실제로 수행했다. 그러나 통치 세력의 의도와는 관계없이 어쨌든 형식적이나마 정당 정치가 존재했다는 사실은 이후의 정치 변동에서 큰 의미를 지니게 되었다. 즉, 정치권에서 배제되어 있던 사회 세력들과 정치 지도자들에 의해 민주화 운동이 본격화되었을 때 제도권 정당들 역시 활성화되어 민주화에 한몫을 했을 뿐 아니라, 이렇게 하여 활성화된 정당들의 이합집산과 경쟁이 정치 변동의 구체적 방향에 상당한 영향을 주었던 것이다.

새 헌법에 따라 전두환 민정당 후보가 선거인단의 90% 이상의 득표로 대통령으로 당선되어 1981년 3월 3일 제12대 대통령으로 취임했다. 이로써 본격적인 전두환 체제가 시작되었다. 3월 25일의 국회의원 선거에서 민정당은 지역구와 전국구를 합쳐 총 276석의 의석 중 151석을 차지하여 국회를 마음대로 주무를 수 있게 되었다. 제1야당이 된 민한당은 81석을 획득하는 데 그쳤다.

이렇게 통치의 제도적 장치를 확보한 신군부 세력은 1980년에서 1983년에 이르는 동안 억압적인 통치를 지속했고, 이에 대한 국민의 전체적인 반응은 대체로 침묵을 통한 불만 표시로 묘사될 수 있는 것이었다. 물론 학생들의 반정부 시위는 전 정권 탄생 직후에도 계속되었으나, 민간 사회의 대규모적인 저항은 전 정권의 초기에는 나타나지 않았다. 정권의 공고화와 본격적인 저항의 출현 사이에는 그만큼의 시차가 필요했던 것이다. 다만 특기할 것은 1986년 이후 본격화된 반미 운동의 싹이 이 당시 이미 보이고 있었다는 사실이다. 1982년 3월의 부산 미문화원 방화, 1983년 9월의 대구 미문화원 사제 폭탄 투척 등의 행동을 통해 학생을 중심으로 한 반체제 세력은 광주사태에서 미국이 맡았던 역할에 대해 해명할 것을 요구했다. 이는 미국에 대한 항의 표시의 시발로 주목할 만한 것이었으나, 이러한 요구가 아직은 '미제 축출'의 구호로 표현되는 반미 운동으로 나아가지는 않았다.

통치의 공고화를 이룬 국가는 1983년 말부터 일종의 유화 정책을 펼치기 시작했다. 일단 통치의 안정을 이룬 후 정치적 명분을 고양하려는 집권 세력의 의지를 반영한 이러한 정책은 구체적으로 1984년 초의 대학 자율화 조치와 정치 피규제자 해금으로 나타났다.[10] 집권 세력은 경제의 호전과 통치의 안정에 자신감을 갖게 되었으며, 1985년 총선에서의 승리로 권력 기반을 구축하여 통치의 안정을 이루려고 했다. 무엇보다 정부는 급진적인 학생 운동 세력들을 온건 반대 세력으로부터 고립시켜 반대 세력을 순치하려고 했다. 그러나 유화 국면이 전개되자 자율적인 사회 세력들과 학생 조직들이 출현하기 시작했다. 민간 사회가 다시 정치화된 것이다.

정부는 군에 대한 통제력을 확보하기 위한 노력도 기울였다. 이를 위해 40여 명의 장성을 조기 퇴역시켰으며, 신군부 세력과 같은 정규 육사 출신을 중용하는 대규모 인사 개편을 단행했다. 이들의 성향은 전문적이고 기술 관료 지향적이었고, 국가 안보와 근대화의 추진에 대한 확고한 사명감을 가지고 있었다. 또한 이들은 강한 내적 유대를 지니고 있었는데, 이들의 유대 관계는 정치권력의 소재를 두 개의 부문으로 나뉘게 했다. 즉, 강력한 공식적 국가 기구들 외에 육사 동기생들 사이의 비공식 집단들이 권력의 중요한 핵심으로 부상한 것이다. 이렇게 되자 권력의 소재는 상당히 유동적인 양상을 띠었다.

정부의 효과적인 군 통제 덕분에 군 출신 실력자들 사이나 군부 안의

---

10 정부는 1983년 12월 학원 사태와 관련하여 제적된 대학생 1,300여 명의 복교를 허용했고, 공안 사범 300여 명을 일반 사범들과 함께 사면, 복권했다. 이듬해 2월에는 정치 활동 피규제자 중 202명을 해금했다.

갈등은 적어도 민주화 운동이 본격화되기까지는 존재하지 않았다. 1983년 12월 16일의 인사이동을 통해 정호용 육군 참모총장의 지휘 체계가 확립되었다. 3허씨(허삼수, 허화평과 군 출신이 아닌 허문도) 등 강경파들이 경질되어 육사 17기가 권력의 핵심으로부터 사라지고, 그 대신 박세직, 박준병 등 12, 13기가 부상했다. 이후 1985년 12월 정호용 육군 참모총장이 해임되어 이에 대한 군 내 소장 강경파의 압력설이 나돌았으나, 그는 이후 내무부 장관으로 복귀했다. 1986년 6월 소장 강경파의 지도자로 통하던 김진영 수도기갑사단장이 좌천됨으로써 군 내 갈등의 소지가 사라졌다.

2) 국가와 민간 사회

전두환 정권하의 국가와 민간 사회의 성격은 기본적으로 유신 체제와 동일했으며, 이를 심화시킨 것으로 볼 수 있다. 독점 재벌 기업에로의 자본 집중은 더 강화되었고, 국가의 재정적 자원 또한 크게 확대되었다. 크게 증가한 조세와 준조세를 통해 국가 기구는 엄청나게 비대해지고 강화되었다. 국가의 폭력 기구는 이러한 재정적 바탕 위에서 더 조직적이고 기술적으로 발전했다. 유신 때와 마찬가지로 심화된 정경 유착은 정치적 부패를 부채질했다. 군, 관료, 자본가 집단의 지배 연합의 구조 속에서 대통령은 그 정점에 서 있었다.

그러나 박정희 정부와는 달리 전두환 정부는 상층 부르주아지와 기술 관료의 전폭적 지지를 받지는 못했다. 이들은 자본주의 산업화가 고도화되어 감에 따라 권위주의적 권력 남용이 지닌 경제적 합리성의 훼손에 대해 불만을 가지고 있었다. 더구나 재벌 기업들은 새마을사업, 일해재단 건립 등을 위한 기금 모집에서 대표적으로 나타났던 과도한 준

조세 관행에도 불만을 품었다. 그동안의 경제 성장을 통해 이들의 발언권과 영향력이 점차 커지고 있었으며, 국가의 일방적인 지시와 자본가의 복종이라는 구도가 조금씩 변하고 있었다.

국가 기구 내에서도 유신 때와는 달리 대통령이 개인적인 통치 체제를 구축하기는 어려웠다. 대통령이 군에 대한 통제력을 확보한 것은 사실이었지만, 군이 박정희하에서와 같은 단일하고 절대적인 충성을 지니고 있었던 것은 아니었다. 권력의 핵심부에 있던 신군부 출신 인사들은 전두환을 보필하는 일종의 집단 지도 세력을 이루고 있었다. 그들은 전두환의 친구 혹은 후배들로서 그에 대한 지지를 자신의 정치적 이해를 관철할 수단으로 삼았다. 지배 세력 안에 전두환에 대한 정치적 도전이 없었던 것은 사실이지만, 그들의 관계가 절대적인 충성-복종 혹은 후원-피후원의 관계였다고 말하기는 어렵다. 이런 의미에서 전두환 정권은, 대통령 개인의 권력이 막강하기는 했으나 박정희 정권과 같이 개인적 정권 또는 일인 지배 체제라고 부르기는 어려웠다. 그렇다고 그 정권을 1960~1980년대 남미 여러 나라의 군사 정권과 같은 제도적 정권이라고 볼 수도 없지만, 그러한 성격이 상당히 가미되어 있었던 것은 사실이다. 이러한 사실은 전 정권의 퇴진과 민주화 이행 과정에서 중요한 의미를 띤다. 즉 일인 지배 체제를 구축하지 못했기 때문에 전두환의 퇴진은 이승만과 박정희의 몰락과 같은 극적인 사건을 필요로 하지 않고 덜 폭발적으로 이루어졌다. 특히 통치 말기에 이르러서는 정치권력이 대통령에 의해 독점되지 않고 집권 세력의 강온파 사이에 어느 정도 나누어져 있었기 때문에, 국민의 민주화 요구에 대한 국가의 대응에서 집권 세력 내부의 의견 차이와 분열이 중요한 몫을 차지했다.

국가의 노동 통제는 유신 체제 시절보다 더 강력해졌다. 1980년 7월부터 12월까지 시행된 '정화 조치'의 일환으로 많은 노동 지도자가 체포되거나 직장에서 추방당했다. 12월에는 노사협의회 제도와 기업별 노조 조직을 강요하는 노동관계 법률 개정으로 국가의 통제가 더욱 체계화되었다. 이렇게 하여 191명의 노조 지도자가 지도부에서 추방되었고, 106개 개별 지역 노조가 폐쇄되었으며, 산별 노조 조직이 허용되지 않았을 뿐 아니라 개별 기업 수준에서도 신규 노조 인가 조건이 강화되었다. 그 결과 전국 노조원 수가 격감하여 1979년 110만 명에서 1981년 82만 2,000명, 1983년 78만 5,000명으로 줄어들었다. 더욱 중요한 사실은 회사와 국가의 통제를 받지 않는 자주적인 노조 활동이 불가능해졌다는 점이다. 결과적으로 조직 노동자에 대한 국가의 권위주의적 통제는 유신 체제 당시보다 더 가혹해진 것이었다.[11] 그러나 이러한 가혹한 조건하에서도 노동 계급과 신구 중간 계급에서는 자기 목소리를 주장할 꾸준한 역량을 축적하여 정치적 해빙과 더불어 1987년의 6월봉기와 '노동자 대투쟁'을 벌이게 된다.

3) 정당성의 문제와 정치적 도전

앞서 본 바와 같이, 전두환 정권이 당면했던 가장 근본적인 문제는 군부 통치의 시대적 역행성이었다. 다시 말해 유신의 붕괴로 군부 통치가 끝났어야 했을 시점에서 폭력으로 군부가 다시 권력을 장악했다는 사실 자체에 가장 큰 문제가 있었다. 그리고 그 폭력이 엄청났다는 사실이 그 문제를 증폭시켰다. 군부 통치의 종식은 국민의 여망과 정치적 정당성

---

11 신광영, 「생산의 정치와 80년대 한국의 노동조합」, 한국사회사연구회 편, 『현대 한국의 노동 문제와 도시 정책』(서울: 문학과 지성사, 1990), 29~33쪽; 박준식, 「1980년 전후의 노동 운동과 국가의 개입」, 한국산업사회연구회 편, 『오늘의 한국 자본주의와 국가』(서울: 한길사, 1988), 331~340쪽.

뿐 아니라 정치, 경제, 행정의 효율성 면에서도 역사적인 당위였던 것으로 보인다. 신군부는 힘의 자원과 그 사용에서 저항 세력을 압도하여 정권을 장악할 수는 있었으나, 그 집권 과정이 정권의 정당성 감소에 결정적인 역할을 했다. 게다가 신군부는 유신을 부정하면서도 유신의 근본적인 구조를 간직할 수밖에 없는 한계를 지니고 있었다. 개혁이 필수적인 상황에서 정부는 개혁을 이룰 아무런 의지도 명분도 능력도 없었다.

유신 체제의 선포 때와는 달리 전 정권에 대한 학생들의 반발은 즉각적이었다. 1980년 5월부터 1983년 후반 유화 국면이 시작되기 직전까지 반정부 시위로 투옥되거나 구속된 학생 수는 유신 기간 전체보다 많은 1,400여 명에 달했다. 유신 체제가 보인 효율적인 정치적 억압과 국민의 공포감은 더 이상 존재하지 않았다. 학생 운동은 당시까지 쌓은 투쟁 역량 위에 유화 국면의 영향으로 급속히 활성화되었다. 전 정권하의 학생 운동은 이전과는 근본적으로 달라졌다. 이념적으로 급진화되었고, 대학별 연대와 상하부 조직의 체계화를 통해 조직적으로 크게 성장했으며, 행동이 과격해졌고, 반미 운동이 태동했다.[12] 학생 운동은 전국학생총연합(전학련)과 그 전위 조직인 민족통일 민주쟁취 민중해방투쟁위원회(삼민투)가 주도했다. 이들은 1984년 11월 민정당사를, 이듬해 5월 서울의 미국 문화원을 점거하여 정가에 충격을 주었다. 이들 조직은 1986년에 반제반파쇼 민족민주 투쟁위원회(민민투), 반미자주화 반파쇼 민주화 투쟁위원회(자민투)로 대체되면서 더욱 과격해졌다. 이들은 이후 각각 이른바 PD(민중 민주주의, People's Democracy)파와 NL(민족 해

---

12 현승일, 「한국 학생 운동 30년: 주도 노선을 중심으로」, 『사상과 정책』 7:1(1990 봄호) 참조.

방, National Liberation)파의 모태가 되었다. 이 해 들어 반미 운동과 반전 반핵 운동이 본격화되었고, 공개적인 분신자살 등 극단적 행동이 속출했다. 학생 운동은 1986년 전국반외세반독재 애국학생투쟁연합(애학투) 발족식 후 일어난 건국대 사태[13]로 잠시 침체했으나, 1987년 6·29 선언 이후 8월 19일 전국대학생대표자협의회(전대협)를 결성하고 통일된 운동의 활기를 되찾았다.

재야 운동권 또한 학생에 비해 늦게 활동을 시작했으나, 1983~1984년 이후 기층 민중에로 기반을 확대하고 민중 운동을 주도해 나갔다. 재야 운동도 학생 운동과 마찬가지로 이전에 비해 전투성과 이념적 급진성이 고조되었다. 반체제 운동은 자유민주주의적 단계에서 민중민주주의적 단계로 발전했다.

그 가운데 노동 운동권이 가장 큰 변화를 보였다. 추방된 전직 노조 지도자들과 학생 출신 노동자들이 주도한 비제도권 노동 운동이 등장했고, 이들 중 상당수가 공단 지역, 특히 경인 지역에서 파업을 주도하는 새로운 현상을 보였다. 이에 따라 노사 분규는 1980년대 초 약 100건에서 1985년 256건으로 증가했다.[14] 이러한 변화는 전두환 정권하에서 노동 운동이 지닌 정치적 의미를 배가시켰다. 이제 노동 운동은, 학생 및 재야 운동과의 밀접한 연계하에 사회 운동에서 이전까지의 주변적 역할을 탈피하여 핵심적인 부분으로 변모하게 된 것이다. 노동 운동은 여전히 경제적 투쟁이 주류를 이루고 있기는 했으나, 투쟁의 과격성이 지닌 정치적 여파가 컸다는 점에서 정치적 의미를 점점 짙게 띠어 갔다.

---

13 10월 말 애학투 발족식 후 경찰에 밀린 26개 대학 학생들은 건국대에서 철야 농성을 벌였고, 경찰은 1,200명 이상의 농성 학생 전원을 연행했다. 이 사건은 시위와 진압의 대규모성과 폭력성으로 정치적인 충격을 던졌다.
14 현승일(1990), 215쪽.

운동권이 보인 이념적 급진화는 특별한 관심을 불러일으킨다. 이러한 이념적 급진화의 배경에는 광주사태라는 비극이 뿌리박고 있었다. 이 비극은 운동권에게 기존의 체제를 유지하는 한 민주화와 사회 정의는 실현되기 어렵다는 믿음과 이러한 '파쇼' 체제의 배후에 미국이 있다는 신념을 강화시킨 결정적인 계기가 되었다. 이제 더 이상 체제는 개량의 대상이 아니라 타도의 대상이 되었고, 미국은 민주화의 친구가 아니라 그 으뜸가는 적으로 변모하게 된 것이었다. 여기에는 종속 이론과 다양한 종류의 마르크스주의적 혁명 이론의 폭발적인 유입이 이론적 기초를 제공했다. 그 결과 미국 문화원에 대한 일련의 공격으로 상징된 반미 운동이 나타났고, 사회 변혁을 위한 민중민주주의의 이론적 논쟁들이 활발해졌다. 이런 이론적 논쟁들은 특히 학생 운동권 내부의 노선 투쟁으로 나타났는데, 이는 특히 1980년대 중반 이후의 삼민투, 민민투, 자민투 등의 조직으로 나타났다. 이런 의미에서 1985~1986년은 학생, 재야 운동권의 한 전환점으로 간주될 만하다. 이제 더 이상 운동권은 반공, 분단의 논리에 얽매이지 않고 사회주의 혁명까지도 공공연히 천명하게 된 것이었다.[15]

전두환 통치의 초기에 정치 사회는 의미 있는 활동을 보이지 못했다. 야당 지도자였던 김영삼은 1983년 5~6월 자택 연금 속에서 정권에 반대하는 단식 농성을 벌였다. 1982년 5월의 장영자 사건과 이듬해 8월의

---

15 이런 상황이 처음으로 대규모로 나타난 것은 1986년 5월 3일의 인천사태였다. 인천 사태는 1년 전에 결성된 신한민주당이 주도한 개헌 추진 운동으로 시작되었으나, 신민당의 의도와는 달리 재야 운동 세력은 이를 혁명적 대중 시위로 전환시키려 했다. 자민투, 민민투, 서울노동운동연합, 인천지역노동자연맹 등의 조직들이 '반미 반제, 반파쇼, 민족 통일'의 혁명적 변혁을 향한 최초의 민중 봉기를 시도한 것이었다. 또한 이 사태는 급진적인 재야 운동권이 제도 야당에서 분화되어 독자적인 실체로 나타나는 계기가 되었다. 현승일(1990), 220~221쪽.

명성그룹 사건, 10월의 영동 개발 진흥 사건 등 큼직한 금융 부정 사건으로 정치적 정당성에 더욱 먹칠을 한 정부는 계속되는 시위와 항의 속에서 유화 정책으로 돌아섰으나, 야당 지도자들인 김대중과 김영삼은 여전히 정치 활동이 금지되고 있었다. 두 야당 지도자들은 1984년 5월 18일 민주화추진협의회(민추협)를 발족하고 본격적인 민주화 운동에 착수했다. 이는 이후 신민당의 모체가 되었다.

3. 민주화의 정치 동학

1985년은 전두환 정권 아래에서 민주화 운동이 본격화되고 새로운 정치 역학이 시작되는 분수령이 되었다. 따라서 1985~1987년은 전두환 정권의 후기라 불릴 만하다. 당시 일어난 민주화의 정치 동학에서 가장 두드러진 특징은 국가와 민간 사회 사이, 그리고 정부·여당과 야당 세력 사이에 복합적으로 이루어진 힘겨룸이 팽팽한 긴장 관계를 유지했다는 점이다. 한국의 정치사에서 처음이었던 이러한 상황은 양측의 정치적 선택에 의한 구체적인 전략 전술이 정치 변동 과정에서 중요한 역할을 담당하게 만들었다. 다시 말해, 각 행위자의 행동 및 구체적 상황의 변화가 한국의 정치 변동에서 구조적 요인보다 더 중요한 역할을 담당할 국면을 조성한 것이다. 또한 이러한 힘의 교착 상태는 양측이 모두 정치적 전략을 둘러싸고 분열한 원인이 되었다. 국가, 민간 사회, 정치 사회 내의 여야당 모두 행동의 방법과 그 강도를 둘러싸고 이견을 보임으로써 힘의 분산이 이루어졌던 것이다. 이러한 각 세력 내의 분열은 민주화의 과정과 결과를 예측하기 힘들게 만들었다. 국가 내의 강경파는 4·13호헌조치로써 치명적인 실수를 범했으나, 이후 이어진 저항 세력의 격렬한 반발 속에서 득세한 온건파가 6·29선언으로 민주화의 방향을 자신에게 유리하게 이끌었다. 그 반면, 저항 세력은 호헌조치에 반대한 전 국민적인 6월 투쟁으로 힘의 우위를 점하고 6·29 '항복'을 받아내었으나, 이후 돌이킬 수 없게 된 분열로 정치권력의 획득에 실패하고 말았다.

1) 민주화 운동의 시발

정부의 유화 조치는 잠재해 있던 민간 사회와 정치 사회의 정치적 저항을 활성화시키는 계기가 되었는데, 이는 특히 1985년 2월 12일의 총선으로 극적인 출발을 보였다. 총선을 한 달 앞둔 1월 18일 민주화추진협의회를 모체로 하여 신한민주당이 결성되었다. 이는 민한당에 대신하여 진정한 야당을 이룩하여 정권 교체를 달성하려는 반정권 세력의 구심체로 나타났다. 총선 결과 민정당은 제1당의 자리를 유지하기는 했으나 실질적으로는 충격적인 패배를 맛보았다. 원래 이 선거는 전두환의 초기 치적에 대한 평가의 의미를 띠고 있었는데, 여당은 승리를 의심치 않았고 오히려 집권을 굳히는 계기로 삼으려 했다. 그러나 그러한 기대와는 달리 여당에 유리한 선거 절차와 자원에도 불구하고 총선을 불과 3주 앞두고 급조된 야당이 엄청난 선거 열풍을 불러일으켰다. 신한민주당은 대도시에서 압승을 거두고 제1야당으로 부상했다. 총선 결과는 민정당 87석(전국구 포함 148석), 신한민주당 50석(전국구 포함 67석), 민한당 26석(전국구 포함 35석), 국민당 15석(전국구 포함 20석)을 획득한 것으로 나타났다.

이러한 결과는 전 정권의 정당성에 대한 국민의 불신 외에도 계속된 부정부패의 추문에 대한 국민의 불만, 그리고 궁극적으로는 정치적 민주화를 바라는 국민의 열망을 대변하고 있었다. 또 선거를 며칠 앞둔 2월 8일 김대중이 정부의 허락으로 미국에서 귀국하여 신한민주당의 열풍에 불을 질렀다. 선거 결과 투쟁적인 야당이 핵심 도전 세력으로 등장하면서 당시의 정치 과정을 근본적으로 바꾸어 놓았다. 이전의 정치가 전두환의 권력 공고화에 초점이 맞추어졌다면, 이후의 정치는 전두환의 퇴진 (혹은 단임 약속 이행)과 민주화로 방향이 모아졌던 것이다. 다시 말해, 1985년의 총선을 계기로 민주화 운동이 본격화된 전두환 통치의 제2기가 시작된 것이었다.

저항 세력의 구심체로서 새로운 야당이 출현함으로써 권위주의 체제에 대한 반대는 일단 거리에서 국회로 옮겨지게 되었다. 이제 정치 사회가 한국의 정치 변동에서 중요한 역할을 갖게 되었다는 뜻이다. 이런 현상은 시간이 지나면서, 그리고 한국 정치가 점차 민주화되어 가면서 점점 더 뚜렷하게 나타났다. 총선 이후의 정치 쟁점은 자연히 전두환 대통령의 임기 만료를 전제로 한 헌법 개정에 맞추어지게 되었다. 그러나 집권 여당은 여전히 신민당을 개헌을 위한 협상 상대자로 받아들이려고 하지 않았다. 국회 안에서의 개헌 활동에 한계를 느낀 신민당은 1986년 2월 12일 민추협과 함께 1천만 개헌 운동을 시작함으로써 장외 정치로 전환했다. 이후 정치적 저항이 정치 사회와 민간 사회의 공동보조로 이루어지게 되었고, 그만큼 지배 세력에 대한 도전이 거세어졌다. 그 결과 마침내 여야 간에 개헌을 위한 협상이 시작되었다.

2) 헌법 개정 문제: 정치 사회

신민당과 국민의 요구에 밀린 전두환은 1986년 1월 16일 국정 연설을 통해 개헌에 대한 자신의 구상을 발표했다. 여기서 그는 기존의 헌법으로 새 대통령을 선출하고 신헌법 제정에 대한 논의는 1988년 10월로 예정된 서울 올림픽 이후로 미룰 것을 천명했다. 그러나 이후 1986년 국회의 가을 회기 종료 이전에 신헌법의 초안을 작성한다는 것으로 후퇴하고 2월에 개헌 논의를 시작할 것을 허용했다. 그 결과 국회는 6월 24일 헌법 개정 특위를 설치하고 논의를 시작했다. 그러나 여야는 개헌의 내용과 시기에 관해 대립했고, 9월 들어 신민당은 대통령 직선제 개헌 합의를 촉구하면서 헌법 개정 특위에 불참하겠다고 선언했다.

집권 세력은 내각제를 주장했는데, 그것은 전 대통령이 단임 약속을 실행하는 상황에서 다른 대안이 없었기 때문이다. 즉, 전 대통령이 물러나더라도 내각제를 통해 민정당이 국회에서 다수 의석을 차지하면 정치권력을 계속 장악할 수 있다는 간단한 계산 때문이었다. 그 반면 대통령 직선제를 채택할 경우 김대중과 김영삼이라는 대중적 지도자들의 존재 때문에 선거전에서 패배할 가능성이 있었다. 야당 인사들은 대통령 직선제 개헌을 겉으로 내세웠으나, 한편으로는 내각제에 상당한 매력을 느낀 세력도 있었다. 이는 내각제를 채택함으로써 집권 세력 내, 특히 군부 강경파의 개입 위험을 없애고 동시에 대통령제를 통한 급진 세력의 부상 가능성을 없애려는 의도 때문이었다. 따라서 당시 야당은 강경한 대통령 직선제 지지자와 타협적인 내각제 옹호자로 갈라져 있었다. 그러나 정국이 경색되면서 협상파는 설 자리를 잃게 되고 만다.

이러한 교착 상태는 두 개의 극적인 사태를 계기로 폭발적인 상황으로 변모했다. 먼저 당시 신민당을 위임 통치하던 협상파 이민우 총재는 1986년 12월 24일 그가 제시한 민주화 조치들(양심수 석방, 언론 자유 보장, 김대중 복권 등 7개항)이 받아들여지면 내각제 개헌을 수용하겠다는 소위 '이민우 구상'을 정부·여당과의 타협안으로 발표했다. 그러나 신민당의 실세이면서 강경 노선을 견지하던 두 김씨는 이를 수용하지 않았다. 그들은 1987년 2월 13일 공동 기자회견을 통해 대통령제와 내각제 중 하나를 선택할 선택적 국민투표를 실시할 것과 그들과 전두환 대통령 사이의 '실세 대화'를 요구했다. 또 그들은 신민당 탈당을 선언하고 통일민주당을 창당함으로써 신민당을 와해시켰다. 이로써 야당 내 타협 세력은 정치 투쟁의 핵심으로부터 사라지고 정국은 강경 투쟁으로 내달았다.

이러한 힘의 교착 상태를 깨뜨린 것은 이른바 4·13호헌조치였다. 집권 세력이 힘의 교착 상태를 타개하고 권력 투쟁에서 승리하기 위해 강경책으로 선회한 것이다. 이 조치는 당시까지 진행되던 모든 개헌 논의를 올림픽 이후까지 유보하고 연내에 현행 헌법으로 대통령 선거를 실시하여 정부를 이양할 것을 골자로 하고 있었다. 이 조치와 함께 집권 세력은 정치적 탄압을 재개하여 김대중을 가택 연금했으며 야당 의원을 구속하고 폭력배들을 동원하여 통일민주당의 창당을 방해했다. 그러나 이러한 방해 공작에도 아랑곳없이 통일민주당은 5월 1일 창당식을 열었다. 이후 5월 하순 박종철 군 고문치사 사건이 일반에 공개될 때까지 정부의 강경책은 고수되었다. 이 호헌조치는 집권 세력의 가장 잘못된 선택이었다. 호헌조치는 개헌 논의를 억압하기는커녕 오히려 민주화 투쟁을 더욱 불붙였다. 이제 정치 변동의 쟁점은 타협이 배제된 가운데 개헌과 호헌의 양자택일의 투쟁으로 단순화되었다. 집권 세력과 저항 세력의 양쪽에서 온건파보다는 강경파가 전면에 나서 대립을 벌이게 되었던 것이다. 이러한 전면 투쟁은 6월봉기로 극화되었고, 뒤이은 6·29선언으로 완전히 다른 양상으로 변모하게 되었다.

돌이켜 볼 때, 개헌 협상이 교착된 것은 집권 세력과 저항 세력 모두가 자신의 정치적 힘과 그 힘 대결에서의 승리에 자신을 가지고 있었기 때문이다. 1979~1980년과는 달리 당시에는 민간 사회 세력이 성장하여 국가에 대한 요구를 관철할 능력이 커졌고, 신민당은 1985년 총선에서 진 빚 때문에 사회 운동 세력의 입김을 무시할 수 없어 비타협의 전략으로 나갔다. 국가 안에서는 아직 온건파와 강경파의 견해 차이가 본격화되지 않았지만, 4·13조치는 체제 내 강경파의 입장을 대변한 것이었다. 집권 세력은 이 조치로써 개헌 논의를 중단시킬 수 있다고 믿었을 것이나, 오히려 전 국민적 저항을 불러일으켜 개헌을 저항 세력이 주장했던 방향으로 가속화시키고 말았다. 국가로서는 최악의 선택이었던 셈이다.

3) 6월봉기

'호헌 철폐, 독재 타도'의 구호로 시작된 6월봉기는 당시까지 교착 상태에 있던 호헌 세력과 개헌 세력 사이의 힘겨룸을 근본적으로 바꾸어 놓았다. 이런 점에서 이는 10·26 이후의 복잡했던 힘겨룸의 양상을 일거에 바꾸어 놓은 광주항쟁과 비길 만했다. 광주항쟁이 실패로 돌아가고 군부 세력 득세의 계기가 되었다면, 저항 세력이 승리한 6월봉기는 민주화를 가능하게 했다. 그것은 당시까지 의혹을 주던 전두환의 재임 혹은 막후에서의 실력 행사를 일단 불가능하게 만들고 민주주의 절차에 따른 대통령 선거와 정치 과정의 민주화를 가능하게 했다. 이런 점에서 6월봉기는 4·19와 대비될 수도 있겠으나, 4·19가 집권자의 망명을 통해 정권 구조의 변화를 가져온 반면, 6월봉기는 민주적 헌법 채택이라는 제한된 성공만을 거두었을 뿐이다. 이는 그만큼 이 정권과는 달리 전 정권하의 지배 연합은 여전히 권력 구조를 유지할 수 있는 자원을 지니고 있었기 때문이다. 전두환이 굴욕에 가까운 퇴임을 했지만 이는 사실이었다. 그만큼 박정희 통치 이래 계속된 국가의 물적 구조와 군, 관료, 자본가 집단으로 형성된 지배 연합의 지배력이 견고했다.

6월봉기의 촉매는 1987년 5월 18일 박종철 군 고문치사 사건을 천주교정의구현전국사제단이 폭로한 일이었다. 당시 서울대학교에 재학 중이던 박종철은 1987년 1월 치안본부 대공수사단에 연행되어 조사받던 중 물 고문으로 숨졌다. 경찰과 정부는 이를 은폐하려 했으나 뒤늦게 폭로됨으로써 정국은 파란으로 돌입했다. 이는 4·13호헌조치로 강경 대치 상태에 있던 집권 세력과 저항 세력의 대결에 기폭제 역할을 했고, 이를 계기로 전 국민적인 민주화 투쟁이 벌어졌다. 이러한 대중적 투쟁의 열기는 이전과는 달리 조직적 토대를 갖춤으로써 한층 강력해졌다. 인천사태 이후 반전 반핵 운동, 부천서 성고문사건 규탄,[16] KBS 시청료 거부 운동을 벌이고 4·13조치 이후 호헌 철폐 투쟁을 확산시키던 학생, 성직자, 지식인 및 일반 시민은 5월 27일 범민주 연대 기구인 민주헌법쟁취 국민운동본부(국민운동본부)의 결성을 계기로 저항 운동의 구심체를 갖게 되었다. 이 기구는 4·13조치 철회 및 직선제 개헌의 쟁취를 당면한 운동의 목표로 삼았다.

이 기구가 주도한 6월 10일의 전 국민 대회는 전국 22개 지역에서 24만 명의 시민을 모았고, 18일에는 150만 명의 인파가 전국 주요 도시에서 시위를 벌였다. 경찰력으로는 진압이 불가능하게 된 상황에서 국가는 군 동원을 고려했으나 불발로 그치고 말았다. 군 지도자들이 사태의 책임을 지는 것을 원하지 않았고, 정부로서는 미국 정부의 반대 입장을 고려하지 않을 수 없었으며, 이듬해 가을로 예정된 올림픽을 성공적으로 치러야 했기 때문이다.[17] 4·19 당시와 비슷하게 국가가 강한 도전 속

---

16 시국 사건으로 부천 경찰서에서 신문을 받던 여대생 권인숙은 취조하던 문귀동 형사에 의해 성추행을 당했다. 1987년 7월 이 사건이 공개되자 즉각 항의 운동이 일었다. 이는 전두환 정권의 도덕성에 또 하나의 타격을 안겼고, 민주화 운동을 더욱 촉발시켰다.

17 당시의 민주화 과정에서 차지한 미국의 역할은 다시 한 번 세인의 관심을 끌기에 충

에서도 가장 강력한 힘의 자원을 쓰지 못한 경우였다.

6월봉기의 중요한 특징 중 하나는 지금까지 침묵을 지켜 오던 도시 중간 계급이 민주화 운동에 적극 동참했다는 사실이다. 그들은 유신 체제에서, 그리고 10·26 이후의 정치 변동 과정에서도 침묵으로 방관하여 결국 권위주의 세력의 득세에 도움을 준 셈이 되었지만, 이번에는 학생과 재야 세력이 중심이 된 반정권 운동을 적극 성원했다. 물론 이들이 조직적인 바탕으로 반정권 운동에서 주도적 역할을 담당한 것은 아니었지만, 가두 투쟁에서 이들이 보여 준 적극적인 성원은 학생·재야와 국가의 투쟁에서 힘의 균형을 결정적으로 전자에 유리하게 만들었던 것이다.

집권 세력은 통일민주당을 재야 세력과 분리시켜 협상하려고 했다. 6월 10일 민정당 대통령 후보로 공식 선출된 노태우는 여야 간의 대화를 추진했다. 이에 대해 통일민주당은 영수 회담을 주장하여 24일 전두환 대통령과 김영삼 총재 사이에 청와대 회담이 열렸다. 그러나 타협은 실패했다. 김영삼은 4·13조치 철회와 양심수 석방 등의 민주화 조치와 직

분했다. 미국의 레이건 행정부는 전두환 정부에 대한 지원을 아끼지 않았다. 그러나 한국에서 민주화의 물결이 거세게 일어나자 미국 정부는 한반도에서의 자국의 안보 이익을 해치지 않으면서 점진적이고 타협적인 정부 이양을 이룰 수 있도록 정책 목표를 수정했다. 미국 정부는 이를 위해 개스턴 시거 당시 국무부 아시아·태평양 담당 차관보를 한국에 파견하는 등 영향력 행사에 진력했다. 이러한 미국의 영향력 행사가 군 동원을 억제하고 동시에 노태우의 당선을 통한 정치적 전환의 보수화에 (그 정도를 측정하기 힘든) 상당한 역할을 담당했으리라는 점은 짐작할 수 있다. 그러나 미국의 영향력이 없었다고 하더라도 제한된 민주화와 정권 교체의 실패라는 두 모순된 정치적 변동의 결과는 크게 달라지지 않았을 것이다. 이런 의미에서 당시 민주화 과정에서 차지한 미국의 역할을 지나치게 강조하는 것은 옳지 않다. 김영명, 「한국의 정치 변동과 미국: 국가와 정권의 변모에 미친 미국의 영향」, 『한국정치학회보』, 22:2(1988), 111~112쪽 및 한승주, 「한국의 대외 관계와 민주화: 한미 관계를 중심으로」, 한국정치학회 편, 『한국 정치의 민주화: 현실과 과제』(서울: 법문사, 1989) 참조.

선제 개헌이나 (내각제 혹은 대통령 직선제 사이의) 선택적 국민투표를 실시할 것을 주장했다. 전두환은 여야 지도자들이 개헌 논의를 재개할 것을 요청하여 4·13조치를 사실상 철회했지만, 직선제 개헌에 대해서는 확실한 언질을 주지 않았다. 통일민주당과 국민운동본부는 영수 회담이 결렬되었다고 판단하고 26일 국민평화대행진을 강행했다. 이는 주최측 추산으로 34개 시, 4개 군, 총 130만 명이 참여한 대규모 국민 저항이었다. 민간 사회와 정치 사회를 아우르는 저항 세력의 이러한 강경 투쟁과 힘의 과시로 집권 세력에게 정치적 결단의 순간이 왔다. 그러한 정치적 결단은 국가 내 온건파의 승리를 통해 6·29선언으로 나타났다.

4) 6·29선언

집권 세력 내 강경파의 쇠퇴와 온건파의 득세는 5월 26일의 대폭 개각을 통해 강경파의 선두 주자였던 장세동 안기부장이 해임된 데서 대표적으로 나타났다. 당시까지의 집권 세력 내 권력 투쟁은 특히 노태우 민정당 대표위원과 장세동 안기부장을 중심으로 일어나고 있었다. 4·13 호헌조치를 권고한 것으로 알려진 장세동은 이후 박종철 군 고문치사 사건으로 국민적 저항이 거세게 일어나자 정부 안에서 그 입지가 약화되었고, 상대적으로 열세에 놓여 있던 온건파의 노태우가 정호용의 도움으로 우세한 위치를 차지할 수 있었다.[18] 노태우는 6월 10일 민정당의 차기 대통령 후보로 공식 선출됨으로써 집권 세력 내의 권력 투쟁에 마침표를 찍었다.

야당의 강경 입장으로 타협이 불가능하게 되자, 노태우는 내외신 특

---

18 이철, 『제5공화국의 사건들』(서울: 일월서각, 1987), 272~275쪽.

별 기자회견을 통해 소위 6·29선언으로 불리는 정치적 선택을 제시했다. 이 선언은 야당과 일반 국민이 요구한 핵심 사항이었던 대통령 직선제 개헌을 받아들이고, 연내 대통령 선거를 통해 이듬해 2월 중 정부를 이양한다는 것을 골자로 하고 있었다. 그 외에 1) 대통령선거법 개정, 2) 김대중 사면, 복권 및 극소수를 제외한 시국사범 석방, 3) 국민 기본권 신장, 4) 언론 자유 창달, 5) 지방자치제 실시, 대학 자율화, 6) 정당의 자유로운 활동 보장, 7) 과감한 사회 정화 조치를 제시했다.

이러한 타협안의 제시는 물론 민주화를 요구한 국민적 공세에 밀려 나온 것이었다. 그러나 여기에는 제한된 민주화를 통해 집권 세력의 지배를 지속할 수 있다는 계산이 깔려 있었다. 민주주의의 절차를 보장함으로써 국민적 저항을 약화시키고 저항 세력의 내부 분열을 일으킴으로써 집권당의 권력을 유지할 수 있다는 계산이었다. 특히 이는 김대중과 김영삼의 뿌리 깊은 경쟁과 정부, 여당의 막강한 조직, 자금으로 대통령 직선 경쟁에서도 승리할 수 있다는 계산이었던 것으로 보인다. 실제로 6·29선언 이후 정부는 김대중을 포함한 2,335명의 사면, 복권을 시행했다. 이런 의미에서 6·29선언은 어느 면에서는 노태우 자신이 표현한 대로 국민에 대한 '항복'이라고 말할 수 있겠으나, 다른 면에서는 항복을 가장한 권력 연장의 합리적이고 계산된 행동이었다. 다시 말해, 6·29선언은 국가로 볼 때 저항 세력의 거센 도전하에서 취해진 유효적절한 선택이었다. 이로써 거리의 정치는 일단 제도권으로 들어왔다. 민주화를 향한 힘의 대결은 이제 거리의 정치가 아니라 제도권 안에서의 경쟁, 즉 선거 경쟁으로 변화했다. 그 결과 헌법 개정 작업이 가속되어 10월 27일 여야 합의에 의한 헌법 개정안이 국민투표를 통과하여 확정되었다. 그 핵심은 정부 형태로 국민 직선의 대통령제를 채택하고 대통령의 임기를 5년 단임으로 국한한다는 것이었다.

5) 노동자 대투쟁과 저항 세력의 분열

6·29선언으로 정치적 해빙을 맞자 민간 사회는 다시 한 번 격렬히 분출했다. 특히 노동 운동에서 이러한 현상이 두드러졌는데, 7~9월 사이 1,000개 이상 신규 노조가 설립되고 3,000회 이상의 노동자 투쟁이 벌어졌다. 1987년 한 해 동안에 총 3,749회의 노사 분규가 일어났는데, 이는 1960년대부터 1986년까지 일어난 노동 쟁의 건수를 전부 합친 것보다도 많은 숫자였다.[19] 노사 분규의 숫자뿐 아니라 그 내용에 있어서도 큰 변화가 왔는데, 그것은 전국으로 번진 '민주 노조' 운동이었다. 민주 노조 운동은 국가의 통제를 탈피하여 노동운동의 자율성을 획득하고 적극적인 조직 활동을 통해 노동자들의 이익을 대변하겠다는 의도로 일어났다. 이는 국가의 불법화에도 불구하고 1980년대 초부터 일어났으나 1987년 들어 본격화되기 시작했다. 민주 노조들은 지금까지의 전통적인 경제 투쟁에서 더 나아가 정치 투쟁도 수행할 것임을 천명했다. 이렇게 볼 때, 당시의 노동 운동은 1980년 봄과는 분명히 다른 성격의 변화를 보여 주었다. 즉 이제 노동 운동에서 정치적이고 계급적인 성격이 부각되기 시작했다.[20]

따라서 당시의 격렬했던 노동 분규는 다시 한 번 정치적 해빙기에 발생하는 민간 사회의 격렬한 분출을 보여 준 것으로 보인다. 더구나 이전의 정치적 해빙기와는 달리 1987년의 노동 운동은 그 양과 이념적 급진성에서 큰 변화를 보여 주었다. 그러나 그것이 직접적으로 정치적인 목

---

19 신광영(1990), 21~22쪽의 도표 참조.

20 당시의 노동 분규는 울산의 중화학공업 지역을 중심으로 일어났다. 표면적인 쟁점은 임금 인상과 근로 조건 개선이었으나, 배경에는 노조 설립의 자유와 어용 노조 타도라는 정치적 성격의 쟁점이 숨어 있었다. 송호근, 『한국의 노동 정치와 시장』(서울: 나남, 1991), 358쪽.

표를 가지고 있었던 것으로 보이지는 않는다. 노동 운동이 경제적 투쟁에만 그치지는 않고 운동권의 침투와 연대를 통한 정치·경제적 '변혁 운동'의 일부로 작용한 면도 없지 않았지만, 여전히 그 주요 기능은 경제적 투쟁에 있었다. 그리고 당시의 대규모 노사 분규가 미친 경제적 영향도 그렇게 컸던 것 같지는 않다.[21]

하지만 원래의 목표야 어쨌든 당시의 노동 투쟁이 지닌 정치적 여파는 상당히 큰 것이었다. 이는 우선 학생과 재야 세력에 의해 노동 운동이 민주화 운동의 일부로 이용되었을 뿐 아니라 많은 사람에게 그렇게 인식되었다. 국가는 반대로 이러한 투쟁을 이용해 국가적 위기의식을 국민에게 불러일으키려고 했다. 여전히 반공의 보수적 심성을 지니고 있던 많은 국민에게 국가는 노동 투쟁이 국가의 안위를 위협하는 것으로 선전했다. 실제로 6월 거리의 민주화 투쟁을 적극 성원했던 중간 계급은 이제 거리 정치와 노동 투쟁에 더 이상 성원을 보내지 않게 되었다. 민주화의 '대연합'은 깨어지고, 더 나아가 바람직한 민주화의 방향에 대한 견해 차이가 점점 두드러지기 시작했다. 정치 사회가 중심이 되어 군정 종식과 자유민주주의적인 민주화를 달성할 것을 원한 야당과 중간 계급에 반해, 학생과 재야 세력들은 더 근본적인 사회 개혁을 강조하는 민중민주주의의 대안을 관철시키기 위해 노력했다. 이러한 이념의 차이는 선거 국면에서 저항 세력을 분열시킨 중요한 원인이 되었다.

---

21 Han Sung-Joo, "South Korea in 1987: The Politics of Democratization", *Asian Survey*, 28:1(January 1988), p. 58.

6) 선거 국면

당시 선거를 통해 이루어진 한국 정치 변동의 한 중요한 특징은 저항 세력의 분열로 인한 정권 교체의 실패였다. 그 결과 힘겨룸의 주요 쟁점이었던 민주화는 제한된 성과만을 가져왔다. 여기서는 정치 사회 및 정치 행위자의 선택과 행동이 매우 중요했다. 이 국면에서는 구조적인 요인은 설명력을 발휘하지 못한다. 선거에 동원 가능한 집권 세력의 힘의 자원이 우세한 현실에서 일어난 분열된 저항 세력과 단합된 집권 세력의 대결의 결과는 예측할 수 있는 것이었다.[22] 단지 두 김씨와 그 지지자들은 분열된 채로, 혹은 심지어 분열되어야만 자신이 선거에서 승리할 수 있다는 일종의 집단적 자기 최면에 걸려 있었던 것으로 보인다. 아니면 그것은 명백한 정치적 오판이었다.

야권의 분열 요인은 여러 가지였다. 첫째, 그것은 정치권력을 둘러싼 정치 사회 내, 즉 두 김씨 간의 개인적·파당적 투쟁의 결과였다. 둘째, 한국의 구조적 갈등 요인인 지역 대결(영남 대 호남 혹은 대구−부산, 광주의 대결)의 소산이었다. 셋째, 그것은 힘겨룸의 쟁점으로서의 군사 권위주의 대 민주주의의 대결에 보수주의와 급진주의의 경쟁이 중첩된, 민주주의의 본질적 개념에 관련된 갈등이었다. 이 세 요소들은 모두 밀접히 관련되어 있었다.

그런데 그 가운데 어느 것이 가장 중요했을까? 민주화의 방향을 둘러싼 이념 차이는 두 김씨의 분열에 결정적이지 않았다. 당시 민주화의 방향을 둘러싸고 일어난 이념적 대결이 상당한 의미를 지녔던 것은 사실

---

22 1960년대 이래 집권당이 총유권자의 3분의 1 이상의 표를 동원할 수 있다는 것은 상식이었다.

이지만,[23] 선거전에 미친 영향을 볼 때 개인적·지역적 갈등이 이념 갈등보다 더 중요한 의미를 띠고 있었다. 특히 정치 사회 내의 분열에서 이러한 현상이 두드러졌는데, 당시 정치 변동 과정에서 정치 사회의 비중이 컸던 사실에 비추어 볼 때 두 김씨의 대립과 이를 둘러싼 지역 갈등은 야권에게 치명적이었다.

다른 말로 표현하자면, 가장 급진적인 일부 학생 운동 세력을 제외하고는 민주화 세력 안에서 김대중과 김영삼 두 김씨에 대한 개인적 지지 여부가 이념적 쟁점이나 계급적 기반보다 더 중요했다고 말할 수 있다. 양자에게 이념과 계급 토대의 차이가 있기는 했지만, 그 차이는 본질적인 것이 되지는 못했다. 김대중이 기층 민중을 좀 더 의식하는 진보적인 경향을 보였기는 하나, 둘은 모두 학생 운동권이나 재야 세력과는 달리 급진주의와는 거리가 먼 자유민주주의 세력이었다. 분열의 가장 큰 원인은, 1979~1980년과 마찬가지로 계급, 이념보다도 정치권력의 욕구였다. 여기에 지역감정이 덧붙여짐으로써 분열이 증폭되었다. 선거전에 돌입한 이래 어느 한 쪽이 사퇴하는 것은 지지 지역 주민의 반대로 이미 불가능해졌는지도 모른다. 두 김씨가 기반한 호남과 영남의 지역감정이 1987년의 대선 과정을 통해 본격화되었다. 지역주의는 이후 민주화된 한국 정치에서 가장 중요한 힘겨룸의 토대로 자리 잡게 되었다.

학생과 재야도 두 김씨에 대한 지지와 민주화의 방향을 놓고 분열되었다. 민주통일민중운동연합(민통련)과 서울지역 대학생 대표자협의회(서대협) 등의 대다수 재야·학생 단체들은 김대중을 '비판적으로 지지'

---

23 당시 민주화의 쟁점은 매우 다양하고 복합적인 양상을 띠었고, 이것이 민간 사회의 분열을 가속화시켰다. 그래서 저항 세력은 집권 세력에 대해 단일한 쟁점에 입각한 단일한 투쟁을 이루지 못했다. 다시 말해 급진주의 대 보수주의의 이념적 갈등이 권위주의 대 민주주의의 정치적 갈등에 중첩되어 정치적 민주화와 사회·경제적 개혁 과제 간의 우선순위 다툼이 일어난 것이다.

했고, 다른 일련의 비판적 지식인들은 결과적으로 김영삼을 지지하게 되는 '후보 단일화'를 주장했다. 더 급진적인 인천지역민주노동자연맹과 제헌의회그룹 등은 독자적인 민중 후보 옹립을 주장했다. 제도 정치권, 곧 정치 사회가 정치 과정의 주역이 될 때 학생과 재야 세력이 지닌 독자적인 역량의 한계가 나타난 것이었다.

후보 단일화 협상은 양김이 모두 대통령 후보가 될 것을 전제로 한 협상이었기 때문에 처음부터 성공 가능성이 희박했다. 두 사람은 모두 야권 후보가 단일화되지 못하더라도 당선되리라고 믿었다. 특히 김대중은, 대체로 호남 지역에 국한된 확고한 지지 기반 때문에 지지 기반이 지역적으로 분산되고 유동적이었던 김영삼보다 더 그렇게 믿었던 것으로 보인다. 후보 단일화 협상이 난항을 거듭하자 10월 28일 김대중은 대통령 출마를 공식 선언하고 통일민주당을 탈당하여 평화민주당을 창당했다. 이로써 대통령 선거전은 민정당의 노태우, 통일민주당의 김영삼, 평화민주당의 김대중, 그리고 신민주공화당을 창당한 김종필의 4파전으로 전개되었다. 양김의 분열은 정부의 4·13조치와 비교될 치명적 결함이었다. 그러나 4·13조치가 6·29선언으로 만회될 기회가 있었던 반면 저항 세력의 분열은 만회할 기회를 가질 수 없었다. 그 정치적 결과는 어정쩡한 타협적 자유화 혹은 제한된 민주화로 나타났다. 민간 사회의 엄청난 저항으로 조성된 민주화의 분위기가 정치 사회의 잘못된 선택으로 중간에서 꺾인 결과였다.

선거 운동 기간은 악화된 지역감정과 혼탁한 선거 분위기로 얼룩졌다. 특히 지역감정의 악화는 심각했다. 비단 집권 세력과 저항의 상징인 김대중이 각각 기반을 둔 경북, 전남 지역 간의 대립뿐 아니라, 후보 분열로 인해 두 김씨에 대한 상대 지역에서의 악감정 또한 심화되었다. 박 정권하에서 진행된 경제 발전과 인사의 편중 때문에 구조적으로 악화된 지역감정이 민주화의 선거전에서 더욱 증폭되어 폭발했다. 이는 여야를 막론하고 정치인들이 정치권력을 획득하기 위해 고의로 부추긴 결과였다.[24] 집권 세력은 지역감정을 부추김으로써 최소한 김대중을 호남 지역 이외에서 발붙일 수 없도록 만들고자 했다. 김대중 또한 선거전에서의 승리를 위해 호남 지역의 강건한 충성에 의존하지 않을 수 없었다. 자기 지역 출신 대통령을 당선시키고자 한 일반 국민의 편협한 정치의식 또한 크게 작용했다.

선거 결과는 노태우 36.6%, 김영삼 28.0%, 김대중 27.1%, 김종필 8.1%의 득표로 나타났다. 어느 누구도 확고한 국민의 지지를 받지 못했다. 후보의 숫자와 성격으로 볼 때 예상할 수 있었던 결과였다.[25] 이로써 직선제 개헌 쟁취에서 승리한 저항 세력은 그 승리가 마련해 준 선거전에서 패배했다. 여기서 편의 위주로 급히 만들어진 새 헌법이 채택한 선거법의 단순 다수제의 문제점도 지적되어야 한다. 결선투표제가 도입되었더라면 선거 결과는 달라졌을 것이고, 그렇지 않았다고 하더라도 소수파 정부가 들어섬으로써 나타난 정국 불안은 줄어들었을 것이다.

그러면 양 김씨 중 한 사람으로 대통령 후보가 단일화되었더라면 반드시 이들 가운데 한 사람이 당선되었을까? 많은 사람이 그렇다고 대답할 유혹을 느끼겠지만, 다시 생각하면 반드시 그렇지는 않은 것 같다. 실제로 김대중으로 단일화되었더라면 노태우에게 질 가능성이 많았으며, 김영삼으로 단일화되었더라도 가상 득표율 차이가 매우 적었다.[26] 따라서 당시 야권에서는 김대중이 양보하는 것이 옳았다. 하지만 김대

---

24 배규한, 「선거 과정과 지역 감정」, 한국사회학회 편, 『한국의 지역주의와 지역 갈등』(서울: 성원사, 1990).
25 정부는 선거 한 달 전인 11월 29일 김현희의 대한항공기 폭파 사건을 발표하여 노태우 후보에게 큰 도움을 주었다. 선거전에서 반공 이념을 동원한 대표적인 사례였다.
26 이갑윤, 『한국의 선거와 지역주의』(서울: 오름, 1998), 155쪽.

중으로서는 분열되어야 그나마 당선 가능성이 있었기 때문에 분열을 선택했다.[27]

이와 관련하여, 노태우가 아니라 김영삼이나 김대중이 당선되었더라면 민주화가 더 앞당겨졌을 것인지도 돌아볼 필요가 있다. 지금까지 학계나 일반인들은 대체로 노태우의 당선으로 민주화가 5년 지연된 것으로 생각해 왔다. 그렇지만 그것이 정말일까? 그때 두 김씨 가운데 한 사람이 당선되었더라면 민주화가 5년 앞당겨졌을까? 반드시 자신할 수는 없다. 만약 그렇게 되었더라면 (민주화와는 다른) 민간화는 앞당겨졌을지 몰라도 정치는 더 불안하게 되었을 가능성이 높다. 김영삼이 당선되었더라도 노태우보다 더 급진적인 민주화 정책을 펼치기는 어려웠을 것이다. 군의 동요와 이에 따른 정치 혼란은 더 컸을 가능성이 높다. 따라서 노태우 당선이 그 당시의 민주화 열망으로 볼 때 미흡했던 것은 사실이지만, 지나고 생각해 보면 반드시 나쁜 결과였다고만 할 수는 없다.

그리고 노태우 정부하의 민주 과정이 김영삼, 김대중 정부들 당시보다 덜 민주적이었다고 볼 수도 없다. 적어도 정권이나 정치 사회의 구조나 행태의 면에서 그랬다. 당시 민간 사회의 힘이 갈수록 커갔지만, 그것이 집권자나 집권 세력의 성격 때문이었다고는 할 수 없다. 그것은 오히려 사회의 전반적인 성장 그 자체가 국가와의 도전과 힘겨룸 속에서 이루어진 성장이었기 때문이다. 따라서 노태우 집권이 군부 정치의 종식을 지연시켰는지는 모르나 민주주의 발전을 지연시켰다고 보는 것은 무리다. 물론 노태우를 건너뛰어 두 김씨 중 하나가 대통령으로 당선되었더라면 군부 통치가 더 빨리 종식되고 문민화가 더 앞당겨졌을 것이다. 사회 세력의 힘도 더 빨리 성장했을지도 모른다. 하지만 보수적 민

---

27 이갑윤(1998), 155쪽.

주화의 본질적인 모습은 동일했을 것이고, 오히려 군부와 보수 세력의 반동으로 정국이 회오리에 휩싸였을지도 모른다. 그만큼 당시만 해도 군부의 정치적 힘이 아직 남아 있었기 때문이다.

이렇게 보면 두 김씨 분열의 죄는 민주화 지연보다는 오히려 지역주의를 폭발시킨 데서 찾아야 할지 모른다. 물론 지역주의의 근원은 박정희 통치에 있었지만, 그것이 폭발한 것은 당시 두 김씨의 분열과 밀접히 관련되었기 때문이다. 두 김씨 가운데 한 사람이 노태우와 대결했다면 지역주의가 나타났더라도 적어도 실제보다는 완화된 형태로 나타나지 않았을까 한다. 이에 대해서는 여기서 자세히 다룰 수 없고, 지역주의에 관한 다른 쟁점들은 마지막 장에서 다룬다.

7) 재민주화의 의미: 비교적 관점

1987년의 민주화 운동은 4·19로 인한 장면 정부의 건설 이래 한국 역사상 두 번째로 국민의 압력에 의한 정치 변동을 가능하게 했다. 이는 해방 이래 (군부) 권위주의의 압도 아래서도 자유민주주의의 대안이 꾸준히 그 역량을 키워 온 결과로 보인다. 노태우 정부 취임으로 귀결된 두 번째의 민주화 과정은 그러나 4·19 시기와는 달리 권위주의 세력의 타도를 통한 완전한 정권 변환을 이루어내지 못했다. 여기에는 여러 가지 이유가 있지만, 궁극적으로는 권위주의 세력과 민주화 세력 간의 힘의 자원과 그 행사 방법의 문제로 귀결된다.

4·19 당시는 국가의 물리적 강제력이 전두환 정권에서보다는 약했다. 주로 경찰력에 의존했던 이승만의 강압 기구에 비해 5·16군사쿠데타 이래 꾸준히 강화되어 간 국가의 물리적·이데올로기적 지배력은 1980년대 후반에 훨씬 강력했다. 이승만이 군의 동원에 실패한 것과 같

이 전두환도 군을 동원할 수 없었다. 그러나 이승만이 하야 이외의 아무런 대안을 찾을 수 없었던 것과는 달리, 전두환은 온건파 노태우와 6·29 선언이라는 대안을 제시할 수 있었다. 강경책의 실패와 유연 전략의 부재로 이 정권은 무너질 수밖에 없었으나, 전 정권은 유연한 전략을 채택하여 지배 세력의 교체 없는 정부 이양을 이룰 수 있었다. 이승만은 권력의 개인화와 장기 집권으로 후계자를 마련하지 못했으나, 전 정권은 7년 단임이 기정사실화되어 어차피 후계자에게 권력을 양도하게 되어 있었다. 전 정권에게는 그만큼 정부 이양에 따른 정치적 갈등의 소지가 이 정권보다 적었다. 앞에서도 여러 번 논의했듯이 이것은 개인적 정권과 더 제도적인 기반을 갖춘 정권의 퇴진 양식의 차이이기도 했다.

민간 사회의 도전을 볼 때, 4·19 당시에는 3·15부정선거와 장기 집권, 부패에 대한 국민의 통일된 적극 저항이 있었던 반면, 1980년대 말에는 전 정권의 임기 종식과 민주화를 거의 모든 국민이 원하기는 했으나 그 구체적인 방법과 정치적 대안에 있어서는 한목소리를 낼 수 없었다. 4·19는 정치적 프로그램이 없는 자연 발생적·대중적 봉기였기 때문에 정치적 대안이 구체화되지 않았고 또 이승만에 대한 규탄의 목소리가 일치했기 때문에 구체적인 대안이 큰 문제가 되지 않을 상황이었던 반면, 1987년의 민주화 운동에서는 전두환의 퇴진이 비교적 확실했기 때문에 구체적 대안이 더 중요했고 그 대안 모색에서 저항 세력이 분열되었다고 볼 수 있다(4·19 이후 집권 민주당의 분열도 비슷하게 구체적인 정치적 프로그램의 실행이 필요할 때 악화되었다). 그 결과 1980년대 말에는 1960년대 초보다 민간 세력이 성장하고 야당 세력도 강화되었으나 정치 변동의 폭은 오히려 거꾸로 나타났던 것이다.

이렇게 볼 때, 4·19로 인한 민주화가 민간 사회가 주도한 '아래로부터의 민주화'로 특징지어질 수 있는 반면, 1987년의 정치 변동은 그 유형을 분류하기가 상당히 어렵다. 우선 그것은 완전한 의미에서의 민주화라고 부르기 어렵다. 오히려 그것은 정치적 자유화로 규정하는 것이 더 타당할지도 모른다. 자유화는 정치적 탄압의 감소, 언론 자유의 확대, 사회 세력의 자율적 행동 보장 등 개인적·시민적 자유의 확대 과정을 일컬으며, 민주화는 이러한 자유화를 포함하면서 공개적이고 공정한 정치적 경쟁, 자유선거의 보장, 이전에 배제된 세력의 정치 참여 보장 등 더 진전된 정치적 전환을 일컫는다. 민주화는 대개 자유화에 이어 일어나지만 반드시 그런 것은 아니다. 하지만 여기서는 민주화라는 용어가 더 자주 쓰이고 노태우 정부 당시 정치적 민주화가 어느 정도 이루어졌기 때문에 '제한된 민주화'라고 부르기로 한다. 또한 그 제한된 민주화를 민간 사회가 주도한 것인지 아니면 국가가 주도한 것인지를 규명하는 것도 쉽지 않다. 민간 사회의 저항에서 민주화의 기운이 싹트고 그 저항이 최고조에 이른 6월봉기로 민주화의 도정이 확실해졌다는 점에서, 민간 사회가 초기 단계에서 주도권을 잡았던 것은 분명하다. 그러나 국가는 6·29선언 이후 선거에서의 승리에 이르기까지의 과정에서 정치 변동의 주도권을 민간 사회와 야당 세력으로부터 빼앗았다. 그 정치적 결과는 민간 사회의 주도에 의한 정권 변동도 아니고 국가 주도에 의한 정치 개혁도 아닌 어정쩡한 것으로 나타났다. 이런 의미에서 1980년대의 제한된 민주화는 국가 주도와 사회 주도의 중간쯤이었다고 할 수 있다.

제3부

민주주의의 되살림

제7장

노태우 정부와 민주주의의 되살림

1987년의 민주화 운동은 4·19 이후 한국 역사상 두 번째로 국민의 압력에 의한 정치 변동을 가능하게 했다. 1960년 처음으로 있었던 민주주의의 복원 시도는 장면 정부가 곧 군사 쿠데타에 의해 무너짐으로써 수포로 돌아가고 말았다. 그러나 이번 경우에는 4·19 당시에 비해 당장은 권위주의 체제를 완전히 탈피하지는 못했지만 장기적으로 민주주의가 꾸준히 정착되는 역사적인 계기를 이루었다. 4·19 당시에는 군과 민간 세력 간의 힘의 격차가 현격하여 민주당 정부의 존재가 권위주의 정권들 간의 교체기에 있었던 한 에피소드로 전락하고 말았지만, 이번의 민주화는 그동안의 사회·정치적 발전과 민간 세력의 성장으로 장기적인 지속력을 지니게 되었다.

그러나 재민주화는 오직 점진적이고 단계적으로만 이루어졌다. 권위주의 세력과 민주화 세력의 팽팽한 힘의 균형 속에서 권위주의 세력 내의 온건 분파가 정권을 이양받음으로써 민주 정부가 탄생하게 되었던 것이다. 그 결과 노태우 정부의 민주화 개혁은 여러 면에서 제한될 수밖에 없었다. 이후 야당 세력의 일부가 이들과 연합하여 집권함으로써 정치의 민간화가 완료되었지만, 이렇게 형성된 '문민 정부'도 탄생의 배경 때문에 구세력과 완전히 단절할 수 없었다. 이후 야당의 김대중이 대통령에 당선됨으로써 '정권 교체'가 이루어져 한국의 민주주의는 한 단계 더 전진하게 되었다. 이렇게 볼 때, 한국의 민주화는 과거와의 단절을 통해서가 아니라 과거 권위주의의 구조와 인맥이 점차 희석됨으로써 이루어진 점진적 진화의 형태를 보였다고 할 수 있다. 그 진화의 과정을 요약하면, 노태우 정권에서 민주화가 처음 시작되었고, 김영삼 정권에서 민간화가 완성되었으며, 김대중 정권으로 접어들면서 야당에 의한 정권 교체가 이루어져 명실상부하게 민주주의가 공고화 또는 정착되었다고 할 수 있다.

이러한 점진적 민주화는 급진 개혁을 추구한 세력과 구체제의 온존을 바란 보수 세력의 협공으로 혼란을 겪기도 했다. 그러나 새로운 민주 정부가 과거와의 급격한 단절을 시도했더라면 한국의 정치는 더 큰 혼란에 빠졌을지도 모른다. 왜냐하면 한국의 민주화는 권위주의 세력의 완전한 몰락에 의해서가 아니라 두 세력 간의 힘의 균형 상태에서 일종의 타협으로 이루어졌고, 이에 따라 구세력의 힘이 상당 기간 강하게 유지되었기 때문이다.

1. 노태우 정부의 의미: 민주화의 과도기

1988년 2월 공식 출범한 노태우 정부는 권위주의에서 민주주의로, 그리고 군사 정권에서 민간 정권으로 이행하는 과도기적 성격을 지닌 정부였다. 노 정부의 출범은 한국 역사상 처음으로 일어난 선거에 의한 정권 변환이라는 의미를 지니고 있었다. 이로써 대한민국의 건국과 함께 도입되었던 자유민주주의의 제도가 오랫동안의 권위주의적 퇴행을 거쳐 다시 시도되는 계기가 되었다.

이로써 한국 정치는 민주 절차를 회복하여 의회와 정당 정치가 활성화되었다. 언론, 집회, 결사의 기본적인 자유도 상당히 보장되었으며, 자의적인 체포와 구금 등 인권 침해도 크게 줄어들었다. 대통령 직선제가 정착되어 비교적 공정한 절차를 통해 국민이 직접 대통령을 선출할 수 있게 되었다. 전두환 정권에서 7년으로 규정한 대통령 임기를 5년으로 낮추어 장기 집권의 우려를 더 확실하게 없앴다.

그러나 여전히 문제는 남았다. 대표적으로 세 가지 문제가 있었는데, 하나는 노태우 자신이 군부 출신이었고 국가와 집권 세력 안에 권위주의 잔존 세력이 많았다는 점이다. 따라서 정치의 민간화, 민주화는 한계가 있을 수밖에 없었으며, 전체적인 정치 사회 노선이 보수적인 성격을 띨 수밖에 없었다. 또 하나는 3파전의 경쟁 속에서 지역 붕당 체제가 탄생하여 정부 여당은 '여소 야대' 구도에서 정국을 장악할 수 없었고, 이에 따른 당파 싸움이 고조되었다. 이러한 당파 싸움은 지금까지도 지속되는 한국 민주주의의 대표적인 취약점이다. 게다가 노태우는 유약한 정치 지도력을 보여 당파 싸움과 이로 인한 정치 혼란을 제대로 통제할 수 없었다. 이전까지의 강력한 권위주의 통치력과 매우 대조적이었는데, 어찌 보면 바로 이런 점이 오히려 민주화의 과도기에서 장점이 되었는지도 모른다.

근본적으로 민주화 세력이 그의 집권을 민주화의 한 과정으로 인정하지 않았기 때문에 큰 정치적 도전과 혼란에 직면하지 않을 수 없었다. 구체적으로 그는 대통령 선거에서 3분의 1을 조금 넘는 지지밖에 받지 못했고, 이에 비해 반대 세력의 득표가 3분의 2를 차지했는데, 이러한 구도는 그에게 커다란 정치적 부담을 안겨줄 수밖에 없었다. 또 바로 이러한 구도가 노태우로 하여금 제한된 한도 내에서나마 민주 절차의 확립과 사회 개혁의 노력을 기울이게 했다. 그 결과 노태우 정부 시절에는 정당 정치가 활성화되고, 여소 야대 정국이 조성됨으로써 의회의 힘이 강화되고, 정부의 전횡에 쐐기가 박히어 자의적인 구금과 정치적인 탄압이 줄어들었다. 또 당시 성장한 민간 사회는 상대적으로 약화된 국가의 지배력에 대항하여 한때 대단한 분출을 보여 주었다. 국가의 역할이 상대적으로 축소되고 민간 사회의 영역이 확대됨으로써 자율적인 사회 세력의 참여에 기반을 둔 민주 정치가 펼쳐질 가능성이 열렸던 것이다.

그러나 민주화의 한계 또한 뚜렷했다. 즉, 국가와 민간 사회의 성격 및 양자 간의 관계가 거의 그대로 지속되었고, 권력 블록의 성격 또한 과거의 그것과 동일하게 유지되었다. 반공적인 주변부 자본주의 국가의 본질적인 성격이 지속되었으며, 사회 세력들은 성장했으나 아직도 국가의 보수적 이념과 강압력을 극복하고 자신의 요구를 관철하기에는 힘이 부족했다. 특히 1990년대 들면서 강화된 국가의 이념적·물리적 공세로 민간 사회는 다시 위축되고 정치 과정이 정치 사회의 좁은 영역으로 축소되는 경향을 보였다.

정치 사회는 본질적으로 보수적인 성격을 유지하여 급진적인 사회 세력들의 정치적 요구를 수용하지 못했을 뿐 아니라, 민주주의의 정착에 필수적인 정치 지도력을 발휘하지 못하여 한국 민주주의의 정착에 어두운 그림자를 드리웠다. 노태우 대통령은 우유부단한 지도력을 보여 과도기의 혼란을 적절히 제어하지 못했다. 이것은 이전 정권들의 특징이었던 일인 지배 구조와는 완전히 다른 면모였다. 물론 전두환 정권 때부터 일인 지배의 모습을 조금씩 벗어나기는 했으나, 전두환은 여전히 강

력한 지배자였다. 일인 지배의 구조는 오히려 야당들에서 계승했다. 이
승만과 박정희의 일인 지배를 같은 후임 집권자가 계승하지 않고 민주
투사로 알려진 야당 지도자들이 계승했다는 사실은 역설이라면 재미있
는 역설이다. 그만큼 김영삼과 김대중은 정적이었던 박정희가 남긴 일
인 지배 구조의 산물이었다고 해도 지나치지 않아 보인다.

2. '개량 국면'과 국가의 보수 회귀

1) '개량 국면'과 시민 사회의 분출

국가와 지배 연합의 성격은 과거와 본질적인 면에서 동일했지만, 지
배 세력 중 온건 개혁파가 집권함으로써 국가가 더 개방되고 국가와 민
간 사회 간에 덜 강압적인 관계가 성립되었다. 전체적으로, 민간 사회
의 힘이 커지고 국가에 대한 도전이 거세어졌다. 시국 사범의 증가에서
보는 바와 같이 국가의 탄압이 증가한 것처럼 보였지만, 이는 국가의 강
압적 지배력이 증대한 결과라기보다는 오히려 민간 사회의 도전이 그만
큼 커진 증거였다고 할 수 있다. 다시 말해, 국가의 사회에 대한 지배력
은 과거에 비해 증가한 것이 아니라 오히려 감소했다. 이는 근본적으로
국가와 민간 사회 간의 힘의 관계가 변화한 결과였지만, 더 직접적으로
는 노 정부의 탄생과 함께 온 정치적 개방에 그 기초를 두고 있다고 할
수 있다.

국가에 대한 민간 사회의 도전은 전 정권 말기 이후 학생, 재야 및 노
동 운동 세력들을 중심으로 민주화 운동과 노동 운동으로 계속되었는
데, 노 정권 출범 뒤 여기에 통일 운동이 추가되었다. 그러나 전반적으

로 학생과 재야 세력의 급진적 운동은 노태우 정부 출범 이후 침체에 빠졌다. 학생과 재야 운동권은 민주화 운동의 와중에서 한때 엄청난 힘을 과시했으나, 6·29선언 이후 적절한 노선 전환을 하지 못했고, 노 정부의 출범을 계기로 한 '개량 국면'의 도래로 그 정치적 입지가 약화되었다. 학생 운동과 재야 세력의 힘이 빠진 것은 근본적으로 정치 민주화의 목표가 일단 달성되었기 때문이다. 일단 정치 민주화가 달성되자 자유민주주의적 절차의 수립에 투쟁의 목표를 맞추고 있던 제도권의 정당들과 다수 국민은 운동권의 급진적인 투쟁 노선에 냉담한 반응을 보였다.

이런 현상은 민주화 투쟁을 위해 저항 세력 안에서 형성되었던 일종의 묵시적인 연합이 붕괴한 것을 의미했다. 사실 그 구성원들 사이의 목표와 행동 양식은 처음부터 달랐다. 중간 계급, 지식인, 일반 대중, 정치 사회는 보수적인 자유민주주의 체제를 원했다. 급진 세력의 민중민주주의적 이상은 분단으로 공고화된 보수적 이념과 사회·정치 구조 속에서 실현될 수 없었다. 일단 군부 독재가 물러나자 국민의 다수와 정치 주도 세력은 반공적 자유민주주의 제도와 사회·경제적 안정을 선호하여 급진 민주화 세력에게 등을 돌렸다.

정치적으로 소수화된 급진 세력은 두 가지의 딜레마에 봉착했다. 하나는 민주화의 이슈로 국민의 지지를 더 이상 끌어내기 어렵게 된 상황에서 어떠한 쟁점으로 급진적 개혁의 에너지를 분출할 것인가에 관한 것이었고, 다른 하나는 혁명적 변혁의 목표가 달성되기 어렵게 된 상황에서 제도권 정치에 참여할 것인가 말 것인가의 문제였다. 재야 세력은 민주화에서 통일로 투쟁의 초점을 이동시킴으로써 첫 번째 문제를 해결하려고 했으나, 그 결과가 성공적이지만은 않았다. 더구나 두 번째의 문제는 체제 참여파와 불참여파로 재야 세력을 분리시킴으로써 그 정치적 영향력을 더 약화시켰다.

노 정권의 출범 후 지리멸렬하던 학생 운동은 통일 문제에서 활로를 되찾았다. 이는 4·19 직후를 방불케 했으나, 그 열기와 급진성은 그것을 훨씬 능가했다.[1] 학생과 재야 세력은 미군 철수, 한반도 비핵지대화, 휴전 협정의 평화 협정으로의 대체, 남북한불가침협정 체결, 연방제 통일 등 북한 당국의 주장과 흡사한 구호를 내걸고, 노태우 정권 타도와 민중 주체에 의한 조국 통일의 조속한 실현을 부르짖음으로써 일시적으로 운동의 활기를 되찾았다.[2] 전국대학생대표자협의회(전대협) 주도로 1988년 6월 10일과 8월 15일에 각각 시도된 학생들의 평양행 기도와 판문점에서의 농성은 학생 일반의 상당한 호응을 얻었고, 국민에게는 초미의 관심사가 되었다. 이러한 시도들은 국가의 저지에 밀려 무산되기는 했으나, 궁극적으로는 정부가 '북방 정책'을 적극 추진하고 통일 문제에 대해서도 이전의 정부들보다 적극적인 자세로 나오게 하는 데 큰 압력으로 작용했다.

재야 세력은 1989년 1월 21일 전국민족민주운동연합(전민련)을 발족시킴으로써 세를 과시했다. 이는 당시 260여 개의 진보적 정치·사회 세력을 망라한 범운동 세력 연합체로 발족했다. 그러나 이 단체는 곧 조직과 실천 면에서 한계에 봉착하여 의미 있는 행동을 보이지 못했으며, 노선상의 분열로 일부는 기존 야당들인 평화민주당(평민당)과 통일민주당으로 흡수되고 다른 일부는 진보 정당인 민중당을 창당했다.

앞 장에서 보았듯이 6·29선언 이후 노동 운동은 그 규모나 치열성, 이념적인 면에서 일대 폭발을 보였다. 1987년 10월 이후 1989년 말까지 5,000여 개의 신규 노조가 결성되고 조합원 수는 105만 명에서 194

---

1 김영명, 「국내 정세와 통일 여건의 변화」, 『국제정치논총』 29:1(1989) 참조.
2 이들의 통일 노선은, 함운경 외, 『현단계 통일 운동론 I』(서울: 친구, 1988) 참조.

만 명으로 급증했다. 노조의 조직률 또한 15.7%에서 19.8%로 급증했
다.[3] 또 1987년 중반 이후 민주 노조들이 설립되었고, 이는 1990년 1월
22일의 전국노동조합협의회(전노협)의 결성으로 절정에 달했다. 전노협
은 근본적으로 현실 변혁을 통한 노동 해방을 궁극 목표로 삼았다.[4] 결
성 당시 600개 단위 노조에 20만 명의 조합원을 거느렸던 이 조직은 한
국노동조합총연맹(한국노총)의 보수적인 정책에 반대하여 대규모 노사
분규를 주도했다. 이 조직은 1990년 6월 재야의 제도권 참여파 인사들이
결성한 민중당에 참여키로 하는 등 노동자 계급의 정치 세력화를 통해 경
제 투쟁뿐 아니라 정치 투쟁도 병행할 것을 목표로 했다. 이러한 활성적
인 노동 운동의 결과 노동자의 임금과 근로 조건이 크게 향상되었다.

이러한 상황에는 정치적 자유화의 일환으로 노동 운동의 조건을 향
상시킨 국가의 정책이 큰 몫을 담당했다. 국가는 1987년 11월의 노동법
개정 이후 자주적인 노조 운동을 인정하고 노사 분규에 대한 개입을 자
제했다. 정부는 노조 설립 절차를 간소화했고, 유니언 숍을 제한적으로
승인했으며, 정부의 노조 운영에 대한 개입권과 해산권을 없앴으며, 분
쟁이 발생했을 때 필요한 노사 간의 냉각기간을 단축했고, 쟁의심사제
도를 폐지했다. 국가는 이렇게 노사 관계에 대한 직접 개입을 줄이고 되
도록이면 노사 간의 타협을 통한 문제 해결을 도모하려고 했다.

2) 국가의 강경 선회와 급진 운동의 쇠퇴

학생과 재야의 급진적 통일 운동과 반정부 투쟁은 1989년 3월 25일

---

3 김대환, 「한국 노동 운동의 길: 점검과 모색」, 『계간 사상』(1990 가을호), 393쪽.
4 이강로, 「한국에서 진보적 노동 운동의 성장과 민주주의 공고화의 진행: 1990-1999」,
   『한국정치학회보』 33:3(1999 가을호), 140쪽.

문익환 목사의 밀입북과 김일성 면담, 5월의 동의대 사건(시위하던 동의대학교 학생들이 전경들을 불타 죽게 한 사건), 6월의 평민당 서경원 의원 간첩 사건, 6~8월의 임수경 밀입북 사건으로 크게 약화되었다. 이 사건들은 이듬해 초의 현대중공업 파업 사태와 더불어 '공안 정국'을 탄생시키는 데 결정적인 역할을 했다. 이러한 일련의 사태를 계기로 국가는 강경 노선으로 돌아서서 이들을 구속하고 운동권을 탄압하기 시작했다. 특히 문익환 목사의 밀입북을 계기로 검찰, 국가안전기획부(안기부), 보안사령부, 검찰 등으로 구성된 공안합동수사본부가 설치되어 이른바 좌경 급진 세력에 대한 강경 대응에 나섰다. 아울러 국가는 좌파 세력의 득세와 경제 위기에 따른 국가적 위기, 이른바 '총체적 위기'를 강조함으로써 강력한 이념 공세를 펼쳤다. 이는 반대 세력에 대한 정부의 대처가 수세에서 적극적인 공세로 전환됨을 의미했다. 당시 있었던 동유럽 사회주의의 몰락과 국민 일반의 보수적 회귀가 이러한 국가의 이념 공세에 큰 힘을 보태 주었다.

학생과 재야 세력들은 국가의 강경 정책에 시위로 맞섰다. 특히 1990년 2월의 3당 합당 이후 강화된 강경 정책과 수서 비리 사건에 대항하여 전개된 학생 시위 사태는 1991년 4월의 강경대 군 피살 사건을 계기로 진보적인 대중 조직들과 학생들의 연합 시위로 심화되었다. 이른바 '5월 투쟁'이었다. 그러나 이 소요는 중산층 및 언론과 야당을 포함한 정치 사회의 냉담함으로 별다른 성과를 거두지 못했다. 뚜렷한 쟁점이나 대안이 없는 상태에서 '정권 타도'라는 막연하고 비현실적인 구호만으로는 운동의 구심점이 강하게 유지될 수 없었다. 이는 결국 민주 절차의 도입 이후 약화될 수밖에 없었던 급진 정치 운동의 한계를 드러낸 것이라고 할 수 있다. 그리하여 1990년대 중반 들어 학생 운동은 급격히 쇠퇴했다. 급진주의는 쇠퇴하고 그 대신 시민 사회 운동과 보수적인 정치 사회가 성장했다. 1991년 5월 투쟁이 학생 운동이 주도한 마지막 대중 투쟁이자 민주화 운동 사례였다고 할 수 있다.[5] 이후 민주화 운동의 주도 세력과 방향이 시민운동과 노동 운동으로 바뀌게 되었다.

급진 운동은 크게 약화되기는 했으나 완전히 고개를 숙인 것은 아니었다. 이후 김영삼 정권 들어 1993년 4월 대학생들은 한국대학총학생회연합(한총련)을 결성했다. 한총련으로 대표된 급진적인 학생 단체들은 조직이나 숫자가 크게 약화되었지만 여전히 과격 행동을 불사했다. 그들은 주한 미군 철수, 핵무기 철거, 연방제 통일, 평화협정 체결, 국가보안법 폐지 등 통일 투쟁에 역점을 두었다. 1996년 조국통일범민족연합의 일원으로 8·15범청학련에서 일으킨 연세대 점거 사태는 경찰의 강경 진압으로 실패로 돌아가고 말았으며, 1997년 시민 두 명을 프락치로 몰아 폭행 치사한 사건도 발생했다. 세력을 잃은 학생 운동은 더 과격한 행동에 의존하게 되고 그것이 더 국민 지지를 잃게 만드는 악순환 속에 빠졌다. 궁극적으로 남북한 대치 상황에서 주체사상까지 외친 학생 운동은 국민 정서와 점점 멀어졌다. 국민 다수는 민주주의 절차 회복으로 만족하고 더 이상의 급진적인 사회 체제 변화는 원하지 않았다. 이러한 점은 사실 대한민국의 전 역사를 통해 대체로 유지된 한국인들의 보수적 이념 성향이라고 할 수 있다.

당시에는 양심수 석방 문제, 안기부법 폐지 등 인권 문제들과 대북한 정책 등 이념적인 문제들이 여전히 존재하여 정치적 갈등의 요인이 되었다. 그러나 정부는 이런 문제들에서 양보하지 않고 일정한 선을 그었다. 시간이 지나면서 정부의 유화적인 정책은 점차 강경한 노선으로 변

---

5 전재호, 「1991년 5월 투쟁과 한국 민주주의: 실패의 구조적 원인과 그 의미」, 『한국정치학회보』 38:5(2004 겨울호), 169쪽.

했다. 급진 운동은 점차 소멸하여 한국 정치에서 차지하는 자리가 미미하게 되었다. 일부는 제도권 정치 사회에 진출하려고 노력하여 결국 2004년 의회 진출에 성공하게 된다. 한편 이러한 급진 운동의 비현실성이 부각됨에 따라 더 구체적인 시민의 삶에 초점을 맞추는 시민운동들이 태동하기 시작했다. 즉, 경제정의실천시민연합, 공명선거실천시민운동협의회 등이 창설되어 중산층적인 시민운동이 활발해지기 시작했다. 시민운동의 활성화는 이후의 정권들에게 이어지면서 한국 정치에서 중요한 역할을 담당하게 된다.

국가의 보수 강경 선회는 노동 정책에서도 여실히 나타났다. 정부는 민주 노조들을 불법으로 규정하여 노동 지도자들의 대량 구속에 나섰으며, 당시 진행되고 있던 노동관계법 개정 논의를 중단했다.[6] 국가는 노동 운동의 활성화로 인한 한국 정치, 경제의 위기를 강조하여 특히 1990년 현대중공업 파업 사태 이후 '총체적 위기'라는 용어를 창조했다. 이로써 이후 국가와 자본가가 단체 교섭의 흐름을 주도하게 되었고, 노동 운동은 1987년에 보인 활력을 잃고 침체를 겪게 되었다. 노동 쟁의 건수는 특히 1989년 이후 크게 감소했다.

여기에는 민주 노조 자체의 조직적 취약성이 큰 작용을 했다. 1987년의 대투쟁에도 불구하고 노동 운동은 민주 노조의 조직 기반 확대와 이념적 연대성의 확보에 실패했다. 전노협이 결성되었을 때는 민주 노조가 이미 쇠퇴했을 무렵이었다. 전노협 결성 당시 그 규모는 노총 산하 노조의 7.6%, 조합원의 약 10%에 불과했다. 이는 전체 노동자의 약 2.7%에 불과한 것이었다. 이후 전노협의 운동 역량은 국민의 보수화와

---

6 1987년 이후 국가의 노동 정책에 대해서는, 정이환, 「80년대 말 한국의 노사 관계 변모에 관한 일 연구」, 한국사회사연구회 편, 『현대 한국의 노동 문제와 도시 정책』(서울: 문학과 지성사, 1990), 53~60쪽.

국가의 탄압, 그리고 민주 노조 자체의 조직적 결함으로 인해 더욱 쇠퇴했다. 학생, 재야 세력의 쇠퇴와 더불어 노동 운동 역시 국가의 탄압 강화와 국민의 보수화로 설 땅이 크게 축소된 것이었다.

노동 운동이 퇴조한 이유에는 이외에도 그동안의 투쟁으로 이루어진 노동 조건의 개선이 한몫했다고 볼 수 있다. 더 근본적으로 노동 운동의 퇴조는 노동 운동의 분출 자체가 정치적 변혁기에 국한되었던 한국의 경험을 그대로 반영한 것이다. 즉, 그동안 억눌렸던 노동 운동이 정치적 개방의 격동기를 틈타 단기간 분출하다 그러한 격동이 수그러들면서 노동 운동도 퇴조했다고 할 수 있다. 하지만 노동 운동은 급진적인 학생, 재야 운동과는 달리 김영삼, 김대중 정권으로 오면서 다시 활력을 찾게 된다. 추상적인 이념에 입각한 학생, 재야 운동과는 달리 노동 운동은 구체적인 이익에 관련된 힘겨룸이고, 민주화가 진행됨에 따라 그리고 시간이 지남에 따라 노조의 조직력도 성장했기 때문이다.

노 정권의 수립은 학생과 재야 세력에게 일단 패배를 안겨 주었다. 노 정부가 온건 개혁을 표방하고 나오자 온건 민주화 세력의 상당 부분이 이에 동참하거나 최소한 묵종하게 되었고, 소수화된 급진 개혁 세력은 과격한 방법에 의존하거나 노선 수정을 강요당하게 되었다. 노 정권의 수립 이후 한동안 계속된 민주화 세력 내의 갈등은 근본적으로 이러한 온건 노선과 급진 노선의 갈등을 반영하고 있었다. 온건 노선은 자유민주주의의 확립에 힘을 기울인 반면, 급진 노선은 소위 민중민주주의 건설을 목표로 삼았다. 이러한 대립하에서, 예를 들어 급진 세력에 의한 계급 혁명의 가능성이 보일 때 자유민주주의를 선호한 세력은 민중민주주의 세력보다는 오히려 권위주의 잔재 세력과 힘을 합칠 가능성이 컸다. 노 정권하, 특히 3당 통합 이후 이러한 현상이 나타났다. 이 두 노선의 대립에서 승리한 것은 분명히 자유민주주의의 대안이었다. 민중

민주주의를 표방하는 진보 세력은 국가와 사회의 보수화로 인해 정치적 핵심에서 멀어졌다.

이렇게 보면, 권위주의 독재라는 공동의 적이 사라진 이후 중간 계급과 민중 운동의 괴리가 표면화되었다고 할 수 있다. 이는 흔히 말하듯이 '민주 연합'의 붕괴라고 볼 수도 있겠으나, 이는 하나의 수사일 뿐 사실은 붕괴할 명시적인 민주 연합이 있었다고 할 수 없다. 중간 계급과 보수적 야당 정치인들, 그리고 재야, 학생, 노동의 급진 세력들은 각각 자기들이 원하는 체제를 위해 활동했고, 그들의 힘이 자연히 합쳐져서 독재 세력을 몰아내었던 것이지, 그들 간에 명시적인 연합이 있었던 것은 아니었다. 공동의 목표가 달성되자 각자 갈 길이 달라졌던 것은 당연했다. 그 원인은 중산층이 보수화되어서라기보다는 원래 목표가 달랐기 때문이라고 할 수 있다. 중간 계급과 대체로 이를 대변한 야당 정치인들은 원래 보수적 이념의 사람들로서 자유민주주의와 사회·경제적 안정을 원했고, 이 둘이 충돌할 때는 민주주의보다는 안정을 선택했다. 이는 당시 우리나라뿐 아니라 시대와 나라에 크게 관계없는 보편적인 현상이다. 노태우 체제에서 진행된 자유민주주의의 절차에 만족한 이들은 더 급진적인 민중민주주의를 원하는 민중 세력에게 등을 돌렸다. 이렇게 보면 한국의 민주화가 보수적 민주주의로 귀결된 것은 국가의 강압력 때문만이 아니라 국민 다수의 보수적 성향 때문이었다고 할 수 있다.

3. 정치적 민주화와 한계

1) 5공 청산과 군의 정치 불간섭

노태우 정부의 출범으로 정치적 자유화는 어느 정도 달성되었다. 이전에 비해 자의적인 인신 구속과 정치적 억압이 줄어들었고 대표적인 악법들, 즉 언론기본법과 사회안전법이 폐지되고 국가보안법과 집회와 시위에 관한 법률 등이 개정되었다. 또 헌법재판소가 1988년 9월 개원하여 사법부의 위상이 제고되었다.

또 소위 '5공 청산'이 추진되어 과거 권위주의 세력과의 절연 노력이 어느 정도 성과를 보였다. 새마을운동중앙본부 비리로 전두환의 동생인 전경환이 구속되고 5공 실세들인 이희성, 정호용 등이 공직을 사퇴했다. 5공 청산의 추진에는 여소 야대라는 새로운 정국이 큰 영향을 주었다. 5공 청산은 여야 사이의 복잡한 이해관계가 걸리고 소위 5공과 6공 세력들 간의 알력이 개입된 복잡한 양상을 띠었다. 국회에 '제5공화국에서의 권력형 비리 조사 특별위원회'(통칭 5공 특위)와 '광주 민주화 운동 진상 조사 특별위원회'가 설치되어 소위 청문회 정국이 1988년 11월부터 시작되었다. 여야 협상을 통해 11월 23일 전두환이 대국민 사과 담화문을 발표하여 139억 원의 정치 자금을 국가에 헌납하기로 발표하고, 백담사로 실질적인 귀양을 가게 되었다. 6공의 5공으로부터의 단절 시도는 1989년 12월 31일 전두환의 국회 청문회 증언으로 상징되었다. 이를 계기로 국회의 네 정당들은 5공 청산이 일단 완료되었음에 합의했다.

그러나 그 한계는 명백했다. 그것은 권위주의 체제 자체의 청산보다는 광주사태의 미봉적 해결과 전두환 친인척의 비리 처벌에 국한되었다. 이는 근본적으로 정치 변동의 한계를 반영했다. 구 지배 세력들이 권력의 곳곳에 여전히 존재하고 있었고, 야당들도 더 이상의 추궁과 변화는 원하지 않았다. 12·12사태와 광주사태에 대한 책임 문제는 정치적인 이유로 묻혀 버렸다가 이후 김영삼 정부 때 노태우 비자금 사건이 폭로되면서 다시 부각되게 된다.

노 대통령은 군에 대한 통제에도 부심했다. 취임 초기에 일련의 군 인사를 통해 전두환계를 정리하여 군에 대한 장악력을 확보했고, 국군조직법, 군인사법 등 각종 법령도 개정했다. 이상훈 국방부 장관이 1988년 12월 5일의 기자회견에서 '군의 정치 개입은 시대착오적'이라고 밝힌 바와 같이 군은 더 이상 정치 개입을 시도하지 않게 되었고, 국민도 이제 군의 정치적 역할에 대해 큰 관심을 가지지 않게 되었다. 군 장성들은 선거전 당시 김대중의 당선에 거부권을 행사하겠다는 비공식적인 위협을 가하기도 했으나, 군 출신인 노태우가 당선됨으로써 민주적 전환에 대한 거부감을 희석시킬 수 있었다. 정권 변화가 군사 정권의 성격이 완전 희석된 것을 의미한 것은 아니었고, 군 자신도 시대적 변화를 인식한 듯이 보였다. 또 현직 군부 인사들에 대한 정치적 책임 추궁도 없었기 때문에 군의 명예가 크게 손상되지도 않았고 이들의 정치권에 대한 불만도 크지 않았다.

2) 민주 절차의 도입

민주화의 여건은 이전보다 크게 향상되었다. 언론 자유와 공정한 선거 절차 등 시민권이 크게 확대되었다. 대통령 직선제와 단임제는 그대로 유지되었으나 임기가 5년으로 줄어들었다. 국회의원 선거는 소선거구제(4분의 3 의석)와 전국구 의원제(4분의 1 의석)가 도입되었다. 또 국회의 권한이 강화되어 국정감사권이 부활되었고, 대통령의 국회해산권이 없어졌다. 대법관과 새로 생긴 헌법재판소 소장의 임명 동의권을 국회가 가지게 되었다. 안기부와 보안사령부의 역할을 축소했고, 경찰과 검찰의 중립성이 논란의 대상이 되었다. 그리고 시·도 단위에서 지방자치제를 실시하게 되었다. 사법부 또한 권한이 강화되어 법관은 대법관 회의의 동의를 구하여 대법원장이 임명하도록 되었고, 대법원장과 대법관의 임기를 6년으로 연장했다. 이렇게 자유민주주의의 절차가 확립되었다. 이때 확립된 체제가 김영삼, 김대중 정권으로 이어지고 지금까지의 한국 민주주의의 토대를 이루고 있다.

한편 그 당시 나타났던 여러 가지 정치적인 문제점도 정도의 차이가 있으나 김대중 정권 때까지, 또는 사안에 따라 지금까지도 유지되었다. 지역주의 문제, 정치 부패와 정경 유착 등의 문제다. 되살아난 자유민주주의 정치 체제의 원형이 노태우 정권에서 마련되었던 것이다. 따라서 노태우-김영삼-김대중의 한국 정치 체제는 보수적 자유민주주의 체제라는 점에서 근본적으로 동일하다고 할 수 있다. 물론 군정 유산의 종식과 정치 세력의 교체, 민주 제도의 성숙이라는 면에서는 그 이후 점차 발전해 왔다.

정당과 국회는 민주주의의 정착을 위한 중요한 역할을 부여받았다. 한국의 정치 사회는 대통령 선거에서의 야당 분열과 정권 교체의 실패로 권위주의와의 단절에 암울한 그림자를 드리웠지만, 이어 있었던 제13대 총선에서 의외의 결과가 나타남으로써 민주주의 정착에 새로운 희망을 불러일으켰다. 즉, 야 3당의 의석수가 여당인 민정당의 의석을 능가하게 나타났던 것이다. 민정당은 34%의 득표율로 과반수에 25석 못미치는 125석 획득에 머물러 이른바 여소 야대의 정국이 사상 처음으로 전개되었다. 이 제13대 총선에서의 쟁점은 겉으로는 민주화와 광주사태, 부정과 비리 등 5공 권위주의 청산으로 나타났지만, 실제로 선거 결과에 가장 큰 영향을 미친 것은 지역주의였다.

3) 지역주의의 대두와 여소 야대 정국

지역주의가 한국의 국회의원 선거에서 전국적으로 나타난 것은 이때
가 처음이었다. 이는 지역에 거의 전적으로 기반한 정당들이 처음으로
나타났고, 대통령 선거 당시 이미 지역감정이 악화되었기 때문이다. 이
로써 4대 보수 정당의 지역 할거 구도가 정착되어 지금까지 지속되는 지
역 정치의 원형을 이루었다. 독재 체제의 종식이 지역 붕당 체제로 이어
졌던 것이다.

지역주의 투표는 1980년에 이미 그 조짐이 나타났으나[7] 1987년 대통
령 선거전에서부터 본격화되었다. 민주-반민주의 힘겨룸이 약해진 조
건 아래에서 지역 간의 힘겨룸이 한국 정치의 전면에 나타나게 된 것인
데, 직접적인 계기는 두 김씨의 분열이었다. 이때 이미 지역에 근거한
일인 지배 지역 붕당 체제의 싹이 텄다. 대통령제와 소선거구제로 짜인
선거 제도도 지역주의적 정당 균열에 유리하게 작용했다.[8]

지역주의 투표 결과 이른바 여소 야대 정국이 형성되었다. 당시에는
주로 여소 야대 정국이라고 불렀는데, 요즘에는 '분점 정부'라는 좀 더
학술적인 용어가 많이 쓰이고 있다. 분점 정부란 행정부를 장악한 정당
과 국회를 장악한 세력이 다른 정부 형태를 말한다. 그러나 이 용어에도
문제는 있다. 분점이란 권력을 단순히 나누어 가진다는 뜻이 아니라 행
정부와 입법부를 각각 다른 세력이 장악한다는 뜻인데, 입법부를 여당

---

7 이갑윤, 『한국의 선거와 지역주의』(서울: 오름, 1998), 78쪽.
8 이갑윤(1998), 132쪽.

뿐 아니라 특정 야당이 장악하지 못한 상태는 여소 야대의 상황이기는 하나 분점 상태는 아니라고 할 수 있다. 다시 말해 입법부를 '점유'한 세력이 없는 상태를 분점 상태라고 하기는 어렵다는 말이다.

용어야 어쨌든 여소 야대 정국은 어느 쪽도 마음대로 정국을 움직여 나가지 못하는 타협이 필요한 정부 형태다. 노태우 당시의 여소 야대 정부는 정국의 혼란을 불러오기도 했지만, 거꾸로 민주주의 정착에 도움을 주기도 했다. 정부의 권위주의적 전횡을 막았기 때문이다. 노태우 정부는 국정 운영에서 야당 세력들에 끌려다니는 형국을 연출하기도 했고, 이러한 상황은 대통령 자신의 유약한 지도력 때문에 더 강화되었다. 그러나 바로 이런 점 때문에 국회는 매우 활성화되었다. 예를 들어, 상정 법률안의 65%가 여소 야대 시기인 전반기 2년 동안에 나타났고, 제13대 국회에서 상정된 법률안 규모가 역대 국회 평균치인 460건의 두 배 이상인 938건이었다. 이 중 상당 부분이 개혁 입법이었다.[9]

반면 여소 야대를 일으켰던 지역 구도는 지역 패거리 붕당 정치를 정착시켜 민주 발전에 장애를 초래하기도 했다. 여소 야대 정국이 민주주의 발전에 긍정과 부정의 효과를 다 주는 복합적인 상황이었다. 이 여소 야대 정국은 노무현 정부에서 열린우리당이 다수당이 될 때까지(2004년 제17대 총선) 잠깐 동안을 제외하고 계속되었다. 그 가장 큰 이유는 지역 분할 체제였다.

---

9 정대화, 「한국의 정치 변동, 1987–1992 : 국가–정치사회–시민사회의 관계를 중심으로」, 서울대학교 대학원 정치학과 박사 학위 논문(1995), 214쪽.

4) 민자당 합당의 의미: '보수 대연합'의 추진?

이러한 여소 야대 정국은 집권 세력에게 위기감을 초래했다. 그래서 집권 세력은 야당의 일부와 연합하여 통치권을 강화하고자 했다. 집권 민정당은 김영삼이 이끈 통일민주당 및 김종필의 신공화당과 합당을 결의하여 총 218석의 거대 여당으로 변신했다. 1990년 2월 9일 민주자유당(민자당)의 탄생은 한국의 민주화 과정에서 한 단계의 마감과 새로운 정치 구조의 출현을 의미했다. 즉, 그것은 권위주의 체제의 종식을 위한 국민적 저항의 한 단계가 지나가고 국가 주도의 새로운 보수적 정치 구조의 정착을 의미한다. 이는 국가의 보수 강경 회귀와 궤를 같이 한 것이었다.

민자당은 창당의 명분으로 지역 연고 중심의 4당 체제를 타파하고 새로운 국제 정세의 변화에 대처하기 위한 정치적 재편성이 필요함을 들었다. 즉, 지역주의의 악화로 정치의 국제 경쟁력이 약화되었다는 것이다. 그러나 3당 합당이 각 당, 특히 그 지도자들의 권력 추구의 직접적 결과였다는 것은 명백하다. 민정당은 야당이 우세한 국회의 현실을 타파하고 정치적 주도권을 장악하기를 원했고, 통일민주당의 김영삼은 4당 구조에서 정권을 잡기 힘들게 되자 신여당의 차기 대통령 후보로 나서려고 했으며, 공화당의 김종필은 제4당의 약한 지위에서 벗어나 집권 여당의 핵심 인물로의 지위 상승을 꾀했던 것이다. 여기에서 김대중이 이끈 평화민주당이 제외되었는데, 지역적으로 이는 전라도의 소외를 의미했다. 이후 평화민주당은 유일한 야당으로서 거대 여당의 독주에 제동을 걸기 위해 노력했다.

민자당의 탄생으로 한국의 정치는 한동안 일본의 자민당 지배와 같은 우세 정당 체계의 탄생을 예고하는 듯했다. 그러나 한국의 정치에는 아직 유동성이 많았다. 이후 김영삼계(민주계)와 민정당 세력 간의 내각제 합의 파기를 둘러싼 갈등이 심화되었고, 김영삼이 집권한 후에는 공화계와의 반목으로 민자당이 분열하여, 이는 결국 김대중의 대통령 당선을 통한 정권 교체의 길을 열게 된다.

3당 합당을 종종 보수 대연합 시도로 해석하는데, 당사자들의 의도가 어떠했든 이를 보수 대연합으로 보기는 무리였다.[10] 우선 당시 경쟁했던 정당들이 모두 보수적이었는데, 김대중의 평민당은 제외되었다. 진보 세력의 힘이 강하지 않았기 때문에 보수 대연합은 필요 없는 상황이었다. 노태우 측은 오히려 김대중에게 먼저 연합을 제의했다고 전해진다. 3당 합당은 이념 분할 상태에서 보수 세력이 힘을 합친 것이라기보다는 순수히 권력 장악을 위한 당파적 목적의 흥정이었다. 그보다는 오히려 반호남 연합이라 볼 수 있었지만, 원래 목적은 반호남이라기보다는 여당의 세 불리기라는 순수한 권력 다툼의 성격이 강했다. 그 결과 역시 순수한 당파 싸움의 고조였다. 이런 상황은 비단 정당들 사이뿐 아니라 새로 생긴 민자당 안에서도 마찬가지였다.

5) 지역주의와 당파 싸움의 고조

여소 야대 정국은 국회의 활성화와 민주 정치의 정착 가능성을 높였지만, 이는 민주화를 위한 국민의 선택이 아니라 지역감정의 결과였기 때문에 한국 정치에 새로운 문제를 던졌다. 이렇게 하여 한국의 정치에는 두 가지의 구조적 과제가 중첩되게 되었으니, 민주주의 정착의 과제

---

10 김용호, 「거대 여당의 출현과 전통 야당의 문제점」, 한국정치학회 편, 『산업 사회와 한국 정치의 과제』(1990), 51쪽. 3당 합당의 경과에 대해서는, 정윤재, 『정치 리더십 과 한국 민주주의』(서울: 나남 출판, 2003) 379~387쪽 참조.

에 지역주의 해소의 과제가 덧붙여진 것이다. 지역주의가 역설적으로 행사했던 민주화의 긍정적 기능은 3당 합당으로 끝나고 말았다. 지역주의는 이제 특정 지도자들을 중심으로 한 편협한 붕당 정치로 고착되어 한국 정치의 발전에 큰 장애 요인이 되었다.

3당 합당 후 정치 사회는 급격한 퇴조를 보인 반면 민자당의 정국 장악이 시작되었다. 1991년 3월 26일의 기초의회 의원 선거와 6월 20일의 광역의회 의원 선거에서 50%대의 낮은 투표율 속에 민자당이 각각 70%(친여 무소속 포함)의 의석과 65%의 득표율을 차지했다. 그러나 1992년 3월 24일의 제14대 총선에서는 국민의 견제 심리가 작동하여, 민자당이 지역구 116석과 전국구 33석의 149석으로 과반수에서 1석 모자라는 의석을 획득하는 데 그쳤다. 이 선거에서 정주영이 창당한 통일국민당이 호조를 보여 총 31석을 차지했고, 민자당에 들어가지 않은 통일민주당 잔류파와 평민당이 통합하여 결성한 민주당이 97석을 얻어 제1야당이 되었다. 그러나 야당들은 지역적 한계를 보여 그 지지 기반이 각각 강원-경북과 서울-호남 지역에 국한되었다. 이로써 민주화를 쟁점으로 했던 정치적 대립 구도가 3당 합당 후 지역주의 대결 구도로 변화된 것이었다. 노 정부 출범 초기에 추진되던 개혁도 민자당 탄생과 함께 실종되어, 주요 개혁 법안들이 대부분 잠자다가 제13대 국회 임기가 끝나면서 자동 폐기되었다.

국회는 파행에 빠져 법안의 날치기 통과, 야당의 물리적 저지, 평민당 김대중 총재와 의원들의 단식 투쟁 등으로 얼룩졌다. 이후 정부는 타협의 필요성을 느끼고 여야 협상을 통해 내각제 포기와 지방자치제 실시에 합의하게 되었다. 전체적으로 3당 합당 이전에 비해 국회는 침체했다. 야당 역시 정파 간의 권력 싸움으로 진정한 대안 세력으로서의 모습을 보여 주지 못했다. 이러한 정치력의 부재가 국민을 정치 전반과 정당 및 지도자에 대한 불신으로 몰아넣어, 당시 각종의 조사를 보면 각 정당에 대한 지지도는 여야를 막론하고 20%에 미치지 못한 반면 50% 이상의 응답자가 지지하는 정당이 없다고 대답하고 있는 실정이었다.[11]

빈약한 지지 속에서 야권 분열 덕분에 대통령에 당선될 수 있었던 노태우는 국민투표를 통한 중간 평가를 실시할 것을 선거 공약으로 제시한 바 있다. 이 문제는 당시 정치권의 또 하나의 문젯거리였다. 이에 대해서는 여야 모두 의견이 분열되었다. 제1 야당이었던 평민당은 여소야대의 기득권 유지를 위해 중간 평가를 원하지 않았고, 통일민주당은 제2 야당의 구도를 깰 수 있는 정계 개편의 기회로 보고 이를 원했다. 여권 안에서도 정면 돌파를 통한 통치권 강화를 위해 중간 평가를 실시해야 한다는 의견도 있었으나, 결국 여야 간의 대세는 유보 쪽으로 움직였다. 1989년 3월 10일 노 대통령은 김대중 평민당 총재와의 합의를 통해 중간 평가 유보를 발표했다.

한편 민자당은 창당 당시부터 끊임없는 내분에 휩싸였다. 내각제 개헌, 지방자치제 실시, 선거구제 변경 등 중요한 정국 현안들이 국민의 이익이나 민주주의 가치보다는 각 정파의 이해관계에 따라 좌우되었고, 그 이해관계가 안정된 게임 규칙에 의해 조정되지 않았기 때문에, 당시의 정치는 치졸한 파당적 권력 다툼으로 일관되었다. 민자당 내분은 뿌리와 지지 기반이 다른 인맥 정당들의 합당에 따른 필연적인 결과였는데, 특히 당 안에서의 김영삼 위상을 둘러싸고 갈등이 본격화되었다. 노태우 대통령의 총애를 받고 민정계의 실력자로 행세하던 박철언 당시 정무장관은 당 대표 최고위원이던 김영삼을 견제하려고 했고, 이에 따라 김영삼은 두 차례나 당무를 거부하기도 했다. 1990년 10월 박철언 측은

---

11 김석준, 『한국 자본주의 국가 위기론』(서울: 풀빛, 1991), 376쪽.

김영삼이 서명한 내각제 개헌 합의 각서를 언론에 공표하여 김영삼에 타격을 주려 했다. 그러나 이에 김영삼이 크게 반발하자, 내분은 박철언 장관의 퇴진과 각서 유출의 당사자로 지목된 박준병 당 사무총장의 징계로 일단락되었다.

이후 후계 구도를 둘러싸고 정권 내 권력 투쟁이 계속되었는데, 이는 공안 정국의 도래로 공안 세력과 김영삼계의 대립 양상으로 나타났다. 노재봉 국무총리와 박철언 체육청소년부 장관이 반김영삼 노선의 선두에 서서 내각제 개헌에 찬성하고 정치권의 물갈이를 주장했다. 이에 대해 김영삼은 평민당의 김대중과 협력하여 내각제 개헌 반대와 소선거구제 고수 등에 합의하는 등 부자연스러운 여야 간 공동 전선을 형성했다. 이후 강경대 군 피살 사건을 계기로 정권에 대한 국민의 비판이 높아진 가운데 노 총리가 퇴진하고 박철언이 사조직인 월계수회의 고문직을 사퇴함으로써 공안파의 입지는 약화되고 김영삼의 당내 권력이 공고해졌다.

1991년 하반기에는 차기 대통령 후보를 둘러싼 당내 갈등이 표면화되었다. 민자당은 명목상 자유 경선을 실시했으나, 불공정 경선에 반발한 민정계의 단일 후보 이종찬이 탈당하는 등 잡음이 끊이지 않았다. 노 대통령은 공식적으로는 공정 관리를 표방했으나 실제로는 김영삼의 대세론을 인정했고, 대통령의 협조를 업은 김영삼은 당내 권력 투쟁에서 최후의 승리를 거두고 대통령에 당선될 수 있었다. 민정계는 다수 의석(민정계 127, 민주계 54, 공화계 35)을 기반으로 세대교체의 명분을 내걸고 당을 주도하려 했으나, 김영삼에 필적할 만한 정치 지도자를 찾을 수 없었다. 이에 비해 민주계는 수는 적었으나 김영삼을 중심으로 단합하여 권력 투쟁에서 승리했다. 김영삼의 승리에는 김윤환을 중심으로 한 민정계의 상당수 인사가 김영삼 지지로 돌아선 것이 큰 역할을 했다. 이러한 세력 동맹에는 내각제 개헌에 비우호적인 국민 여론과 김영삼 대세론 혹은 대안 부재론이 큰 영향을 미쳤던 것으로 보인다.

제8장

민주화의 진전과 지역 붕당 체제: 김영삼 정부와 김대중 정부

노태우 정부에서 시작된 민주화는 김영삼, 김대중 정부를 거치면서 심화되었다. 김영삼 정부는 군부의 정치적 중립을 확립함으로써 민간 민주주의의 기틀을 잡았고, 김대중 정부는 사상 처음으로 성취한 평화적 정권 교체를 통해 한국 민주주의를 정착시켰다. 국가의 민간 사회에 대한 통제가 줄어들고 시민 사회가 성장했으며, 민주적인 정치 제도들이 성숙해 갔다. 그러나 그 민주화는 대중의 적극적 참여나 분배 구조의 개선보다는 권력과 돈이 엘리트 중심으로 집중되는 보수적인 성격을 띠었다. 그런 상황이 계급들 사이, 또 계급과 국가 사이의 대결을 불러와 한국 정치는 혼란을 겪었다. 그뿐 아니라 흔히 '3김 정치'로 일컬어지는 지역 붕당 체제가 확립되어 한국 정치는 지역주의와 '제왕적'인 일인 통치의 모습을 보였다. 김영삼 정권과 김대중 정권은 세세한 차이가 있으나 본질이 같기 때문에 여기서 하나의 장으로 묶는다.

1. 김영삼 정부: 민간화의 완성과 지역 붕당 체제의 본격화

김영삼 정권의 특징은 정치권력의 민간화 완성과 지역 붕당 체제의 본격화로 볼 수 있다. 군 내 하나회를 해체하는 등 군정 유산을 청산한 것은 한국 정치사에서 김영삼의 최대 치적이라고 할 수 있다. 그러나 동시에 그 시기에 지역 붕당 체제가 본격화된 것은 오점으로 남을 일이다. 그가 추진한 개혁 정책들도 대부분 흐지부지되거나 실패로 돌아갔다. 취임 직후 그는 조금 진보적인 빛깔을 보이기도 했으나 이내 보수화되어 노태우 정권 때와 비슷해졌다. 그 이유로는 무엇보다 그 정권이 구 권위주의 잔존 세력과의 연합으로 이루어져서 태생적인 한계가 있었고, 또 대통령이 뚜렷한 개혁 철학을 갖추지 못하고 임기응변에 너무 의존했기 때문이다.

또 김영삼 정권은 김대중 정권과 더불어 박정희의 일인 지배 체제를 물려받았다. 이런 점에서는 노태우 정권보다 오히려 민주주의에서 후퇴한 측면도 있었다. 대통령의 의도, 때로는 즉흥적인 생각이 중요한 정부 정책을 결정했고 당과 정부 안의 위계질서가 권위주의적이었다는 점에서 당시 한국의 민주주의는 충분히 발달했다고 볼 수 없다. 게다가 의회 절차보다는 국민에게 직접 호소하기를 즐긴 대통령의 행동은 '문민독재'라는 비판까지 받았다.

1) 민간화의 완성과 민주주의의 진전

제14대 대통령 선거에서 민자당 후보로 출마한 김영삼은 42.0%의 득표율로 당선되었다. 민주당 후보로 출마한 김대중은 33.8%, 국민당의 정주영 후보는 16.3%, 신정당의 박찬종 후보는 6.4%를 획득했다. 정주영 후보가 막강한 자금력과 실물 경제 전문가로서의 호소력을 바탕으로 한때 선풍을 일으키기도 했으나, 선거전은 김영삼과 김대중의 2파전으로 치러졌다고 해도 과언이 아니었다. 여기서 김영삼이 승리를 거둔 것은 여당의 이점 외에도 김대중의 진보적 성향을 두려워한 기득권 세력이 김영삼을 선호했고, 또 지역적으로 영남 대 호남 경쟁 구도가 이루어져 숫자적으로 열세인 김대중에게 불리하게 작용했기 때문이다.

김영삼 정부는 1993년 2월 25일 공식 출범했다. 선거를 통해 순수한 민간 정부가 구성된 것은 제2공화국이 1961년 쿠데타로 붕괴된 이후 32년 만의 일이었다. 노 정부에서 시작된 정치적 자유화와 민주화는 김영삼 정부에 이르러 정착의 단계에 들어서게 되었다. 노 정부 시절에는 대통령과 집권 세력들이 이전 정권과 본질적으로 동일한 세력이었기 때문에 권위주의와의 단절이 불완전할 수밖에 없었다. 이에 비해 김영삼 정권은 야당 투사 중 한 사람이 집권하여 군사 정권의 잔재 청산을 으뜸 과제로 삼았던 만큼 정치권력의 민간화와 민주화가 진일보하게 되었던 것이다. 그러나 동시에 김영삼의 집권도 구 권위주의 세력과의 연합을 통한 것이었기 때문에 이들과의 정치적·도덕적 단절이 완전할 수 없었고, 이러한 사실이 그의 정치적 한계를 규정지었을 뿐 아니라 집권 기간 동안 내내 정부와 여당을 괴롭힌 요인이 되었다.

(1) 군정 유산의 청산

군정 유산을 청산하고 민간화를 완성하기 위한 김영삼 정부의 노력은 군 개혁에서 대표적으로 나타났다. 김영삼은 1993년 3월 8일 박정희 정권 이래 군부 내 핵심 사조직이던 하나회의 주요 구성원인 김진영 육군참모총장과 서완수 기무사령관을 전격 경질했다. 이를 시작으로 12·12 사태 관련 장성들과 하나회 출신 장교 및 각종 비리 연루자들에 대한 대규모 숙군이 단행되었다. 이로써 박정희 정권 시절부터 군과 정계의 막후에서 막강한 실력을 행사했던 하나회가 해체되었고, 여기에 가담했던 장교들은 승진에서 누락하는 등 불이익을 맛보게 되었다. 육군만이 아니라 뇌물 수수 혐의로 해군 장성 5명과 대령 2명이 구속되었고, 공군 장성도 5명이 구속되었다. 동시에 신정부는 정보 사찰 기구로서 민간 정치 영역에 적극적으로 개입했던 기무사령부의 조직과 권한을 축소하여 본연의 업무에 충실토록 했다. 이러한 여러 조치로 인해 이전에 권위주의 정권의 유지를 위해 이용되었던 군부는 정치적 영향력이 뚜렷하게 약화되었다. 군의 정치 개입 중단은 이미 노태우 정부 시기부터 시작된 것이었지만, 문민 정부를 표방한 김영삼 정부에 이르러 확고한 원칙으로 자리 잡게 되었다. 그리하여 신생 민주주의를 위협할 수 있는 가장 폭발적인 요인이 제거되었다.

군정 유산의 청산은 이전 대통령들인 노태우와 전두환의 구속 수감으로 절정에 달했다. 김영삼 정부는 처음에는 이들에 대한 사법 처리를 꺼렸다. 그것은 이들이 여전히 대구·경북 지역을 중심으로 상당한 지지 세력을 지니고 있어 이들에 대한 사법 처리가 정치적 도전을 유발할 수 있었고, 대통령이나 집권 세력 자체가 이들과 정치적 인연이나 부패 사슬로 어느 정도든 연관되어 있었기 때문이다. 이러한 양상은 과거와의 단절이 아니라 과거로부터의 점진적인 탈피를 통해 민주화된 나라들에서 공통되게 나타나는 현상이다. 그것은 과거 권위주의 세력의 힘이 여전히 존재하는 마당에 이들에 대한 전면 공격이 자칫 정치적 혼란과 심지어 민주화의 역행을 초래할 수도 있기 때문이다.

그러나 권위주의 세력에 대한 처벌 요구는 특히 광주사태의 비극을 매개로 하여 민간 사회와 정치권 일부에서 끊임없이 제기되었고, 정부는 이에 대해 상당한 부담을 느끼고 있었다. 김영삼 대통령은 취임 초

5·16을 '쿠데타'로, 12·12를 '하극상에 의한 군사 쿠데타적 사건'으로 규정한 바 있었다. 이렇게 하여 명목상으로 과거와 단절하면서 실제적으로는 과거를 안고 가면서 민주화 개혁을 추진하겠다는 의도를 나타내었다.

그러나 당시 민주당의 박계동 의원이 터뜨린 이른바 노태우 비자금 사건은 이러한 소극적인 정책을 일시에 뒤바꾸었다. 폭로의 주된 내용은 노태우 대통령이 집권 당시 기업체들에게서 받은 각종 뇌물과 성금이 비밀 계좌에 은닉되어 있다는 것이었다. 이를 계기로 이전 정권에 대한 재조사가 불가피하게 되었고, 노태우 전 대통령은 1995년 11월 16일 구속되었다. 또 전두환 전 대통령에 대한 사법 처리도 불가피한 쪽으로 기울었고, 그 결과 검찰은 전두환을 12월 3일 구속하여 반란 수괴 등의 혐의로 기소했으며, 이듬해 1월에는 대통령 재임 중 기업체들에게서 수천억 원의 불법 정치 자금을 받은 혐의를 추가했다.

과거 청산의 법적 조치는 1995년 12월 19일 국회에서 통과된 5·18 특별처리법을 통해 나타났다. 정부는 과거 정권에 대한 이러한 단죄를 '역사 바로 세우기'로 이름 지었다. 과연 그것은 역사를 바로 세우는 데 필요불가결한 조치였다. 그러나 그것만으로 역사는 바로 서는 것이 아니었고, 또 이러한 조치들이 예상했던 대로 옛 대통령들을 추종하는 일부 세력의 반발을 사 새 정부는 점증하는 정치적 도전에 직면해야 했다. 동시에 이 역사 바로 세우기는 초기의 개혁 조치들이 소기의 성과를 거두지 못하고 지리멸렬해 가는 상황에서 나온 정부의 고육지책이었다는 평가도 받았다.

(2) 민주 제도의 기반 강화
신정부는 민주주의 정착을 향한 제도적인 조치들로서 선거법을 개정하고 지방자치제를 확대하는 등 많은 노력을 기울였다. 김영삼 대통령은 1994년 3월 15일 공직선거 및 선거부정방지법(일명 통합선거법), 정치자금법 개정안, 지방자치법 개정안 등 3대 정치 개혁 법안에 서명했다. 이는 김영삼 정부가 개혁 목표로 제시한 '돈 안 드는 선거, 깨끗한 선거'를 위한 법적 조치였다.

통합선거법은 기존의 대통령선거법, 국회의원선거법, 지방자치단체장선거법과 지방의회선거법을 한데 묶은 것이었다. 이 법은 선거구들 사이의 인구 편차를 더 확대하는 등 문제점도 있었지만 과거에 비해 많이 개선된 것이 사실이었다. 우선 선거일을 법으로 정해 선거 실시의 확실성과 선거 일정에 대한 예측 가능성을 증대시켰다. 둘째, 선거 운동의 자유를 확대하고 공정성을 확보하기 위해 신문, 방송 등 대중 매체를 통한 선거 운동을 확대시켰다. 셋째, 선거 기간을 단축하고 법정 선거 비용을 축소함으로써 돈 안 드는 선거를 위한 틀을 마련했다. 넷째, 선거법 위반에 대한 처벌을 강화하여 당선의 무효 사유를 확대했다.

정치자금법 개정안은 정치 자금의 모금 방법으로 정액 영수증 제도를 도입하고, 후원회 제도를 강화하며, 정당에 대한 국고 보조금을 늘리고, 정치 자금 규제를 위한 선거관리위원회의 권한을 확대하는 것을 내용으로 했다. 그러나 정치 자금의 조달 부분에만 관심을 기울이고 지출, 조달 및 지출에 대한 통제와 공개에 대해서는 별다른 조치를 취하지 않은 문제를 보였다.

이후 1997년 10월 여야 간에 타결된 정치개혁 입법안은 선거 운동에 관련된 세부 사항을 재조정한 것으로, 지정 기탁금제를 폐지하여 돈 없는 당이나 후보의 출마를 더 쉽게 했고 옥외 집회를 불허함으로써 과열 혼탁 금권 선거의 여지를 줄였다. 대체로 기성 정당들의 기득권이 수호되고 정치 자금 실명제가 관철되지 않는 등 여러 문제점이 있었지만, 이법의 실시 이후 선거는 대규모 옥외 집회보다는 대중 매체를 활용한 후보자 토론회 등을 통해 이루어짐으로써 진일보했다고 할 수 있다. 전체적으로, 선거법과 정치자금법 개혁은 그 나름대로 한계를 지녔지만, 첫 출발이라는 점에서 의미를 찾을 수 있었다. 금권 선거, 타락·흑색·비방 선거의 병폐는 여전히 지속되었지만, 관권 개입 및 부정 선거는 이전에 비해 크게 줄어들었다.

또, 노태우 정부 시절에 각 수준에서의 지방 의회 선거로 시작된 지방 자치제는 김영삼 정부 들어 자치 단체장 선거로 확대되었다. 개정된 지방자치법에 따라 1995년 6월 27일 우리나라 선거 사상 최초로 15개 광역 자치 단체와 기초 자치 단체의 단체장 및 지방의원을 동시 선출하는 4대 지방 선거를 실시했다. 또 1914년 행정 구역 개편 이후 최대 규모의 지방 행정 구역 개편을 실시하여 41개의 시와 39개의 군을 생활권역별로 통합해 40개의 시를 설치하고 서울, 부산, 인천, 광주의 자치구 9개를 18개로 분할했다.

이렇게 외형적으로는 지방 자치가 광범위하게 도입되었으나, 그 내용을 보면 지방 자치의 충분한 실시는 여전히 요원했다. 특히 지방 재정이 중앙에 의존하며 중앙 정당의 보스 정치에 지방 정치인들이 종속되어 있었고, 이런 현상이 지금도 계속되고 있다. 그러나 이런 한계에도 불구하고 지방 자치의 확대는 김영삼 정부가 이룬 그 나름대로의 성과라고 할 수 있다. 특히 6·27지방선거에서 야당이 승리하여 중앙 정치의 구도에 영향을 미친 데서 보는 바와 같이 지방자치제 확대가 중앙 정치에 미친 영향도 결코 과소평가할 수 없었다.

2) 정권과 정치 사회의 문제점

(1) 일인 지배의 지역 붕당 체제

김영삼 정부는 수십 년 만에 처음으로 들어선 민간 정부로서 민주 절차의 확립에 많은 기여를 했다. 그동안 언론과 표현의 자유가 신장되었고 인권 신장에서도 많은 발전이 있었다. 취임 초기 장기 복역자인 이인모 노인을 북으로 송환하는 등 반공 정책의 완화에도 관심을 기울였다. 거시 정치적인 차원에서 민주주의의 신장이 있었다는 점에 대해서는 이견을 제기할 수 없다. 그러나 김영삼 정부도 분단 상황과 보수적 지배구조의 한계를 벗어나지는 못했다. 국가보안법과 안기부법의 존폐 또는 개정 문제가 내내 말썽의 소지가 되었고, 급진 노조의 승인 문제도 항상 소란의 요인이 되었다. 또 정치 과정에 대한 국민의 참여와 사회·경제적 평등, 복지의 확대에서 과거 정권에 비해 이렇다 할 진전이 없었다.

그런데 이런 문제들은 어떻게 보면 김영삼 정부가 다 해결할 수 없는 문제였다. 분단 상황은 엄연한 현실이었고 사회 정의의 실현도 한 정부가 단시일에 이룰 수 있는 일이 아니었기 때문이다. 더 큰 문제는 정권의 구조가 일인 지배를 벗어나지 못하고 '인치'가 만연했으며, 각종 정책이 법과 제도의 뒷받침을 받기보다는 대통령 개인의 목적과 선호에 따라 좌우되었다는 사실이었다. 김 대통령은 취임 초기 90%에 달하는 압도적인 여론 지지를 받았다. 그것은 군정을 실질적으로 종식시키고 들어선 새로운 민간 정부가 국가 개혁을 이루어 주기를 원한 국민의 여망 때문이었다. 이에 반해 정권을 구성한 통치 세력은 민주 철학에 투철하고 국가 경영에 익숙한 사람들이 아니라 반정부 투쟁에 앞장섰거나 권위주의 정권에서 이득을 보던 구세력이었다. 민주주의와 사회 개혁을 향한 법과 제도는 미성숙했고, 정치 과정은 대통령 개인의 취향과 이질적인 집단들의 조화롭지 못한 연합으로 혼란스러웠다.

이런 상황에서 김 대통령은 집권 기간 동안에 수많은 개혁을 이루려는 과욕을 보였고, 법이나 제도보다는 측근들에게 의지하고 국민에게 직접 호소하는 방식을 채택했다. 이른바 '위임 민주주의'의 한 모습을 보여 준 것이다.[1] 이는 대통령이 국민으로부터 권한을 위임받아 의회를 건너뛰어 막강한 권력을 휘두르는 형태의 정권 구조였다. 대통령과 국회가 민주적 절차에 의해 구성되었다는 점에서는 민주주의였지만, 권력이 행사되고 정책이 입안, 집행되는 방식에 있어서는 권위주의적인 성격을 보인 것이다. 그 결과 김영삼 정부는 '문민 독재'라는 비판을 받았고 그럴 소지를 충분히 안고 있었다. 이러한 상황은 한국 민주주의 발전에 걸림돌이 되었을 뿐 아니라, 이후 대통령의 인기가 급격히 떨어지고 개혁 작업들이 파행으로 치닫는 원인이 되었다.

민주화의 영향으로 재야 세력과 운동권이 쇠퇴하고 정치의 중심은 정치 사회로 이동했다. 정치 투쟁의 큰 토대였던 민주-반민주의 구도가 소멸되다시피 하여 이제 남은 투쟁의 토대는 지역밖에 없게 되었다. 따라서 김영삼 정부 시절 지역 구도는 더 강화되었다. 김종필이 민자당에서 이탈하고 대선 패배 후 정계 은퇴를 선언했던 김대중이 정치에 복귀하면서, 여당이든 야당이든 절대 권력자가 군림하는 일인 지배의 파당 체제가 복원되었다. 거대 여당의 독주를 견제할 수 있었다는 점에서는 발전이었지만, 지역 정당 체제로의 복귀라는 점에서는 분명히 후퇴였다. 이러한 지역 파당 체제 속에서 정치인들은 민간 사회의 정치·경제적 염원을 반영하지 못하고 그들만의 권력 투쟁에 몰두했다. 정치 사회와 민간 사회의 괴리는 노 정부 시절보다 오히려 심화된 것 같았다.

---

1 Guillermo O'Donnell, "Delegative Democracy", *Journal of Democracy*, 5:1(1994).

그러면 왜 김영삼과 그 뒤를 이은 김대중의 정당 정치는 일인 지배 구조를 보였을까? 근본적으로는 이승만-박정희로 이어지던 일인 지배 구조가 여전히 남아 있었다고 말할 수 있다. 여기서 생각해야 할 문제는 독재에 대항한 '민주' 세력이 그 독재 세력과 마찬가지로 적어도 자기들 안에서는 권력의 개인화와 집중, 그리고 비민주성을 보였다는 사실이다. 이것은 오랜 반독재 투쟁 속에서 강력한 지도력이 필요했던 이유와 한국 정치 전반의 제도화 결핍이라는 요인으로 설명할 수 있다. 권위주의 세력과 이에 대항한 세력이 개인적 권력 집중이라는 같은 내부 구조를 가지는 역설을 한국 정치가 보여 주었던 것이다. 그리고 그러한 일인 체제가 노태우의 민주화 과도기를 거치면서 고조된 지역주의와 결합하여 공고한 일인 지배 지역 붕당 체제로 귀착되었다.

　　하지만 여기서 일인 지배 구조라고는 하지만, 그것이 민주주의와 결합했다는 점을 잊어서는 안 된다. 일인 지배라는 것은 어디까지나 특정 정치 세력, 이 경우 행정부와 정당 안에서의 일인 지배를 의미하는 것이지 국가, 사회, 국민까지 일인 지배자가 지배했다는 의미가 아니다. 이런 점에서 김영삼, 김대중의 일인 지배는 이전의 권위주의 일인 지배와는 근본적인 차이가 있었다. 또 다른 차이점은 권위주의적 일인 지배는 장기 집권으로 나타났지만, 민주주의 체제에서의 일인 지배는 그것이 불가능했다는 사실이다. 당시의 민주주의가 지역 붕당 보스 정치로서 미흡한 점이 많기는 했으나, 권력의 적용 범위와 시기를 명백히 명시한 헌정주의에 입각한 민주주의였던 점은 부인할 수 없다.

　　김영삼 정부의 출범 이후 정주영이 이끌었던 국민당은 해체되었고, 정치 구도는 사실상 여당인 민자당과 김대중 지배의 야당인 민주당의 양당 구조로 좁혀졌다. 한편 김영삼 정부의 개혁 정책은 민자당 안에서 계속되던 계파 간의 갈등을 심화시켰다. 이는 대구·경북 세력의 일부 이탈을 가져왔고 급기야 김종필과 그 추종 세력의 탈당으로 이어졌다. 이러한 지역 연합의 분열은 김영삼 정부의 지지 기반을 약화시켰고, 개혁 정책의 추진을 제약하는 요인으로 작용했다.

(2) 당파 싸움

1994년 8월 2일의 보궐 선거에서 민자당은 패배를 맛보았다. 특히 대구, 경주 지역에서의 민자당 패배는 주목할 만하다. 박철언의 부인인 현경자가 대구에서 신민당 후보로 출마하여 당선되었는데, 이는 대구 지역의 반김영삼 감정을 대변했다. 이에 따라 민주계는 민정계와의 유대 강화를 추구했고, 그 결과 도 지부 위원장과 당무위원에 민정계 인사들이 발탁되었다. 또 검찰은 12·12 관련자들에 대해 기소 유예 결정을 내려 주었다. 이후 1994년 12월 23일의 개각에서도 민정계 인사들이 대거 발탁되었다.

이로써 민자당은 개혁을 앞세운 김영삼 직계의 민주계와 옛 세력을 대변한 민정계의 양자 구도로 재편되고 김종필의 공화계는 소외되게 되었다. 민주계는 더 나아가 적극적으로 공화계의 무력화를 시도했다. 민주계의 수장이던 최형우는 대표위원제를 없애고 세 명의 부총재를 경선을 통해 선출하자고 주장하면서 사실상 김종필의 대표 사퇴를 요구했다. 당시까지 계속되었던 민주계의 대구·경북 인사에 대한 사정이나 김종필 사퇴 요구 등은, 개혁에 대한 여론의 높은 지지를 기반으로 집권 세력 내에서 주도권을 장악하려는 민주계의 의도를 반영한 것이었다. 그러나 이러한 의도는 빗나가 김종필의 탈당을 초래했고, 이후 민자당은 일본의 자민당과 같은 우세 정당으로서의 지위를 확보하지 못하고 다시 한 번 3당 구도 속의 제일 당으로 만족해야 하는 처지로 전락하고 말았다. 이러한 정치 구도의 개편은 개혁의 시도에 반발하거나 거꾸로 개혁이 제대로

되지 않는 것에 실망한 다양한 계층과 정치 세력들의 불만이 기본 배경을 이루었고, 더 구체적으로 이러한 분위기에 힘입은 정치적 경쟁자들, 즉 김종필과 김대중의 독자 노선 선언과 정치적 복귀로 현실화되었다.

민자당을 탈당한 김종필은 1995년 2월 9일 신당 창당을 공식 선언했다. 김종필이 새로 창당한 자유민주연합(자민련)은 충청권 출신 의원들뿐만 아니라 일부 대구·경북권 인사들을 포함했다. 이로써 김영삼 정부가 포용하지 못한 비호남 세력이 자민련으로 집결했다. 자민련의 출범으로 민자당의 창당과 함께 비롯된 호남−비호남의 이분적 대결 구도가 더 복잡한 지역 구도로 바뀌었고, 집권 연합의 축소로 여당은 지역적으로 영남 세력의 연합에 머무르고 말았다.

1995년 6월 27일에 실시된 지방 선거의 결과는 민자당의 참패로 나타났다. 민자당은 지방 선거에서 15명의 시도지사 중 5명을 당선시키는 데 그쳤고, 시장·군수·구청장 선거와 시도 의원 선거에서도 야당인 민주당에 뒤졌다. 전통적으로 여세가 강한 대구·경북과 강원에서의 부진은 이 지역에서의 반민자당 정서가 얼마나 심각하고 광범위하게 확산돼 있는지를 잘 보여 주었다. 민자당은 이들 세 지역 중 경북에서만 광역 단체장을 당선시켰다. 이들 지역의 기초 단체장 선거에서는 모두 49곳 중 불과 19곳만을 건졌고, 텃밭인 경남에서도 21곳의 기초 단체장 선거에서 절반이 넘는 11곳에서 무소속이 승리했다. 이러한 결과에는 민자당을 이탈하여 자민련을 창당한 김종필의 역할이 컸다. 그는 이 선거에서 충청도의 지역주의에 호소하여 성공했다. 이로써 지역주의 투표가 다시 기승을 부리게 되었다.

6·27지방선거에서 여당이 패배하고 민주당이 선전하자 이에 고무된 김대중은 7월 18일 정계 복귀를 선언하고 신당을 창당하여 새정치국민회의(국민회의)라고 이름 지었다. 당시 야당을 대표하던 민주당은 지역

에 관계없이 김영삼의 3당 합당을 추종하지 않은 인사들과 그 외 다른 야권 정치인들, 그리고 재야 세력이 연합하여 만든 정당이었다. 그러나 김대중의 복귀로 대부분의 민주당 인사가 국민회의의 휘하에 모이게 되었고, 그 결과 민주당은 꼬마 정당으로 전락했다.

자민련과 국민회의의 창당으로 한국의 정당 구조는 결국 3당 합당 이전과 같은 3당 체제로 복귀했고, 정당들의 지역성은 이전보다 더 강화되었다. 민자당은 부산·경남과 대구·경북의 연합 세력, 국민회의는 호남 지역(과 수도권의 일부 세력), 자민련은 충청 지역(과 대구·경북 지역의 일부 세력)을 기반으로 하여 각축을 벌이게 되었다. 노태우 정부 당시 보였던 민자당의 전국 장악력은 사라져 버렸고, 한국의 정치는 지역 파쟁의 형태로 타락해 갔다.

그러나 이듬해 있었던 총선에서는 여당이 다시 승리를 구가했다. 1996년 4월 11일 실시된 제15대 국회의원 선거 결과 여당인 신한국당은 지역구 121석, 전국구 18석을 얻어 모두 139석을 차지했다. 반면 새정치국민회의와 자유민주연합은 각기 79석과 50석에 그쳤다. 신한국당은 김영삼 대통령 지지율의 급격한 하락 등으로 부진한 성적을 낼 것이라던 일반의 예상을 깨고 수도권에서 선전했다.

선거 전인 1995년 12월 6일 민자당은 신한국당으로 개칭하고 민주계, 민정계를 중심으로 재규합을 시도했다. 강도 높은 개혁으로 국민의 지지를 호소하는 방법으로 선회한 것이다. 선거전에서는 신한국당이 내세운 새로운 인물의 충원과 개혁과 안정을 결합시킨 개혁적 보수주의 노선이 수도권 및 젊은 층의 호응을 유도한 것으로 보인다. 전두환, 노태우 구속 등 새로운 바람이 일었고, 감사원장 출신으로 곧은 이미지를 가진 이회창 선거대책위원회 의장 등 인물들의 참신성도 한몫했다.

제15대 총선에서도 제13, 14대 총선 및 제14대 대통령 선거 때 나타났던 지역 분할 구도가 어김없이 재현됐다. 비교적 젊고 참신한 인물들을 내세워 3김 구도 타파를 모색한 이기택 주도의 민주당이 선거에 참패한 것도 완강한 지역주의 때문이었다. 신한국당은 전북과 충남에서 각각 단 한 명의 후보를 당선시켰을 뿐 광주와 대전, 전남에서는 전멸했다. 국민회의는 수도권과 호남 지역 의석만으로 제2당의 위치를 차지해 거의 완전한 호남 당으로 전락했다. 자민련은 대구와 경북의 약진을 기대했지만, 선거 결과 대구에서 8석, 경북에서 2석을 추가했을 뿐이었다.

이 선거의 또 하나의 특징은 국민 일반의 정치 불신과 혐오 때문에 투표율이 크게 낮아졌다는 점이다. 1988년 총선의 투표율 75.8%와 비교해 볼 때 1996년 총선 투표율 63.9%는 크게 낮아진 것이었다. 선진국에서 흔히 볼 수 있는 정치적 안정을 반영한 것으로 볼 수 있는 여지가 있었을지 모르나, 정치적 무관심과 냉소의 증가는 이후 더욱 악화되어 한국 정치의 중요한 문제로 대두되었다.

3) 개혁 정치의 실패

김영삼 정부는 그 정통성을 정치의 민간화 완성과 함께 각종 정치·사회·경제 개혁에서 찾으려고 했다. 실제로 대통령과 그 측근들은 개혁의 임무를 일종의 역사적 사명인 것처럼 인식하는 듯했다. 그런데 김영삼 정부의 개혁은 처음부터 분명한 한계 안에서 진행되었다. 곧 복수 노조를 금지하고 국가보안법을 유지하는 등 계급과 이념의 측면에서 명백한 한계를 설정한 보수적 개혁이었던 것이다. 개혁의 목표는 정치적 민주화와 더불어 부패 척결, 행정, 사법, 교육, 복지 등 각종의 사회 개혁 분야에 맞추어 상당한 성과를 거두기도 했다. 그러나 몇 단계를 거치면서 이루어진 이러한 개혁들은 기득권 세력의 강한 반발에 부딪혔고, 시간이 지나면서 동력을 잃었을 뿐 아니라 개혁 세력 자체가 무력해지는 한계를 드러내고 말았다. 개혁의 내용도 민주주의 공고화 개혁에서 차츰 국가 경쟁력에 초점을 맞춘 신자유주의적 경제 개혁으로 바뀌었다.

정부의 개혁 정책 수행을 간단히 요약하면 다음과 같다. 처음에는 과거 정권의 비리에 초점을 맞추어 사정 개혁을 시행했다. 초기 개혁 작업 중 가장 큰 개혁의 성과는 하나회의 해체에서 상징되는 민간화의 완성과 금융실명제의 실시였다고 할 수 있다. 이는 김영삼 정부의 가장 큰 치적으로서 개혁의 절정을 이루었지만, 이후 개혁은 기득 세력의 반발에 직면하여 추진력을 잃고 표류하게 된다. 1993년 12월 우루과이라운드 파동(특히 쌀 개방 문제를 둘러싸고 농민과 야당의 반발이 심했다)을 겪으면서 정부에 대한 국민의 불신이 고조되었고, 개혁 작업에도 서서히 먹구름이 끼게 되었다. 특히 개혁 정책들에 대한 경제계의 저항 움직임이 노골화되었다. 개혁이 결정적으로 힘을 잃게 된 것은 김종필의 탈당과 대구·경북 세력의 이탈로 인한 여권 연합의 파손과 6·27지방선거에서의 여당 참패, 그리고 김대중의 정계 은퇴 번복에 따른 정계 개편이었다. 이후 민자당은 김윤환을 대표로 기용하여 구여권 및 대구, 경북 끌어안기를 시도함으로써 수구 세력의 영향 아래 놓이게 되었다.

이러한 상황을 일시적으로 반전시킨 것은 민주당 박계동 의원이 노태우 비자금을 폭로한 사건이었다. 이를 계기로 5·18특별법이 제정되고 전두환, 노태우 전 대통령들이 구속됨으로써 과거 정권과의 단절이 다시 시도되었다. 소위 '역사 바로 세우기'였다. 1996년의 4·11총선에서 여당이 승리함으로써 정부는 힘을 얻는 듯했으나, 이내 몰락기에 접어들고 말았다. 1997년 초엽 한보사태와 기아사태[2]가 터지면서 정경 유착

---

2 기아 그룹의 경영 부실을 해결하지 못하고 장기화시켜 경제 위기를 자초한 사건.

과 부패의 적나라한 현장이 폭로되었고, 이 사건들은 그간 추진된 정부의 개혁 노력을 일시에 무산시켰다. 급기야 대통령 아들 김현철의 권력 남용과 사법 처리가 정치 쟁점화되고 경제 관리의 미숙으로 전 국가적인 위기 상황이 닥침으로써 김영삼의 개혁 정치는 비극으로 막을 내리고 말았다.

정부는 대내외의 도전으로 인한 정치적 어려움에 직면하자 국가 정책의 방향을 경쟁력 강화로 전환했는데, 이는 1994년 11월의 세계화 선언으로 절정에 달했다. 그 명분은 미국 등 선진 자본주의 국가들에서 오는 시장 개방 압력에 대처하고 경제 활성화를 도모하기 위해 적극적인 개방을 추진하고 사회 각 부문에서 열린 체제로의 구조 개혁을 단행해야 한다는 것이었다. 사회 정의를 위한 개혁보다는 국가 경쟁력 강화를 앞세운 이러한 신자유주의적 논리는 앞서 추진된 각종 개혁 논리와는 상반된 것이었다. 세계화 조치의 일환으로 정부는 행정 조직을 일부 개편하고 사법 개혁, 교육 개혁 등 각종 사회 개혁을 추진하여 약간의 성과를 얻기도 했으나, 기득 세력의 반발로 주춤거리는 사이에 개혁에 대한 국민의 냉소가 점차 확산되었다.

세계화 논의는 개혁의 지지부진함과 지지도의 하락에 따라 새로운 정책의 돌파구를 마련하고자 한 대통령의 의도에서 나온 성급한 논의였다. 이는 체계적인 논리의 뒷받침 없는 다분히 즉흥적인 구상이었다. 그 결과 시장의 효율을 앞세운 재벌과 자본의 논리가 득세하게 되어 정부 출범과 함께 제기되었던 도덕적인 개혁의 구호는 사라지게 되었다. 세계화 개혁이 제시했던 사회, 경제, 정치, 의식의 면에서의 개방 체제로의 전환이 당시 상당한 명분을 지녔던 것은 사실이지만, 정치적 목적성과 즉흥성은 광범한 국민 지지의 획득이나 지속적인 정책 추구를 어렵게 만들었다. 전체적으로 정부는 세계화의 구호와 선진국 클럽 가입으로 국민에게 선진국 진입의 환상을 심었고, 무분별한 해외여행, 조기 유학과 과소비를 부추겨 경제 위기와 정치 위기를 자초했다는 비난을 면하기 어렵게 되었다. 더 근본적으로 세계화 논리는 신자유주의 재벌 위주 정책의 이념적 도구로 제시되었고, 외환 위기와 경제 혼란의 원인을 제공했으며, 빈부 격차 확대 등 새로운 문제를 야기했다.

개혁 정치는 원래 성공하기 어려운 내재적 문제점을 지니고 있다. 즉 이해 당사자들의 반발은 강력하고 치밀한 반면, 개혁에 대한 지지는 느슨하고 강도가 약할 수밖에 없다. 그래서 개혁 정치는 언제나 심한 반대에 부딪히고 많은 경우 실패로 돌아가고 만다. 또 개혁의 집행자가 되어야 할 관료와 정치인들은 복지부동과 태업을 일삼기 일쑤다. 그리고 국민의 과도한 기대 상승을 정책 성과가 따라가지 못하여 생기는 정치적 불만도 개혁 정부로서는 큰 부담일 수밖에 없다. 따라서 개혁 정부에게는 비상한 정치 지도력이 필요한데, 김영삼 정부는 이러한 개혁의 지도력을 갖추지 못했다. 개혁 정책들 자체도 즉흥적이고 임기응변적이었다. 과거 정권과의 단절과 새로운 '문민 정부'로서의 정통성 확보에 급급한 나머지 체계적이고 일관된 개혁 철학이나 이론을 개발하지 못하고 이벤트성 개혁 조치들을 남발하여 개혁 대상자의 반발을 샀을 뿐 아니라 장기적으로는 국민 일반의 지지도 잃게 되었다.

둘째, 김영삼 정부는 개혁을 정치적 사고로 접근하는 능력이 부족했고 광범위한 개혁 연합을 형성하는 데 실패하여 진보파와 수구파 모두의 공격을 자초했다. 특히 3당 합당 이후 계파 정치로 진행된 여권의 정치 구도 속에서 뚜렷한 개혁의 중심 세력을 형성하는 데 실패했다. 이것은 김영삼 정부의 태생적 한계를 의미하기도 했다. 김영삼 세력은 집권 세력 안에서 소수파로 출발했고, 계파 간의 갈등을 극복하지 못했다. 민주화 이행을 촉진시킨 요인이 그 민주주의의 공고화와 사회·경제 개혁의 저해 요인으로 작용한 것이다. 다시 말해, 구세력과의 거래로 민주화 이행이 원활하게 되었지만 구세력의 잔존이 개혁을 지체시키는 큰 걸림돌이 되었던 것이다.

셋째, 특히 대통령 한 사람에 집중된 권력 구조, 곧 일인 지배 체제와 정치권의 파당적 정치 행태가 이러한 문제를 더 악화시켰다. 김영삼 정부의 개혁은 집권 연합 내부의 합의에 의한 것이기보다는 대통령의 개인적 인기에 기초한 것이었다. 개혁은 대통령 한 사람이 주도했고, 개혁을 실제로 수행해야 할 정치인들과 공무원들의 개혁 의지는 높지 않았다. 개인 주도의 개혁은 개혁을 위한 법령 정비와 제도화가 부족했다는 것을 뜻했고, 그것은 개혁이 지속되기 어렵게 만들었으며, 개혁을 '표적 사정' 등 정치적 보복으로 비하할 여지를 남겼다. 개인 주도의 개혁은 단기적인 개혁, 즉 공직자 재산 등록제, 금융실명제 등의 전격 실시에는 유리하지만, 정치적 타협이나 국민적 공감대가 필요한 사회, 복지 분야의 다양한 개혁을 추진하는 데에는 부적합하다. 또 법제화와 제도화의 부족은 개혁 자체에 대한 국민적 신뢰를 떨어뜨렸고, 이에 따라 정부의 개혁 능력도 하락했으며 개혁 의지도 감소했다. 야당들의 공격과 국민의 신뢰 하락 속에서 정부의 안전과 신한국당의 정권 재창출 과제에 매몰되어 정부의 개혁 의지는 사라지고 말았다.

그런데 이런 현상은 김영삼 정부에 국한되지 않았다. 정권 출범 초기의 개혁 선언과 그 실행이 뒤따르지 못하는 현상은 뒤의 김대중, 노무현 정권에서도 계속 이어졌다. 계속된 개혁의 수사와 이에 따른 정치적 갈등이 민주화 이후 정치의 일상사가 되었다. 결국 반개혁 기득권 세력이 여전히 강하고 정권 자체가 충분히 개혁적인 세력이 아니었기 때문이다. 하지만 이런 상황 속에서도 조금씩 조금씩 개혁이 이루어진 사실도 부인할 수는 없다.

2. 김대중 정부: 민주주의의 정착과 지역 붕당 체제의 심화

1997년 제15대 대통령 선거에서 새정치국민회의의 김대중 후보가 신한국당의 이회창 후보를 힘겹게 누르고 대통령으로 당선되었다. 이로써 그는 세 번의 실패 뒤에 드디어 대통령의 꿈을 이루었다. 대통령 선거전이 시작되기 전에 그가 대통령이 될 수 있으리라고 생각한 사람은 많지 않았다. 지역주의 구도가 고착되었으며 호남 출신 인구가 반대파인 영남 출신 인구보다 크게 모자랐기 때문이고, 그를 사랑하는 사람들과 그를 싫어하는 사람들의 애증의 강도가 비슷했기 때문이다. 그러나 이인제의 신한국당 경선 불복 탈당과 독자 출마로 김대중 반대표가 분산되었고, 김대중이 지역 열세를 만회하기 위해 충청 기반의 자유민주연합 김종필과 연합함으로써 지역 열세를 딛고 승리할 수 있었다. 게다가 이회창 아들들의 병역 기피 의혹과 대중적 매력의 부족 등 개인적 문제점도 김대중 승리의 한 요인으로 작용했다.[3]

1998년 2월의 김대중 정권 탄생으로 한국 정치는 민주주의로의 체제 변동을 완성했다. 다시 말해 한국 민주주의가 '공고화'되었다. 노태우 정권과 함께 민주화가 시작되었다면 김영삼 정권 때 민간화가 완성되었고, 김대중 때 민주화가 정착, 공고화된 것이다. 그리고 노무현 정권으로 오면서 3김 정치가 끝나고 한국 민주주의의 새로운 단계가 시작된 것으로 볼 수 있다. 그러니 노태우부터 김대중 정부까지를 민주주의 체제'로의' 변화라고 본다면 노무현 정권은 민주주의 '안에서의' 새로운 변

---

3 이 선거에서도 지역주의가 여전히 가장 강력한 투표 결정 요인이었다. 김대중 후보는 호남 지방에서 90% 이상을 득표했지만, 영남에서는 10% 조금 넘는 득표율을 보였을 뿐이었다. 충청에서는 과거와 달리 43%를 득표했다. 이는 디제이피 연합이 김대중 당선의 중요한 요인이라는 분석을 뒷받침한다. 이갑윤, 『한국의 선거와 지역주의』(서울: 오름, 1998), 179쪽 참조.

화라고 할 수 있다.

김영삼 정권과 김대중 정권은 정권이나 정치 사회의 성격, 그리고 국가—사회의 관계가 본질적으로 같았다. 따라서 큰 의미에서의, 체제 차원에서의 정치 변동은 일단락되었으므로 여기서는 김대중 정부의 집권 과정과 집권 이후의 세세한 정치 과정에 대해서는 서술하지 않으려고 한다. 그보다는 김대중 정권의 성격과 당시에 보였던 정치 사건들이 한국 정치사에서 가지는 의미를 중심으로 분석하려고 한다. 이런 점은 이후의 노무현 정부와 이명박 정부에 대해서도 마찬가지다.

민주주의의 발전으로 볼 때, 김대중 정권 아래서의 한국 정치는 긍정적인 면과 부정적인 면이 모두 있었다고 할 수 있다. 김대중 정권이 한국 정치 체제 변동에서 가지는 의미는 크게 다음과 같이 요약할 수 있다. 곧 민주주의의 공고화, 지역 붕당 체제의 심화, 그리고 시민 사회의 활성화와 보수—진보 세력의 갈등 들이다.

1) 민주주의의 공고화

미국 중심의 비교정치학계에서는 권위주의에서 민주주의로의 이행 과정에서 민주주의의 '공고화'에 관심을 집중한다.[4] 한국의 경우 언제를 민주주의가 공고화된 시점으로 잡을 것인지가 관심거리인데, 글쓴이의 판단으로는 김대중 정부의 수립을 기점으로 삼는 것이 합리적이지 않을까 한다.

---

4 아담 쉐보르스키와 후안 린츠, 알프레드 스테판 등이 민주주의 공고화 연구의 대표적인 학자들이라고 할 수 있다. 이들의 관점에 대한 간단한 요약은, 김형철·최경희, 「정치 변동론의 개념적 쟁점」, 서경교·김웅진 외 지음, 『동아시아의 정치 변동: 연구의 쟁점과 전략』(서울: 인간사랑, 2001), 48~49쪽.

물론 그전에 김영삼 정부가 이미 군부의 정치 개입 여지를 거의 완전히 없애 민주주의 공고화의 길을 열기는 했다. 김영삼의 정치적 업적은 일차적으로 여기에 존재한다. 그가 하나회를 해체하는 등 군에 대한 통제력을 확보하고 군의 정치 개입 여지를 없앤 것이다. 물론 여건이 무르익지 않았는데도 김영삼이 정치 지도력을 발휘하여 이러한 업적을 이룬 것으로 볼 수는 없다. 사회·정치의 구조상 군이 정치에 다시 개입할 여지가 줄어든 것이 더 큰 이유였다. 그만큼 민간 세력과 군 사이의 힘의 균형이 변한 것이다. 어쨌든 사회·정치 구조의 혜택이었든 대통령의 능력 때문이었든 김영삼 정부가 권력의 민간화를 이룬 것은 사실이다. 또 당시는 노태우 정부에서 시작된 민주주의의 과정이 새로운 대통령을 선출하고 그 대통령의 임기까지 이어지면서 확립되어 나가는 중이었다. 이런 의미에서 김영삼 정부 시기를 한국 민주주의의 공고화 시점으로 잡을 수도 있다.

　그러면 우리는 왜 민주주의의 공고화를 김영삼 정부 시기로 잡지 않고 김대중 집권으로 잡는가? 그것은 무엇보다 김대중 정부에 와서 비로소 야당에 의한 정권 교체가 이루어졌기 때문이다. 그 정권 교체는 한국 역사상 평화적이고 민주적인 방법에 따른 최초의 정권 교체였다. 물론 일본처럼 정권 교체가 이루어지지 않고 한 정당이 오랫동안 집권해도 민주주의 과정은 지속될 수 있다. 그러나 당시 한국에서 김영삼의 정당이 계속 집권했다면 아무래도 구권위주의 세력과의 동거가 더 지속되었을 것이고, 민주화의 정도가 얕았을 것이라고 생각할 수 있다. 더 중요하게 군과 보수 세력이 강한 거부감을 보인 김대중이 집권함으로써 한국 정치에서도 새로운 세력이 집권할 수 있음을 보여 주었고, 그 이후에도 이에 따른 별다른 정치 불안이 나타나지 않은 것이 한국 민주주의 공고화의 가장 큰 증거라고 할 수 있다. 민주주의의 공고화는 권위주의로 되돌아갈 가능성이 사라진 것을 기준으로 해야 하는데, 김영삼 정부에서도 어느 정도 그랬던 것으로 보이기는 하나, 김대중의 집권으로 적어도 군사 정권이나 뚜렷한 권위주의 정권으로 돌아갈 가능성이 확실히 사라진 것으로 보인다.

여기서 김영삼 정부와 김대중 정부의 차이를 지적할 필요가 있다. 두 정부 아래에서 정치 체제의 성격은 같았지만 권력의 구성원은 조금 달랐다. 김영삼 세력은 구권위주의 세력과 연합했고 지역으로는 주류 지역이었던 영남 지방을 기반으로 했다. 그런 면에서 김영삼 정권은 박정희 때부터 이어져 오던 영남, 군부, 관료의 연합 체제를 탈피하지 못했다. 김영삼 개혁의 근본적인 한계도 여기에 있었다. 그 반면 김대중 정권은 그동안 비주류로 소외받던 호남 지역을 기반으로 한 세력이 장악했고, 집권 뒤의 정책은 반드시 그렇지 않았지만 기층 민중 또는 서민층을 대변한다는 수사학으로 집권했다. 그런 면에서 김대중의 집권은 이 두 가지 의미에서 모두 '정권 교체'로 불려 마땅한 것이었다. 그런데 그 권력의 기반이 역시 비주류 소수파인지라 여기서 오는 권위에 대한 도전 및 구세력과 신세력 사이의 권력 투쟁이 정치 불안의 핵심 요인이 되었다. 김영삼 정권의 권력 투쟁이 주로 주류 집권 연합 세력 안에서 일어난 것이었다면, 김대중 정권의 권력 투쟁은 집권한 새 세력과 권력을 빼앗긴 옛 세력 사이의 투쟁이었다. 그래서 갈등이 더 심한 것처럼 보였고, 김대중의 권력 기반도 그만큼 더 허약했다고 할 수 있다. 정부는 이를 타개하기 위해 이념으로 전혀 어울리지 않는 보수 자민련과 연합하여 당파 싸움을 부추겼고, 적극적인 대북 화해 정책을 정당성의 기초로 내세워 이른바 남남 갈등의 원인을 제공하기도 했다.

이렇게 보면 민주주의의 공고화가 민주주의의 질적 향상과 반드시 같지는 않다는 점을 알 수 있다. 김대중 정부에 와서 민주주의가 공고화되었다고 하는 말이 당시 민주주의가 질적으로 높은 수준에 있었다는 말은 아니다. 그런 사정은 지금도 마찬가지다. 민주주의의 공고화는 더 쉬운 말로 민주주의의 '정착'을 일컫는다. 그것은 민주화가 되돌릴 수 없게 굳어졌다는 의미다. 다시 말해 권위주의 독재로 복귀할 가능성이 사라졌다는 말인데, 그 정착된 민주주의가 얼마나 수준 높은 것인지는 또 다른 문제다.

2) 지역 패권의 이동

김대중 대통령의 취임으로 정치권력이 영남에서 호남으로 이동했다. 이를 많은 사람이 '지역 패권의 이동'으로 파악했다. 실제로 김대중 정부는 정부와 관공서, 그리고 언론 기관 등 권력과 관련 깊은 주요 기관들의 인사를 호남 지역 출신 위주로 했고 예산 배정에서도 호남에 많은 배려를 했다. 그러나 이런 변화가 진정한 지역 패권 이동이라고 할 만한 것이었는지는 분명하지 않다. 영남과 수도권의 패권이 5년 동안의 김대중 집권으로 사라질 만큼 얇은 것은 아니었다. 당시 나타난 현상은 오히려 그동안 소외되었던 호남 지역의 권력 부상과 이에 저항한 옛 기득권 세력들 사이의 각축전이었다고 해야 할 것이다. 물론 '패권'을 정치권력과 같은 뜻이라고 생각하면 지역 패권이 옮겨 갔다고 할 수 있겠지만, 둘을 같은 뜻으로 보기는 어렵다. 그래서 그보다는 오히려 김대중 자신이 선거 기간에 내세웠던 '지역 등권'론이 더 적합한 용어일 수 있다. 이는 각 지역이 동등한 권력을 나누어 가지자는 주장이었다. 호남이 집권하면 영남 일변도의 권력 집중을 벗어날 수 있기 때문에 제한되었으나마 어느 정도 지역 등권을 이룰 수 있기 때문이다.

어쨌든 당시 지역 패권의 이동이 일어났다고 가정하자. 여기서 이와 관련하여 또 다른 중요한 물음이 떠오른다. 그것은 지역 패권이 이동했기 때문에 한국의 지역주의가 약화되었는가 하는 물음이다. 황태연 교수는 김대중 정부의 탄생 이전부터 한국의 지역주의를 해결하는 길은 '지역 패권이 이동하는', 다시 말해 호남 지역 인사가 대통령이 되는 길밖에 없다고 주장했다.[5] 그가 바란 대로 호남 지역으로 정치적 패권이 이동했는데, 그러면 지역주의는 해결되거나 완화될 전망을 보였는가? 결과는 만족스럽지 못했다.

우선 지역 패권이 이동하면 지역주의가 완화될 것이라는 가정 자체가 논리적으로 옳지 않았다. 지역 패권의 이동이란 지역주의가 유지되는 구조 속에서 힘센 지역이 바뀌는 것인데, 그것으로 어떻게 지역주의가 완화될 수 있다는 것인지 이해하기 어렵다. 김대중이 내세운 지역 등권론도 그것이 지역주의를 완화할 수 있다는 주장이었다면 크게 설득력이 없다. 물론 지역이 골고루 발달하고 지역이 골고루 힘을 나누어 가지면, 다시 말해 그런 권력 배분 또는 지역 등권이 이루어진 다음에는 지역감정이나 지역주의가 해소될 수 있을 것이다. 그러나 이미 불균등한 구조가 고착된 상황에서 권력을 골고루 나눠 가지려고 하는 것은 시계추를 반대 방향으로 넘겨 차별받던 지역이 한동안 권력과 자본을 독점하다시피 해야 가능하다. 그 과정은 필연코 지역 갈등을 더 부추길 것이며, 그런 현상이 실제로 김대중 정권 시절에 나타났다. 김대중 취임 이후에 영남 지역과 보수 세력이 보였던 강한 거부감과 불만이 바로 그런 것이었다. 당시 심했던 정쟁은 사실 많은 부분 여기서 나왔다. 그러니 지역 등권론은 지역주의 해소보다는 당시까지 소외되었던 호남 지역이

---

5 황태연, 『지역 패권의 나라: 5대 소외 지역민과 영남 서민의 연대를 위하여』(서울: 무당미디어, 1997).

권력을 가져야 한다는 호남 지역의 소망에서 나타난 것이었다고 할 수 있다. 실제로 김대중 집권 기간에 지역주의가 해소되지 않았고, 최소한 투표 행태에서는 오히려 지역주의가 더 심화되고 구조화, 전국화되었다. 김대중 집권은 단기적으로는 오히려 지역감정을 악화시켰다고 할 수 있다.

하지만 지역 등권론은 차별받는 지역에서 나올 수 있는 당연한 요구이고 주장이었다. 김대중의 집권은 평등과 사회 정의라는 관점에서 볼 때 바람직한 일이었다. 김대중의 집권으로 호남인들의 오랜 숙원이 성취되었기 때문에 불만과 원한에 따른 지역'감정'을 한풀이할 기회가 마련되었다. 이것은 투표 행태 연구가 포착할 수 없는 지역주의의 중요한 측면이다. 그런 점에서는 김대중이 내세웠던 '수평적 정권 교체론'도 일리가 있었다고 볼 수 있다(수평적이라는 말이 이상하기는 하다). 그런 점에서 장기적으로 보면, 정치권력의 지역 이동이 지역주의를 완화시키는 데 이바지할 것으로 생각할 수 있다.

3) 비주류 세력의 집권과 지역 붕당 체제의 심화

김대중 정부 기간 동안에 두드러졌던 정파들 간의 정쟁은 대북한 문제 등 이른바 이념의 껍질을 쓰고 나오는 경우가 많았으나, 근본적으로는 이러한 권력 변화에 따른 당파 싸움이었다. 여당이든 야당이든 정도의 차이는 있으나 본질적으로 보수 세력이었기 때문에 이념 간격이 크지 않았고, 이념에 기초한 뚜렷한 정책 대결도 없었기 때문이다. 오히려 적나라한 권력 투쟁이 정치 갈등의 본질이었고, 그랬기 때문에 당시 한국 정치는 치졸한 당파 싸움으로 점철되었다.

김대중 대통령의 집권은 권력의 지역 이동뿐 아니라 비주류 세력('빨갱이', 서민 중시)의 정치권력 장악을 의미했다. 당시 일어났던 정치 갈등의 대부분이 결국 이러한 사실에 뿌리를 두었다. 당시까지의 기득권 주류 세력이 김대중의 집권을 용납하려 들지 않았기 때문에 생긴 당파 싸움이었다. 대통령에 대한 「조선일보」의 공격이 대표적이었다. 「조선일보」는 김대중 헐뜯기에 온 힘을 다했다. 사실 「조선일보」뿐 아니라 보수 진보할 것 없이 모든 언론 매체가 사실 보도와 정당한 비판보다는 특정 정파와 같은 행동에 몰두했다. 이는 지금도 계속되는 현상이다. 이런 당파 싸움에 이념 갈등이 얹혔는데, 그 본질은 권력 쟁탈을 향한 힘겨룸이었다.[6] 이런 당파 싸움이 지역 패거리 보스 정치, 좀 더 학술적인 용어로는 우리가 사용하는 일인 지배의 지역 붕당 체제를 통해 고조되었다. 김영삼 정권에 이어 이런 현상이 심화되었다.

김대중의 집권과 이로 인한 당파 싸움의 고조는 각 세력 안에서의 일인 지배 구조와 맞물려 한국 정치 발전에 부정적인 결과를 초래했다. 김영삼 정권 당시 집권당이었던 한나라당은 정파 간 연합으로 탄생했고 거기서 김영삼계가 다수가 아니었기 때문에 정권의 일인 지배 구조는 상대적으로 약한 편이었다. 이에 비해 김대중 정권의 여당은 문자 그대로 김대중 일인 체제였고, 단지 그 세력이 한국 사회·정치의 다수 주류가 아니었기 때문에 여야 간, 그리고 집권 소수 세력과 반대 다수 세력의 힘겨루기가 첨예해졌던 것이다.

지역 붕당 체제의 당파 싸움은 정부·여당과 야당 사이뿐 아니라 야당인 한나라당 안에서도 비슷하게 일어났다. 이회창이 지배한 한나라당도 정도는 덜했으나 지역(영남)에 기반 한 일인 지배의 모습을 답습하기 시

---

6 이념 갈등의 진정한 성격과 그것이 대단하지 않았다는 사실은 노무현 정부를 다루면서 자세히 보도록 한다.

작했다. 이회창은 대선에서 큰 역할을 한 김윤환과 그 계파 인사들을 제16대 총선 공천에서 탈락시켜 이른바 친정 체제를 구축했다. 이로써 당 안에서 이회창의 권력은 확고해졌으나 포용력이 부족한 좁은 지도력의 한계를 스스로 노출했다.

김대중 정부는 소수파 정부였고 국회를 여당이 장악하지 못하는 이른바 여소 야대 정부였다. 또 그것은 자민련과의 일종의 연합 정권이었다. 즉, 김대중은 김종필과 '함께' 당선된 것이었다. 이념 성향으로 보면 어울릴 수 없는 모순이었지만, 지역이 좌우하는 선거 판도상 정치 공학으로 볼 때는 합리적인 선택이었다. 하지만 이런 일이 당파 싸움을 고조시키고 정당의 제도화나 이념 발전을 가로막은 점은 부인할 수 없다. 대선 승리를 위해 충청 지역을 기반으로 한 김종필과 지역 연합을 이루었던 김대중은 당선 뒤 합의에 따라 김종필을 국무총리에 임명하고자 했으나, 야당의 거센 반대에 부딪혔다. 국회에서의 총리 인준을 위해 한나라당과 대결했고, 자민련을 국회 교섭 단체로 만들어 주기 위해 민주당 의원들의 당적을 자민련으로 바꾸는 '의원 꾸어 주기'를 강행하여 정쟁을 일으켰다.

지역 구도로 볼 때, 2000년 제16대 총선에서 여당인 새천년민주당이 다수 의석을 얻지 못한 것도 정해진 일이었다. 새천년민주당은 비례대표 의석 포함하여 96석을 얻은 반면 한나라당은 112석을 차지했다. 여소 야대일 뿐 아니라 그야말로 '분점 정부'였다. 야당인 한나라당 세력이 여당보다 더 큰 현실이 그대로 유지되었고, 정부는 여전히 소수파 비주류 세력임을 벗어나지 못했다. 소수파 정부의 약점을 만회하기 위해 정부는 정치 연합을 펼친 데 이어 남북 관계 개선을 정당성의 터전으로 삼아 적극적인 대북 정책, 곧 '햇볕 정책'을 펼쳤다. 그 결과 2000년 6월 15일에 남북정상회담을 열고 남북공동선언을 발표했는데, 이것이 또

이념 논쟁과 당파 싸움을 고조시켰다.[7]

북한 문제는 1987년 민주화 이후 계속 정치 쟁점으로 등장했는데, 중요한 사건만 추려도 다음과 같다. 1992년 대통령 선거를 석 달 앞두고 이선실 조선노동당 사건과 김낙중 간첩 사건이 발생했고, 1996년 제15대 국회의원 선거를 앞두고는 비무장 지대에서 북한의 무력시위가 잇달아 발생했다. 이 때문에 당시 야당이던 국민회의가 수도권에서 10석 정도 잃은 것으로 추정된다. 1997년 대선을 앞두고는 신한국당이 북한 측에 무력 도발하도록 요청한 '총풍' 사건을 기획한 것이 나중에 알려져서 정쟁을 야기했다. 이처럼 이른바 '북풍'은 민주화 이후 주요 선거 때마다 등장했다.[8] 김대중이 당선된 뒤에는 북풍의 성격이 바뀌어, 북한의 위협보다는 오히려 남북 화해를 정치적으로 이용하려는 경향과 이를 저지하려는 다툼이 벌어졌다. 그만큼 남북한 관계가 호전되었고 남한의 이념적 경직성이 완화되었다는 증거이기도 했다. 이로써 북한 변수는 여전히 한국의 정치 과정에서 쟁점으로 등장하고 냉전 이데올로기가 완전히 가시지는 않았지만, 이전에 비해서는 분단 상황과 남북한 관계의 변수

---

7 남북공동선언의 내용은 다음과 같다.

　① 남과 북은 나라의 통일문제를 그 주인인 우리 민족끼리 서로 힘을 합쳐 자주적으로 해결해 나가기로 하였다.

　② 남과 북은 나라의 통일을 위한 남측의 연합제 안과 북측의 낮은 단계의 연방제 안이 서로 공통성이 있다고 인정하고 앞으로 이 방향에서 통일을 지향시켜 나가기로 하였다.

　③ 남과 북은 올해 8·15에 즈음하여 흩어진 가족, 친척 방문단을 교환하며 비전향 장기수 문제를 해결하는 등 인도적 문제를 조속히 풀어 나가기로 하였다.

　④ 남과 북은 경제협력을 통하여 민족경제를 균형적으로 발전시키고 사회, 문화, 체육, 보건, 환경 등 제반 분야의 협력과 교류를 활성화하여 서로의 신뢰를 다져 나가기로 하였다.

　⑤ 남과 북은 이상과 같은 합의사항을 조속히 실천에 옮기기 위하여 빠른 시일 안에 당국 사이의 대화를 개최하기로 하였다.

8 강원택, 『한국의 선거 정치: 이념, 지역, 미디어』(서울: 푸른길, 2003), 112쪽.

가 국내 정치에 미치는 영향이 줄어들었다고 할 수 있다.

4) 국가-사회 관계의 변화

민주화 이후 시민 사회는 점점 강하고 활성화되어 간 반면, 국가의 사회에 대한 통제력은 점차 약해졌다. 하지만 그렇다고 시민 사회가 국가보다 우위에 선 것은 아니었다. 전체로 볼 때, 국가와 시민 사회의 힘이 어느 정도 균형을 잡는 쪽으로 상황이 움직였다. 때로는 국가가 시민 사회를 이용하여 자신의 정치적 목적을 달성하려는 시도도 보였다. 시민 사회의 분파들과 국가가 밀접한 연결 고리를 갖고 일정한 정책을 추진하는 경우도 많이 보였다. 다른 한편 재벌의 권력 강화로 국가가 재벌을 장악하기보다는 오히려 그 눈치를 보는 모습도 나타나기 시작했다. 또 각종 이익 집단과 지역 주민의 이익 표출을 국가가 제대로 제어하지 못하는 모습도 나타나기 시작했다. 이제 한국의 '발전 국가'는 경제가 점차 개방, 자유화되면서 국내외의 자본에 포획당하고 각종 이익 집단들의 이익 다툼에서 우왕좌왕하는 모습을 보이기도 했다. 강성 발전 국가의 모습이 점차 흐려지고 국가-사회 관계가 평형 또는 무정형 상태로 바뀌는 모습을 보였다.

학생 운동과 재야 운동은 이제 정치적 의미를 거의 상실했고, 각종 시민운동과 노동 운동이 사회 운동의 중심을 이루게 되었다. 이런 현상은 물론 김영삼 정권에서부터 본격화되었지만, 김대중 정권에 와서 더 뚜렷하게 나타났다. 시민 사회는 분화되고 국가 대 시민 사회의 단일한 대결 구도에서 국가와 시민 사회의 다층적인 대결 또는 협력 구도로 변화해 갔다. 이는 정치적 민주화의 결과였지만, 이를 통해 사회의 민주화 현상도 나타난 것이라 할 수 있다.

(1) 시민운동의 활성화

김영삼 정권 당시부터 시민 사회는 이전 정권들에 비해 확실히 활성화되었다.[9] 비제도적이고 대중적인 항거의 형태로 나타나던 민간 사회의 정치 참여가 김영삼 정부 들어 더 제도적이고 온건한 방향으로 전환하게 되었다. 여기에는 시민 사회의 성장과 분화가 큰 역할을 했다. 각종 시민운동이 활성화되어 환경운동연합(1993년 발족), 경제정의실천시민연합(경실련, 1989년 발족), 참여민주사회시민연대(참여연대, 1994년 발족) 등 시민 단체들의 활동이 활발해졌다. 시민 단체 지도자들과 재야인사 출신들이 정부에 충원되기도 했고 일부는 국회에 진출하기도 했다. 하지만 시민 단체들은 아직은 전문가, 지식인들의 역할이 주를 이루었고, 대중에 뿌리내리지는 못했다. 이 운동은 주로 중산층적인 운동으로 과거의 민주화 투쟁과 같은 거대 쟁점보다는 국민의 일상생활에 밀착된 사안별 운동으로 나타났다. 이런 시민운동은 김대중 정부로 접어들어 더 활성화되었다. 정부가 이전에 비해 비교적 덜 보수적이었고 시민운동 세력과의 연계가 강해졌기 때문이다. 주로 환경 보호, 선거 감시, 재벌 개혁, 교육 운동 등 중산층적 신사회 운동의 성격이 강했다는 점은 이전과 마찬가지였다.

한편 김대중 정부 들어 정부가 정치적 목적을 위해 시민 단체를 이용하고 자금 지원을 통해 시민 단체의 활동에 영향을 미친다는 비판도 고조되었다. 그래서 여전히 국가가 시민 사회와의 관계를 주도하고 자율적 시민 사회는 아직도 초기 단계에 있다는 지적도 나왔다. 이를테면 2000년의 총선시민연대와 여권 핵심부의 결탁설 등이다.[10] 또 민족화해

---

9   윤흥근, 「신사회 운동과 한국 정치」, 안택원 외, 『세계화와 한국의 진로』(성남: 정신문화연구원, 1996) 참조.
10 유팔무, 『한국의 시민사회와 새로운 진보』(서울: 논형, 2004) 참조.

협력범국민협의회(민화협), 제2의 건국 범국민추진위원회 등이 정부의 조종을 받는다는 비판도 제기되었다. 이들은 국가의 '협조적 동반자'라기보다는 '협조적 대행자'였다는 것이다.[11] 하지만 전체적으로 시민 사회의 힘이 강화되고 국가의 힘의 약화되는 추세가 이어진 것은 부인할 수 없다.

특기할 만한 것은 2000년의 4·13총선 때 나타난 낙천·낙선 운동이었다. 수십 개의 시민 단체가 연합하여 낙천과 낙선 대상자를 선정하고 이를 시민운동 차원에서 적극 밀어붙인 결과 많은 사람이 실제로 낙마하는 성과를 거두었다. 시민운동이 정치권에 미치는 영향력을 증명했는데, 이런 운동이 상당 부분 실정법을 어긴 것이기에 이에 따른 비판도 만만찮게 제기되었다. 또 이 낙천·낙선 운동이 특정 정파, 곧 김대중의 민주당에게 유리한 것이었기 때문에 객관성과 순수성을 의심받기도 했다. 어쨌든 이 운동은 민주화 이후 시민운동의 정치적 영향력을 확인하는 한 획을 그었다고 할 수 있다. 또 이는 시민운동의 중심이 민주주의로의 전환에서 민주주의 공고화로 이전함을 보여 주었다. 다시 말해, 체제와 국가에 초점을 맞추었던 과거의 민주화 운동과는 달리 정당, 정치 사회의 성격과 구성을 변화시키고자 하는 운동이었다. 이는 포괄적 결사체 운동으로서 자유민주주의의 보완책으로 흔히 거론되는 결사체 민주주의와 인터넷 민주주의의 결합 가능성을 보여 주기도 했다.

시민 사회의 상대적 강화와 국가의 상대적 약화는 시민운동뿐 아니라 각종 집단 이익의 표출과 국가사업의 거듭된 실패나 방향 수정에서도 드러났다. 대표적으로 2000년 의약 분업 사태, 2003년 부안 방사능폐기

---

11 이연호, 「김대중 정부와 비정부 조직 간의 관계에 관한 연구」, 『한국정치학회보』 35:4 (2001 겨울호).

장 사태, 2004년 한-칠레 자유무역협정을 둘러싼 농민들의 저항 들에서 볼 수 있었는데, 이런 사태들은 이제 국가의 주요 정책들이 해당 이익 집단의 의사를 반하여 이루어지기가 매우 힘들다는 것을 증명했다.

(2) 국가-노동 관계

이런 사실은 국가와 노동의 관계에서도 드러났다. 김영삼 정부는 초기에 전향적인 노사 정책(노사 관계에서의 중립성, 합법적인 노사 활동 보장 등)을 펼쳤으나, 1993년 현대 파업 사태가 장기화되면서 변하기 시작하여 노골적인 친재벌 정책으로 돌아섰다. 노동 측에서는 1995년 11월 전국민주노동조합총연맹(민주노총)을 결성했고, 1997년 12월 국회의 노동법 날치기 통과에 대해 저항하고 노동법 개정 투쟁에서 상당한 성공을 거두었다.[12] 민주노총의 탄생은 전국 규모의 독립적이고 진보적인 노동 운동이 처음으로 나타났음을 의미했고, 노동법 개정 투쟁은 노동조합의 힘이 커졌음을 보여 주었다. 이에 따라 김대중 정부는 1998년 노사정위원회를 설치했고, 민주노총은 이후 이 위원회에 한 협상 당사자로 참여할 정도로 성장했다. 또 오랫동안 법으로 인정받지 못한 채 활동하던 전국교직원노동조합(전교조) 합법화 법안이 1999년 1월 국회를 통과했다.

김대중 정부의 사회 정책은 신자유주의와 사회적 복지가 뒤섞인 절충형이었다. 외환 위기를 극복하기 위해 국제통화기금의 권고를 전적으로 받아들여 자본 시장 개방과 기업 구조 조정, 대량 해고, 공공 부문 민

---

12 1997년 3월 국회는 여야 만장일치로 노동법 개정안을 통과시켰다. 이는 정리해고제, 무노동 무임금, 사내 대체 근로 도입, 노조 전임자 폐지 등 노조에 불리한 규정도 많이 도입했고, 그 반면 13개의 복수 연맹 노조를 신설하는 등 노조의 요구도 많이 반영했다.

영화를 추진했다. 정부의 신자유주의적인 노동 정책에 대항하여 민주노총은 노사정위원회 참여와 탈퇴를 반복했다. 신자유주의적 개혁에도 불구하고 국가는 여전히 발전 국가 속성에 기초해 있었다는 지적도 있지만,[13] 어쨌든 국가와 사회의 관계는 좀 더 균형을 맞추는 쪽으로 움직였다. 이제 노동 운동은 과거 민주화 운동을 대체해 한국 사회의 주된 사회 운동이 되었다. 민주노총 가입자가 전체 노동자의 약 5%에 머물 정도로 아직도 노조 조직률은 낮은 편이지만, 대부분의 대기업체에서 노조가 결성되어 노조의 영향력이 상당히 커지게 되었다.[14]

(3) 국가-재벌 관계

재벌 개혁 논의는 김영삼 정부가 등장하면서 사회 일각에서 제기되었지만 실효를 거두지 못했다. 초기의 기업 분할 명령제 도입, 주력 업종 선정, 기업 공개, 소유 분산 등 '신경제 5개년 계획' 지침이 재계의 반발에 부딪히자 정부는 한발 물러났다. 1993년 7월 '신경제 100일 계획'이 발표되면서 재벌은 다시 정부의 성장 정책의 주역이 되었고, 재벌 규제 강화에 대한 논의는 시들해졌다. 그 후 세계화와 경쟁력 강화가 김영삼 정부의 새로운 정책 목표가 되면서 정부는 재벌의 해외 투자와 해외 금융에 대한 규제를 완화했다. 결국 당시의 재벌 개혁은 구조 조정, 재무 구조의 개선이나 부패 척결이라기보다는 오히려 단기적인 국제 경쟁력 강화에 초점을 맞춘 정책 수정으로 나타났던 것이다. 이러한 현상은 김영삼 정부의 양립하기 어려운 두 목표, 곧 부패 척결과 경쟁력 강화라는

---

13 이연호, 「김대중 정부의 경제 개혁과 신자유주의적 국가 등장의 한계」, 『한국정치학회보』 33:4(1999). 당시는 김대중 정부 초기여서 평가하기에는 아직 이른 시점이었다. 그 이후 정책 방향은 더 신자유주의 쪽으로 이동했다.
14 신광영, 『한국의 계급과 불평등』(서울: 을유문화사, 2004), 35쪽.

두 목표 중 후자가 최종적인 승리를 거둔 것을 의미했다.

재벌 개혁이 이루어질 수 없었던 것은 다음과 같은 이유들 때문이었다. 첫째, 정부의 개혁 의지가 부족했다. 오히려 정부는 경제 활성화의 명분으로 민간의 자율성 보장, 대규모 기업의 선호, 기업주의 중요성 강조 등 재벌들의 논리를 대폭 수용했다. 둘째, 정관계가 재벌들과 밀접한 연결망으로 얽혀 있었기 때문이다. 김영삼 대통령 자신이 특정 재벌과 혼맥 관계를 가지고 있었고 여당 소속 국회의원들 중 상당수가 자신들이 재벌 출신이거나 재벌과 직접적인 인맥 관계에 있었다. 이러한 인맥 관계뿐 아니라 정, 관, 재계의 밀착된 관계가 구조적으로 재벌 개혁을 불가능하게 했다. 집권당이 재계에서 거두어들인 정치 자금과 정치인, 관료들이 재벌 기업들로부터 받은 뇌물은 정부의 개혁 의지를 약화시킬 수밖에 없었다. 그것이 적나라하게 나타난 것이 바로 한보사태[15]였다.

이러한 상황은 김영삼 정부가 정경 유착의 구권위주의 세력과 연합하여 집권했기 때문에 더 문제가 되었다. 하지만 이런 점은 김대중 정권에서도 마찬가지였다. 특히 김대중 정권은 외환 위기를 극복하기 위해 국제통화기금의 신자유주의적 개방 요구를 전적으로 받아들였다. 그리하여 경제 위기를 극복하기는 했으나, 외국 자본에 대한 한국 경제의 종속과 재벌의 경제 지배, 그리고 빈부 격차를 심화시켰다. 이로써 한국 사회에서의 재벌의 발언권은 더욱 커졌으며, 재벌은 당시부터 군부를 이은 새로운 최고 권력으로 부상했다고까지 할 수 있다. 자본 투자의 논리를 거스르는 경제·사회 정책을 실행할 수 없는 한국 정치·경제의 구조

---

15 한보 그룹이 여야 정치인들에게 대규모 뇌물을 공여했지만 결국 부도로 쓰러져 경제 위기에 한 원인을 제공한 사건.

를 보면 이 말은 결코 과장이 아니다. 김영삼 이후의 모든 정부에서 정치 체제는 민주화되었으나, 근본적으로 자본주의 국가의 성격은 변하지 않았다. 자본에 대한 국가의 이른바 상대적 자율성은 오히려 점점 더 약화되었다. 독점 재벌과 고위 관료, 정치인, 전문인들의 인맥과 이익 카르텔의 지배는 신자유주의 시대의 '민주주의' 정권에서 더 강고해지고 있는데, 이것이 과연 한국 민주주의 발전에 기여하고 있는지에 대해서는 의문을 품지 않을 수 없다. 한국의 민주화가 '보수적 민주화'로 특징 지어지는 것은 바로 이런 점 때문이다.

제9장

민주주의의 발전과 후퇴: 노무현 정부와 이명박 정부

2003년 2월 노무현 정부가 탄생했다. 이로써 한국의 거대 정치 변동은 일단락되었다. 권위주의에서 민주주의로의 체제 변동이 끝났다는 의미다. 이는 후쿠야마가 말한 '역사의 종언'이라고 할 수는 없을지 모르나, 역사의 '얌전함'이 시작된 것으로 보아도 무방하다. 다시 말해, 이제 한국의 정치 변동은 체제'의' 변동의 아니라 체제 '안에서의' 변동이 될 것이다. 이런 변화는 노태우 정부에서부터 시작되었고, 김대중 정권에서 거의 완성되었다고 할 수 있다. 하지만 일인 지배 체제가 종료되었다는 의미에서 체제 변동의 완성은 노무현 정부에서 이루어졌다고 할 수 있다.

노태우 정부 출범에서 시작하여 노무현 정부가 탄생할 때까지 한국 정치는 착실하게 진화해 왔다. 민주 헌법과 민주 정부의 탄생(노태우 정부), 민간화의 완성(김영삼 정부), 사상 최초의 평화로운 정권 교체(김대중 정부), 그리고 일인 지배 체제의 종식(노무현 정부)의 정치적 진화는 세계 어디 내놓아도 손색없는 대한민국 국민의 업적이다. 그러나 정치 체제가 민주주의로 변했다고 해서 그 민주주의가 완성되었다거나 충분하다는 뜻은 아니다. 한국 민주주의는 여전히 결함투성이고 사회 정치적 혼란은 계속되고 있다. 더구나 이명박 정부에 와서는 민주주의가 후퇴하는 모습도 보였다. 여전히 한국 민주주의는 그 '질'이 높다고 할 수 없다. 지나친 지역 투표, 제도보다는 인물이 지배하는 인물 정치, 국가 전체의 이익보다는 정파의 이익이 앞서는 파당 정치, 작은 차이도 극복하지 못하는 타협의 미숙과 대결 지향적 행태, 그리고 민주주의의 텃밭을 훼손하는 사회적 양극화 등 문제는 산더미처럼 쌓여 있다.

이 장은 노무현 정부와 이명박 정부의 정치사적 의미를 다룬다. 얼마 지나지 않은 역사이기 때문에 구체적인 정치 과정을 서술하는 것은 의미가 없을 듯하다. 실상 세세한 모습들은 다르지만 정치 세력들끼리의 힘겨룸이나 시민 사회의 도전 등은 민주 체제 정착 이후 계속된, 기본적으로 같은 모습들이다. 그것들을 일일이 나열하는 것은 기록으로서의 의미는 있을지 모르나, 대한민국 정치사의 흐름을 파악하는 데에는 별 도움이 되지 않는다. 여기서는 오히려 두 정부의 특징과 정치사적 의미를 다루고, 더 나아가 진보와 보수로 상반된다는 일반적인 인식과 달리 두 정부가 매우 비슷한 특징도 나타내었다는 사실을 지적할 것이다.

1. 노무현 정부: 일인 지배 체제의 종식과 새로운 쟁점들

2002년 민주당 경선이 시작될 때만 해도 노무현 후보가 대통령이 될 가능성은 별로 없었다. 김대중 당선도 그랬지만, 이번 경우는 더 그랬다고 할 수 있다. 김대중은 한국 사회의 비주류였지만 어쨌든 야권의 카리스마적 지도자였던 데 비해 노무현은 군소 후보일 뿐이었다. 심지어 민주당 안에서도 처음에는 이인제 후보가 가장 우세했다. 민주당의 경선 과정을 통해 노무현 후보는 젊은 열풍을 불러일으켰고 여세를 몰아 대선에 두 번째 도전한 한나라당의 이회창 후보를 작은 차이로 누르고 승리했다. 민주당 경선 과정은 한국에서 정당 민주화가 한 발짝 더 나아간 발전을 보여 주었고, 젊은 세대의 승리는 한국 정치의 세대교체를 의미했다. 노무현 후보가 대선에서 승리한 요인도 결국 이런 것이었다. 인터넷을 이용한 젊은 세대의 선거 동원이 아들 병역 문제 등 개인적 약점을 극복하지 못한 나이 든 세대 이회창의 재래식 선거전을 제압한 결과였다.

노무현 정권의 정치사적 의미는 크게 두 가지로 볼 수 있다. 하나는 이른바 '3김 정치'의 종식으로, 일인 지배 체제가 끝났고 이에 따라 지역 붕당 체제도 완화되었다는 사실이다. 다른 하나는 집권 세력과 더 크게는 정치 세력에 세대교체의 바람이 불었다는 점이다. 일인 지배 체제가 끝남으로써 정당 정치가 민주화되고 지역 붕당 체제가 완화될 기회가 왔고, 따라서 지역 바탕의 개인 권력에 의존하던 한국 정치가 더 제도적인 민주주의로 발전할 길이 열렸다. 노무현 정부의 출현은 그런 점에서 한국 민주주의의 한 단계 전진을 의미했다.

1) 일인 지배 체제의 종식과 새로운 정치 세대의 등장

(1) 3김 정치의 종식과 권위 부족의 문제

군부 통치가 끝난 뒤 10년 넘게 이어진 일인 지배의 지역 붕당 체제가 약화된 원인은 무엇이었는가? 그 가장 큰 까닭은 3김씨의 정계 퇴장이었다. 두 김씨 집권 시절, 정권 구조는 민주화되었지만 정부나 당 안에서의 일인 지배 권위주의 구조는 바뀌지 않았다. 그러나 3김씨가 정계에서 사라지자 그것이 자연히 해소되었다.[1] 여기서 '시간'의 요소를 생각하게 된다. 3김 정치는 박정희 체제의 유산이었고, 특히 두 김씨가 민주화에 기여한 정치 우두머리들이었기 때문에 그들이 민주화된 체제를 주도할 수밖에 없었다. 그러니 일인 지배 체제가 사라지기 위해서는 그들이 정치에서 사라질 때까지 시간이 걸릴 수밖에 없었던 것이다.

그러면 왜 두 김씨를 이을 또 다른 지역 맹주 또는 일인 지배자가 나타나지 않았는가? 그것은 직접적으로는 두 김씨가 후계자를 키우지 않았기 때문이다. 후계자를 키우지 않는 것은 일인 지배 체제의 한 속성이다. 그런 점은 이승만과 박정희의 경우에서도 마찬가지였다. 잠재적 후계자의 도전 가능성 때문이다. 그러나 독재자들은 후계자를 키우지 않아 비극적인 최후를 맞았던 반면, 민주화 지도자들은 후계자를 키우지 않아 오히려 민주 발전의 길을 열었다. 일일 지배 체제가 사라진 또 다른 이유는 3김 정치에 대한 국민적 비판과 진정한 민주주의 제도화를 원하는 국민, 정치권 모두의 소망과 명분 때문이었다. 제16대 대선에서 이미 60대의 이회창이 김대중을 겨냥하여 세대교체를 외친 바 있다. 이런 분위기 속에서 또 다른 3김식 정치가 자리 잡기는 어려웠다. 이는 한편에서는 국민 일반의 정치 문화가 성장했다는 의미이기도 하며, 다른 한편에서는 정치 제도화가 진전되었다는 뜻이기도 했다.

3김의 일인 지배 정치에서 노무현의 제도적 정치로 이행하는 과정에서 이회창이라는 요소가 나타났다. 그는 한나라당 안에서 3김과 같은 절대 권력을 누리지는 못했지만 그에 버금가는 힘을 발휘했다. 아마 이

---

1 김종필 씨가 정계에서 은퇴하는 데에는 1년 뒤의 제17대 총선에서 자민련의 몰락이 필요했다.

회창이 대통령으로 당선되었더라면 일인 지배 구조가 약화되었더라도 사라지지는 않았을 것이다. 이회창은 3김과 노무현 사이의 중간 세대로서, 일인 지배의 면에서도 그 중간에 속한다고 할 수 있다. 정치권력이 두 김씨에서 이회창을 건너뛰어 노무현으로 갔기 때문에 일인 지배 구조가 과도기를 거치지 않고 그만큼 더 빨리 종식된 것으로 볼 수 있다.

그러나 일인 지배 체제의 종식은 또 다른 문제를 낳았다. 노무현 대통령은 3김씨나 박정희, 이승만이 지녔던 정치권력을 지니지 못했다. 오히려 보통 이하로 정치적 통솔력이 빈약한 것이 문제였다. 그를 대통령으로 두려워하거나 존경한 이들은 '노무현을 사랑하는 사람들의 모임'(노사모) 빼고는 별로 없었다. 그는 권위를 탈피하고 소통을 중시한 젊은 세대의 대표임을 자임했으나, 지도자로서 갖추어야 할 권위와 위엄을 갖추지 못함으로써 한국 정치 발전에 또 다른 숙제를 안겼다.[2]

대통령이 된 뒤 그는 민주당에서 나와 열린우리당을 만들었지만(2003년 11월 11일 창당), 이 또한 자신이 주도하지 못했고 반발을 우려하여 한동안 입당도 하지 못했다. 여당 안에서도 절대 권력을 누리지 못했는데 정치 사회 전반에서는 더 말할 나위가 없었다. 노무현은 대통령 선거 전까지 강력한 후보도 아니었다. 자기 계파를 지닌 주요 정치 세력도 아니었다. 국민 일반도 노무현 대통령의 권위를 충분히 인정하지 않았다. 일인 지배의 강력한 보스 정치는 사라졌지만, 이제 오히려 정치적인 권위와 지도력이 너무 빈약한 것이 문제가 될 지경이었다.

---

2 여기서 마키아벨리의 『군주론』을 생각하지 않을 수 없다. 그는 군주는 존경받기보다는 무서워야 한다고 했는데, 노 대통령은 하물며 많은 사람이 우습게 보았으니 더 큰 문제였다. 왕조 시대의 군주가 아니라 민주 시대의 대통령이라도 이런 점에서는 마찬가지다. '일인 지배의 극복'이 너무 나갔다고 해야 할까?

(2) 세대교체와 새로운 정치 세력의 등장

노무현 정부가 지닌 또 하나의 역사적 의미는 한국 정치의 세대교체를 이루었다는 점이다. 3김 주도의 구시대 정치(일인 보스 정치, 정경 유착, 지역 패거리 정치)를 벗어나 더 투명하고 제도에 기반 한 정치를 할 수 있는 길이 열렸다. 이는 구시대 정치인들이 대부분 퇴장하고 30~40대 중심의 새로운 정치 세력이 전면에 나섰기 때문에 가능한 일이었다. 2004년의 제17대 총선은 국회 사상 최대의 의원 교체율을 기록했다. 즉, 초선 의원이 188명으로 의원 정수의 63%를 차지했다. 나이로 보면 60대 이상은 격감하고 40~50대가 증가했다.

세대교체는 비단 주요 정치 세력의 나이가 젊어졌다는 것만 뜻하지는 않았다. 노무현 정부는 한국 정치의 새로운 세력을 대변했다. 당시까지 한국 정치의 핵심을 이루던 나이 든 보수 세대를 교체하여 젊고 비교적 진보적인 세력이 정권을 장악했다. 실상 노무현 정부 들어 나타난 대부분의 정치 갈등이 바로 이런 세력 교체 때문에 일어난 것이라고 할 수 있다. 이전의 정치 주도 세력은 50~60대의 중상층 엘리트 계층을 대변한 반면, 새로운 정치 세력은 20~30대의 지식층과 서민의 정서를 대변했다. 한국의 지배 계층은 재벌, 중소 자본가, 대학 출신, 수도권의 중상류층이다. 과거나 현재나 그 사실은 마찬가지며, 앞으로도 그럴 것이다. 당시까지의 정권은 서민 경제나 복지 사회를 외치기는 했으나, 구성원이나 정책 모두에서 근본적으로 이 지배 계층을 대변하고 있었다. 그런데 노무현 정부는 이들이 아니라 20~30대의 젊은 층의 취향과 정서를 대변하여 집권했고, 특히 젊은 도시 지식층의 탈권위주의 정서에 부응하여 선풍을 일으켰다.

(3) 진보 정당의 원내 진출

새로운 정치 세력 등장의 모습으로 또 하나 중요한 점은 진보 정당이 원내에 진출했다는 사실이다. 2004년 제17대 총선에서 민주노동당이 10석을 차지했다. 해방 이후 잠시 번성했던 좌파가 건국과 함께 급격히 쇠망한 뒤에 처음으로 일어난 진보 계열의 약진이었다. 사실 진보 노동 운동의 정치 참여는 이전에도 있었다. 노동 운동권에서 1990년 지방선거 때부터 선거에 참여하여 1998년 지방선거에서 기초 단체장 두 명을 당선시키기도 했다. 1987년 대통령 선거에서는 백기완 후보가 입후보했다가 중도 사퇴했으며, 1997년 대선에서 국민승리21의 권영길 후보가 참여했다. 그러나 진보 세력의 의미 있는 정치 세력화는 이번이 처음이었다. 국민의 냉전 이데올로기가 약화되었고 선거 제도의 개선으로 비례대표제를 확대한 것이 진보 정당의 원내 진출을 가능하게 했다. 물론 이들은 여전히 주류 세력이 되지 못했고, 민주노동당의 강령도 중도 좌파 정도의 노선이라 한국 정치의 보수 구도를 흔들 정도는 되지 않았지만, 그래도 뜻있는 변화라고 할 수 있다. 이로써 시민 사회의 이념적 변화를 사실상 처음으로 정치권이 대변할 수 있게 되었다. 그래서 둘 사이에 보이던 정치적 괴리를 어느 정도 메웠다.

(4) 과거 청산 시도

노무현 정부는 과거 청산 개혁을 시도했는데, 이것이 당파 싸움을 일으켰다. 친일, 독재, 구태 정치의 과거 청산과 냉전 이데올로기의 청산이 핵심이었다. 앞의 것은 김영삼, 김대중 정부도 시도했으나 여전히 남아 있는 것이었다. 두 김씨 스스로 권위주의 일인 지배, 정경 유착, 부정부패, 패거리 정치 등 이른바 구태 정치의 유산을 보인 사람들이었다. 제도, 사고방식, 인적 구성 모두에서 권위주의 과거가 잔존한 것이다. 친일 청산 역시 기득권층의 이해가 걸린 문제라 쉽지 않았다.

이런 상황에서 노무현 정부로 세대교체가 되면서 과거 청산의 기회
가 커진 것 같았다. 이런 점이 김대중 정부와 노무현 정부의 또 다른 차
이점이었다. 그러나 노무현 정부의 개혁 시도 역시 주류 기득권층의 거
센 저항을 받았다. 이 중 구태 정치 청산(부패 청산, 지역 패거리 정치 청
산 등)은 워낙 명분이 커서 느리지만 개선되는 방향으로 나아갔다. 이에
비해 과거사 청산(친일 청산과 냉전 잔재 청산)은 기득 이익이 관련되었기
때문에 많은 갈등을 일으켰고, 그 결과 어정쩡한 타협으로 귀결되었다.
특히 냉전 잔재의 청산은 많은 갈등을 일으켰다. 국가보안법 개폐를 둘
러싼 갈등이 대표적이었다. 그것은 반공 냉전 이데올로기 세력과 이른
바 '친북' 세력 간의 갈등이었고, 이념 갈등이면서 세대 갈등이 겹치는
모습을 보여 주었다. 국가보안법은 결국 개정되거나 폐기되지 않았다.
전체적으로 노무현 정부의 과거 청산 시도는 실패로 돌아갔다. 그것은
기득권 세력과 냉전 세력의 저항 때문에 과거 청산이 언제나 매우 어렵
다는 사실을 증명했다.

2) 제도 발전과 당파 싸움

일인 지배의 지역 붕당 체제가 깨지면서 한국 정치는 조금씩 제도화
의 방향으로 나아갔다.[3] 민주화 이후에도 이어져 온 '권위주의 계승 정

---

3 여기서 제도화의 두 가지 의미를 생각할 수 있다. 하나는 어떤 정치 현상이 일상화하
거나 정착한다는 의미고, 다른 하나는 사람이 아니라 제도의 규범이 지배한다는 의
미다. 제도의 규범이 지배해야 정치 구조물이 정착될 수 있기 때문에 사실 이 둘은 밀
접히 관련되지만, 여기서 한국 정치가 제도화된다는 말은 주로 제도의 지배, 곧 뒤쪽
의 의미를 갖는다.

당 체제'[4]가 종식되었으며, 정당들은 선거 기계('머신') 정당에서 대중 정당, 미디어 정당, 지지자 정당으로 탈바꿈해 갔다. 정당 지도부와 엘리트의 역할이 약화되는 대신 대중의 정치적 활동이 늘어났으며, 보수 정당 외에 진보 정당이 어느 정도 의미를 지니게 되었다.

민주주의의 제도적 발전을 위해 국회는 2004년 제17대 총선을 앞두고 정치 관련법들을 획기적으로 개선했다. 공명선거를 위해 선거법 위반자에 대한 처벌 기준을 강화했으며, 국회의원 선거에서 지역구와 비례대표의 1인 2투표제를 도입했다. 국회의원 정수를 273명에서 299명으로 늘렸으며, 법정 지구당을 폐지하여 정당 대신 후보자 중심으로 선거 운동을 하게 만들었다. 각 정당들은 상향식 공천을 제도화하여 정당 민주화에 한 걸음을 더 내디뎠다.

이렇게 선거 제도와 선거 문화는 개선되었으나, 정당 정치는 그때나 지금이나 여전히 제 자리를 찾지 못하고 있다. 제17대 총선을 앞두고 노무현 대통령의 선거법 위반 여부를 둘러싸고 일어난 당파 싸움은 급기야 한나라당이 국회에서 대통령 탄핵안을 통과시키는 대한민국 헌정 사상 초유의 사태로까지 갔으나(2004년 3월 12일), 헌법재판소가 거부권을 행사하여 무위로 돌아갔다. 당시 보인 양측의 행동은 우리 정당 정치가 치졸한 당파 싸움을 여전히 벗어나지 못한다는 점을 여실히 보여 주었다. 탄핵 소동으로 야당인 한나라당은 대통령을 몰아내지도 못하고 오히려 국민의 비난만 자초했다. 그 결과 4월의 총선에서 한나라당이 참패하고 여당인 열린우리당이 여유 있는 다수 의석을 차지하게 되었다.[5]

---

4 장훈, 「카르텔 정당 체제의 형성과 발전: 민주화 이후 한국의 경우」, 『한국과 국제정치』, 19:4(2003 겨울호).
5 열린우리당 152석, 한나라당 121석, 민주노동당 10석, 새천년민주당 9석, 자민련 4석, 국민통합21 1석, 무소속 2석.

그러나 이후 2005년 4월 30일 실시된 재보궐선거에서 열린우리당은 6석 중 1석도 얻지 못해 과반수 의석을 유지하는 데 실패했고, 정국은 다시 여소 야대로 돌아가고 말았다.

여기서 열린우리당 창당이 정당 정치의 제도화라는 점에서 어떤 의미를 지니는지를 간단히 살펴볼 필요가 있다. 열린우리당은 노무현 후보가 대통령으로 당선된 뒤 민주당 내 노무현 지지자들이 민주당과의 단절을 시도하여 만든 정당이었다. 김대중 개인 정당이라고까지 할 수 있었던 호남 기반의 민주당을 빠져나와 열린우리당을 만들었다는 사실은 3김 정치 청산이라는 상징성이 있었지만, 다른 한편 정권이 바뀔 때마다 집권 정당을 바꾸는 구태가 재연된 부정적인 면도 있었다. 실제로 열린우리당은 여러 계파로 이루어졌지만, 핵심은 노무현 지지자들이었다. 물론 노무현이 그 안에서 절대 권력을 휘두르지는 못했지만, 어쨌든 특정 대통령에 따라 정당이 생기고 없어지는 모습이 다시 나타난 것이다. 정당의 제도화가 아직 이루어지지 못한 증거였다. 이전과 마찬가지로 노무현 대통령의 임기가 끝나자 여당인 열린우리당은 소멸했다.

3) 갈등의 종류

노무현 집권기 한국에는 갈등의 과잉을 우려하는 목소리가 높았다. 특히 보수 세력들이 김대중 정부 이후의 이른바 '잃어버린 10년'을 외치면서 이념 공세를 강화해 그런 현상이 뚜렷해졌다. 대표적인 정치 갈등으로 꼽힌 것은 지역 갈등, 이념 갈등, 세대 갈등 등이었다. 이는 지금도 어느 정도 지속되는 쟁점이라 과거형과 현재형의 시제를 뚜렷이 구분하기 힘들다.

(1) 지역주의

지역주의는 민주화 이후 한국 민주주의 발전을 저해하는 가장 큰 해악으로 한동안 지적되었다. 지역주의의 원인으로는 여러 가지를 들 수 있다.[6] 먼저 구조적인 요인으로 박정희 집권 때부터 지역 사이에 쌓여온 정치·경제적인 불평등을 들 수 있다. 그러나 이에 국한하면 지역주의가 왜 민주화 과정에서 폭발적으로 나타나기 시작했는지를 설명하지 못한다. 불평등 구조는 구조적 배경을 이룰 뿐, 민주화 이후 시작된 지역주의 창궐의 진정한 원인이 될 수 없다. 지역주의가 1987년 대통령 선거를 계기로 폭발하게 된 것은 무엇보다 독재-반독재의 쟁점이 약화된 상황에서 정치권과 민간 사회의 새로운 힘겨룸의 토대로 등장했기 때문이다. 여기에 두 김씨의 정치적 경쟁이 결정적인 역할을 했다. 그렇게 폭발한 지역주의는 3김식 지역 패거리 정치, 붕당 체제로 구조화되면서 만성적이게 되었다. 다시 말해 지역주의와 일인 지배 체제가 밀접히 결합했던 것이다. 지역 주민도 지역 정체성의 형성을 통해 때로는 맹목적인 지역 정서의 열풍에 휩싸였다.

지역주의적 투표 행태가 정치적 동원의 결과가 아니라 유권자들의 합리적 선택의 결과라고 하는 주장도 있다. 유권자들이 '자신의 이익을 위해' 자기 지역 출신 인사가 대통령이 되기를 원했고 또 그가 지배하는 정당의 후보자가 국회의원이 되기를 원했다는 주장이다.[7] 그런 점이 있을 것이다. 그러나 특히 1987, 1992, 1997년 대선에서의 그 엄청난 열기, 각 지역에서 경쟁 지역 후보가 발 못 붙이는 살벌한 분위기 등을 볼 때, 해당 지역 유권자가 그 지역 인사 아닌 사람에게 투표하는 것은 뚜렷한

---

6 지역주의에 관한 문헌 비평은, 최영진, 「한국 지역주의 논의의 재검토」, 『한국정치학회보』 33:2(1999 여름호) 참조.
7 조기숙, 『지역주의 선거와 합리적 유권자』(서울: 나남 출판, 2000).

소신이 있지 않는 한 쉬운 일이 아니었다.

여기서 선거에서 후보자 지지로 나타나는 지역주의와 지역주의의 '열도'는 다르다는 점을 지적해야 한다. 후보자 선택의 지역 쏠림은 지역주의 감정이 별로 강하지 않아도 나타날 수 있다. 왜냐하면 투표에서는 어차피 한 사람을 선택해야 하기 때문이다. 그 선택에 얼마나 짙은 열정이 묻어 있느냐 하는 것은 다른 문제다. 지금까지의 지역주의 연구는 이런 점을 고려하지 않았다. 왜냐하면 주로 선거 분석, 투표 행태 분석에 치중했기 때문이다. 투표 행태와는 다른 정치 과정의 여러 측면, 다시 말해 선거 운동의 방법, 감정적 대립의 정도, 정치적 동원과 휩쓸림의 정도들은 지역주의 연구에서 빠졌다. 또 지역 편중 인사나 편중 투자의 정치적 영향에 대한 연구도 활발하지 않다. 합리적 선택론은 유권자가 선거에서 어느 후보자에게 투표하는가에 관한 이론일 뿐 지역'감정'의 정도나 그 나타남에 대해서는 별다른 설명을 하지 못한다. 그러나 바로 이런 감정의 요소가 적어도 1990년대까지의 한국 지역주의에서 매우 중요한 요소였다는 점을 부인하지 못한다.

그러면 지역주의는 약화되고 있는가? 그리고 앞으로의 전망은 어떤가? 우선 선거에서의 지역주의는 크게 약화되지 않았지만, 약화되고 있는 중으로 보인다. 지역주의 선거 연합은 계속될 가능성이 있으며, 지금은 과도기적 상황이라고 할 수 있다.[8] 2002년 대선을 보면 3김씨의 퇴장으로 지역주의가 예전과는 다르게 나타났음을 알 수 있다. 선거 과정에서는 과거와 달리 세대나 이념과 같은 요인이 주목을 받고 지역주의는 별로 부각되지 않았지만, 실제 선거 결과에서는 이전과 비슷한 지역

---

8 김준한, 「2004년 총선 결과에 대한 새로운 해석」, 김용호 외, 『17대 총선 현장 리포트』(서울: 푸른길, 2004). 여기서 과거 시제를 사용하는 것이 더 정확하겠으나, 2013년의 지금도 마찬가지 사정이기 때문에 현재 시제로 표현했다.

표몰이 현상이 나타났다. 그러나 이는 앞서 본 것처럼 누군가 한 사람을 선택해야 하는 투표의 특성을 반영한다. 또 후보자들의 정책이나 이념이 크게 다르지 않았기 때문에 지역 이외에 뚜렷한 후보자 선택 기준이 약했던 때문이기도 했다. 민주화 쟁점이 사라진 이후 당시까지, 그리고 지금까지도 지역 이외에 이를 대체할 뚜렷한 선거 쟁점이 나타나지 않고 있다는 말이다. 하지만 지역뿐 아니라 투표 행태에 다른 요인들도 작용했다. 2002년 대선과 2004년 총선을 보면 후보자 선택 요인으로 지역뿐 아니라 세대와 이념 요인이 매우 중요하게 나타났다.

또 다른 측면에서 보자면, 위에서도 말했듯이 지역주의를 투표 행태로만 볼 수는 없다. 후보자 선택 요인으로는 지역 요인이 여전히 가장 중요하지만, 선거 과정이나 투표 행위 모두에서 지역주의의 감정과 열도가 상당히 약화된 것은 틀림없는 사실이다. 2002년 대선과 2006년 대선에서도 일인 지도자에 대한 맹목적 충성심은 없었고, 지역주의의 '열도'는 분명히 떨어졌다. 한국 정치에서 지역주의는 앞으로 분명히 약화될 것이다.[9] 물론 당분간은 지역주의를 능가할 유권자의 투표 기준은 나오지 않을 것이지만, 지역주의 아닌 다른 힘겨룸의 토대가 점점 더 중요해질 것이다. 지역 맹주들인 3김씨가 사라짐으로써 지역주의가 완화될 유리한 조건이 갖추어진 지금, 남은 것은 정치 제도 개혁으로 지역주의를 완화시키는 일이다. 국회의원 선거에서 비례 대표 비중을 확대하여 지역에 기반 하지 않은 이념 정당, 정책 정당들이 더 쉽게 진출할 수 있는 제도적 기반을 갖추어야 한다. 사회 구조의 면에서 볼 때에도 지역

---

9 김진하, 「한국 지역주의의 변화: 투표 행태와 정당을 중심으로」, 『현대정치연구』 4:2 (2010). 제14~18대 총선 및 2010 지방 선거에서 각 정당이 자기 텃밭에서 얻은 의석수와 투표율에 대한 조사 결과도 지역 투표가 상당히 줄어든 결과를 보여 준다. "영·호남 '쏠림 투표' 줄었다", 「한국일보」, 2012. 3. 2.

분권과 균형 발전의 추진으로 지역감정의 골을 해소하는 일이 남았다.

(2) 이념 갈등

이념 문제는 또 다른 갈등의 주요 원인이다. 이념 갈등이 제도권 안에서 처음으로 일기 시작한 것은 김영삼 정부 때고, 김대중 대통령 시절에 본격화되었으며, 노무현 대통령 시기에 들어 더 심화되었다. 그런데 한국 정치에서 나타나는 이념 문제들의 특징은 전통적인 서구의 이념 갈등과는 많은 차이가 있다. 그 특징들은 다음과 같다.

첫째, 한국의 이념 갈등은 좌우파 사이의 이념 갈등이라고 하기 어렵다. 그래서 흔히 보수-진보파로 구분한다. 이 둘의 차이를 여러 각도에서 볼 수 있겠지만, 기본적으로 좌우파는 사회 · 경제 체제의 성격에 관한 것이고, 보수-진보는 현상을 유지하려고 하느냐 아니면 바꾸려고 하느냐에 관한 것, 즉 발전의 방향과 속도에 관한 것이라고 할 수 있다.[10] 그래서 좌우파의 구분 기준은 근본적으로 사회주의와 자본주의 체제 사이의 선택에 관한 것이고, 자본주의 체제를 기본으로 하더라도 거기서 시장 원리를 얼마나 중시할 것이냐, 정부 개입을 얼마나 허용할 것이냐, 사회 복지 비용을 얼마나 늘릴 것이냐, 민영화와 국공영화의 비중을 얼마나 할 것이냐 하는 정책 노선에 관한 것이다. 이런 구분 기준으로 보면 한국은 여전히 우파가 지배하는 사회다.

둘째, 이런 상황이기 때문에 한국 정치 세력이나 일반 국민 사이의 이념 격차는 그렇게 크지 않다. '좌파'라고 공격받은 노무현 정부 역시 세계의 보편적인 기준에 따르면 오히려 우파에 가까웠다. 굳이 따지자면

---

10 채장수, 「한국 사회에서 좌파 개념의 설정」, 『한국정치학회보』 37 : 2(2003 여름호) 참조.

중도 우파 정도에서 시작하여 시간이 지날수록 점점 더 오른쪽으로 옮겨 갔다고 할 수 있다. 심지어 노 정부가 '진보적'이었다는 세간의 평가도 의문스러운 점이 없지 않다. 물론 복지 예산을 증액하고 김대중 정부의 남북 화해 정책을 계승한 점에서는 진보적인 모습을 보이기도 했다. 그러나 기업 활동을 중시하고 한미 자유무역협정을 추진하는 등 신자유주의적인 정책 또한 추진했다. 대북 정책 역시 아무런 파격적인 남북 관계 개선도 시도하지 않았다는 점에서 크게 진보적이랄 것도 없었다. 한미 동맹에 대해서도 그렇다. 노 대통령은 '자주'적인 대미 관계를 언급하기는 했으나, 이를 뒷받침할 아무런 실질적인 행동도 하지 않았다. 오히려 말이 너무 앞서는 바람에 쓸데없는 분란만 일으켰다.[11] 그가 제시한 동북아 균형자론이 자주적인 노선 추구였다고 하더라도 그것이 꼭 좌파 또는 진보파의 노선이리라는 법은 없다. 일본의 우익들처럼 우파들이 자주 노선 또는 민족주의 노선을 택하는 것이 오히려 자연스럽다. 노 대통령의 외교 노선은 근본적으로 미국(또는 강대국) 의존 외교를 탈피하지 못했다는 점에서 이전과 크게 다를 바 없었다.[12]

셋째, 한국의 이념 갈등은 좌-우의 사회·경제 정책보다는 주로 북한 문제와 한미 동맹, 그리고 특히 노무현 정부 이후에는 과거사 문제에서의 보수-진보 구분으로 나타난다. 최근의 대표적인 이념 성향 조사를 보면 보수-진보 구분을 사용하는데, 이 가운데에는 호주제 등에 관

---

11 최근 공개된 위키리크스 자료에 따르면 노무현도 미국의 울타리를 결코 벗어날 수 없었다. 그의 대미 정책이 실질적으로 이전과 달라진 것은 아무것도 없었다. 김용진, 『그들은 아는, 우리만 모르는: 위키리크스가 발가벗긴 대한민국의 알몸』(서울: 개마고원, 2012), 373쪽. 달리 행동할 능력도 없으면서 말만 그렇게 하여 분란을 일으킨 것 자체가 그의 정치적 서투름을 다시 한 번 일깨워 준다.

12 김대중, 노무현 정부 시기의 한미 동맹을 둘러싼 갈등에 대해서는, 이기완, 「1990년 이후 한국의 정치동학과 한미동맹」, 『국제관계연구』 16:1(2011) 참조.

한 의견 조사도 들어 있다. 이런 것을 정말 이념이라고 할 수 있는지 의심스럽다. 과거사 문제도 마찬가지다. 한국에서 실제 나타나는 현상이 다르기는 하나, 과거사 청산은 원칙적으로 좌우 이념에 관계없이 찬성할 수도 있고 반대할 수도 있다. 이런 가치들에 대한 보수-진보 성향 구분을 할 수는 있으나, 이는 이념이라기보다는 사회적·도덕적인 가치관의 문제들이다.[13]

넷째, 하지만 객관적인 사실보다 주관적인 판단이나 느낌이 더 중요할 수 있다. 다시 말해, 이념 격차가 적다고 해서 이념 '갈등'도 적으란 법은 없다. 비슷한 이념 세력들끼리도 원수처럼 싸울 수 있기 때문이다. 당시 한국의 이념 갈등은 이념 격차에 비해 큰 편이었다. 무엇보다 객관적인 사실과는 관계없이 보수파들이 노 정부를 좌파 또는 진보파라고 '느낀' 것이 정치적으로 중요했다. 진보 세력과 보수 세력이 처음으로 비슷한 세력으로 각축을 하게 되자 보수파의 불안이 커졌고, '첫 경험'인 만큼 서로가 대립과 경쟁에 익숙하지 않고 거친 언행으로 상호 불신을 부추겼다. 김대중 집권 때도 그랬지만, 노무현 정부의 경우 이에

---

13 중앙일보 2002년 2월 2일 자. 여기서 보수-진보 '이념'의 지표로 삼은 것은 외교-안보(한미 동맹과 외교 다변화), 국가보안법 개정, 대북 지원, 재벌 개혁, 집단소송제, 복지 예산 확대, 환경 정책 중시, 고교 평준화, 호주제, 사형제 등이다. 이들 중 정말로 좌우 개념으로 나눌 만큼 정치 이념 또는 사회·경제적 이념에 관한 것이라고 할 만한 것은 별로 없어 보인다. 외교 다변화를 지지하는 것이 진보인지는 모르겠으나 이는 좌파든 우파든 다 지지할 수 있다. 재벌 개혁도 좌파뿐 아니라 진정한 우파 시장주의자라면 지지할 것이다. 고교 평준화, 호주제, 사형제 등은 사회적 가치관이나 정책의 문제지 이념의 문제가 아니다. 복지 예산 확대와 환경 보호는 좌파와 진보파에서 더 주장하므로 다른 지표보다는 이념 측면에 좀 더 적합하지만, 그 또한 정도가 문제다. 우파 자본주의 안에서도 이런 정책들을 어느 정도는 추진할 수 있다. 이념이 아니라 광범한 가치관이나 정책에 대한 진보-보수 구분이라면 이런 지표들도 받아들일 수 있지만, 문제는 이를 정치 이념 또는 사회 경제적 이념으로 내세우며 일부 언론이나 정치권에서 진보를 의도적으로 좌파라고 호도하는 데 있다. 이현출, 「한국 국민의 이념 성향: 특성과 변화」, 『한국정치학회보』 39:2(2005 여름호)도 참조.

덧붙여 세대 간, 행동 유형상의 차이가 겹쳤고 이것이 이념 격차로 혼동되면서 이념 갈등이 더 부각되었다고 할 수 있다.

다섯째, 이렇게 보면 결국 한국의 '이념 갈등'은 각 정파가 자신의 위치와 이에 따른 이익들 사이의 갈등을 포장하는 포장지의 역할을 하는 경우가 많다는 점을 알 수 있다. 특히 정치권의 당파 이익이 국익, 개혁 등을 둘러싼 이념 갈등으로 포장되어 나타나는 경우가 흔하다. 당파 이익은 이념이나 명분으로 포장될 뿐 아니라 이념 갈등으로 필요 이상으로 확대되기도 한다.

여섯째, 어쨌든 노무현 정부 때나 지금이나 과거와 달리 보수와 진보 세력의 힘겨룸이 팽팽해진 것은 사실이다. 각종 여론 조사들을 보면 한국 국민의 이념 성향은 진보, 보수, 중도가 비슷비슷하게 나타나는 것을 볼 수 있다. 시간이나 상황에 따라 조금씩 다르게 나타나기는 하나 큰 변화는 없다. 시민 사회의 경우 학생 운동권이나 재야 세력은 이제 거의 소멸했고, 온건해진 진보 세력이 정치 사회의 한 주류로 부상했다. 그리하여 시민 사회, 정치 사회 모두 진보와 보수가 일종의 균형 상태를 이루고 있다. 한국 정치의 한 고질적인 문제였던 시민 사회와 정치 사회의 괴리가 이런 점에서는 상당히 개선되었다고 할 수 있다.

(3) 성분 갈등, 세대 갈등

노무현 정부 당시 많은 사람이 이념 갈등이라고 여긴 것 중 많은 부분이 사실은 다른 토대의 갈등이었다. 김대중 정권의 경우도 정치 갈등은 이념 차이보다는 지역, 성분의 문제가 더 주요한 원인이었다. 이념 갈등 자체도 실제적인 이념 격차보다는 '정서적 배타성'이 더 중요했다. 여기서는 이를 '성분 갈등'이라는 말로 표현하려 한다. 성분이란 정서, 취향, 기질, 말투, 행동 양식 등을 아우르는 정서적인 요소와 이에 영향을 주는 연령이나 출신 배경 같은 객관적인 요소, 또 이에 따른 상호 인식이라는 주관적인 요소들의 결합체다. 성분 교체는 세대교체와 함께 와서 정파들 사이의 차이를 한꺼번에 넓혔다. 노무현 대통령은 대학을 나오지 못한 상고 출신으로 엘리트주의에 젖은 보수파가 정서적으로 인정할 수 없었다. 그 지지 세력인 이른바 386세대 또는 노사모로 대표되는 젊은 세력 역시 그들에게는 정서적으로 받아들일 수 없는 세력이었다.[14] 노사모의 무리, 붉은 셔츠의 촛불 시위 등에 보수적인 기성세대, 기득권층이 혐오감과 심지어 공포를 느꼈다.

그런데 이러한 성분 갈등은 세대 갈등과 밀접히 맞물려 있었다. 성분의 차이가 세대 차이뿐만은 아니지만 그것이 가장 중요한 요소였다고할 수 있다. 여기서 이른바 386세대의 특성을 간단히 서술할 필요가 있다. 386세대는 그 말이 처음 나온 1990년대 후반에는 30대의 1960년대출생자로 1980년대 대학 학번의 고학력 청년층을 의미했다. 이들은 전두환 정권 아래 반정부 민주화 투쟁을 몸소 겪은 세대로서, 대체로 중산층으로 사무직, 전문직에 종사하면서 비교적 진보적이고 탈권위적인 성향을 지닌 이들이었다. 이들의 진보 성향은 이후 세대인 20대 탈근대 소비 세대의 정치적 보수 또는 무관심 성향과 대비된다. 노무현의 집권에밑받침이 된 이들 청년 세대들은 보수적인 기성세대와는 기질과 취향, 행동 양식이 매우 달라 이들과 기질적 갈등, 곧 성분 갈등을 불러일으킨것이다. 이러한 세대와 성분 차이가 이념 차이로 나타난 것은 주로 냉전과 권위주의 시대의 유산 청산에 관한 문제들이었다. 이런 청산 움직임은 김대중 정부에서부터 시작되었지만, 노무현이라는 새로운 세력이 등

---

14 김대중 대통령도 비주류 출신이었고 '빨갱이'였지만, 그래도 그는 나이 많은 구세대 인물이었고, 오랫동안 기성 정계에서 잔뼈가 굵었다. 적어도 그런 점에서는 주류 엘리트들과 비슷했다.

장함으로써 심화되었다. 2002년까지는 지역주의에 눌려 있던 냉전, 권위주의 청산의 쟁점이 지역주의가 약화되자 고개를 든 것이다.

4) 노무현 정부의 의미와 잘못

지역주의 보스 패거리 정치가 끝났다는 점이 노무현 정부의 가장 큰 정치사적 의미지만, 노무현과 그 주변 세력들의 미숙한 행태는 그 정치사적인 의미를 크게 훼손해 버렸다. 시간이 지날수록 보수, 진보 할 것 없이 노무현 정부에 대한 불신과 경멸이 점점 치솟았고, 그것이 노무현 세력을 몰락시켰을 뿐 아니라 한국 민주주의의 정당한 발전 성과도 파묻혀 버리게 만들고 말았다. 노무현 정부의 잘못에 대해서는 크게 네 가지를 들 수 있다. 첫째는 잘못된 문제 설정, 둘째는 정체성 혼란, 셋째는 지지 기반 걷어차기, 넷째는 대결 지향적 행태다.

첫째, 노무현 세력은 자신의 국정 최우선 과제를 과거의 잘못된 유산 청산에 두었다. 지역주의 타파, 과거사 청산, 권위 해체, 언론 바로 세우기 등등이었다. 물론 이런 과제들은 매우 중요했다. 이른바 4대 개혁 입법(국가보안법, 사립학교법, 과거사진상규명법, 언론관계법)의 취지도 좋았다. 그러나 이런 과제들을 국정 최우선 과제로 삼고, 더 나아가 대결 지향적으로 해결하려 했으며, 더 나쁘게는 실제로 별로 이루지도 못했다는 점에서 대통령과 그 주변 인사들은 오만과 무능을 보였다.

그들은 민주화 투쟁을 중심으로 한 자신의 좁은 경험에 입각하여 세상을 바라보았다. 노무현은 영남 비주류로서 지역주의의 피해를 본 뒤 지역주의가 한국 정치의 최고 악이라고 생각했던 것 같다. 그를 대통령으로 만들어 준 민주화 세력은 자신들이 국가보안법의 피해를 보았으니 그것이 한국 정치의 최고 악이라는 의식, 무의식의 포로가 되었다. 그래서 그들은 이것들을 척결하는 것이 대한민국의 최우선 과제라고 착각한 것이다. 그러나 지역주의는 3김씨의 정계 퇴장으로 이미 약화되고 있었다. 더구나 사학법 개정, 보안법 개폐, 언론 길들이기 등은 비주류 소수파 정권이 감당하기 어려운 일들이다. 혁명의 심정으로 밀어붙였든지 아니면 처음부터 타협으로 나갔든지 둘 중 하나였어야 하는데, 이도 저도 아닌 어정쩡하면서 동시에 오만한 태도로 기득권층과의 충돌만 악화시키더니, 결국 누더기 타협의 결과만 내고 말았다. 그 사이 국민은 당파 싸움에 진저리를 내었다.

둘째, 노무현 정부는 선거전 당시부터 진보 세력임을 표방했지만, 정작 그들이 시행한 정책들을 보면 그렇게 볼 수가 없었다. 권위 해체, 과거사 청산, 대북 화해 정책 등 정치나 역사의 면에서는 진보적이었다고 볼 수 있으나, 사회·경제적으로는 한미 자유무역협정을 앞장서 추진하고 친기업 정책을 펴는 등 신자유주의적인 정책을 펼쳤다. 그 결과 사회적 양극화를 부추겨 국민 다수의 삶을 더 어렵게 만들었다. "좌회전 깜빡이를 켜고 우회전했다."라는 세간의 비아냥거림에서 볼 수 있듯이, 이러한 정책과 이념의 혼란은 지지 세력을 당혹케 하고 반대 세력의 반감을 악화시켰다. 특히 2005년에 있었던 한나라당과의 대연정 제안은 노무현의 정체성과 정치적 혜안을 의심하게 만든 사건이었다. 비정규직 양산, 신용 불량자 증가 등에서 보는 바와 같은 사회적 양극화는 서민 대중의 실망과 분노를 일으켰다. 노무현 정부가 그들을 대변한다고 믿었던 데 대한 배신감이 이런 실망을 배가시켰다.

셋째, 노무현 세력은 집권하자마자 지역주의를 타파하고 100년 가는 국민 정당을 만들겠다면서 민주당을 뛰쳐나와 열린우리당을 만들었다. 뜻은 좋았으나 비현실적이었다. 그리고 정당 정치의 기본을 어기고 정당 제도화에 찬물을 끼얹는 행위였다. 열린우리당의 창당은 뒤이어 나타난 집권 비주류 세력의 연이은 동요로 이어졌다. 더구나 집권 세력 자신의 권력 유지를 위해서도 민주당 이탈은 잘못된 선택이었다. 열린우리당의 창당은 곧 지역 기반의 포기를 뜻했다. 김대중과 호남이라는 막강한 세력 기반을 버리고 홀로서기를 하겠다는 뜻은 좋았으나, 그것은 곧 집권 여당의 가장 믿음직한 지지 기반을 스스로 차버리겠다는 의지였다. 지역 기반을 차버렸으면 이를 대체할 만한 다른 지지 기반을 구축했어야 하는데, 그런 의지와 능력은 부족했다.

넷째, 노무현 세력은 집권 당시부터 계속 대결 지향적인 자세를 취했다. 민주화를 주도한 세력이라는 자부심, 지역주의를 걷어찼다는 긍지, 권위를 해체하고 과거사를 바로잡겠다는 의지, 모두 좋은 것이었다. 그러나 그것이 지나쳐 다른 정치 세력들을 죄악시하고 독선과 오만에 사로잡혀 반대파를 부정하고 국민을 가르치려 든 자세는, 반대파들의 원한('반대' 정도가 아니었다)을 심화시키고 국민 다수의 불쾌감을 가중시켰다. 게다가 대통령의 좌충우돌식 언행은 정파들 사이의 충돌을 심화시키고 일반 국민의 피로감을 증가시켰다. 노무현 대통령은 지도자가 아니라 투사의 모습으로 시종일관하여 정치 갈등과 인기 하락을 자초했다.

이런 모든 원인이 상승 작용하여 노무현 세력에 대한 국민 대다수의 '짜증'이 고조되었다. 보기도 싫고 듣기도 싫은 심리 상태가 조성된 것이다. 결국 노무현 정부가 보인 정책상의 혼란과 국민 피로 유발은 진보 세력에 대한 국민의 반감을 유발하여 막 솟아오르던 비주류 진보 세력의 싹을 자르는 결과를 가져왔다. 진정한 진보 세력도 아닌 세력이 진보를 표방하면서 정치와 경제를 그르쳤으며, 국민은 이것이 진보의 정체라고 잘못 파악하여 진보 세력 자체에 대한 혐오감을 길렀다. 그 반대로 보수 세력의 힘은 더욱 굳건해질 수 있었다. 진보 세력의 처지에서 보면 노무현 세력의 진정한 잘못은 여기에 있었다.

2. 이명박 정부: 보수 회귀의 문제점

이러한 상황이 제17대 대선에서 야당 후보인 이명박에 대한 '묻지 마' 투표 현상을 불러왔다. 노무현 정부의 행태와 경제적 어려움에 대한 반감이 일반 유권자들의 이반을 가져오고, 이를 틈탄 이명박 후보의 '경제 살리기' 구호가 유권자들에게 말할 수 없는 매력을 제공했다. 특기할 만한 일은 이 후보는 명백히 친재벌의 보수 후보였는데도 경제를 살려 준다는 유혹에 서민, 중산층도 대부분이 넘어갔다는 사실이다. 아직 한국 유권자들의 이념과 정책에 대한 지식이 낮다는 사실을 잘 보여 주었고, 다른 한편으로는 이리저리 쏠리기 쉬운 한국 국민의 정서적 행태를 여실히 보여 주었다.[15]

1) 이명박 당선의 요인과 의미

2007년 12월의 제17대 대통령 선거에서 한나라당의 이명박 후보가 유효 득표의 48%를 얻어 26%를 얻은 대통합민주신당의 정동영 후보를 크게 누르고 당선되었다. 선거전이 시작되기 전부터 이미 대세는 판가름 나서 그 대선은 역사상 가장 재미없는 대선이 되고 말았다.

별로 흥미롭지 못한 말일지 모르나, 이명박이 당선된 가장 근본적인 원인은 정치사의 주기에 있었다. 다시 말해, 김대중, 노무현으로 이어진 비주류 세력의 10년 집권 자체가 경이로운 일이었다. 김대중과 노무현은 한국 정치뿐 아니라 사회 세력 구도에서 분명히 소수파에 속했고,

---

15 김영명, 「단일사회 정치론 서설」, 『한국정치연구』 16:1(2007), 59~80쪽; 「한국 정치의 특수성에 관한 연구 서설: 분단, 압축성장, 단일사회 문화」, 『비교민주주의연구』 7:1(2011) 참조.

한국 사회의 비주류를 대변했다. 정부가 소수파이다 보니 국정 운영에 엄청난 어려움을 겪을 수밖에 없었다. 주류이자 다수파인 「조선일보」, 한나라당 등 보수 세력들은 시종일관 덜 보수적인 비주류 정부들을 깎아내리기에 여념이 없었고, 국민 대중도 보수파의 여론 헤게모니에 의식적·무의식적으로 동조하는 분위기가 형성되었다. 게다가 노무현 정부의 좌충우돌 행태가 국민 다수의 혐오감을 불러일으켜 나라 전체에 이제 뭔가 바뀌어야 한다는 분위기가 형성된 것이다. 그리하여 반노무현, 친한나라당의 이른바 '묻지 마' 투표 행태가 나타나게 된 것이다.

그러나 위와 같은 요인은 이명박이 그토록 큰 표 차로 압승한 이유까지 설명해 주지는 못한다. 아무리 "한나라당 후보로 개가 나왔어도 당선되었을 것"이라는 당시 세간의 평가에 일리가 있다고 하더라도 상대인 정동영 후보가 그렇게 못한 까닭은 따로 생각해 보아야 한다. 집권 여당의 참패 원인은 무엇보다 그들이 국정 운영을 잘못했기 때문이다. 이런 점들을 생각하면, 이명박의 개인 능력이나 선거 전략 등은 당선의 부차적인 요소에 불과했다고 할 수 있다.

그런데 여기서 고려해야 할 또 하나의 심각한 문제가 있다. 그것은 국민의 도덕성 문제다. 집권 여당은 이명박의 각종 비리, 특히 이른바 BBK 사건이 그에게 치명타를 줄 것이라는 희망을 가졌다. 예상대로 이명박은 그런 의혹을 단호히 부인했다. 연이어 터져 나온 각종 증거들에 아랑곳없이 부인과 변명, 말 돌리기로 일관한 그의 태도는 전략적으로 훌륭했다. 그리고 비도덕적이었다. 당시 유권자의 선택은 "경제만 살린다면 범법자라도 상관없다."는 것이었다. 그 까닭은 두 가지로 볼 수 있다. 하나는 정말로 경제가 엉망이고 민생이 정말 피폐해서 밥 먹여 줄 사람이면 도둑놈이라도 괜찮다는 절박한 심정 때문이었다고 할 수 있다. 다른 하나는 국민의 도덕 수준이 이명박과 별반 다르지 않아 그 정도 범법 사실쯤은 눈 감아 줄 수 있다고 생각한 것이다. 어느 쪽이더라도 유권자들에게 심각한 문제가 있었다.

물론 당시 양극화의 심화로 다수 국민의 삶이 어려워진 것은 사실이었지만, 정말 그 정도로 심각하지는 않았다. 경제가 어려웠다고는 해도 민생이 그 정도로 피폐해지지는 않았다. 그리고 한국 경제가 어렵다고 평가되지 않은 적이 얼마나 있는가? 경제 위기라는 말이 없었던 적이 거의 없을 정도다.[16] 실제보다 과장된 위기의식일 뿐이었다. 지금도 마찬가지지만 당시의 국민 사이에는 황금만능주의와 천민자본주의가 팽배했다. 특히 외환 위기 사태 이후로 '돈이 최고'라는 인식이 온 사회를 뒤덮어 경제만 살리면 정치 비리, 도덕 타락쯤은 아무것도 아니라는 식의 의식이 국민 사이에 팽배했다. 이것이 경제 살리기 대통령 이명박을 만들었다.

또 하나 국민의 문제는 무지였다. 삶이 어려우면 그 원인을 제대로 알아야 한다. 서민 삶이 어려워진 것은 양극화 때문이었지 총량 성장이 없어서 그런 것이 아니었다. 그리고 각 후보가 내세운 공약들이 과연 자신에게 도움이 될지 해가 될지 알아야 한다. 정동영 후보도 보수에 가깝기는 했지만, 이명박 후보에 비해서는 서민에게 덜 불리한 정책을 가지고 있었다. 이명박 후보가 내세운 자율형 사립고 100개 신설, 종합부동산세 완화 등의 공약들이 사교육을 부추기고 계급 간 격차를 더 벌이는 정책이라는 것을 모른 채, 서민들은 그저 경제를 살려 주겠거니 하면서 이명박에게 표를 몰아주었다. 무지한 일이었다.

또 하나의 문제는 휩쓸림이다. 우리나라는 같은 민족 구성원들이 좁

---

16 인터넷 신문 검색 서비스에서 '경제 위기'라는 말을 검색해 보면, 서비스가 제공되는 1990년 치 이후 신문 보도에서 '한국은 언제나 경제위기'였음을 실감할 수 있을 것이다.

은 곳에 몰려 살다 보니 이리저리 휩쓸리는 특징을 보인다. 노무현 당선에도 노사모의 휩쓸림이 큰 힘을 발휘했고, 그 뒤 이명박의 대승도 반노무현 정서의 휩쓸림이 큰 몫을 차지했다. 이성적으로 판단하기보다는 감성으로 휩쓸려 다니는 모습이 한국 사람들의 중요한 한 특징이다. 이런 휩쓸림이 물론 긍정적으로 나타나기도 한다. 외환 위기 직후의 금 모으기 운동이나 월드컵 응원 열기 등 한국 사회의 역동을 보여 주기도 한다. 그러나 다른 한편으로 감정적 휩쓸림은 이성을 마비시키는 독소의 역할도 한다.[17]

이명박 당선의 의미는 무엇보다도 비주류 집권 10년을 끝내고 주류 보수 엘리트 세력이 다시 집권했다는 사실에 있었다. 어떻게 보면 한국 계급 지도가 정상을 되찾았는지도 모르겠다. 이명박 측은 시장주의와 개발주의를 이념적 기반으로 하여 한반도 대운하 건설, 친기업 정책, 민영화, 교육 평준화 약화, 영어 교육 강화, 복지 예산 동결 등을 통해 경제 살리기를 하겠다고 공언했다. 그러나 대통령의 임기가 끝날 때까지 경제는 살아나지 않고 양극화는 더 심해졌다.

비주류 집권 10년 동안에도 주류 세력의 한국 지배는 근본적으로 변하지 않았다. 비주류 정치권력에 대한 주류 사회 권력 및 경제 권력의 줄기찬 공격으로 정권은 무너지고 말았다. 정부 정책들도 처음에는 진보적인 요소들이 있었으나 시간이 지나면서 보수화되었다. 보수 세력의 공격을 견딜 수 없었기 때문이다. 이런 상황에서 이명박 정부가 출범하면서 보수 지배는 더 본격화되었다.

---

17 김영명(2007); 김영명, 『단일사회 한국: 그 빛과 그림자』(파주: 이담 북스, 2011).

2) 이명박 정부의 특징과 문제점

이명박 후보가 대선 구호로 내세운 것은 '경제 살리기'였다. 당시 민생 경제의 위축으로 다수 국민이 고통을 받고 있는 현실에서 신화적 기업인 출신이 내세운 경제 살리기 구호는 엄청난 위력을 발휘했다. 노무현 정부의 반시장 정책이 경제를 어렵게 했다는, 실상 틀린 정치 공세가 한몫했다. 뉴타운 건설 등과 같은 경제 활성화 정책이 제18대 총선에서도 엄청난 위력을 발휘했다. 이명박과 보수 세력은 '좌파 세력'에게 '잃어버린 10년'을 되찾겠다면서 신자유주의와 북한 압박 정책을 밀고 나왔고, 유권자들은 이에 호응했다. 이렇게 출범한 이명박 정부는 아래와 같은 특징과 문제점을 보여 주었다.

(1) 친기업, 성장 위주 정책

이른바 '747' 경제 목표(연 7% 성장과 10년 후 1인당 4만 달러 소득, 세계 7대 경제 대국을 이루겠다는 목표)를 공약으로 내걸었던 이명박 정부는 취임 초기에 대기업 지원, 규제 완화 등을 통한 성장 위주의 정책을 펼쳤다. 출범 초기부터 출자 총액 제한 완화, 금산 분리 완화 등 규제 완화 정책으로 친기업적 행보를 뚜렷이 했다. 취임 전 대통령직 인수위원회는 한 발 더 나아가 영어 몰입 정책과 교육에 대한 시장 기능의 강화를 공언하기도 했다. 명백히 상류층이나 기득권층에 유리한 신자유주의적인 정책들이었다. 그러나 그런 정책들은 입안 초기 단계에서 국민의 광범한 비판에 직면하여 실행될 수 없었다. 그래도 그의 경제, 교육, 환경 정책들이 이전 정부들보다 더 시장주의적이고 우파적인 데서 출발했다는 사실에는 의문의 여지가 없다. 이러한 신자유주의적인 정책들이 한국 현실에 맞지 않는 부분이 드러나자 정부는 어느 정도 궤도 수정을 하게 되었다. 서브프라임 금융 위기(2008년)에 적극적으로 개입했고, 녹색 성장 산업 정책을 시행했으며, 물가 안정에도 적극적으로 개입하는 등 '발전 국가'적인 모습을 보이기도 했다.[18] 또 시간이 지나면서 '공정', '공생' 등의 구호를 내걸고 서민을 배려하는 모습을 보이기도 했다. 요컨대 이명박 정부는 신자유주의 정책을 야심차게 시작하려고 했으나, 서민 생활의 어려움과 정치적 반대에 직면하자 좀 더 중도적인 방향으로 선회했던 것이다.

(2) 양극화 심화

노무현 정부 당시에 이미 심화되고 있던 사회·경제적 양극화가 이명박 정부의 친기업 정책에 따라 더 심각해졌다. 이미 김대중, 노무현의 '진보' 정권들에서부터 그런 현상이 심해졌다는 사실은 그 '진보' 정권들이 사회·경제적으로 결코 진보적이지 않았다는 사실을 웅변한다. 그런데 이명박 정부는 이전 정부들을 좌파라고 규정한 뒤 이를 '극복'하고 시장 위주의 경제 성장을 이루겠다고 나섰으니 양극화는 더 심해질 수밖에 없었다.[19] 그중에서도 특히 중요한 문제는 비정규직 증가와 자영업자의 몰락이었다. 대기업은 갈수록 덩치를 키워 가고 중소기업은 몰락했으며, 재벌의 경제력 집중이 더 심화되었다. 경제는 '고용 없는 성장'의 전형을 보였고, 청년 실업은 심각한 지경에 이르렀으며, 정규직과

---

18 김인영, 「이명박 정부의 본질에 관한 고찰: 신자유주의 국가인가, 발전국가의 변환인가?」, 『비교민주주의연구』 7:2(2011).

19 "통계청이 15일 발표한 '2011년 사회조사'에 따르면 가구주의 소득·직업·교육·재산 등을 고려해 자신의 사회경제적 지위를 하층민이라고 응답한 비율은 45.3%다. 2년 전 42.4%보다 2.9% 포인트 늘어난 것이다. 자신을 중산층이라고 응답한 비율은 52.8%로 2년 전 54.9%에 비해 2.1% 포인트 줄어들었다. 상류층이라는 응답은 1.9%로 역시 2년 전(2.7%)보다 줄었다." 「서울신문」, 2011. 12. 16.

비정규직의 임금 및 고용 조건의 격차가 심각하여 큰 사회적 문제가 되었다.[20] 이에 따라 정부는 747 시장 경제 정책을 사실상 폐기하고 '친서민 중도 실용'(2009년), '공정 사회'(2010년), '공생 발전'(2011년) 등의 구호를 외쳤지만, 그야말로 구호에 그치고 말았다. 이명박 정부가 내세운 '능동적 복지'는 실체가 없었고, 국민 보험, 건강 보험, 인구 고령화 문제 등은 방치되었다.[21]

(3) 기업인 정치가의 문제점

이명박 대통령의 치명적인 결함은 그가 국가가 무엇인지 잘 모르고 대통령직에 대해 제대로 이해하지 못했다는 점이다. 그는 '여의도 정치', 즉 민주 정치에 본질적인 대의 정치 과정을 이해하지 못했고, 이에 대한 혐오감마저 드러내었다. 그는 오랫동안 몸 담았던 건설 회사의 총수와 같은 논리와 방식으로 국정을 도모하려고 했다. 국가 정치 과정에 필수적인 여러 다양한 이해관계의 조정과 적대적 정치 세력들 사이의 힘겨루기나 타협 과정을 불필요하고 비효율적인 것으로 여겼다. 이는 능률과 일사불란한 전진을 구호로 내걸었던 박정희식 개발 독재 논리의 연장 선상에 있는 것이었다. 다만 시대가 달라져서 박정희 같은 독재를 할 수 없을 뿐이었다. 박정희식의 독재를 할 수 없는 민주 시대에 이명박이 개발 독재 논리에 빠져 있었다는 것은 그 자신에게 불행한 일이었다. 물론 국민에게도 불행이었다.

그전에도 그랬지만 특히 1997년 외환 위기 이후 한국 정치와 사회에는 정치 과정을 무시하고 효율성과 시장 논리만을 내세운 신자유주의적

---

20 구체적인 수치는 「한국일보」, 2011. 8. 18. 참조.
21 최재성, 「이명박(MB) 정부의 사회복지정책 특성과 과제: '친기업 보수 이익'에서 '친서민 중도 실용'?」, 『한국 사회복지 조사 연구』 25(2010) 참조.

인 논리가 횡행했고, 그 일환으로 기업인 정치가나 기업인 같은 대통령에 대한 여망이 팽배했다. 이명박은 그런 논리에 충실한 사람으로서 그런 사회적 분위기에 힘입어 대통령에 당선될 수 있었다. 하지만 정치와 기업 경영이 매우 다르다는 사실, 개발 시대에 건설업계에서 성공한 사람이 같은 심성과 철학과 논리로 민주 시대의 정치 지도자로서 성공할 수 없다는 사실이 그를 통해 여실히 밝혀졌다. 가장 정치적인 자리인 대통령직을 아주 탈정치적인 심성의 이명박이 차지함으로써 한국 정치는 '소통 부재'의 어두움 속에 빠지고 말았다. 노무현이 지나치게 좌충우돌하면서 정치 과잉의 행동을 보였다면, 이명박은 그와 반대로 지나치게 정치를 기피하는 문제점을 드러내었다고 할 수 있다.

(4) 민주주의의 후퇴

노태우 정부에서 노무현에 이르기까지 한국 민주주의는 꾸준히 발전했다. 노태우 정부 출범과 함께 권위주의 독재가 종식되었으며, 김영삼 정부의 탄생으로 문민화가 시작되었고, 김대중 당선으로 평화적인 정권 교체가 이루어져 민주주의가 정착되었다. 그 뒤 노무현 후보의 당선은 3김 일인 붕당 체제를 끝내면서 민주주의의 제도화를 위해 한 걸음 더 내디뎠다. 여전히 숱한 문제점이 있지만 한국 민주주의는 한 걸음 한 걸음 앞으로 내디뎠다.

그러면 이명박 정부는 한국 민주주의 발전에 어떤 기여를 했는가? 아무것도 없다고 말할 수밖에 없다. 아니 이명박 정부는 오히려 한국 민주주의를 후퇴시켰다. 가장 대표적인 사례가 언론 장악이다. 정부에 대해 비판 기능을 해야 할 대표적인 공영 방송사의 사장들을 대통령 측근 인사들로 채우고, 비판하는 관계자들을 억압했다. 이로써 공정 보도가 실상 불가능하게 되었다. 미국산 쇠고기 수입(이른바 광우병 쇠고기)에 반대하는 촛불 시위대를 폭력적으로 진압하고 소통하기를 거부하면서 전경 버스들로 이른바 '명박산성'을 쌓았다(2008년 5~6월). 이 사태는 국민의 목소리를 겸허하게 듣지 않으려는 정부의 소통 부재를 상징했다. 정부 기관이 정부 정책에 비판적인 민간인을 사찰하는 등 인권 억압도 자주 일어났다. 국가인권위원회는 기구를 축소하고 제 구실을 하지 않아 국제적인 비판에 직면했고, 한국 인권 상황에 대한 국제 평가를 추락시켰다. 전체적으로, 이명박 정부 들어 언론 자유가 후퇴하고 인권 탄압이 악화되었다는 평가가 일반적이다.

또 민주주의의 토대가 될 사회·경제적 평등도 매우 악화되었다. 여러 번 지적한 사회적 양극화의 문제다. 사회적 양극화 그 자체는 민주주의가 쇠퇴했다는 증거가 될 수 없지만, 민주주의를 쇠퇴시킬 사회적 토대를 이룬다. 어느 정도의 사회·경제적 평등이 보장되지 않으면 못 가진 자의 정치 참여가 제한될 수밖에 없기 때문이다. 그리고 실제로 위에서 보았듯이 한국 민주주의는 이명박 정부 시절에 상당히 퇴보했다.

(5) 정책 변화와 그 부재

위에서 본 대로, 이명박 정부는 중반기에 들면서 초기의 신자유주의 정책을 상당 부분 포기하고 중도 노선으로 방향을 틀었다. 대기업 위주의 성장 정책이 중소기업 및 서민, 중산층과의 상생 발전, 공생 발전 정책으로 변화되었다. 물론 재벌 기업의 사회·경제적 장악력이 높아만 가는 상황에서 그런 정책들이 원만히 시행되기는 어려웠지만, 노선 변경이 있었다는 사실 자체가 상당한 의미를 지녔다.

양극화가 심화되는 현실은 보수 시장주의자로서도 외면만 할 수는 없는 현실이었다. 더 중요하게 그것이 유권자의 표와 직결된다는 사실을 간과할 수 없었다. 그런 문제의식은 청와대보다 직접 주민과 접촉하는 여권 의원들이 더 절실히 느꼈다. 그들은 민심을 돌리기 위해 중도 노선을 선택했다. 실제로 2010년 6월 2일의 지방선거 패배가 정책 전환의 계기가 되기도 했다. 더 근본적으로, 보수 세력이나 대통령이 애당초 가졌던 '좌파 집권 10년', '잃어버린 10년'이라는 인식 자체가 잘못된 과잉 인식이었다. 앞에서도 지적했지만, 김대중, 노무현 정부의 사회·경제 정책들은 좌파나 진보적인 정책이라기보다는 오히려 절충적이거나 혼란스러운 중도 우파 정책들이었다. 새로운 보수 집권 세력은 잃어버린 10년을 되찾기 위해 지나칠 정도의 시장주의 정책들을 펼치려고 했지만, 그것이 한국 현실과 맞지 않는다는 것이 곧 드러나 일부는 정부 출범 이전에 이미, 또 다른 일부는 정부의 중후반에 이르러 폐기되거나 수정되기에 이른 것이다. 결과적으로 '좌파 10년'의 사회·경제 정책이나 '신자유주의적 개발주의자'의 사회·경제 정책이 별 차이가 없게 된 것이다.

이에 비해 정책 변화가 없었던 분야가 바로 대북 정책 분야였다. 실상 한국의 보수와 진보 세력이 가장 대립되는 곳이 바로 이곳이다. 보수 세력은 김대중, 노무현 정부의 '용공' 정책을 받아들일 수 없었기에 이명박 정부가 수립되자마자 바로 대북 포용 정책을 폐기하고 적대 노선으로 돌아섰다. 그 뒤 남북한 관계는 지금까지 아무런 진전이 없다. 그렇다고 강경 보수 세력이 원하는 바와 같이 북한 체제가 붕괴할 조짐도 보이지 않는다. 북한에 대한 강경 적대 정책이 얻은 것은 반공 세력의 정서적 만족감 외에는 없다. 오히려 남북한 관계 악화는 대한민국의 안보에 치명상을 가하여 천안함 피격(2010년 3월 26일)과 연평도 포격 사건(2010년 11월 23일) 같은 비극의 배경이 되었다. 물론 그 일차적인 책임은 북한이 져야 하지만, 이명박 정부의 대북 적대 정책이 북한 도발의 여건 조성에 기여했다는 사실도 부인할 수 없다. 대북 정책은 이명박 정부의 또 다른 정책 실패 분야였다. 다른 대표적인 실패 분야로는 물론 양극화 심화와 민주주의 후퇴를 들 수 있다.

3. 대척의 공통점과 정책 수렴

노무현 정부와 이명박 정부는 얼핏 보면 매우 다른 것 같지만, 사실은 다른 점보다 공통점이 더 많을지도 모른다. 물론 이들의 이념 정향과 지향점, 그리고 행태의 차이점들을 무시하는 것은 아니다. 단지 우리가 흔히 생각하는 만큼 그들이 그렇게 다르지는 않다는 점을 강조하고자 한다. 글쓴이가 본 노무현 정부와 이명박 정부의 공통점은 다음과 같다. 여기서 정부라고 했지만 사실 정부만은 아니고 그것을 둘러싼 폭넓은 정치 세력을 일컫는다.

첫째, 그들은 가상 적을 지나치게 과장했다. 노무현 세력은 지역주의와 권위주의 타파를 당시 한국 정치의 가장 중요한 과제로 생각했으나, 그보다 더 시급한 것은 민생 안정과 빈부 격차 해소였다. 과거사 문제 해결, 국가보안법 폐지, 국가 균형 발전 같은 정책들도 의미 있는 정책들이었으나, 보수 세력이 득세한 현실에서 실현하기 어려운 과제들이었다. 이명박 세력은 김대중, 노무현 세력을 좌파로 과장되게 규정하고 이들의 집권을 보수 지배로 되돌리기 위해 무리수를 두었다. 이로써 사회·경제적 양극화를 부추기고 북한과의 관계를 단절시키는 동시에 민생 해결에 아무런 기여를 하지 못했다. 노무현 세력이 과거사 단절의 비현실적인 목표에 매달린 만큼, 이명박 세력은 4대강 사업(처음에는 한반도 대운하 사업을 추진했으나 그나마 완화된 것이다)과 같은 대규모 토건 사업에 매달려 시대착오적인 개발 시대로의 회귀를 꿈꾸었다. 노무현의 권위 파괴는 정당한 권위마저 파괴하여 혼란을 불러왔고, 이명박이 내세운 경제 살리기는 기업을 편들고 서민을 소외시켜 국민 대다수의 삶을 피폐하게 만들었다.

둘째, 그들은 모두 정치 지도력의 미숙함을 보여 주었다. 일인 지배 시대에서 보았던 강력한 지도력을 보여 주지 못한 것은 반드시 그들이 민주적 대통령이어서 그렇다기보다는 지도력의 부족으로 해석할 여지가 더 크다. 그들은 모두 갈등 조정이나 국민 통합보다는 자신의 좁은 경험에 의존하고 좁은 측근 세력에 발판을 두어 대결적 자세와 협소한 정치력을 보여 주었다. 노무현 세력은 반대 세력을 권위주의 보수 세력으로 규정하여 타도의 대상으로 보았고, 이명박 세력은 반대 세력을 좌파 세력으로 역시 배제의 대상으로 보았다. 정치 사회와 시민 사회에 뿌리박은 다양한 이해관계와 이념 성향을 아우르고 국가 발전의 청사진을 제시할 지도자로서의 혜안이나 관용을 그들은 지니지 못했다. 노무현은 야당 투사로서, 이명박은 건설회사 회장으로서의 역할을 벗어나지 못했다. 모두 진정한 정치가 무엇인지, 대통령의 리더십이 어떠해야 하는지에 대한 지혜와 통찰이 부족했다.[22]

셋째, 이런 현상은 비단 대통령이나 제도권 정치 세력들에게 그치는 것이 아니라 한국 사회 전체에 만연한 병폐였다고도 할 수 있다. 글쓴이는 당시 한국의 이념적 양극화에 대한 일반적인 인식이 과장되었다고 보기는 하나, 어쨌든 다른 이념 성향을 지닌 각각의 세력들이 타협하거나 절충하지 못하고 대결 구도로 치달은 것은 사실이다. 정치 사회뿐 아니라 민간 사회 역시 정치적으로 성숙하지 못했기 때문이다. 이들은 타협하지 못할 뿐 아니라, 매우 자주 충동적이고 감정적으로 행동하는 경

22　김영명, 『정치를 보는 눈』(서울: 개마고원, 2007), 제5장 참조.

향을 보였다. 노사모와 촛불 시위의 대중 운동뿐 아니라 노무현 바람과 이명박 바람이 번갈아 나타나는 투표 행태에서도 이런 정서적 휩쓸림이 드러났다. 정적을 이해하고 타협할 줄 아는, 민주주의에 대한 학습이 부족한 결과였다.

넷째, 이 두 정치 세력은 각각 진보와 보수를 표방하고 나왔으나, 결국은 비슷한 정책으로 수렴되었다. 노무현 정부를 좌파라고 규정한 사람들은 북한에 대한 유화적 태도, 국가보안법 폐지 시도 등을 주로 겨냥했고, 여기에 친일과 독재의 과거사 들추기, 권위 타파, 지방 균형 발전과 같이 좌파와 별 상관없는 정책들에 대한 반감으로 좌파의 꼬리표를 붙였다. 이명박 정부는 친기업 정책과 시장주의적 교육 정책 등으로 명백히 우파적이고 신자유주의적인 이념을 표방하고 나왔으나, 시간이 지나면서 점점 더 중도적인 정책으로 옮겨 갔다. 이른바 공정 사회, 공생 발전 등의 구호들이 그런 연유로 나왔다. 이렇게 된 까닭은 한국 사회에서 무조건 친기업의 시장주의 정책을 펼치기에는 사회적 양극화와 사회 갈등의 요소가 너무 심각했기 때문이다. 국민도 초기에는 경제 살리기에 대한 환상을 가졌으나 얼마 안 가 그것이 환상이었음을 깨달았던 것이다. 떨어지는 지지도를 중도 선회로 만회하려는 정부와 여당의 의도가 드러났다.

이렇게 보면 한국 정치에서 좌파와 우파, 보수와 진보를 편 갈라 대결을 펼치는 것이 어느 정도 무의미하다는 사실을 알 수 있다. 우선 한국의 보수와 진보는 그 이념적 거리가 그리 크지 않다. 게다가 보수와 진보 어느 쪽이 집권하더라도 한쪽의 정책을 일방적으로 펼칠 수 없는 형편이다. 그 형편이라는 것은 첫째, 한국 사회의 보수-중도-진보의 세력 분포가 비슷하고, 둘째, 따라서 한쪽 편향의 정책은 필연코 정치 사회 갈등을 고조시킬 것이고, 셋째, 한국의 미숙한 정치 제도와 정치 문화, 지도력으로는 그런 정치 갈등을 조화롭게 해결할 수 없고, 넷째, 그렇게 되면 집권 세력에 대한 국민의 지지도가 크게 떨어질 것이기 때문이다. 그러므로 지금 한국 정치에서는 이념적 성향이 수렴되는 경향이 있다. 가장 비근한 보기가 노무현 정부와 이명박 정부의 사회·경제 정책들이 큰 차이가 없었다는 데서 나타난다. 더 구체적인 예로는, 이명박 정부 당시 야당인 민주통합당이 그렇게 반대한 한미 자유무역협정이 그들 자신이 집권했을 때 이미 추진한 것이라는 점을 대표적으로 들 수 있다.

이명박 정부의 '능동적 복지'나 그 구체적인 내용인 '일하는 복지', '민간 주도 복지'의 내용들은 김대중, 노무현 정부의 신자유주의적 복지 정책의 연장선상에 있었다.[23] 결코 이념상의 차이가 나는 정책들이 아니었다. 앞으로도 한국 정부의 정책 성향은 중도 우파로 수렴될 가능성이 크다. 굳이 차이를 두자면 '중중우'와 '중우우'의 차이 정도라고 할까? 이념적 거리보다 더 큰 갈등의 요인은 역시 작은 차이도 조화시키지 못하는 타협 미숙과 통합적 지도력의 부재다.[24] 그리고 국민의 정서적인 휩쓸림이다. 우리가 시급히 해결해야 할 일은 좌파 세력의 척결도 아니고 우파 세력의 제거도 아니고, 양자 간 대결에서의 어느 쪽의 승리도 아니다. 우리 정치에 당장 필요한 것은 갈등을 민주적으로 해소할 정치 문화와 제도의 성숙이다. 정치권과 국민 모두에서 그렇다.

---

23 김순영, 「이명박 정부의 사회복지 정책: 사회복지 정책의 후퇴?」, 『현대정치연구』 4:1 (2011) 참조.

24 국민 일반의 이념적 거리는 크지 않은데 정당별 국회의원들의 이념 격차가 커진 것이 이념 갈등의 주요 원인이라는 조사 보고도 있다. 이내영, 「한국 사회 이념 갈등의 원인: 국민들의 양극화인가 정치엘리트들의 양극화인가?」, 『한국 정당학회보』 10:2 (2011) 참조.

4. 결론

분단과 전쟁의 비극으로 시작된 대한민국의 역사는 영광과 치욕을 다 경험했다. 외세가 자른 허리를 잇지 못하고 분단국가로 출범했고, 전쟁의 비극으로 수백만 명의 사람이 죽고 다쳤다. 그 여파로 반공주의가 지배하여 사상과 양심의 자유가 심하게 침해당했다. 외국에서 도입한 자유민주주의 체제는 이를 처음 맞이하는 가난한 대한민국에서 꽃을 피우지 못하고 군사 정권으로 대체되고 말았다. 오랜 기간 동안 군사 독재가 이어졌으나, 국민의 끈질긴 노력으로 마침내 민주주의를 되찾았다. 지도자와 국민은 합심하여 세계에서 가장 빠른 산업화를 이루어 이제 대한민국은 선진국의 문턱에 들어섰다. 우리 자신은 별로 인정하지 않는 경향이 있으나, 세계에서 이렇게 빠른 시일 안에 산업화와 민주화를 다 이룬 나라는 대한민국밖에 없다. 타이완이 둘째 후보일 뿐이다. 이 점을 우리는 긍지로 여겨야 한다.

일단 민주화를 다시 시작한 뒤에는 민주주의 발전도 차곡차곡 단계별로 이루었다. 그 과정에서 심각한 역전의 위기는 없었다. 그러나 여전히 그 민주주의의 '질'이 문제다. 가장 큰 문제는 당파 싸움과 타협의 미숙, 그리고 통합적 지도력의 부재다. 흔히들 정치적 양극화를 걱정하지만, 그것은 엄밀하게 말하여 양극화라기보다는 타협 미숙과 대결 지향적 행태의 문제다. 우리의 '이념 갈등'도 사실은 이념의 '양극화'에서 오는 갈등이라기보다는, 별로 멀지 않은 이념들을 타협시키지 못하고 대결로만 치닫는 정치 행태의 미숙함에서 오는 갈등이다. 노무현과 이명박 정부의 정책이 비슷하게 수렴된 데서 보듯이, 대한민국 정부들의 이념이나 정책, 특히 사회·경제 정책은 진보와 보수 사이의 어느 한 지점으로 수렴되는 경향이 있다. 앞으로도 그럴 것이다. 따라서 이념 그 자체는 문제의 본질이 아니다. 문제의 본질은 타협 미숙과 대결 지향이다. 그리고 거기에는 근본적으로 국가 이익보다 당파 이익이 앞서는 정치 세력과 사회 세력 모두의 문제가 있다.

따라서 앞으로의 한국 정치 발전은 효율적인 타협 및 이익 조정의 기술과 제도 개발에 달려 있다. 지역주의라든가 다른 문제들은 오히려 부차적이다. 이와 더불어 각계각층의 다양한 요구와 주장들을 통합하고 조정할 수 있는 통합적 정치 지도력이 꼭 필요하다. 노무현도 이명박도 이 점에서는 모자랐다. 이들은 통합이 아니라 오히려 분열을 조장했다. 타협과 통합의 정치 지도력과 정치 문화의 성장은 대한민국 안에서뿐 아니라 남북 관계에서도 반드시 필요하다. 남북통일은 어느 형태로든 반드시 오리라고 본다. 그 과정과 통일 이후의 갈등을 최소한으로 줄이고 통일 한국을 정착시키기 위해서도 통합적 지도력과 타협 문화는 반드시 필요하다. 그런 날이 반드시 오기를 기대하면서 이 책을 마치고자 한다.

참고문헌

《국문》

강　민,「관료적 권위주의의 한국적 생성」,『한국정치학회보』제17집, 1983.

강원택,『인터넷과 한국 정치: 정당 정치에 대한 도전』, 파주: 집문당, 2007.

─────,『한국의 선거 정치: 이념, 지역, 미디어』, 서울: 푸른길, 2003.

강창성,『군벌 정치』, 서울: 해동문화사, 1991.

국가재건최고회의 군사혁명사 편찬위원회,『한국 군사 혁명사』1집, 1963.

국제 역사학회 한국위원회,『한미 수교 100년사』, 1982.

김세중,「1950년대 민군 관계 변동의 추이와 결과」, 문정인·김세중 편,『1950년대
　　한국사의 재조명』, 서울: 선인, 2004.

김순영,「이명박 정부의 사회복지 정책: 사회복지 정책의 후퇴?」,『현대정치연구』4:
　　1, 2011.

김수진,「제2공화국의 정당과 정당 정치」, 백영철 편,『제2공화국과 한국 민주주
　　의』서울: 나남, 1996.

김영명,「객관적인 역사와 대한민국: 해방, 분단, 전쟁에 관한 몇 가지 쟁점」,『글로
　　벌 정치 연구』, 1:1, 2008.

─────,「단일사회 정치론 서설」,『한국정치연구』16:1, 2007.

─────,『단일사회 한국: 그 빛과 그림자』, 파주: 이담 북스, 2011.

─────,『담론에서 실천으로: 한국적 정치학의 모색』, 파주: 한국학술정보, 2010.

─────,『민주 사관으로 본 한국 현대정치사」, 이달순 외,『한국 정치사 논쟁』, 수

원: 수원대학교 출판부, 2002.

───, 『제3세계의 군부통치와 정치경제』, 서울: 한울, 1985.

───, 『좌우파가 논쟁하는 대한민국사 62』, 서울: 위즈덤하우스, 2008.

───, 「한국의 정치발전: 일인지배에서 제도정치로?」, 『비교민주주의연구』 5:1,
2009.

───, 「한국 정치의 특수성에 관한 연구 서설: 분단, 압축성장, 단일사회 문화」,
『비교민주주의연구』 7:1, 2011.

김용직 편, 『사료로 본 한국의 정치와 외교: 1945-1979』, 서울: 성신여대 출판부,
2005.

김용진, 『그들은 아는, 우리만 모르는: 위키리크스가 발가벗긴 대한민국의 알몸』,
서울: 개마고원, 2012.

김용호, 「대한민국 정부 수립 과정에서 이승만의 역할에 대한 재평가」, 『한국정치연
구』 20:2, 2011.

───, 「1970년대 후반기의 국내 정치 동태」, 한국정신문화연구원 편, 『1970년대
의 전반기의 정치사회 변동』, 서울: 백산서당, 1999.

─── 외, 『17대 총선 현장 리포트』, 서울: 푸른길, 2004.

김 원, 「1970년대 여공과 민주 노조 운동: 민주 대 어용 균열 구도의 비판적 검토」,
『한국정치학회보』 38:5, 2004 겨울호.

김원동, 『한국 사회의 불평등과 정치 변동』, 서울: 일신사, 2002.

김인영, 「이명박 정부의 본질에 관한 고찰: 신자유주의 국가인가, 발전국가의 변환
인가?」, 『비교민주주의연구』 7:2, 2011.

───, 「한국의 발전국가론 재고: 1997년 외환위기 이후 발전국가의 변화와 특징」,
『한국동북아논총』 13:2, 2008.

김일영, 『건국과 부국: 현대 한국 정치사 강의』, 서울: 생각의 나무, 2004.

김 준, 「1980년의 정세 발전과 대립 구도」, 정해구 외, 『광주 민중항쟁 연구』, 서울:
사계절, 1990.

김진하, 「한국 지역주의의 변화: 투표 행태와 정당을 중심으로」, 『현대정치연구』 4:
2, 2010.

김호진, 『대통령과 리더십』, 파주: 청림출판, 2006.

나종일, 「1952년의 정치 파동: 행정부, 의회, 군부, 외국의 상호 작용」, 『한국정치
학회보』 22:2, 1988.

노태우, 『노태우 회고록(상)(하)』, 서울: 조선뉴스프레스, 2011.

동아일보사 편, 『현대사를 어떻게 볼 것인가』 전5권, 서울: 동아일보사, 1987~

1991.

마상윤, 「5·16 쿠데타와 제3공화국의 수립」, 김용직 편, 『사료로 본 한국의 정치와 외교: 1945-1979』, 서울: 성신여대 출판부, 2005.

문정인·김세중 편, 『1950년대 한국사의 재조명』, 서울: 선인, 2004.

─────·류상영, 「자유당과 경무대」, 문정인·김세중 편, 『1950년대 한국사의 재조명』, 서울: 선인, 2004.

박광주, 「집정관적 신중상주의 국가론」, 한국정치학회 편, 『현대 한국정치와 국가』, 서울: 법문사, 1986.

박명림, 『한국전쟁의 발발과 기원』 전2권, 서울: 나남, 1996.

박상훈, 「한국의 유권자는 지역주의에 의해 투표하나: 제16대 총선의 사례」, 『한국정치학회보』 35: 2, 2001 여름호.

박찬표, 『한국의 국가 형성과 민주주의: 미군정기 자유민주주의의 초기 제도화』, 서울: 고려대학교 출판부, 1997.

박태균, 「군사 정부 시기 미국의 개입과 정치 변동」, 한국정신문화연구원 편, 『박정희 시대 연구』, 서울: 백산서당, 2002.

배긍찬, 「1970년대 전반기의 국제 환경변화와 남북 관계」, 한국정신문화연구원 편, 『1970년대 전반기의 정치사회 변동』, 서울: 백산서당, 1999.

백영철, 『제1공화국과 한국 민주주의』, 서울: 나남, 1995.

백운선, 「민주당과 자유당의 정치이념 논쟁」, 진덕규 외, 『1950년대의 인식』, 서울: 한길사, 1981.

─────, 「이승만 세력의 정치적 헤게모니 과정」, 『사상과 정책』 1988 가을호.

사월혁명연구소 편, 『한국 사회의 변혁 운동과 사월 혁명』 전2권, 서울: 한길사, 1990.

서경교·김웅진 외, 『동아시아의 정치변동: 연구의 쟁점과 전략』, 서울: 인간사랑, 2001.

서희경, 「대한민국 건국기의 정부 형태와 운영에 관한 연구」, 『한국정치학회보』 35: 1, 2001 봄호.

손봉숙, 「제1공화국과 자유당」, 한국 정치학회 편, 『현대 한국 정치론』, 서울: 법문사, 1986.

손호철, 『현대 한국 정치: 이론, 역사, 현실, 1945~2011』, 서울: 이매진, 2011.

신광영, 『한국의 계급과 불평등』, 서울: 을유문화사, 2004.

신복룡, 『한국 분단사 연구』, 서울: 한울 아카데미, 2001.

신 율, 「한국 시민운동의 개념적 위상과 문제점」, 『한국정치학회보』 35:2, 2001 여름호.

심지연, 『미·소 공동 위원회 연구』, 서울: 청계연구소, 1989.

──── , 『한국 정당 정치사: 위기와 통합의 정치』, 서울: 백산서당, 2004.

──── · 김민전, 『한국 정치제도의 진화 경로』, 서울: 백산서당, 2006.

안청시 편, 『한국 정치 경제론』, 서울: 법문사, 1990.

양호민 외, 『한반도 분단의 재인식(1945-1950)』, 서울: 나남, 1993.

엄상윤, 「21세기 한국 정치사회의 갈등 구조와 양상: 한국적 '이중 딜레마' 정책 노
    선 갈등의 양극화·치열화」, 『세종 정책 연구』6:2, 2010.

──── 편, 『이승만 대통령 재평가』, 서울: 연세대학교 출판부, 2006.

유영익, 「1950년대를 보는 하나의 시각」, 『계간 사상』1990 봄호.

유팔무, 『한국의 시민사회와 새로운 진보』, 서울: 논형, 2004.

이갑윤, 『한국의 선거와 지역주의』, 서울: 오름, 1998.

이기완, 「1990년 이후 한국의 정치동학과 한미동맹」, 『국제관계연구』16:1, 2011.

이내영, 「한국 사회 이념 갈등의 원인: 국민들의 양극화인가, 정치엘리트들의 양극
    화인가?」, 『한국정당학회보』10:1, 2011.

이달순 외, 『한국 정치사 논쟁』, 수원: 수원대학교 출판부, 2002.

이삼성, 「광주 민중 봉기와 미국의 역할」, 『사회와 사상』1989년 2월.

이연호, 「김대중 정부와 비정부 조직 간의 관계에 관한 연구」, 『한국정치학회보』35:
    4, 2001 겨울호.

이완범, 「분단국가의 형성 1: 미군정과 대한민국의 수립」, 김용직 편, 『사료로 본 한
    국의 정치와 외교: 1945-1979』, 서울: 성신여대 출판부, 2005.

이재봉, 「4월 혁명, 제2공화국, 그리고 한미 관계」, 백영철 편, 『제2공화국과 한국
    민주주의』, 서울: 나남, 1996.

이재석·전상숙 편, 『4.19혁명과 민주주의』, 서울: 선인, 2012.

이정식, 『한국 현대 정치사』제3권 『제2공화국』, 서울: 성문각, 1976.

이정희, 「한국 민주주의의 진로: 참여, 갈등, 그리고 통합」, 『사회연구』1/2호, 2004.

이준한, 「2004년 총선 결과에 대한 새로운 해석」, 김용호 외, 『17대 총선 현장 리포
    트』, 서울: 푸른길, 2004.

이택휘, 「4월 혁명과 장면 정권」, 이달순 외, 『한국 정치사 논쟁』, 수원: 수원대학교
    출판부, 2002.

──── 외, 『남북한의 최고 지도자』, 서울: 백산서당, 2001.

이현출, 「한국 국민의 이념 성향: 특성과 변화」, 『한국정치학회보』39:2, 2005 여
    름호.

이화수, 『4월 혁명: 정치 행태학적 연구』, 서울: 평민서당, 1985.

임혁백, 「유신의 역사적 기원: 박정희의 마키아벨리적인 시간(상)(하)」, 『한국정치연구』 13:2-3, 2004.

장성호, 「사회·경제적 위기와 한국의 정치 변동」, 『정치·정보 연구』 11:2, 2008.

장 훈, 「카르텔 정당 체제의 형성과 발전: 민주화 이후 한국의 경우」, 『한국과 국제 정치』 19:4, 2003 겨울호.

전상숙, 「4·19와 장면 정부의 수립: 『사상계』의 당대 정치 담론을 통해 본 고찰」, 『한국정치외교사논총』 32:1, 2010.

전상인, 『고개 숙인 수정주의』, 서울: 전통과 현대, 2001.

전재호, 「1991년 5월 투쟁과 한국 민주주의: 실패의 구조적 원인과 그 의미」, 『한국 정치학회보』 38:5, 2004 겨울호.

정근식·이호룡 편, 『4월 혁명과 한국 민주주의』, 서울: 선인, 2010.

정상용 외, 『광주 민중 항쟁』, 서울: 돌베개, 1990.

정성화 편, 『박정희 시대 연구의 쟁점과 과제』, 서울: 선인, 2005.

정승화, 『12·12 사건 정승화는 말한다』, 서울: 까치, 1987.

정영태, 「6공화국과 문민 정부의 성격」, 최장집·임현진 공편, 『한국 사회와 민주주 의: 한국 민주화 10년의 평가와 반성』, 서울: 나남 출판, 1997.

정윤재, 『정치리더십과 한국 민주주의』, 서울: 나남출판, 2003.

정진민·황아란, 「민주화 이후 한국의 선거 정치: 세대 요인을 중심으로」, 『한국정 치학회보』 33:2, 1999 여름호.

정해구, 『10월 인민 항쟁 연구』, 서울: 열음사, 1988.

───── 외, 『광주 민중 항쟁 연구』, 서울: 사계절, 1990.

조기숙, 『지역주의 선거와 합리적 유권자』, 서울: 나남 출판, 2000.

조현연, 『한국 진보 정당 운동사: 진보당에서 민주노동당 분당까지』, 서울: 후마니 타스, 2009.

진덕규 외, 『1950년대의 인식』, 서울: 한길사, 1981.

차기벽, 「4·19, 과도정부, 민주당 정권의 의의」, 진덕규 외, 『1950년대의 인식』, 서 울: 한길사, 1981.

채장수, 「한국 사회에서 좌파 개념의 설정」, 『한국정치학회보』 37:2, 2003 여름호.

최상용, 『미 군정과 한국 민족주의』, 서울: 나남, 1989.

최연식, 「권력의 개인화와 유신 헌법: 권력 의지의 초입헌적 제도화」, 『한국정치외 교사논총』 33:1, 2011.

최영진, 「16대 총선과 한국 지역주의 성격」, 『한국정치학회보』 35:1, 2001 봄호.

———, 「한국 지역주의 논의의 재검토」, 『한국정치학회보』 33:2, 1999 여름호.

최재성, 「이명박(MB) 정부의 사회복지정책 특성과 과제: '친기업 보수 이익'에서 '친서민 중도 실용?'」, 『한국 사회복지 조사 연구』 25, 2010.

한국산업사회연구회 편, 『오늘의 한국 자본주의와 국가』, 서울: 한길사, 1988.

한국정신문화연구원 편, 『1960년대의 정치사회 변동 10』, 서울: 백산서당, 2002.

——— 편, 『1960년대 전환적 상황과 장면 정권』, 서울: 오름, 1998.

한국정치학회 편, 『현대 한국정치와 국가』, 서울: 법문사, 1986.

한배호, 『한국 정치변동론』, 서울: 법문사, 1994.

——— 편, 『현대 한국 정치론 I: 제1 공화국의 국가 형성, 정치 과정, 정책』, 서울: 나남, 1990.

한상진, 「4·19 혁명의 사회학적 분석」, 『계간 사상』 1990 봄호.

———, 『한국 사회와 관료적 권위주의』, 서울: 문학과 지성사, 1988.

한승주, 『제2공화국과 한국의 민주주의』, 서울: 종로서적, 1983.

한용원, 「군부의 제도적 성장과 정치적 행동주의」, 한배호 편, 『현대 한국 정치론 I: 제1 공화국의 국가 형성, 정치 과정, 정책』, 서울: 나남, 1990.

한홍구, 『대한민국사』, 서울: 한겨레출판사, 2003.

홍석률, 『통일 문제와 정치·사회적 갈등』, 서울: 서울대학교 출판부, 2001.

황태연, 『지역 패권의 나라: 5대 소외 지역민과 영남 서민의 연대를 위하여』, 서울: 무당미디어, 1997.

《영문》

Allen, Richard. *Korea's Syngman Rhee: An Unauthorized Portrait*. Rutland, VT: Charles E. Tuttle, 1960.

Arblaster, Anthony. *Democracy*. Minneapolis: University of Minnesota Press, 1987.

Chang, Dal-Choong. *Economic Control and Political Authoritarianism: The Role of Japanese Corporations in Korean Politics, 1965-1979*. Seoul: Sogang University Press, 1985.

Charles, Dobbs. *The Unwanted Symbol : American Foreign Policy, The Cold War, and Korea, 1945-1950*. Kent: Kent University Press, 1981.

Clark, Donald N., ed. *The Kwangju Uprising: Shadows over the Regime in South*

Korea. Boulder: Westview Press, 1988.

Cole, David, and Lyman, Princeton. *Korean Development: The Interplay of Politics and Economics*. Cambridge: Harvard University Press, 1971.

Crouch, Colin. *Post−democracy*. Cambridge: Polity Press, 2004.

Dahl, Robert. *Democracy and Its Critics*. New Haven and London: Yale University Press, 1989.

Deyo, Frederick C., ed. *The Political Economy of the New Asian Industrialism*. Ithaca and London: Cornell University Press, 1987.

Diamond, Larry; Linz, Juan; and Lipset, Seymour Martin, eds. *Democracy in Developing Countries* 4 Vols. Boulder: Lynne Rienner Publishers, 1989.

Eckert, Carter J, et el. *Korea: Old and New: A History*. Seoul: Ilchogak, 1990.

Henderson, Gregory. *Korea: The Politcis of the Vortex*. Cambridge: Harvard University Press, 1968.

Huntington, Samuel P. *The Third Wave of Democratization*. Norman: University of Oklahoma Press, 1991.

Kim, Joungwon Alexander. *Divided Korea: The Politics of Development, 1945−1972*. Cambridge: Harvard University press, 1975.

Kim, Quee−Young. *The Fall of Syngman Rhee*. Berkeley: Institute of East Asian Studies, University of California, 1983.

Kimmel, Michael S. *Revolution: A Sociological Interpretation*. Philadelphia: Temple University Press, 1990.

Leonard Hoag, "American Military Government in Korea: War Policy and the First Year of Occupation, 1941~1946", Draft manuscript produced under the auspices of the Office of the Chief of Military History, Department of the Army, Washington, D.C. 1970.

Mun−Gu Kang. "The Military Seizure of Power in 1979 · 1980 in Korea: Analysis and Implications for Democracy". 한국정치학회 편, *The National Community and State Development*, 1989.

Nordlinger, Eric. *Soldiers in Politics: Miditary Coups and Governments*. Englewood Cliffs: Prentice−Hall, 1977.

O'Donnell, Guillermo. "Delegative Democracy", *Journal of Democracy* 5:1, 1994.

─────. *Modernization and Bureaucratic−Authoritarianism: Studies in South*

American Politics. Berkeley: Institute of International Studies, University of California, 1973.

────; Schmmitter, Philippe C; and Whitehead, Laurence, eds. *Transitions from Authoritarian Rule*. Baltimore and London: The Johns Hopkins University Press, 1986.

Park Chung Hee. *Korea Reborn: A Model for Development*. Englewood Cliffs: Prentice-Hall, 1979.

Saward, Michael. *Democracy*. Cambridge: Polity Press, 2003.

Sohn, Hak-Kyu. *Authoritarianism and Opposition in South Korea*. London and New York: Routledge, 1989.

Stepan, Alfred. *The Military in Politics: Changing Patterns in Brazil*. Princeton: Prnceton University Press, 1971.

United States, Department of State. *United States Policy Regarding Korea, 1834-1950*. 춘천: 한림대학교 아시아 문화 연구소, 1987.

찾아보기

《ㅂ》

《ㅋ》

《ㅊ》

《ㅌ》

지은이 **김영명** 서울대학교 외교학과를 졸업하고 뉴욕주립대학교에서 정치학 박사 학위를 받았다. 현재 한림대학교 정치행정학과 교수이자 한글문화연대 공동대표이다. 한림대학교 사회과학대학 학장과 국제학대학원 원장, 한국정치학회 부회장, 도쿄대학교 동양문화연구소 객원연구원 등을 지냈으며, 한국정치학회 학술상, 외솔상 등을 받았다. 최근 저서로는 『정치를 보는 눈』(2007), 『좌우파가 논쟁하는 대한민국사 62』(2008), 『담론에서 실천으로: 한국적 정치학의 모색』(2010), 『단일사회 한국: 그 빛과 그림자』(2011), 『이게 도무지 뭣하자는 소린지 모르겠고: 한국 불교, 이것이 문제다』(2012) 등이 있다.

대한민국 정치사
민주주의의 도입, 좌절, 부활

제1판 1쇄 펴낸날 2013년 3월 30일
제1판 2쇄 펴낸날 2014년 4월 15일
제1판 3쇄 펴낸날 2017년 8월 31일

지은이 | 김영명
펴낸이 | 김시연

펴낸곳 | (주)일조각
등록 | 1953년 9월 3일 제300-1953-1호(구: 제1-298호)
주소 | 03176 서울시 종로구 경희궁길 39
전화 | 734-3545 / 733-8811(편집부)
733-5430 / 733-5431(영업부)
팩스 | 735-9994(편집부) / 738-5857(영업부)

이메일 | ilchokak@hanmail.net
홈페이지 | www.ilchokak.co.kr

ISBN 978-89-337-0646-6 03340
값 25,000원